Grenzgeschichten

Berichte aus dem deutschen Niemandsland

Herausgegeben von
Andreas Hartmann und
Sabine Künsting

S. Fischer

© 1990 S. Fischer Verlag GmbH, Frankfurt am Main
Umschlaggestaltung: Buchholz/Hinsch/Walch
Foto: © Zefa, Gruenfeld
Satz: Wagner GmbH, Nördlingen
Druck und Einband: F. Spiegel Buch GmbH, Ulm
Printed in Germany 1990
ISBN 3-10-029906-X

Inhalt

Einleitung

Über den Trennungsstreifen zwischen Deutschland und Deutschland ist die Zeit hinweggegangen, und die Spuren, die er zurückläßt, verblassen. Mit den Jahrzehnten der Grenze rücken auch die Erinnerungen an unzählige Geschicke und Geschichten, die mit der Welt des Zaunes verbunden sind, in die Ferne. Die politischen Umwälzungen brachten es mit sich, daß von der Vergangenheit demonstrativ Abschied genommen wurde und viele Menschen in Ost und West voller Optimismus in eine neue Ära aufbrachen. Weder vor noch nach der Öffnung jedoch bestand ein gesteigertes Interesse daran, die alltägliche Erfahrung der Grenze vor Ort zu erkunden. Nur wenige befaßten sich eingehend mit der Provinz am Zonenrand.[1] Ihre Bewohner kamen selten zu Wort, meistens waren es die Politiker, welche die Rede von der Grenze – zuweilen bis zum Überdruß – im Munde führten und dabei häufig die Bedeutung, die sie für die Betroffenen angenommen hatte, unter ihrer Rhetorik begruben. Diese weitgehend verborgen gebliebenen und nun vom endgültigen Vergessen bedrohten ›Grenzerfahrungen‹ wollen wir hier in Ausschnitten dokumentieren, indem wir den Stimmen derer Raum geben, die darüber zu berichten wissen.

Die Grenzöffnung und die rapiden Veränderungen des allgemeinen gesellschaftlichen Klimas führten dazu, daß vieles, was zuvor noch als unabänderliche Gegebenheit erschien, heute mit Zügen des Irrealen ausgestattet zu sein scheint. Es fällt immer schwerer, sich das Erschrecken und das Gefühl der Ohnmacht zu vergegenwärtigen, das einen angesichts der Befestigungsanlagen noch wenige Monate zuvor überkam. Im Dezember 1987 standen wir an der Aussichtsplattform ›Zwinge‹, einige hundert Meter oberhalb der

---

1 Unter den jüngeren Studien ist hervorzuheben Heiko Steffens; Birger Ollrogge; Gabriela Kubanek (Hrsg.): Lebensjahre im Schatten der deutschen Grenze. Selbstzeugnisse vom Leben an der innerdeutschen Grenze seit 1945. Opladen 1990; außerdem die Reportage von Rolf Nobel: Mitten durch Deutschland. Reportage einer Grenzfahrt. Hamburg/Zürich 1986.

Gaststätte ›Endstation‹ bei Brochthausen. Die Szenerie vor unseren Augen machte einen äußerst trostlosen und beklemmenden Eindruck. Vor der Kulisse der Grenze erzählten uns zwei Jungen von einem Schäferhund, der unlängst herüber gekommen sei, eine Tante habe ihn hier gut aufgenommen, man habe ihn später aber erschießen müssen, weil er – »auch« – die Tollwut gehabt habe.

Der ungemütliche, leergefegte Ort weckte in uns ein ethnologisches Interesse: Wir ahnten, daß entlang des Zaunes eigenständige kulturelle Formen, gleichsam an den Rändern der bundesdeutschen Massenkultur, entstanden sein mußten. Denn es war davon auszugehen, daß das Bauwerk den Alltag all jener Menschen prägte, die zwischen Schleswig-Holstein und Oberfranken, zwischen Mecklenburg und Sachsen mit der monströsen und abweisenden Sperre zu leben hatten. Über die regionalen, aber auch über die sozialen und über die Altersunterschiede hinweg wurde die Barriere möglicherweise für sämtliche Grenzanwohner zu einem Problem, das sich ihnen freilich in unterschiedlicher Schärfe stellte und mit dem sie sich auf verschiedene Weise auseinandersetzten. Die Befestigung wurde gegen eine Vielzahl von Menschen errichtet, und wie diese damit umgingen und sie in ihrem Bewußtsein verarbeiteten, das schien uns von zentraler Wichtigkeit für ein tieferes Verständnis dieses deutschen Nachkriegsschauplatzes zu sein. Wir fragten uns, ob durch die Grenze ein spezifischer Erfahrungsraum hervorgebracht worden sei und ob dieser Erfahrungsraum in Gestalt überlieferter Geschichten sichtbar würde.

Diese Frage bewog uns zu Beginn des Jahres 1988 dazu, einen Schreibaufruf zu verfassen, den wir mit der Bitte um Abdruck an die Redaktionen aller Regionalzeitungen versandten, die im grenznahen Raum erscheinen – auf westlicher Seite, versteht sich.

»Volkskundler sammeln ›Grenzerfahrungen‹
Die Grenze zur DDR war in der Vergangenheit nicht nur Gegenstand vieler politischer Debatten; sie wurde auch zur täglichen Erfahrung für die Grenzanwohner: Zur Zeit sind zwei Volkskundler, zwei ›Geschichtensammler‹, damit beschäftigt, solche Erfahrungen zusammenzutragen, und sie bitten die Leserinnen und Leser um Mitarbeit bei ihrem Vorhaben. Sie interessieren sich für alle Arten von Erlebnisberichten, ob die Begebenheiten nun schon einige Zeit zurückliegen oder brandaktuell sind, ob es sich um abenteuerliche, sonderbare und seltsame oder aber um tragische oder auch um kuriose Vorkommnisse handelt. Mit diesen Zeilen wollen sie dazu aufrufen, Erlebnisse und Erinnerungen,

die mit der Grenze zur DDR verbunden sind, niederzuschreiben. Dabei sind scheinbar banale Ereignisberichte nicht weniger gefragt als Schilderungen über Begebenheiten von größerer Tragweite.

Die beiden Forscher bitten darum, daß möglichst viele Anrainer zur Feder greifen und ihre ›Grenzerfahrungen‹ aufschreiben; weiterhin erbitten sie die Zusendung der geschriebenen Texte. Neben den Texten selbst sollten auch mitgeteilt werden der Ort, aus welchem die Schilderung stammt, Alter und Geschlecht des jeweiligen Verfassers, nach Möglichkeit auch der Beruf und die Wohndauer am Ort. Selbstverständlich wird den Autoren auf Wunsch Anonymität zugesichert – die Daten dienen nur Forschungsfragen. Aus dem gesammelten Material soll ein Buch entstehen, das auch für die breitere Bevölkerung eine aufschlußreiche Lektüre werden soll.«

Dem Entgegenkommen der meisten Zeitungen, die von uns angeschrieben wurden, ist es zu verdanken, daß unser Aufruf entlang des gesamten Grenzverlaufes bekannt wurde. Erst das enorme Echo, die Menge an hand- oder maschinenschriftlichen Berichten, die wir bald erhielten, sowie die Lebendigkeit und Emotionalität, die sie vermittelten, machten uns die ganze Tragweite des Themas bewußt, die wir zunächst nur geahnt hatten.

Da wir eine möglichst umfangreiche Sammlung an Grenzgeschichten zusammentragen wollten, wandten wir uns Anfang 1988 auch über den Rundfunk an die Bevölkerung und verschickten einige Monate später unseren Schreibaufruf ein weiteres Mal. Wir sandten ihn an über 500 Gemeinden im grenznahen Bereich und baten darum, das Vorhaben am Ort publik zu machen. Der Aufruf erschien erneut in Zeitungen, er wurde in Gemeindeblättern veröffentlicht, an Vereine weitergeleitet und fand auch den Weg über die Kirchenkanzel. Nicht zuletzt verbreitete sich unser Anliegen auf mündlichen Wegen, indem diejenigen, die davon wußten, mit Freunden und Verwandten darüber sprachen. In einer zweiten Welle erreichte uns während der folgenden Zeit eine große Anzahl weiterer Texte.

Wir wollten die Grenze jedoch nicht nur aus dem ›Briefkasten‹, vermittels der Zuschriften, die wir erhielten, kennenlernen, sondern uns auch durch eigene Anschauung und persönliche Begegnungen mit Anwohnern einen Einblick in die Verhältnisse am Zaun verschaffen. Zur gleichen Zeit, als unsere Aufrufe veröffentlicht wurden, im Februar und im August 1988, bereisten wir deshalb jeweils drei Wochen lang die Ortschaften entlang der Westseite der deutsch-deutschen Grenze. Von den Menschen, mit denen wir unterwegs in Kontakt kamen, erhofften wir uns Erfahrungsberichte, Stimmungsbilder und Meinungsäußerungen, die sich auf das Leben in der Nähe der Sperranlagen beziehen.

Da es uns weniger darauf ankam, die offiziellen Versionen der deutschen Teilung zu erfahren, besuchten wir die Grenzinformationsstellen und vergleichbare Einrichtungen nur am Rande. Stattdessen klingelten wir ungezählte Male an fremden Türen und baten die Hausbewohner um ihre Geschichten von der Grenze. Unter den Menschen, mit denen wir ins Gespräch kamen, waren Hausfrauen, Bauern, Arbeiter, Handwerker und Geschäftsleute. Wir unterhielten uns mit Schülern während des Unterrichts, mit Fischern an der Travemündung oder mit ehemaligen Mühlenbesitzern, deren Anwesen direkt auf der Grenze lagen. Zwei Gräfinnen erzählten uns aus ihrem Leben. Wir brachten unser Anliegen in Gaststuben vor und ließen uns von Heimatforschern Einzelheiten aus der jüngsten Ortsgeschichte mitteilen. Ein junger Mann, der eines Nachts wie ein Traumwandler durch die Werra herübergekommen war, schilderte uns seine Flucht.

Unser erster Gesprächspartner im Februar 1988 war Otto Timmermann, der ehemalige Küster von St. Lorenz in Travemünde. Er erinnerte sich an die mecklenburgischen Landschaften zur Zeit seiner Jugend, als die Trennung noch nicht vollzogen war und es ein Drüben für ihn noch nicht gab. Sein Bericht machte uns gleich zu Beginn der Reise deutlich, daß die äußere Wirklichkeit der Grenze mit einer Welt von inneren Bildern korrespondiert, zum Beispiel mit Bildern des Verlustes oder der nostalgischen Sehnsucht:

»Was ich selber persönlich vermisse, das ist diese Einsamkeit, die es dort drüben gab. Da konnte man stundenlang, meilenweit laufen, ohne daß man einen Menschen dort antraf. Da gab es riesengroße Güter, da gab es uralte, wunderschöne Alleen, Lindenalleen und Eichenalleen. Natürlich, da gab es keine gepflasterten Wege, die gab es da drüben nicht. Es waren alles Landwege, und wenn der Regen, so wie gerade in diesem Jahr, ständig runterfließt vom Himmel, dann waren diese Wege aufgeweicht und morastig, so daß der Wagen auch manches Mal bis an die Achsen im Morast versank. Aber nicht nur die Alleen und die Güter waren das, was mich so ein bißchen faszinierte, nein, es waren auch diese kleinen Seen, diese Tümpel, diese Wälder, die es da gab, diese Schilfwiesen, kleine Rinnsale, die sich in die Ostsee ergossen. Wer da ein Auge für hatte, der konnte dort schon schöne Sachen erleben. Man konnte zum Beispiel noch im klaren Wasser den Hecht stehen sehen, und man konnte auch die Kornweihe und den Fischadler dort noch fliegen sehen. Und eben, was ich so sehr liebte, das war diese Einsamkeit, diese Strände, dort konnte man laufen und laufen, ohne daß man einen Menschen traf. Da drüben. Das war noch richtig, ja, wie soll man sagen – Urgebiet. Wurde nicht viel mit Füßen getreten. Da drüben. Das ist nun natürlich alles vorbei in dieser Zeit.«

Auf der ersten Reise verschafften wir uns einen allgemeinen, breit gefächerten Eindruck von den Erfahrungen an der Grenze. Die zweite Unternehmung hingegen führte uns gezielt an die exponierten Schauplätze der Trennung, die es zwischen Travemünde und Hof in Vielzahl gab.

Bei unserer Sammelarbeit wurden wir gelegentlich auf einen Massenmörder hingewiesen, an dessen Gestalt sich viele Bürger noch mit Grauen erinnern. Um diese Erinnerungen auf breiterer Basis zu dokumentieren, starteten wir noch im Jahr 1988 einen gesonderten Aufruf im Südharz und machten uns gleichzeitig daran, die Hintergründe des Falls durch diverse Archivstudien aufzuhellen.

Als am 9. November 1989 die Nachricht von der Grenzöffnung durch die Medien ging, setzten wir uns umgehend mit den Personen in Verbindung, die wir in der Zwischenzeit persönlich kennengelernt oder mit denen wir korrespondiert hatten. Von ihnen erbaten wir spontane Aufzeichnungen über das aufsehenerregende Ereignis, Gedankensplitter und Gefühlsäußerungen waren uns ebenso willkommen wie Erlebnisberichte zur Öffnung. Außerdem begaben wir uns selbst erneut an die Grenze. Darüber hinaus trugen wir die Bitte, uns zu schreiben, im Rahmen verschiedener Rundfunksendungen vor. Wieder erhielten wir eine Fülle von Berichten, zum großen Teil nun auch aus der DDR.

Die in diesem Buch zusammengestellten Geschichten gehen zum einen auf die Tonbänder zurück, die wir während unserer Reisen aufnahmen; zum anderen – und dies in besonderem Maße – rekrutieren sie sich aus den Zuschriften, die wir auf die verschiedenen Schreibaufrufe hin bekamen. Die Texte halten zum überwiegenden Teil recht weit zurückliegende Ereignisse – aus einer späteren Sicht – fest. Daneben finden sich jedoch auch Mitteilungen über Begebenheiten aus der jüngeren Vergangenheit, bis hin zum Jahresende 1989, zu den Eindrücken, die mit der Grenzöffnung verbunden sind. Diese wurden unmittelbar zum Zeitpunkt des Geschehens aufgezeichnet. Inzwischen sind die enthusiastischen Schilderungen von der Öffnung nicht weniger als historische Dokumente anzusehen als die anderen Berichte.

In den Texten werden subjektive Einschätzungen ausgebreitet, Bilder, die in den Köpfen kreisen und die sich mit der verstreichenden Zeit sowie mit der Veränderung der Lebensumstände wandeln. Die Schilderungen übersetzen die harten Fakten der Wirklichkeit in ein Stück persönlicher Geschichte. Dabei geben sie auch etwas von den jeweils aktuellen Gefühlen und vom Weltbild derer preis, die sie mitteilen. Gerade aufgrund ihres persönlichen und häufig anrührenden Charakters vermögen sie die nachhaltigen Auswirkungen der Grenze deutlich zu machen.

Die Geschichten erhalten ihr Gepräge unter anderem dadurch, daß sie erzählt oder aufgeschrieben und damit an ein – anwesendes oder abwesendes – Publikum gerichtet wurden. Sie alle haben einen Adressaten, sie alle sind deshalb auch Selbstdarstellungen, Stilisierungen: Dadurch indessen wird der Unmittelbarkeit und der Glaubwürdigkeit des Erzählten kein Abbruch getan; im Gegenteil, in den verschiedenen Darstellungsweisen finden die vielen Facetten jener Subjektivität, die hier zu Wort kommen soll, einen Ausdruck. In diesem Sinne wollen wir jeden der Berichte als authentisch verstanden wissen.

Obwohl sie aus verschiedenen Regionen kommen, obwohl sie von den unterschiedlichsten Leuten erzählt bzw. aufgeschrieben wurden und obwohl sie uneinheitlich beschaffen sind, bilden die Beiträge in ihrer Gesamtheit doch ein zusammenhängendes Korpus. Sie ergänzen und bereichern sich gegenseitig und fügen sich wie Mosaiksteine zu einem größeren Bild zusammen, das die subjektive Geschichte der Grenze sichtbar werden läßt.

Viele Schilderungen enthalten Erinnerungen an *Frühe Tage*. Unsere Zusammenstellung beginnt mit Aufzeichnungen, welche die erste Zeit nach Kriegsende behandeln. Sie rufen einen vergangenen Alltag ins Gedächtnis, einen Alltag der Not, des Improvisierens und des Schmuggels. Außerdem berichten sie über die ersten Befestigungen sowie über die wirren Verhältnisse im Grenzraum. Als Zentralgestalt tritt dabei der russische Wachsoldat in den Vordergrund.

Fast alle Geschichten handeln von der Überschreitung der Grenze, vom *Rübergehen*. Die Grenzgänge gestalteten sich je nach den Bedingungen, die an den Sperranlagen herrschten, sehr unterschiedlich. In der Nachkriegszeit wanderten Millionen von Menschen in beiden Richtungen über die grüne Grenze. Später wird es

14

an diesem Streifen gespenstisch ruhig. Nur wenigen gelingt noch – nicht selten in einer spektakulären Aktion – die Flucht von Ost nach West. Gelegentlich kommt es in den eisigen Zeiten aber auch zu seltsamen und makabren Zwischenfällen von der Westseite her.

Da im Niemandsland oft Verbrechen begangen wurden, erwies sich *Die Grenze als Tatort*. Unseriöse Grenzführer raubten ihre Kundschaft aus, Frauen wurden vergewaltigt, und es geschahen, auf Befehl oder aus eigenem kriminellem Antrieb der Täter, auch Morde. Aufs ganze gesehen wird die grauenvolle Seite der Grenze in den Geschichten unverhältnismäßig selten zur Sprache gebracht. Über die Opfer der Gewalttaten breitet sich ein Mantel des Schweigens. Daß es keinen Anlaß dazu gibt, die Erfahrungen im Grenzgebiet nachträglich zu verharmlosen, daß der Eindruck täuscht, die Grenze sei eine Art von Abenteuerspielplatz gewesen, dies zeigt die schaurige Geschichte des Rudolf Pleil, die wir ausführlich darstellen. Pleil, der sich kurz nach dem Kriege als Grenzführer ausgab, mißbrauchte und ermordete in den unübersichtlichen Waldgebieten zwischen den Zonen vermutlich an die vierzig Frauen.

Eine Reihe von Berichten äußert sich über den Umgang mit *Russen und Vopos*. Der Russe wird als kinderlieb, musikalisch, in technischen Dingen naiv und als unberechenbar charakterisiert. Mit ihm sei gut Geschäfte machen gewesen, wobei der Schnaps zur wichtigsten Währung wurde. Der Volkspolizist hingegen steht häufig im Ruf des pflichtbewußten und gefühlskalten Erfüllungsgehilfen eines unmenschlichen Regimes. Er avanciert zum wenig schmeichelhaften Inbegriff des 150prozentigen Deutschen.

Die absurde Grenze wird in vielen kuriosen Episoden über zwischenmenschliche Verwicklungen und Verhaltenserstarrungen plastisch zum Ausdruck gebracht. Doch nicht nur diejenigen Texte, die das Anekdotische betonen, sondern sämtliche Geschichten setzen ihren Gegenstand auf die eine oder andere Weise in Szene. Die Beiträge bewegen sich insgesamt zwischen Fiktion und Realismus, zwischen Gedicht, Tagebucheintrag und Roman. *Die erzählte Grenze* symbolisiert das Faktische. Sie ist von Metaphern erfüllt. Der Vogelflug, die Sonnenbahn, die halbe Brücke, alles bekommt angesichts des zweigeteilten Landes eine tiefere Bedeutung.

Die Öffnung wurde von den Menschen beiderseits des Zaunes intensiv erlebt. Die allgemeine Begeisterung schlägt sich in den Berichten über erste Trabifahrten in den Westen, über das Wiedersehen mit Verwandten und Freunden und über die spontane Herzlichkeit zwischen einander fremden Menschen nieder.

Unsere Erhebungen bezogen sich zum überwiegenden Teil auf die westdeutsche Seite der Grenze. Doch etliche Schilderungen, die hier zum Druck kommen, zeichnen auch ein Bild vom Leben an der Ostseite des Zaunes, von den Jahren nach 1945 bis zum Tag X, als man sich dazu entschloß, endgültig in den Westen zu gehen. DDR-Realität wird aber ebenfalls in den meisten jener Texte spürbar, die in diesem Buch unter dem Sammeltitel ›Fluchtversuche‹ zusammengestellt sind. Hierbei handelt es sich um Auszüge aus Vernehmungsprotokollen, die durch bundesrepublikanische Behörden angefertigt wurden und die in der Zentralen Erfassungsstelle Salzgitter in großer Zahl lagern. Diesen Protokollen liegen Befragungen von Personen zugrunde, die wegen versuchter Republikflucht in der DDR inhaftiert und später dann in die Bundesrepublik abgeschoben wurden.

Insgesamt präsentieren die Grenzgeschichten eine westdeutsche Erzählperspektive. Nur in den Beiträgen zur Öffnung finden sich beide Seiten gleichermaßen vertreten. Die systematische Sammlung östlicher Grenzerfahrungen steht noch aus, und die Zeit, diese Arbeit in Angriff zu nehmen, drängt. Erst jetzt, nach Abschluß unserer Recherche, ist es möglich geworden, auch diese mit der Grenze verknüpften, kollektiven Erinnerungen aufzuzeichnen und damit eine Lebenserfahrung zu dokumentieren, die aus der Geschichte gelöscht zu werden droht.

Aus dem Material, das uns zur Verfügung gestellt wurde, mußten wir bereits unter den gegebenen Umständen eine Auswahl treffen, wobei wir uns oft nur schweren Herzens zu einem Verzicht entschließen konnten. Ein Kriterium, an das wir uns fast durchweg gehalten haben, bestand darin, daß die entsprechende Geschichte bisher noch nicht veröffentlicht sein sollte. In der Zusammenschau sämtlicher Beiträge zeichnete sich ein breites, jedoch nicht beliebig erweiterbares Spektrum an Themen und Erzählmodi ab. Dieses Spektrum wollten wir in der Veröffentlichung repräsentiert wissen, und es bildet nun die Grundlage für den Aufbau des Bandes, macht gleichsam seine Statik aus. Insofern sprechen auch jene Berichte, die hier nicht berücksichtigt werden konnten, gewissermaßen aus dem Off ein bedeutsames Wort mit. Des weiteren war es uns wichtig, daß neben den geübten auch ungeübte Schreiber vertreten sind. Daß dadurch weder die Intensität des Mitgeteilten noch der Lesegenuß geschmälert wird, davon kann sich ein jeder selbst überzeugen. Ansonsten spielte bei der Textauswahl durchaus auch unser subjektives Urteil eine Rolle. Dasjenige allerdings, was uns an Meinungsäußerungen und an Interpretationen nicht behagte oder sogar offen gegen den Strich ging, haben wir dennoch in die Publikation mit aufgenommen und unverändert belassen. Die subjektive Geschichte der Grenze, die Grenze, wie sie sich in den Köpfen darstellt, wollten wir keinesfalls nach unseren Vorstellungen ummünzen, beschönigen oder leichter verdaulich machen. Das Sperrige und das Problematische behielten wir schon deshalb bei, weil die Denk- und Empfindungsmuster, die sich darin ausdrücken, zu unserer Alltagswirklichkeit gehören. Ebensowenig wie in bezug auf die Vorkommnisse selbst geht es an, die Menschen- und Weltbilder an der Grenze zu retuschieren.

Es stand in unserer Absicht, möglichst wenige Vorgaben zur Form und zum Inhalt der Geschichten zu machen. Der Schreibaufruf sollte den Autoren alle Freiheiten gewähren, und unsere Interviews waren so angelegt, daß wir den Gesprächsverlauf nicht durch vorgefertigte Fragen steuerten. In der Tat wirkte das Stichwort Grenze wie ein Katalysator, der die unterschiedlichsten Assoziationen und Erinnerungen in Gang setzte und der den einen zum Dichten anregte und den anderen dazu, sein Leben Revue passieren zu lassen. Die offene Vorgehensweise hatte zum Ziel, den Erfahrungsraum Grenze in seiner Vielfalt in den Blick zu bekommen; die Verschiedenheit der Erlebnisse sowie das Repertoire der Strategien, mit deren Hilfe diese verarbeitet und anderen weitervermittelt werden. In ihrer Gesamtheit bieten die Erlebnisse im Verbund mit den Erzählstrategien, die sie zur Sprache bringen, ein wenn nicht geschlossenes, so doch zusammenhängendes Bild. Dieser Befund bestätigt unsere anfängliche Vermutung, daß die in vielfacher Hinsicht extreme Grenze zwischen Deutschland und Deutschland eigene kulturelle Formen hervorgebracht hat, die freilich in einen größeren kulturellen Zusammenhang eingebunden sind.

Die Texte wurden von uns möglichst wortgetreu wiedergegeben. Orthographische und grammatikalische Fehler wurden dann bereinigt, wenn sie den jeweiligen Autor kompromittiert hätten. Auch eine geringfügige sprachliche Überarbeitung wurde bei einigen Beiträgen aus Verständnisgründen notwendig. Der Originaltonfall aber blieb bei allen Geschichten erhalten. Etliche Berichte wurden leicht gekürzt, einige kommen nur in Auszügen zum Abdruck. Die Texte, die aus Interviews stammen, wurden in der Art von O-Tönen behandelt, aus denen im Studio ›Sendebänder‹ erstellt werden. Von seiten vieler unserer Kontaktpersonen wurden wir dazu aufgefordert, redaktionelle Eingriffe in ihre Beiträge vorzunehmen. Dies versuchten wir jedoch durchweg zu minimieren und machten es uns dabei zur Maßgabe, daß die Balance zwischen einer flüssigen Lesbarkeit und einer volkskundlich zitierfähigen Edition des Textmaterials gehalten wird. Mögliche Einwände von Puristen allerdings müssen wir schon deshalb in Kauf nehmen, weil wir bei den Lesern unseres Schreibaufrufes im Wort sind, eine »aufschlußreiche Lektüre« auch für die breitere Bevölkerung vorzulegen.

Dem Wunsch nach Anonymität, den einige äußerten, haben wir entsprochen und die Namen durch Pseudonyme ersetzt. Sie sind durch ein Sternchen* kenntlich gemacht. Andere legten Wert auf namentliche Nennung; auch dieser Wunsch fand Berücksichtigung. Viele Autoren versahen ihre Geschichten mit Überschriften, die wir bis auf wenige Ausnahmen unverändert beibehielten. Diejenigen Berichte, die nicht betitelt sind, haben wir unsererseits mit Überschriften versehen, die durch Einklammerung gekennzeichnet sind.

An vorderster Stelle haben wir allen Autoren zu danken, die uns ihre Beiträge zur Verfügung gestellt und von denen viele ihre Freizeit für die Niederlegung ihrer Erinnerungen aufgewendet haben. In gleicher Weise sind wir jenen Menschen zu Dank verpflichtet, mit denen wir auf unseren Reisen ins Gespräch kamen und die uns so freundlich und bereitwillig aus ihrem Leben erzählten. Sie alle haben dem vorschnellen Verdrängen der Grenze einen Riegel vorgeschoben.

Einen wichtigen Anteil an diesem Buch haben Frau Sabine Jabri, Göttingen, die uns mit hohem Einsatz bei den Hintergrundstudien zur Seite stand und den Anhang bearbeitete, sowie Frau cand. phil. Petra Fonteyne, Hamburg, die das immer umfangreicher werdende Material in gleichbleibender Geduld auf Diskette schrieb.

Wir danken ferner dem Seminar für Volkskunde in Göttingen, insbesondere Herrn Prof. Dr. Rolf Wilhelm Brednich, für die Unterstützung des Projektes und dem Bundesministerium für Innerdeutsche Beziehungen für finanzielle Hilfen.

Das Staatsarchiv Wolfenbüttel, die Gefängnisleitung in Celle sowie Herr Oswald Kolle, Amsterdam, haben uns bei den Nachforschungen im Fall Pleil geholfen. Die Zentrale Erfassungsstelle Salzgitter hat unsere Recherche nach Fluchtberichten unbürokratisch unterstützt.

Ebenfalls danken wir den Redakteuren der Rundfunkanstalten und der Zeitungen sowie den Gemeinden im grenznahen Raum für die Bekanntmachung unserer Schreibaufrufe.

Besonderer Dank gilt auch unseren Freunden Dr. Birgitt Hoffmann und Prof. Dr. Peter Tschohl, die unsere Arbeit mit ständiger Gesprächsbereitschaft und Geduld begleiteten.

Außerdem danken wir dem S. Fischer Verlag und insbesondere dem Lektor Dr. Reiner Stach für das große Engagement, das sie den ›Grenzgeschichten‹ von Anfang an entgegenbrachten.

Teil 1

Anneliese Boike

Ich bin Jahrgang 1916, die anderen Daten sind im Bericht enthalten. Ich bin noch immer Hausfrau und seit 1976 Rentnerin.

Erinnerungen an vergangene Tage

April 1945. In Bockelnhagen am Südrand des Harzes besaß ich ein kleines Einfamilienhaus. Mein Mann war schon im Dez. 1941 in Rußland gefallen, nachdem er den Frankreichfeldzug glücklich überstanden hatte. So lebte ich mit meinen beiden Kindern allein. Der Krieg war längst verloren, der Ami rückte unaufhaltsam vor. Die deutschen Einheiten versuchten sich im Harz noch einmal zu ordnen. Nachts wurde der Rückmarsch von amerik. Fliegern beschossen. An der Straße blieben die Pferdekadaver liegen. Gefallene Soldaten wurden mitgenommen. Wir kamen tage- und nächtelang nicht aus den Kleidern und ruhten zwischen gepackten Taschen, daß wir schnell, wenn es sein müßte, aus dem Haus laufen könnten. Aber unser Leben ging weiter. Ich mußte für Kinder und Vieh sorgen. So ging ich mit Tragekorb und Sichel durch den Wald, um auf der Straße nicht mit Militär in Berührung zu kommen und Grünfutter für Ziegen, Schaf und kleine Gänschen zu suchen. Es war am Berg eine Schonung, die Tannen waren noch nicht sehr groß, da wuchs gutes Futter dazwischen. Unten am Berg verlief die Straße. Plötzlich zog ein Menschenstrom auf der Straße entlang. Ein wahrer Elendsstrom, schweigsam und erbarmungsvoll schleppten sich die Gestalten mühsam vorwärts. Dann stürzten sie sich gruppenweise auf die Pferdeleichen, lösten das Fell ab und füllten mit dem Fleisch ihre Blechnäpfe. Nach kurzer Zeit waren nur noch die Gerippe übrig. Die Wachtposten duldeten eine Zeitlang die Unterbrechung. Dann jagten sie diese armen Menschen wieder vorwärts. Es zog an mir vorbei wie ein böser Traum. Ich hockte zwischen den Tannen und weinte, und weinte. – –
Am nächsten oder übernächsten Tag kamen die Amis. Es war

gegen Abend. Mich hielt es mit den Kindern nicht im Haus. Wir kletterten den Berg hinter unserem Haus hinauf, der mit hohen Tannen bewachsen war, und setzten uns so, daß wir die Dorfstraße übersehen konnten. Da sahen wir dann, wie sich der Rest der deutschen Armee absetzte. Die allerletzten waren 3 Kradfahrer. Die Dorfstraße macht um die Kirche herum eine scharfe Rechtsbiegung und 300 m weiter eine Linksbiegung; wir hörten schon lange das Geräusch der amerik. Panzer. Die 3 Kradfahrer verschwanden gerade um die Linksbiegung der Straße, da kroch der erste Panzer um die Kirchenecke. Ein paar Soldaten schlichen an den Häusern und Gartenzäunen entlang. Es blieb alles still. Es lief vor unseren Augen ab wie ein Film. Die Kinder drängten sich angstvoll an mich, und ich mußte stark sein. Wir blieben hocken, bis der 3. Panzer durchgefahren war, da hörten wir auch schon die Nachbarsleute mit den Amis reden. Wir kletterten runter vom Berg, und als wir über den Graben auf die Straße hüpften, wurden wir gesehen. Es waren 5 Amis, die unser Haus durchsuchen wollten und schon die Tür einschlagen wollten, weil nicht aufgemacht wurde. Sie standen alle 5 da und staunten mich und die Kinder, die sich an meine Hände klammerten, an, und Laute wie Ah-Ah und anderes, was ich nicht verstand, kamen aus ihrem Munde. Ich öffnete dann die Tür, und alle Räume wurden durchsucht. Sie fanden aber nichts Verdächtiges. In einer Schale auf dem Küchenschrank lagen 3 frische Eier. Es waren die ersten, die unsere Hühner nach dem strengen Winter gelegt hatten. Ich sah gerade, wie eine große Hand die 3 Eier grapschte und sie wegnahm. Ich tippte den großen Kerl an + sagte: »Das meine Eier für meine Kinder«. Er sah mich nur verächtlich an und sagte etwas, was ich wieder nicht verstand, und alle 5 Amis waren dann zur Tür hinaus. Erst jetzt wurde mir klar, daß ich allerhand riskiert hatte mit meinem Protest, und ich war froh, daß ich so gut abgekommen war und hab dann gern auf die 3 Eier verzichtet. Einige Nachbarn hatten weiße Tücher an die Türen gehängt als Friedenszeichen, und es fanden in unserem Ort auch keine Kampfhandlungen statt. 2 17jährige Jungen, einer aus Zwinge und einer aus unserem Dorf, hatten sich den zurückweichenden deutschen Truppen noch angeschlossen. Sie wollten den Endsieg noch erringen. Der Zwinger kam bei einem Luftangriff ein paar Ortschaften weiter ums Leben, der andere wurde im Harz gefangengenommen. Am 8. Mai war dann der Spuk zu Ende. Meine Schwester wurde krank.

In den letzten Kriegstagen warfen die amerik. Flieger mehrere Bomben in unserer Umgebung ab, die aber keinen großen Schaden anrichteten. In Zwinge fiel der Strom aus. So stand auch die Pumpstation der Wasserleitung still. Die Leute holten ihr Wasser wieder aus den noch vorhandenen Brunnen. Als meine Schwester anfing, sich nicht wohl zu fühlen und Fieber bekam, welches immer höher stieg, überwies sie ein herbeigerufener Militärarzt (er hatte sich von der Truppe abgesetzt und war bei Verwandten in Zwinge untergetaucht) ins Krankenhaus in Duderstadt mit Verdacht auf Typhus. Wie nun aber hinkommen nach Duderstadt? Es fuhr kein Zug, kein Bus in diesen Tagen. Ein privater Autobesitzer hatte noch einen kleinen Vorrat an Benzin. Der bot sich an, meine Schwester und noch eine Patientin, die operiert werden mußte, ins Krankenhaus zu bringen. Das Krankenhaus war überfüllt mit verwundeten Soldaten. Meine Schwester wurde auf Isolierstation gelegt, und da ist sie am 19. Mai gestorben. Meine Mutter und ich haben sie einmal besucht. Sie lag in sehr hohem Fieber und phantasierte nur. Zwischendurch erkannte sie uns aber mal. Es war sehr traurig. Wir mußten den Weg zu Fuß machen, 15 km hin, 15 km zurück. Abends um 9 Uhr war Sperrstunde. Um 10 Uhr waren wir erst wieder zu Hause. Wir sind querfeldein geschlichen, um keiner Streife in die Arme zu laufen. Meine Schwester ist an Blutvergiftung gestorben, nicht an Typhus. Das wurde erst festgestellt, als sie tot war. Sie hatte im Rücken (Steißgegend) einen Bluterguß, den sie sich bei einem Sturz auf der Treppe in ihrer Wohnung zugezogen hatte. Es gab im Krieg doch nur Schuhe mit Holzsohlen, damit ist sie ausgerutscht und von oben bis unten runtergefallen. Somit ist meine Schwester auch ein Kriegsopfer geworden, 30 Jahre alt, Mutter von 3 Kindern, 6, 8, und 10 Jahre alt. 14 Tage später, nachdem wir meine Schwester begraben hatten, die Natur stand in voller Blüte, fingen die Amis an, die Bevölkerung zu registrieren. Der Mann meiner verstorbenen Schwester wurde mitgenommen. Er war bei den Feldgendarmen gewesen, die der SS unterstellt waren. Er hatte aber das SS-Zeichen nicht unterm Arm. Nun waren die Kinder allein, schutzlos und unversorgt. Nach weiteren 14 Tagen war wieder eine Razzia. Diesmal wurde mein Vater mitgenommen mit unbekanntem Ziel. Der Bürgermeister hatte eine Liste aufgestellt über alle Parteigenossen. Angefangen mit Ortsgruppenleiter, SA-Gruppenführer, Bauernführer, Parteikassenführer u.s.w. Der Bürgermeister selbst stand an letzter Stelle ganz unten. Mein Vater war Parteikassen*führer*, obwohl er selbst kein Parteimitglied war. Seit Jahren, schon vor 1933, hatte er alle Kassen im Ort zu verwalten: Gemeindekasse, Kirchenkasse, Stromgeld sammelte er ein, 1936 übernahm er die Poststelle im Ort. Als sich nun Mitte der 30er Jahre eine Ortsgruppe der NSDAP gründete, überredete man meinen Vater, auch diese Kasse noch dazu zu nehmen.

Die ersten Vier auf der Liste wurden abgeführt. Mein Vater war 58 Jahre alt. Jetzt war Mutter völlig überfordert, und sie rief mich zur Hilfe. Ich packte ein paar Sachen für mich und die Kinder zusammen, fing meine 8 Hühner und steckte sie in einen Sack, packte das alles auf den Handwagen. 2 Ziegen band ich hinten am Wagen an. Mein Sohn zog den Wagen, neben ihm lief unser Schäfchen. Ich ging hinten und betreute die Ziegen. Vorneweg trieb meine kleine Tochter die Gänseschar. Ich verschloß unser kleines Eigenheim, und so zockelten wir langsam die 4 km von Bockelnhagen nach Zwinge, wo für uns ein neuer Lebensabschnitt begann.

In Bockelnhagen war kaum ein Ami zu sehen, dafür in Zwinge um so mehr. Da war eine Kommandantur, und im Nebenzimmer bot sich eine junge evakuierte Frau für die ganze Truppe als Liebesdienerin an. Wahrscheinlich hat sie so manch andere junge Frau vor Vergewaltigungen bewahrt. Sie hat bittere Folgen tragen müssen. Geschlechtskrank ist sie geworden und ein »Besatzungskind« ist ihr geblieben. Als der Ehemann später aus der Gefangenschaft kam, ist die ganze Familie, es waren schon 2 Kinder da, nach D. gezogen.

Es wurde viel geredet von einer Grenze und von teilen. Aber so richtig wußte niemand etwas. Lange vor Kriegsende hatte ich einen Traum. An einer Wand hing eine große Deutschland-Landkarte. Ich stand davor und betrachtete sie. Da sah ich auf einmal 3 große, dicke Striche von oben nach unten, etwa an der Oder, der Elbe und am Rhein entlang. Deutschland in 3 Teile geteilt. So wurde es dann auch, mein Traum wurde traurige Wahrheit: Ostpreußen, Westpreußen, Pommern und Schlesien wurden Polen und das übrige Gebiet Ost + Westdeutschland. Wir hofften, unsere 3 Dörfer, Bockelnhagen, Silkerode und Zwinge würden zum Westen gehören, weil doch der Ami dieses Gebiet eingenommen hatte. Aber eines Tages im Juli waren die Amis weg. Dann ging es wie ein Lauffeuer durchs Dorf: »Die Russen kommen!« Es hielten sich einige Leute aus der Stadt bei Verwandten im Ort auf, um sich mal sattessen zu können. Diese Leute suchten in panischer Angst das Weite. So auch meine Cousine aus Wiesbaden. Über Nacht waren die Russen da und unser

Dorf zum Grenzort geworden. Die Russen suchten sich schöne große Häuser aus, in denen sie sich einquartierten. Eines war Dr. Otto sein Haus, ein schönes Haus, mit vielen großen, hellen Zimmern. Es wurden Frauen bestimmt, die das Haus immer sauber machen mußten. Einmal war auch ich dabei. Es war ekelhaft. In verschiedenen Räumen hatten die Soldaten ihre Notdurft verrichtet. Unsere Viehställe ausmisten ist mir nie so widerlich gewesen.

Dann wurden auch Leute aufgerufen, sich mit Hacke oder Spaten einzufinden, die mußten unter militärischer Aufsicht eine provisorische Grenze ausheben. Ein etwa 1/2 m breiter und 30 cm tiefer Graben lief quer durch Wiesen, Rüben- und Kornfelder. Nachmittags wollte ich die ausgestochenen Rüben für das Vieh holen. Meine 6jährige Tochter und ich sammelten die Rüben und Blätter in eine Tragekiepe. Plötzlich stand ein russ. Soldat hinter uns. Er hatte uns wohl schon eine Weile beobachtet, und wir hatten es nicht bemerkt. Er sprach gebrochen Deutsch und fragte mich allerhand: Wozu ich die Rüben hole, ob das mein Feld sei, ob das mein Kind sei, wo mein Mann sei. Als ich ihm dann sagte, das sei mein Feld, ich die Rüben fürs Vieh hole, daß das meine Tochter sei und mein Mann in Rußland gefallen sei, sagte er: »Nix Mann, aber Kind hast.« Und er bot sich an, mich zu heiraten. Er sei kein Russe, Russe nix Kultura, Schwein, Kuh, Huhn, Mensch, alles unter einem Dach. Er sei ein Georgier, sozusagen ein besserer Mensch, eben würdig, mich heiraten zu können. Er war mir behilflich, meine schwere Kiepe auf den Rücken zu bekommen. Am liebsten wäre er mitgekommen, um zu sehen, wo und wie ich wohne. Ich hatte eine Bekanntschaft gemacht, die mir später aus einer fatalen Situation helfen sollte.

Wir mußten nun mit der Grenze leben. Sie verlief etwa 300 m hinter unserem Garten entlang, über den Osterberg, die Hellekuhle nach Jützenbach zu. Die Soldaten liefen Streife, etliche Mal am Tag, oft versteckten sie sich hinter der Hecke, die die Hausgärten vom Feld trennte. Wenn ich im Garten zu tun hatte, kam immer einer, nicht der Georgier, und suchte Kontakt mit mir. Wir hatten inzwischen erfahren, daß sich mein Vater in der Nähe von Kassel in Gefangenschaft befand. Mutter und ich überlegten, wie wir ihm etwas Lebensmittel hinschaffen könnten. Da faßte ich mir ein Herz und erzählte dem Russen von meinem Vater und fragte ihn, ob er mich wohl über die Grenze gehen ließe. Und wir verabredeten an dem nächsten Abend die Abendstunde seiner Grenzwache. Meine Mutter war entsetzt über meinen Mut. Ich wollte aber noch gar nicht gleich über die Grenze, sondern wollte den Russen erst einmal testen. Am nächsten Abend kam der Russe zu uns gelaufen und fragte meine Mutter, ob ich schon gegangen sei. Ich dürfe heute nicht gehen, er hätte eine andere Streife zu laufen, und Kamerad hier nix gut. Er würde Bescheid geben, wenn es sein könnte. Es hat aber nicht mehr sein brauchen, Vater wurde in diesen Tagen nach Kornwestheim verlegt, und wir durften ihm Päckchen schicken. Ich hatte aber den Eindruck gewonnen, daß es der Russe ehrlich gemeint hatte.

Durch die Grenzziehung war die Zwinger Feldflur vom Ort abgetrennt. Das Korn war reif und mußte geerntet werden. Durch langes Verhandeln mit dem Kommandanten wurde dann gestattet, daß die Bauern ihre Felder bearbeiten durften und die Grenze passieren konnten. Das sprach sich dann weit im Lande herum, daß in Zwinge die Grenze offen sei. Es kamen viele Flüchtlinge, sogar aus Berlin, die in den Westen wollten. Die Eisenbahn fuhr wieder 2 mal am Tag die Strecke von Bleckenrode Ost bis Zwinge, früher Herzberg. Die Grenze verlief kaum 50 m vom Bahnhof entfernt. Die Leute sprangen auf der Seite zur Grenze aus dem Zug und suchten dann den Westen zu erreichen.

Bis dann die Russen den Zug schon in Empfang nahmen und alle Leute kontrollierten. Die dann Gefangenen wurden über Nacht eingesperrt und am anderen Morgen wieder ins Hinterland geführt, hin zu Fuß, etwa 10–15 km weit. Der Zugführer hielt dann schon auf freier Strecke an und ließ die Grenzgänger vor dem Bahnhof aussteigen. Einmal kam ein etwa 16jähriger Junge durch die Wiese gelaufen, bei uns über den Hof, und versteckte sich im Gänsestall. Hinter ihm waren zwei Russen her, fragten mich: »Wo Junge?« Ich sagte: »Zum Garten rauf« und meinte, sie würden schnell im Garten rauf laufen. Aber sie fanden ihn doch und prügelten ihn und nahmen ihn mit. Er tat mir so leid, aber ich konnte nichts tun.

Eines späten Abends hielt vor unserem Haus ein kleiner Planwagen. Ein klappriger Gaul war davorgespannt. Die Frau bat um etwas Milch. Sie hatte eine ganze Kinderschar im Wagen, 7 oder 8, ich weiß es nicht mehr genau, im Alter von 2–10 Jahren. Sie lagen wie die Heringe in dem kleinen Wagen. Die Frau wollte am Tage über die Grenze. Meine Mutter und ich holten sie alle ins Haus. In einem Raum bereiteten wir ein großes, weiches Lager, und die ganze Schar wurde dort über Nacht gebettet. Am anderen Morgen, bei Tageslicht, sahen wir, daß die Haut der Kinder mit Ausschlag und Geschwüren bedeckt war. Ich war dem Herrgott dankbar, daß ich gesunde Kinder hatte. Die Russen haben die Frau mit Pferd und Wagen mit den Kindern drin ohne weiteres ziehen lassen.

Je nach Laune des Kommandanten war die Grenze auch mal wieder zu. Wer dringend im Westen etwas zu erledigen hatte, versuchte es über den Nachbarort Silkerode. Meine Tante war in Westfalen zu Hause, hatte die letzten Kriegsmonate in ihrem Heimatort bei Worbis verbracht. Nun wollte sie zurück und auch ein wenig von ihrem Hab und Gut wieder mitnehmen, welches sie noch hier vor Brandbomben in Sicherheit gebracht hatte.

Ich sollte ihr dabei behilflich sein. Wir tarnten uns als Frauen, die zur Feldarbeit wollen, mit Hacke und Tragkorb, in dem jeder einige Teile Wäsche trug. Es war ein weiter Weg, erst von Zwinge nach Silkerode, dann durch die Feldflur zur Grenze. Wir durften auch nicht zeigen, daß unsere Körbe schon schwer zu tragen waren, sondern wie leicht aussahen. Wir überlegten uns, was wir den Posten erzählen wollten, weshalb wir über die Grenze müßten. Als wir uns der Sperre näherten, standen da zwei Posten. Und plötzlich erkannte ich den einen. Es war der Georgier. Ich sagte zu meiner Tante: »Jetzt weiß ich nicht, wie das wird, der eine kennt mich, dem kann ich nichts vormachen.« Ich wäre am liebsten umgekehrt. Aber er hatte mich auch gleich erkannt und empfing uns sehr freundlich. Ohne daß ich ihm was zu erzählen brauchte, sagte er zu seinem Kameraden: »Die Frau gut, die Frau kann gehen, aber wiederkommen!« Es wurde nicht in die Kiepe gesehen, und wir beide machten lange Beine, daß wir fortkamen, ehe es sich der andere noch anders überlegen würde. Als ich am Abend zurückkam, meine Tante blieb ja im Westen, hatten die Posten gewechselt, und ich wurde auf Geheiß des Georgiers ungehindert durchgelassen.

Eines Sonntags nachmittags kam ein Russe zu uns ins Haus. Ein hübscher, junger Mensch, hatte einige Sterne und Abzeichen an der Uniform. Er sah sich überall um. Ich folgte ihm in alle Räume. Im Wohnzimmer stand ein Bild meines gefallenen Bruders auf dem Schrank. Er ging darauf zu, als hätte er gefunden, was er suchte und fragte, wer das sei. Ich sagte es ihm. Er stand davor eine lange Weile und betrachtete es andachtsvoll. Mir war, als weinte er. Dann drehte er sich schnell um und ging wortlos hinaus. Ich habe den Russen nicht wiedergesehen. Was er gewollt und was ihn bewegt hat? Ich weiß es nicht.

An einem Tag im Spätherbst saßen wir nach Feierabend noch alle beieinander: Urahne, Großmutter, Mutter (ich) und Kind. Meine 80jährige Großmutter war bei uns zu Besuch. Ich war am Wolle spinnen, meine Tochter spielte mit ihrem Püppchen, Mutter und Großmutter strickten. Plötzlich war ein Getrampel auf dem Hof, und wir hörten Männerstimmen. Da klopfte es am Fenster, und zu gleicher Zeit wurde an die Haustür gepocht. Ich öffnete erst einmal das Fenster. Da standen 5 Russen und verlangten: »Aufmachen, aufmachen!!« Meine Mutter ging zur Haustür und machte auf, da drängten alle 5 Männer rein in unser kleines Wohnzimmer und stellten 3 Flaschen Wodka auf den Tisch. Dann zeigten sie mir, mehr mit Handsprache als mit Worten, daß ich Gläser holen solle, aber für uns Frauen auch. Großmutter und meine Tochter hatten sich in die äußerste Ecke verzogen, Mutter und ich lehnten es ab, mitzutrinken. Wir hatten unheimliche Angst, was wohl werden würde, wenn alle 5 betrunken wären. Sie waren munter und fröhlich. Was sie sich untereinander sagten, verstanden wir ja nicht. Eine Flasche nach der anderen wurde leer, und als der letzte Tropfen verschluckt war, erhoben sie sich und gingen, ohne uns zu belästigen. Von Trunkenheit bemerkten wir an ihnen nichts. Wir aber waren froh, als sich die Tür hinter ihnen schloß.

Wir waren Selbstversorger und noch abgabepflichtig. Pro ha Akkerland mußten wir soundso viel Milch, Fleisch und Eier liefern. Das Soll war so hoch, daß kaum für uns was übrig blieb. Deshalb mußten wir sehen, genügend Vieh im Stall zu haben. Es gab aber im Herbst 45 keine Ferkel zu kaufen. Ich hatte mit meinem Schwager in Pöhlde (Westzone) Verbindung aufgenommen, und der besorgte uns 2 Ferkel, die er im Tragkorb per Rad nach Brochthausen brachte. Von dort mußte ich sie abholen. Mit Handwagen und Kiepe drauf zog ich mit meinen beiden Kindern bis zum »Rübenholen« aus dem Westen. Mein Schwager erwartete uns schon. Wir packten die Ferkel um in meine Kiepe, obendrauf legte ich etliche Hölzer quer, da drauf packte ich einen Haufen Rübenblätter. Dann verschnürte ich den Hügel Blätter mit einem Band, und so traten wir den Heimweg an, etwa 1 1/2 km bis nach Hause. Es ging auch alles gut, bis wir genau vor der Kommandantur waren. Da streckten die zwei Ferkel auf einmal ihre Schnauzen durch die Rübenblätter und quiekten, als würden sie geschlachtet. Meine beiden Pferdchen blieben stehen und drehten sich um, was da wohl geschah. Ich raunte sie an: »Weiter, weiter, nicht stehenbleiben!« und drückte die zwei Schnauzen mit einer Hand wieder unter die Blätter. Mir schlug das

Herz fast zum Hals herauf. Mit großen Schritten eilten wir weiter, jeden Moment einen Russen hinter uns erwartend. Zirka 100 m weiter bogen wir in unsere Straße ein und gelangten außer Sichtweite der Kommandantur. Wir kamen mit unseren »Speckpflanzen« zu Hause an, ohne daß uns jemand folgte oder begegnete. –

Es kamen immer mehr Leute, die in den Westen wollten. Manche brachten ihr Hab und Gut mit, manche kamen ohne alles. Eine junge Familie, Mann, Frau und ein Kleinkind, haben in unserer Scheune im Heu eine Nacht verbracht. Sie warteten am Tag die Gelegenheit zwischen den Streifengängen der Russen ab, um in unserem Garten rauf über die Grenze zu gelangen. Es fanden sich auch sogenannte »Grenzführer«, die den Leuten behilflich waren. Unser Kartoffelfeld lag auf dem Osterberg gleich hinter unserm Dorf direkt an der Grenze. Wir waren mit der Kartoffelernte beschäftigt. Wie es damals üblich war, wurden die Reihen ausgepflügt, und dann rutschten wir auf den Knien über den Acker und sammelten die Kartoffeln auf. Dabei konnten wir hinab ins Dorf sehen. Der Zug war eingelaufen. Nach einer Weile kamen ganz viele Menschen, etwa 30 Leute, im Tal entlang, voran ein »Grenzführer« aus unserem Dorf, ein junger Bursche. Wir bekamen einen großen Schreck, denn wir hatten den ganzen Tag die Russen beobachten können.

Jetzt lagen zwei weiter oben auf dem Berg uns gegenüber in der Sonne. »Waldemar« brachte seine Leute in der Schlucht herauf bis an den Weg, der hinter unserem Kartoffelfeld entlang direkt auf die Grenze stieß, etwa 100 m lang. Dort ließ er die Leute warten, er stieg etwas in die Höhe, um zu sehen, wo die Russen lagen. Dann sprang er zurück und feuerte die Leute an wie ein Feldwebel seine Soldaten in den Kampf: »Lauft Leute!, lauft!, lauft!, lauft!!« Und die Menschen keuchten den Berg hinauf. Es waren auch Ältere dabei, Frauen, Männer und etliche Kinder. Als sie dann in unsere Höhe kamen, wurden sie von den Russen gesehen. Die sprangen wie von Taranteln gestochen auf und kamen herübergelaufen. Sie schossen ein paar Mal in die Luft, das war ein Schreien und Kreischen und eine Gerenne! Die Entfernung war aber doch so groß, daß es auch die Älteren noch schafften, hinüber zu kommen, und die Russen hatten das Nachsehen. Wir Frauen waren wie gelähmt vor Angst um all die Leute und vergaßen das Kartoffelsammeln. Und Waldemar? Der kam abends im Dunkeln auf Schleichwegen wieder zurück ins Dorf.

Im Zwinger Grenzabschnitt haben auch 5 Menschen den Tod

gefunden. Ein Mann hatte einen Herzschlag bekommen, man fand ihn steif und starr im Grenzgelände. Man mußte ihm die Arme brechen, um ihn in einen Sarg legen zu können. Die anderen sind erschossen worden.

Ein junges Mädchen von Herzberg wollte sich in Zwinge bei einer guten Schneiderin ihr Brautkleid nähen lassen und auch ihren Bruder in Zwinge besuchen. Sie kam mit noch einer älteren Frau an die Grenze. Ein Grenzposten gab ihnen Zeichen zum Rüberkommen. Als sie durch den Stacheldraht gekrochen waren, wollte der Russe mit dem jungen Mädchen ins Gebüsch. Er zerrte sie, und sie wehrte sich sehr, die Begleiterin suchte schnell zu entkommen und kroch zurück. Das junge Mädchen wollte auch zurücklaufen. Aber sie kam nur ein paar Schritte, da hat er sie hinterrücks erschossen. Die Leiche warf er dann hinüber auf die westliche Seite. Die Begleiterin hat es mit angesehen.

Eine alte Oma von 77 Jahren ist auf dem Feld allein beim Miststreuen. Das Feld liegt auch nahe der Grenze. Da kommen zwei Soldaten, die Streife laufen, zu ihr auf den Acker, wahrscheinlich, um sich mit ihr zu unterhalten. Die Oma ist aber schon seit früheren Jahren taub und las uns die Worte vom Mund ab, wenn wir uns mit ihr unterhielten. Weil sie die Russen nicht versteht, bekommt sie Angst und will nach Hause. Da läuft der eine Russe ihr nach und schreit sie an. Aber das versteht sie ja auch nicht und fängt an zu laufen. Da schlägt er ihr mit dem Gewehrkolben an die Beine und ein Bein ist ab. Sie stürzt und will auf Händen noch weiter kriechen und jammert und stöhnt. Da springt der Russe zwei Schritte zurück und erschießt die alte Frau. Ein Bauer auf einem anderen Feld hat es mitgesehen. Den Schuß hab ich zu Hause auch gehört und erschreckte mich sehr. Es begab sich etwa 500 m hinter unserem Garten.

Ein Bekannter baute sich im Nachbarort ein Haus. Es war in dieser Zeit schwer, alles zu beschaffen, was nötig war. Ein Schwager war Tischler und machte die Türen und Fenster, nur der wohnte im Westen. Wir hatten Heu einzufahren von einer Wiese, die im Westen lag. Da hat meine Mutter das Fuder Heu zuerst nach Hilkerode gefahren, halb abgeladen, die Türen und Fenster im Heu verpackt und dann die Fuhre nach Weißenborn gefahren. Ebenso kam ein fettes Schwein von Hilkerode nach Weißenborn. Das Schwein kam in einen Holzkasten, wie er verwendet wurde beim Viehwiegen. Dieser Kasten wurde dann in einer Roggenfuhre verpackt. Das

Schwein war ganz ruhig in seinem Versteck und hat nicht gequiekt. Die Aufregung und die Angst, die wir dabei ausgestanden haben, und die Freude, wenn es gelungen war, kann ich nur andeuten.

Es standen bei uns zwei Kisten von der Firma »Zeiss Jena«. Wie die bei uns angekommen waren, ist mir entfallen. Jedenfalls sollten die Kisten in den Westen. Wir luden sie auf unseren großen Handwagen und fuhren los, um Kleefutter vom Feld direkt an der Grenze, aber auf der Westseite, zu holen. Mein Vater, der nach 1 Jahr und 6 Tagen amerikanischer Gefangenschaft wieder zu Hause war, ging mit Sense und Harke vor. Als ich mit dem Wagen dicht an der Grenze war, kamen vom Bahnhof her zwei Russen und riefen mir zu, stehen zu bleiben. Was sollte ich machen? Vater störte sich nicht dran und ging ruhig weiter. Die Russen kamen zu mir, besahen sich die Kisten und wollten wissen, was drin sei. Ich sagte, »weiß ich nicht, es gehört mir nicht, ihr könnt sie haben.« Das wollten sie aber nicht, in den Westen sollten sie aber auch nicht. »Dann fahre ich wieder nach Hause«, sagte ich und drehte den Wagen um. Da faßten die zwei mit an, und wir brachten alles wieder nach Hause. Die Leute in unserer Straße guckten verwundert, daß die Russen mit mir am Wagen zogen. Eine Woche lang kamen die beiden, um nachzusehen, ob die Kisten noch da waren. Ich wagte auch nicht, wieder mit dem Handwagen loszuziehen. Erst als die Russen nicht mehr kamen, wahrscheinlich war die Truppe abgelöst, haben wir die Kisten auf den Kuhwagen gesetzt und ringsherum mit Mist bedeckt. So haben wir es doch geschafft, die Kisten wieder loszuwerden.

Inzwischen ist es 1948 geworden. Ich habe meinen späteren 2. Ehemann kennengelernt. Er ist aber noch in französischer Gefangenschaft. Wir schreiben uns dann und wann. Ich sende meine Briefe von Brochthausen ab, und er adressiert nach Brochthausen postlagernd. Wenn wir auf dem Feld im Westen zu tun hatten, benutzte ich die Gelegenheit, um zur Post zu gehen: Mutter und meine Tochter fuhren mit dem Kuhwagen schon nach Hause, und ich ging erst zur Post. Als ich dann allein zur Grenze kam, fragte mich der Posten, wo ich gewesen sei. Er hätte mich durchs Fernrohr vom andern Ort und nicht vom Feld kommen sehen. Der zweite Posten begleitete mich und brachte mich zur Kommandantur, der Kommandant sollte entscheiden, was mit mir geschehen sollte. Der Herr war aber gerade nicht da, so wurde ich in ein Zimmer eingesperrt. Ich war allein. Es hatte sich im Ort ganz schnell rumgesprochen, daß ich eingesperrt sei. Mutter und meine Tochter kamen und bettelten den Kommandanten an, mich freizulassen. Ich sei erst vor 14 Tagen operiert und sei noch sehr schwach und benötigte unbedingt mein Bett zur Nacht. Es stimmte, ich war rechts und links am Leistenbruch operiert. Dieses hörte sich der Kommandant an, beruhigte meine Mutter und schickte sie und meine Tochter nach Hause. Gerade wurde noch eine Frau gebracht, die auch von Brochthausen gekommen war. Diese Frau sollte nun mit dem Kommandanten die Nacht verbringen. Sie war aber listig und ging gleich auf seine Forderung ein. Sie sagte aber, hier ist es doch so ungemütlich, sie wolle dann auch mit ihm allein sein, er möchte doch in ihre Wohnung kommen. Hocherfreut über solch ein Entgegenkommen und Bereitwilligkeit schickte er die Frau nach Hause, um sich für ihn schön zu machen. Sie hatte ihm ihre Adresse gesagt, ist aber nicht in ihre Wohnung gegangen, sondern hat bei Nachbarn geschlafen. Der Kommandant hat die ganze Nacht auf ihrem Trittstein gesessen und hat auf Frau B. gewartet. Mich hatte er noch nach Hause entlassen, ehe er zu Frau B. ging. So bin ich davongekommen. Ich habe mich später bei Frau B. bedankt, und wir haben herzlich gelacht.

Der Kommandant ist bald danach versetzt worden. 1949 wurde mein Verlobter aus der Gefangenschaft entlassen. Er suchte sich aber einen Wohnsitz im Westen. So meldete er sich in Herzberg an und fand auch später dort Arbeit. So begann für ihn das Pendeln, Montag früh über die Grenze nach Herzberg, sonnabends über die Grenze nach Zwinge. Ich stand dann oben in unserem Garten, und er wartete oben auf dem Berg am Waldrand im Westen, bis ich ihm ein Zeichen gab. Im Winter, wenn Schnee lag, streifte er ein Schneehemd über. In den 1 1/2 Jahren ist er nicht einmal geschnappt worden. Aber manch bange Stunden haben wir durchlebt. Bis dann eines Morgens in der Woche vor Pfingsten 1952 die Bauern mit Trekkern und großen Pflügen den 10 m breiten Grenzstreifen umpflügen mußten. Da machte ich mir große Sorgen, daß das Pendeln dann nicht mehr möglich sein würde. Wir waren inzwischen verheiratet und hatten eine kleine Tochter. Meinen 1. Ehemann hatte ich im Krieg verloren, und mein 2. würde eventuell beim Grenzübergang erschossen. Diese Vorstellung hat mich dann bewogen, Zwinge zu verlassen und auch nach Herzberg zu gehen. Meine Eltern waren nicht erfreut über meinen Entschluß. Ich packte wieder ein paar Habseligkeiten für mich und die Töchter zusammen, mein Sohn wollte seine Lehre nicht abbrechen und blieb bei den Eltern, und verließ noch am gleichen Abend mein Elternhaus. Im allgemeinen Durcheinander, das an diesem Tag bestand, gelang es mir leicht, in den Westen zu gelangen. Und seitdem geht die Grenze auch durch unsere Familie. Durch die Fehlentscheidung, meinen Sohn zurückzulassen, tragen wir, seine Nachkommen und ich, noch heute an dieser verfluchten Grenze. Er selbst ist schon vor etlichen Jahren verstorben. Wäre er damals mitgekommen, wäre seine Lebensbahn eine andere geworden. Auf der Fachschule in Glauchau hat man versucht, ihn zu erpressen, weil seine Geschwister und seine Mutter, die er nie verleugnet hat, im Westen waren. Man hat ihn aber sein Leben lang nicht losgelassen. So hat ihn die Partei und die Unfreiheit zermürbt. Durch den Tod meines Sohnes ist auch die Schwiegertochter nicht mehr mit mir verwandt. Unmenschliche Gesetze!

Karl Sengler*[1]

Ich habe meinen Bericht frei in die Maschine geschrieben ohne nachträgliche Änderungen.

Über die grüne Grenze im Jahre 1945

Als es im Oktober 1945 zur Entlassung aus amerikanischer Gefangenschaft kam, steuerte ich den Wohnort einer Tante in Ilsede bei Peine an. Immerhin liegt dieser Ort nicht allzuweit von der Grenze zur Ostzone entfernt, so daß ich von hier aus einen Übergang nach Staßfurt bei Magdeburg planen konnte, wo ich meine Familie wußte. Eine Verbindung zu ihr hatte ich bis dahin noch nicht, wußte auch nicht, ob sie am Leben war oder den Wohnort verlassen hatte. Aber es mußte trotz aller Gefahren, wieder in Gefangenschaft zu kommen, gewagt werden.

Zunächst tauschte ich im Orte meine Offiziersuniform gegen eine von einem zurückgekehrten Landser ein. Gleichzeitig versuchte ich den besten Weg nach drüben zu erkunden. Aber da schwirrten die tollsten Gerüchte durch die Gegend, und alles Planen erschien zwecklos. Ratschläge über Ratschläge, wie über die

1 Die mit einem Sternchen versehenen Namen wurden auf Wunsch der betreffenden Personen geändert.

Grenze zu kommen, aber meist widersprachen sie sich. Fast hätte man den Mut verlieren können, den Grenzübertritt zu wagen. Mir blieb nichts weiter übrig, als auf eigene Faust loszuziehen. Ausgerüstet mit einem alten Rucksack, einer Decke und einem Stück Brot, machte ich mich auf den Weg. In Lehrte fand ich mich nach einer Tagesreise auf dem Bahnhof wieder unter einer Unmenge von Menschen, die meist alle das Ziel im Osten suchten. Einen Personenzug zu erwischen, war nicht möglich, denn solche Züge kamen schon überfüllt in der Station an. Nach langem Warten fuhr ein leerer Kohlenzug auf dem Güterbahnhof ein. Alles, was auf dem Personenbahnsteig gestanden hatte, stürmte nun wie auf der Flucht begriffen dorthin und enterte den Zug. Gleich dem Personenzug war er bald überfüllt, und viele Männer und Frauen hingen außen an den Wagen oder standen auf den Puffern. Hauptsache war das Mitkommen, dem Ziele näher zu kommen.

Endlos schien die Fahrt zu sein. Der Zug hielt in kurzen Abständen, ließ Militär- und Personenzüge passieren. Eine lange Nacht, bis nach Helmstedt zu kommen. Zugig, kalt in den offenen Wagen, brachte keiner der gedrängt stehenden Mitreisenden ein Wort über die Lippen. Unterwegs plötzlich ein fürchterliches Schreien vom Ende des Zuges her, niemand konnte in der Nacht erkennen, was geschehen sein mochte. Erst in Helmstedt wurde erzählt, daß auf dem Dach des letzten Wagens des Zuges Reisende gesessen hätten, von denen einige beim Passieren einer Brücke heruntergefegt worden seien. Der Weg zur Heimat!

Der Personenbahnhof von Helmstedt wurde nicht angefahren. Vielmehr stoppte der Zug weit draußen auf einem Nebengleis. Im Nu waren alle Mitreisenden abgesprungen und verteilten sich neben den Schienen. Erst jetzt war auch das Schweigen gebrochen. Zunächst waren es nur wenige, die sich auf den Weg machten in alle Himmelsrichtungen, außer Westen. Sicher waren es Grenzgänger, die den Weg nicht zum ersten Male machten. Ihnen schlossen sich sicherlich nur wenige Leidensgenossen an im Bestreben, die Grenze zu erreichen. Andererseits kannten solche Leute meist schon einigermaßen sichere Wege und wollten ihr Wissen für sich behalten. Vielleicht wollten sie sich selbst auch nicht gefährden durch Mitläufer, die sich nicht richtig verhalten konnten. Grüppchenweise standen die Menschen neben dem Bahndamm und diskutierten, berieten sich, tauschten auch angebliche Erfahrungen aus. Als Einzelgänger machte ich die Runde von einer Gruppe zur anderen, schnappte hier und dort Hinweise auf. Bald stand mein Entschluß fest, es allein zu versuchen und hierbei auch meine soldatischen Kenntnisse zu verwerten. Daß ein solches Unterfangen aber auch seine Tücken haben kann, mußte ich dann auch erfahren.

Verlockend war sicher der Plan zu versuchen, durch den Braunkohlen-Tagebau der Braunschweigischen Braunkohlenwerke zu kommen. Aber hiervon wurde ich abgehalten, da ich sah, daß sich in Richtung dorthin britische Militärwagen bewegten. Dann aber kam mir auch zu Bewußtsein, daß zumindest bei Tage eine ausgedehnte Grube gut einzusehen, also schlecht zu passieren sei. Doch wohin immer man sich wenden wollte, die Grenzgänger sammelten sich in breiter Front für ihren friedlichen Angriff nach drüben. Diese Erkenntnis bestätigte sich noch mehr, als ich in die Stadt kam und dort ein unbeschreibliches Menschengewühl antraf. Mit einer Meute gefangen zu werden, war sicher ein größeres Wagnis als allein zu gehen.

Also wandte ich mich nach Norden in der Absicht, losgelöst von anderen einen alleinigen Versuch zu starten zur Grenzüberquerung. Schon war ich mehr als einen Tag unterwegs, ohne zu ruhen. Weit draußen fand ich hinter einer Hecke einen Platz, an dem ich ein wenig Schlaf nachholen konnte. Lange währte das aber nicht, denn es war im November schon empfindlich kalt, und eine gewisse innere Unruhe hatte mich auch erfaßt. Wollte ich doch möglichst bei Nacht den Sprung wagen. Indes hatte ich keine Ahnung, wo die Grenze verlaufen könnte. Einheimische waren verständlicherweise verschlossen und deuteten in Richtung Osten.

Ich näherte mich einem Waldstück, vorn zunächst eine Kusselschonung, dahinter Hochwald. Dort irgendwo mußte die Grenze verlaufen, so meinte ich. Kaum war ich einige Meter in der Schneise der Schonung, da trat aus dem Gebüsch ein Landser hervor. Ich glaubte jetzt einen Weggenossen gefunden zu haben; er fragte, ob ich auch nach drüben wolle. Als ich bejahte, führte er mich ein Stück vom Wege entfernt in die Schonung, wo fünf Männer und eine Frau auf dem Boden saßen. Wie sich herausstellte, hatte der Kamerad diese Leute ebenso wie mich dorthin gelockt mit dem Versprechen, uns sicher über die Grenze zu bringen. Bevor wir dann aufbrachen, mußte jeder einige hundert Mark berappen für »die Gefahr«, der er sich aussetzte. Ohne zu zögern, zahlten alle, und wohl keiner hegte einen Argwohn.

Dann kam eine Reihe von Belehrungen, wie wir uns zu verhalten hätten und daß wir unbedingt seinen Anordnungen zu folgen hätten. Um unser Geld gebracht und mit Hinweisen, die keine waren, ausgerüstet, machten wir uns unter seiner Führung auf den Weg. Er lief immer 20 Meter voraus. Wenn er plötzlich seitwärts in die Büsche sprang, mußten wir gleiches tun, so hatte er uns befohlen. So ging es endlos durch die Wälder, von Grenze keine Spur. Als wir wieder einmal auf dem Bauche lagen und aus unseren Verstecken herausschauten, kam auf uns eine britische Patrouille zu. Diese drei Tommys mußten uns wohl schon lange verfolgt haben. Mit einigen Schüssen aus einer MP wurden wir aus unseren Verstecken geholt und unser Führer mit. Es wurde nicht lange gefackelt, wir mußten den Rückweg antreten. Alle Mühe und alles Geld waren dahin. Pech hatten wir gehabt. Zerschmettert trotteten wir hinter zweien der Briten dahin, während der dritte hinten absicherte. Auch hier hatte alles in Stille zu geschehen mit dem Erfolg, daß noch weitere Grenzgänger aufgegriffen wurden. Somit erhöhte sich die Zahl der Gefangenen auf etwa 20. Und weiter ging es in Richtung Westen durch den Wald.

Gerade bogen wir von einer Schneise ein in einen Fahrweg. Das nutzten vor mir zwei Kameraden, sicher zwei echte frühere Frontschweine, wie es in der Soldatensprache hieß, zur Flucht. Sie sprangen plötzlich seitwärts hinein in die Kusseln. Wie von Magneten gezogen folgte ich und noch einige andere. Auf dem Bauche robbten wir weg vom Wege tiefer in das dichte Holz hinein. MP-Salven verfolgten uns, ohne jemanden zu treffen. Was wollten die drei Briten denn ausrichten gegen uns? Sie konnten doch die anderen Gefangenen nicht im Stich lassen. Die wären ihnen sonst auch noch getürmt. Schließlich waren die Briten mit ihrem Gefangenenrest verschwunden, und zu sechs Mann und einer Frau versammelten wir uns wieder. Und siehe da, unser Führer war auch dabei. Daß er uns in diese mißliche Lage gebracht haben könnte in voller Absicht, war wohl nicht anzunehmen. Aber dennoch war unser Argwohn geweckt. Es gab für ihn deutliche Worte, und er mußte versprechen, uns bis an die Grenze zu führen. Nun nicht mehr an der Spitze unseres kleinen Trupps, sondern in der Mitte, damit er uns vorher nicht entwischen konnte. Unbehelligt kamen wir dann schließlich zu der mit Schildern markierten Linie, die die Demarkationslinie darstellte. In einer Deckung beschrieb uns unser »Führer« nun, wie wir zu gehen hätten, um den russischen Posten auszuweichen und sicher in die

Ostzone zu gelangen. Er aber ging zurück, um sicherlich für viel Geld neue Grenzgänger anzuwerben.

Also, wir waren hinter den Grenzschildern, auf russisch besetztem Gebiet. Jetzt mußten wir besondere Vorsicht walten lassen, wenngleich wir nach Aussage unseres »Führers« die russische Postenkette schon passiert hatten. Immer ein Mann voraus, die anderen in einer Deckung liegend, arbeiteten wir uns vor. Immer noch suchten wir ein Haus, in dem wir uns melden sollten, wie unser Leithammel uns geraten hatte. Das aber hat wohl nie bestanden, jedenfalls wir fanden es nicht.

An einem Waldrand angelangt, suchten wir die vor uns liegenden Felder ab nach russischen Posten. Nichts zu sehen. Nach einiger Zeit des Wartens wollten wir nacheinander die Felder bis zum nächsten Wald überqueren. Das gelang auch, wie ich aus meinem Versteck beobachten konnte. Ich wollte mich gerade auf den Weg machen, den die anderen scheinbar unbehelligt beschritten hatten, als plötzlich neben mir ein Russe, wie aus dem Boden gekrochen, stand und mir bedeutete, in seiner Begleitung den Weg meiner Vorgänger zu nehmen. Brach da wieder der Himmel über mir zusammen? Im angestrebten Ziel, dem gegenüberliegenden Waldrand, fand ich alle meine Begleiter wieder, diesmal in Gesellschaft einer russischen Patrouille.

Erste Handlung: Rucksäcke entleeren! Wertsachen trug wohl keiner bei sich. Und an Lebensmitteln hatten die Iwans auch kein Interesse. Es war bei unserer Gesellschaft nicht viel zu holen. Lediglich der mit uns gezogenen Frau nahmen sie einen Besteckkasten, ein Gegenstand, den sie sicher entbehren konnte. Ausweise mußten vorgezeigt werden. Aber die hatten wohl Stempel genug, als daß sie hätten auffällig sein können. Hingegen erregten Fotos ihr Interesse, wie sie wohl jeder Grenzgänger als Gedenken an die Angehörigen bei sich führte. Radebrechend wurde jedes einzelne Bild erklärt wie in einem Ratespiel. Die Szene war durchaus nicht unangenehm. Jedenfalls hatte ich nicht das Gefühl, in wütende Feindeshand gefallen zu sein.

Mitten hinein in das Palaver kam ein russischer Unteroffizier angeradelt. Er lehnte sein Fahrrad an einen Baum und hing seine MP leichtsinnig an den Lenker. Nach einigen Worten mit seinen Männern beteiligte er sich seinerseits mit großem Interesse an der Fotoschau. Einer meiner Mitgefangenen hatte ein Foto von einem uniformierten Postboten bei sich. Vielleicht war das ein Bild seines

Vaters aus früherer Zeit. Aber er behauptete, es selbst zu sein. Das Bild wurde hin und her gewendet, als wäre es eine Rarität. Als mein Kamerad dem Unteroffizier klar machte, daß er ihm das Bild schenken würde, brach nicht nur er, sondern die anderen Muschkoten in ein freudiges Gelächter aus. Das Bild verschwand in der Tasche des Iwans.

Nun glaubten wir wohl alle, entweder zurück in die britische Zone oder bei dem Russen hinter den Stacheldraht zu kommen. Aber wie hatten wir uns getäuscht! Nachdem der Unteroffizier einige seiner Männer weggeschickt hatte und jeder von uns sein eigenes Klagelied vorgebracht hatte, schickte uns unser Iwan jeden einzeln in Abständen von einigen Minuten in Richtung Ostzone. Zuvor jedoch trug er uns auf, sollten wir von einer anderen russischen Streife gestellt werden, zu sagen, wir hätten die russische Besatzungszone verlassen wollen und wären von ihm zurückgeschickt worden. Wie leicht ist doch die Verständigung zwischen den Menschen! Wie schwer wird aber die Völkerverständigung gemacht!

In einer Kneipe des nächsten Dorfes traf ich dann meinen »Post-Kameraden« wieder. Irgendein scheußliches Getränk löschte den Durst. Die einheimischen Gäste waren nicht sehr auskunftsfreudig, was verständlich erscheint, weil hier auch Russen aus und ein gingen. Mein letzter Grenzkamerad wollte nach Mecklenburg, ich nach Staßfurt, so konnten wir unsere Wege nicht mehr gemeinsam fortsetzen. Zufrieden – glücklich kann man in dieser Situation nicht sagen –, die erste Hürde genommen zu haben, trennten wir uns.

Schon dämmerte es. Von Ausgangssperre hatten wir gehört. Also mußten wir zuvor die Ortschaft verlassen haben, um in der Finsternis weiterzukommen. Ich marschierte auf gut Glück gen Osten los. In der Dunkelheit umging ich das nächste Dorf. Vor Müdigkeit versuchte ich dann mitten durch ein anderes zu marschieren, als mir laut schwatzend zwei Russen entgegenkamen. Im Vorgarten eines Hauses hinter dem Zaun fand ich eine Deckung. Daneben, durch einen weiteren Zaun getrennt, kläffte wütend der Hofhund, der mir sicher einiges angetan hätte, wäre ich in seinen Bereich gelangt. Aber die beiden Russen mußten wohl das Gebell auf sich bezogen haben, denn sie schimpften in unmittelbarer Nähe von mir auf den Hund ein. Mit Schrecken, aber unbehelligt, konnte ich wieder freies Feld gewinnen. Hinter einem Haufen abgelegter Schneezäune, vom Wege aus nicht einzusehen, legte ich mich zu einer Rast nieder. Doch mein Schlaf sollte nicht lange andauern, denn ich wurde durch lautes Gespräch geweckt. Ich rollte mich noch mehr zusammen, um nicht gesehen zu werden. Doch bald stellte ich fest, daß hier Deutsche auf dem Wege waren gen Westen. Sie erschraken gewaltig, als ich so plötzlich auf freiem Felde vor ihnen stand. Gleich war ein Gespräch im Gange – woher – wohin? Ich konnte von ihnen den Ort mit dem nächsten Bahnhof erfahren und den rechten Weg dorthin.

Schließlich konnte ich in Haldensleben einen Zug erreichen, den ich ohne Fahrkarte benutzen mußte. Bahnverkehr war doch nur mit ausdrücklicher schriftlicher Erlaubnis gestattet, hüben wie drüben. Dennoch war dieser und auch andere Züge überfüllt, selbst Trittbretter und Puffer der Wagen waren besetzt. Die vollgefüllten Wagen verhinderten es, daß Fahrscheinkontrollen durchgeführt werden konnten. Dafür waren die Bahnhöfe – damals noch mit Sperren versehen – mit Militärposten besetzt. Wer also ohne Fahrschein angetroffen wurde, konnte mit harter Bestrafung rechnen. Um dieser Gefahr zu entgehen und um dabei als ehemaliger Leutnant nicht wieder in einem Gefangenenlager zu landen, verließ ich vor Magdeburg bereits den Zug und machte mich zu Fuß auf den Weg.

Unbehelligt durchquerte ich Magdeburg. Noch vor Schönebeck erwischte ich dann einen Güterzug, mit dem ich bis nach Staßfurt, meinem Ziel, kam. Ein wenig Glück hatte ich dabei insofern, als der Zug kurz hinter Staßfurt anhielt und ich abspringen konnte.

In meiner Landsermontur, eine Zivilmütze tief ins Gesicht gezogen, gelangte ich zu meiner Wohnung, wo mich meine Schwiegermutter auch auf den ersten Blick nicht erkannte. Über das Wiedersehen und die Freude will ich hier nichts berichten, denn es war sicher eine der Szenen, die sich täglich in den Familien abspielten.

Es war aber nur eine kurze Zeit des Daheimseins. Die Gefahr, wieder eingesperrt zu werden einerseits, und die Aussicht, im Westen eine Stelle in meinem Beruf zu erhalten andererseits, zwangen mich zur Rückreise nach wenigen Tagen.

Meine Frau beschaffte mir auf dem Wege einer Beziehung eine Fahrkarte nach Haldensleben, von wo ich beabsichtigte, den gleichen Weg, den ich gekommen, wieder zu beschreiten. Ausgerüstet mit zwei Anzügen, die ich übereinander trug und darüber einen Mantel, den Rucksack voller Wäsche, kam ich unbehelligt bis nach Haldensleben. Dort angekommen, tippelte ich, eine Nebenstraße benutzend, nach Westen los. Inzwischen war die Dunkelheit wieder eingebrochen, und ich fühlte mich einigermaßen sicher. Einem Russen würde ich hier sicher nicht begegnen, höchstens einem Fahrzeug. Und das würde sich durch seine Scheinwerfer ankündigen und mich warnen. Im Scheine eines vorüberfahrenden Autos sah ich plötzlich vor mir auf dem Wege einen Mann gehen. Trotz meiner Belastung mit Anzügen, Mantel und schwerem Rucksack konnte ich ihn einholen. Sein Erstaunen war nicht minder groß als das meine. Ich glaubte, einen Weggefährten getroffen zu haben. Als Einheimischer aus einem Nachbarort machte er mich darauf aufmerksam, daß ich an einem Gut vorbeigehen müsse, in dem eine Russeneinheit lag. Er meinte aber, ich könne da unbehelligt passieren, denn die Posten stünden nicht auf der Straße.

So war ich bald wieder auf mich selbst gestellt. Nach einiger Zeit entdeckte ich Lichter, die von dem angekündigten Russenlager kamen. In weitem Bogen wollte ich den Gefahrenpunkt umgehen und setzte meinen Weg jetzt über das offene Feld fort. Aber ein breiter Bach machte meinem Umgehungsversuch ein plötzliches Ende. An seinem Ufer entlang ging ich nun direkt auf das Russenlager zu. Dort brannten immer noch Lichter, und ich versuchte zu erkennen, ob sich Personen davor bewegten. Büsche am Bachesrand gaben mir Deckung, so daß ich mich vorarbeiten konnte, bis ich die von mir verlassene Straße wieder erreichte. Im Schutze des Grabens liegend konnte ich hier und da eine Bewegung ausmachen.

Aber auf der Straße war es still, niemand war zu sehen oder zu hören. Sollte ich meinen sicheren Platz verlassen oder nicht? Gebückt schlich ich über die kleine Brücke, die über den Bach führte, der meinen Weg versperrt hatte. Auf der anderen Seite rutschte ich gerade eine kleine Böschung herunter, als es von der gegenüberliegenden Straßenseite erscholl: »Stoi!« Was nutzte der Schreck, der mich durchfuhr? Sie hatten mich gegriffen. Auf der Straße rissen sie mir meinen Rucksack vom Rücken und zerrten meine Habseligkeiten heraus. Die Straße war bald bedeckt von Unterwäsche, Strümpfen und Pullovern usw. Meinen Mantel rissen sie herunter und verlangten Geld und Wertgegenstände. Ich war ihnen ausgeliefert. Doch sie machten keine Anstalten, mich mit in den Militärbereich mitzunehmen.

Von dort her blitzte plötzlich ein Autoscheinwerfer auf, und ein Fahrzeug rollte auf uns zu. Es war nicht zu erkennen, wie viele Russen sich im Wagen befanden, denn ich stand mitten im Scheinwerferlicht. Sollte man mich hier in der Nacht völlig ausrauben? Sollte ich jetzt nun endgültig in russische Gefangenschaft abwandern? War meine Mühe vergebens gewesen? Wäre ich besser im Westen geblieben? Was stand mir nun bevor? Meine erste Begegnung mit den russischen Soldaten, die auf dem Hinwege glimpflich abgelaufen war, konnte mir auch keine Hoffnung geben. Mit dem Anhalten des Wagens verstummte das Palaver der Iwans. Ins Scheinwerferlicht trat ein russischer Offizier, der offenbar fragte, was hier vorlag. Weder Frage noch Antwort konnte ich verstehen.

Da wandte er sich an mich in einigermaßen verständlichem Deutsch und fragte, wohin ich wollte. Mein Ziel, den Westen, konnte ich keinesfalls angeben, aber eine Antwort mußte heraus, bevor er ahnen konnte, welche Richtung ich anpeilte. In dieser Situation erinnerte ich mich an den Namen des Dorfes, den mein Begleiter genannt hatte, als er mich vor einiger Zeit verließ. Ob ich dort wohne, ob dort meine Familie wäre, woher ich käme. Dabei aber vergaßen die Leute, mich nach Papieren zu fragen, was sonst für die Sowjets von größter Bedeutung war und je bessere Beweiskraft hatte, je mehr Stempel sie zierten. Denn die meisten der Posten beherrschten das lateinische Alphabet nicht und ließen sich von den Stempeln beeindrucken.

Aber auch dieser Offizier interessierte sich für mein Privatleben. Da holte ich dann einige Fotos aus der Tasche mit meinen Angehörigen. Sonderbarerweise fragte er nicht, welches meine Frau sei. Vielmehr galt sein Interesse meiner Schwiegermutter. Ihr Alter, wo sie geboren wäre, ob ich sie gern mochte usw. usw. Viele Fragen! Die Deutschen würden die Älteren nicht so achten, wie es in Rußland gehalten würde. Eine Mahnung an mich. Das Gespräch beendete er damit, daß die Soldaten meinen Krempel zusammensuchen und mir übergeben mußten. Dann ließ er mich ziehen.

Sobald ich außer Sichtweite der Russen war, sprang ich über den Straßengraben und lief einige Meter in ein Feld. Der Rain gab mir einigen Schutz. Hier konnte mich bei Nacht niemand von der Straße her sehen.

Bald müßte ich die Grenze erreicht haben und mit erhöhter Aufmerksamkeit vorangehen. Ein Dorf umging ich noch. Hundegebell zeigte mir an, daß da Menschen auf den Straßen sein mußten. Von weitem hörte ich wieder russische Stimmen. Lauschend stellte ich fest, daß die Männer sich in Richtung Westen bewegten. Also, so folgerte ich, könne die Grenze nicht weit entfernt sein. Von jetzt ab durfte ich es nicht wagen, einen Weg zu benutzen. Über Äcker, Wiesen, Feldraine stolperte ich in der Finsternis voran. Die unheimliche Stille, die mich umgab, wäre für manchen unerfahrenen Zivilisten sicher beängstigend gewesen. Mir aber gab sie Sicherheit.

In diese Stille hinein knatterte plötzlich heftiges Maschinengewehrfeuer. Darauf vielstimmiges Geschrei von Männern und Frauen. Scheinwerferlampen blitzten auf und suchten die Gegend ab. Was wirklich geschehen war in einer Entfernung von mehr als 200 Metern, konnte mir nur einen Schrecken einjagen und mich zu größerer Vorsicht gemahnen.

Bei diesem Feuer hatte ich mich sogleich flach gelegt und robbte langsam voran auf einen Erdwall zu, der, wie sich dann herausstellte, ein Weg war, der quer zu meiner Richtung verlief. Aus dieser Deckung heraus konnte ich ausmachen, daß in unmittelbarer Nähe Scheinwerfer die Felder absuchten. Ich war sozusagen in vorderster Front. Und da mußte ich hindurch. Der Lärm nach der Schießerei war abgeebbt, aber immer noch waren Stimmen zu hören. Nachdem ich weitere -zig Meter gekrochen war, konnte ich einen Wachturm ausmachen und von dort auch Stimmen hören. Wie weiter? Wo stand der nächste Turm? Sollte ich den ausfindig machen und dann zwischen den beiden hindurchkriechen? In dieser Lage allein auf sich gestellt, ist eine (und zwar die richtige) Entscheidung nicht leicht zu treffen. Hindurch mußte ich noch vor dem Morgengrauen, das stand für mich fest. Ich mußte meinen Gang nach Westen baldigst fortsetzen. In stiller Nacht, konzentriert auf das eine Vorhaben, in den Westen zu gelangen, müssen alle Möglichkeiten erwogen und in Gedanken durchgespielt werden.

Bei all dem Lärm und dem Schrecken, den die Schießerei in der Nähe auch hervorgerufen hatte, war mir nicht entgangen: Die Sowjets hatten keine Spürhunde dabei. Die Scheinwerfer waren nur Handgeräte von verhältnismäßig kurzer Reichweite. Das mußten Pluspunkte für mich sein. Doch welches Wagnis ich auch eingehen würde, die Gefahren waren riesengroß. Aber jenseits des Wachturmes wäre ich wieder freier, wenn auch nicht ganz ohne Bedrohung.

Wie war die Lage beim Feind? Zwei Mann auf dem Wachturm, ohne Hunde, gerade aufgescheucht durch die nahe Schießerei. Sie würden sich bald beruhigen und ihre Spielerei mit den Handscheinwerfern unterlassen. Meine Lage? Auf dem Bauche dreißig Meter vor dem Turm liegend. Seitlich umgehen oder direkt neben dem Turm zu passieren versuchen, natürlich auf dem Bauche kriechend?

Später habe ich es als kühn angesehen, aber es war wohl die richtige Entscheidung, unmittelbar am Turm vorbeizukommen. Unmittelbar unter und neben sich hatten die Sowjets kein Sichtfeld. Das mußte ich nutzen.

Als ich näher kroch, konnte ich eifrige Gesprächsfetzen mitkriegen, die mir sagten, daß sie mit sich oder vielleicht mit der eben zu Ende gegangenen Schießerei beschäftigt waren. Nun mußte ich handeln, denn es könnte ja die Ablösung kommen oder ein Ronde-Offizier. So schob ich mich zentimeterweise im wahrsten Sinne des Wortes voran. Immer erst den Boden vor mir abtastend, ob da nicht Gegenstände herumlagen, die Geräusche verursachen könnten. Dann konnte ich deutlich die oben geführten Gespräche hören. Jetzt durfte auf keinen Fall wieder eine Schießerei beginnen oder vielleicht ein anderer Grenzgänger in der Nähe Geräusche verursachen. So schob ich mich dann dicht an den Stützen des Turmes vorbei, nach vorn sichernd, nach oben lauschend. Für mich stand fest, sofort loszulaufen, wenn irgendeine Unsicherheit auftreten würde. Langsam mußte es gehen, denn ich durfte vor Anstrengung keinesfalls anfangen zu keuchen. Wie lange es gedauert haben mag, bis ich mich einigermaßen in Sicherheit fühlte, wer könnte das sagen? In solchen Situationen werden Minuten zu Stunden.

Als ich mich einigermaßen außer Sichtweite der beiden Wachmänner glaubte, sprang ich auf und rannte, wie man zu sagen pflegt, mit den letzten Kräften. Doch noch immer nicht wußte ich, ob ich die britische Zone erreicht hatte. Denn die Sperren und Türme standen nicht unmittelbar auf der Demarkationslinie. Wenn der Waldrand, den ich jetzt erreicht hatte, der Anfang eines größeren Waldstückes sein sollte, war damit zu rechnen, daß die Grenze bald erreicht war. Aus meiner Beobachtung auf dem Hinwege verlief die Grenze innerhalb des Waldes. Als ich einen Weg erreichte, der in Richtung Westen führte, nahm ich den als Richtschnur, vermied es aber, auf dem Wege zu gehen und wählte meine Spur mehrere Meter im Wald. So meinte ich, aus der Ferne weniger schnell erkannt zu werden. Irgendwann muß ich dann wohl, von mir unbemerkt, die Grenze überschritten haben, denn ich sah mich plötzlich einem Jeep gegenüber, der von mir unbemerkt in der Schneise einer Fichtenschonung stand.

Unzweifelhaft hatten mich die Tommys schon wahrgenommen und lauerten nun auf mein Eintreffen vor ihren MPs. Zunächst wurde mir mein Rucksack abgenommen. Dann erfolgte eine eingehende Leibesvisitation. Und dann begann die Fragerei. Sie zielte vor allem darauf ab, ob ich etwa im Auftrag der Russen unterwegs wäre. Einer der britischen Soldaten sprach auf russisch auf mich ein und versuchte, mir russische Worte zu entlocken.

Dann wurde mein Rucksack entleert und die darin befindliche Wäsche eingehend nach Fabrikationszeichen untersucht. Offenbar wollte man sich wohl vergewissern, ob die Wäsche aus dem Osten stammte. Als ich dann meine Sachen schließlich wieder im Rucksack verstauen durfte, trieben sie mich zur Eile an. Ich sah mich sehr getäuscht in meiner Hoffnung, daß sie mich nun laufen lassen würden. Mit dem Jeep brachten sie mich dann zu einem Lager, in dem nur Zivilisten untergebracht waren.

Hier waren Deutsche unter sich, aber gefangen. Schon fing die Fragerei an; woher?, wohin? Einige Tage wurde ich in diesem Lager festgehalten. In dieser Zeit konnte ich über so manche Vorgänge hüben wie drüben etwas erfahren. Jeder erzählte seine eigene Geschichte, und ich mußte feststellen, daß ich bei meinen Grenzgängen unheimliches Glück gehabt hatte. Viele Menschen hatten beim Übergang zum Osten ihre letzten Habseligkeiten eingebüßt, waren mißhandelt worden. Bei den Schießereien, wie ich eine in meiner Nähe erlebt hatte, sind viele Menschen verwundet worden oder gar umgekommen. Aber auch auf britischer Seite ist man nicht zimperlich gewesen.

Nach mehrmaligen Verhören konnte ich das Lager schließlich verlassen. Ich gliederte mich wieder ein in die endlose Reihe der wartenden Fahrgäste, die damals die Bahnhöfe bevölkerten. Auf einem – jetzt aber beladenen – Braunkohlenwagen hockend, erreichte ich schließlich den Lehrter Güterbahnhof. Es dürfte sich von selbst verstehen, daß ich meinen Rucksack mit Rohbraunkohlen füllte, um nicht mit leeren Händen bei meiner Gastgeberin anzukommen. Ja, und meine Wäsche, die ich durch alle Gefahren im Rucksack mit mir geführt hatte, wird man fragen? Während der Fahrt hatte ich ausreichend Zeit gehabt, eine lange Unterhose an den Beinen zuzubinden und den Rest der Wäsche darin zu verstauen. Die so prall gefüllte Unterhose hatte so lange Beine, daß ich sie bequem rittlings sozusagen huckepack noch über meinem Rucksack tragen konnte. Meine Beute war hochwillkommen! Gerade hatte die Tante Zuckerrüben von den Feldern – natürlich ohne erwischt worden zu sein – geerntet. Ich konnte mich sogleich daran machen, Rübenmus zu kochen, wobei mein Beitrag eben die mitgebrachten Kohlen waren. Von dem Rübenmus wurde ein Teil zur Gärung gebracht, dann noch destilliert und vom Fusel befreit; daraus wurde »guter Schnaps«, der als Tauschobjekt Verwendung fand.

So habe ich dann anschließend noch einige Grenzen überschritten, nämlich Schwarzbrennerei und Schwarzmarkthandel. Man mußte ja leben!

Adolf Pardam

Mein Beruf ist Landwirt, jetzt Rentner. Meine Lebenszeit verbrachte ich außer 6 Kriegsjahren in Lemgow.

Zucker-Fahrten

Als die Waffen 1945 endlich schwiegen, war die Not in der Bevölkerung erst richtig spürbar geworden. Solange nämlich der Krieg noch seine tödlichen Krallen ausstreckte, wurde von allen jede Entbehrung an Nahrungsmitteln und vielen anderen Sachen als der Zeit entsprechend für notwendig gehalten. Nach dieser Zeit wurden dann aber doch wieder Ansprüche gestellt, für die man etwas aufwenden mußte. Da das Geld wenig an Wert besaß, blühte in ganz Deutschland ein Schwarzhandel auf. Nicht nur unterm Ladentisch wurde er populär, nein, die offene Straße wurde zu einem illegalen Markt. Es gab aber Produkte, die auch dort nicht zu haben waren, weil sie einfach nicht da waren. Hauptsächlich spürbar wurde dies in den städtefernen Gebieten wie dem östlichen Teil des Kreises Lüchow-Dannenberg. Aus diesem Gebiet, speziell aus dem Lemgow, möchte ich berichten, wie man trotz der schweren Zeit ein süßes Erlebnis suchte.

Ein Familienfest stand in absehbarer Zeit bevor. Jeder wußte, daß man mit den Lebensmittelkarten keine Backwaren süßen konnte, allenfalls langte die darauf zu beziehende Zuckermenge, um ein Weißbrot etwas anzusüßen. Man möchte nun aber auch Oma und Opa zu Ehren mal einen richtigen Butterkuchen backen, hatten sie doch 6 Jahre lang geschuftet und entbehrt, um den Betrieb aufrechtzuerhalten. In Salzwedel jenseits der Grenze war eine große Zuckerfabrik. Da müßte man mal sondieren, ob da etwas zu haben sei. Aber wie? Die Russen verwalteten den Betrieb. Die Arbeiter kannte man nicht, da die meisten von auswärts kamen.

Die nahe Zonengrenze war derzeit nicht ständig bewacht, jedoch gingen Streifen die Grenze entlang. Die Feldmark auf der anderen Seite bot einigermaßen Deckung, so daß ich gut in Salzwedel ankam. Der Zufall mußte auch hier wieder helfen, der so oft ins Leben eingriff. Mal verbreitet er Tod und Trauer, mal dient er auch dem Glück. Da ich nun schon mal da war, versuchte ich in einem Eisenwarengeschäft ein paar Nägel zu bekommen. Dort kam ich mit einem Mann ins Gespräch, der sich als Arbeiter bei der Zuckerfabrik herausstellte. Wieder auf der Straße, meinte er, daß er mit 5 Pfund schon aushelfen könnte. Da ich ihm nichts zu bieten hatte, wurde gleich der nächste Tag vereinbart. Wieder mußte für den Gang über die Grenze die Morgendämmerung herhalten, und wir tauschten auch unsere Waren.

Die Kampagne ging bereits zu Ende, so daß wir uns für das kommende Jahr wieder verabredeten, wo er dann noch einen Kollegen hätte, der auch Zucker hätte. Das vereinbarte Datum innerhalb der nächsten Kampagne war dann auch hergerückt. Ich hatte meinen Schwager für diese Tour, die wir dieses Mal mit Fahrrädern unternehmen wollten, dazugewonnen. Nicht nur wegen der größeren Last nahmen wir Fahrräder, wir hatten auch gehört, daß drüben eine Motorradstaffel stationiert wäre. Nicht überall konnte man fahren, manchmal hinderten Gräben, oder es war ein Feldweg auch mal plötzlich zu Ende.

Wir bekamen an dem Tage reichlich Zucker. Die Rucksäcke waren voll. Außerdem hatte mein Schwager auch noch eine mehrarmige Lampe von den Verwandten mitbekommen. Da diese auf dem Rucksack befestigt werden mußte, war die ungewöhnliche Fracht aber doch weithin sichtbar. So geschah es, daß ein Posten der Motorradstaffel uns bei der Heimfahrt sichtete und Alarm gab. Wir waren schon weit außerhalb des Stadtgebietes, als wir die Sirene hörten. Es wurde kritisch. Zum Glück dauerte es etwas, ehe die Motoren ansprangen, und die Staffel mußte auch noch erst in die Stadt, um auf unseren Weg zu gelangen. Das war die Rettung für uns.

Mit letzter Kraft erreichten wir eine Waldschneise. Hier bogen wir ein und versteckten uns in dem hohen Unterholz. Nach ein paar Minuten rauschten drei Motorradfahrer an uns vorbei. Jetzt hieß es geduldig warten. Stundenlang saßen wir in dem Gebüsch und hörten die Motorräder mehrmals den Weg auf und ab fahren. Die Dämmerung kam langsam heran, und wir verharrten immer noch still.

Das waren bange Stunden. Manchmal meinten wir, daß der Puls-
schlag uns verraten würde. Im Kriege hatte man eine Waffe, aber
hier hatten wir Zuckerbeutel, die wir heil nach Hause bringen wollten. Erst als die Lichter in unseren Dörfern verlöschen wollten,
wagten wir uns wieder auf unsere Fahrräder, mit denen wir an die
Grenze kamen. Wieder lauerte Gefahr. Aber auch hier kamen wir
gut durch. Diese Grenze war ein Stück Schicksal für uns im grenznahen Gebiet geworden. Im fahlen Mondlicht ist manches Schicksal besiegelt worden.

Die Lumpen-Aktion

Nachdem der Krieg einige Zeit vorbei war, hatte man immer noch
Not und Sorge, alles das zu bekommen, was man brauchte oder
gerne haben möchte. Vor allem waren die Frauen arg dran, die gerne
mal ein Kleid kaufen möchten, um sich den Jahreszeiten anzupas-
sen oder die einfach sich mal hübsch machen wollten. Der Schwarz-
markt bestimmte das Geschäftsgebaren.

Eines Tages tauchte ein Gerücht auf, daß irgend eine Frau in
Salzwedel gegen Lumpen einen Kleiderstoff bekommen hätte. Das
ging natürlich wie ein elektrischer Funke durch alle Frauenherzen.
Doch Vorsicht war geboten. Die russische Zone hatte nicht den
besten Ruf, zu viel war schon passiert. Der Stoff in Salzwedel war
aber wie ein Magnet.

Es war Anfang März 1948. Ein wunderschöner Tag bahnte sich an.
Die Fahrräder waren beladen, denn auf diesen Tag hatte man gewartet, den mußte man nutzen. Aus Sicherheitsgründen starteten viele
im Schutze der noch dunklen Morgenstunden, aber jeder möchte
auch gerne der erste sein. So radelten viele einzeln oder in Gruppen
dem erhofften Ziel entgegen. Ein kritischer Punkt war der Grenzübertritt. Dort stand nämlich unmittelbar hinter der Grenze ein
einzelnes Haus. Das holperige, grobe Kopfsteinpflaster führte hart
dran vorbei. Der umgebende Wald warf dunklen Schatten auf das
Gemäuer, und das hatte somit etwas Unheimliches an sich. Heute
ist der Platz mit Gestrüpp bewachsen.

Es war ein historisches Gebäude, das hier wieder der Grenzwacht
diente. Ursprünglich war es einmal ein Zollhaus gewesen, das erst
in den frühen Jahren des 19. Jahrhunderts seine offizielle Bedeutung
verlor. Meine Vorfahren und viele andere auch waren Leineweber

gewesen und brachten ihre Leinenballen in Tragekiepen zu Fuß nach Salzwedel zum Verkauf, auch sie wurden dort kontrolliert und mußten ihre Abgabe leisten. Eine Tragik des Schicksals? Wieder wurden Textilien hinüber gebracht, wenn auch unter anderen Voraussetzungen.

Meine Frau und ich waren etwas später weggekommen. Auch wir hatten Säcke mit Lumpen auf unseren Rädern und kamen an die Grenze. Es war aber kein Posten da. Alles war still und friedlich, und wir passierten dieses Gehöft mit der amtlichen Bezeichnung »Bohldamm«. Wir atmeten auf, nun kann ja nichts mehr passieren.

Das Dorf Klein-Chüden kam in Sicht. Auf der Dorfstraße war kein Mensch zu sehen. Als wir mitten im Ort waren, trat aus einem Hoftor plötzlich ein Polizist auf die Straße und hieß uns absteigen und die bepackten Fahrräder auf den Hof schieben. Ein ungutes Gefühl kroch langsam den Rücken hinauf, und meine Frau war vor Schreck ganz blaß geworden. Wohl oder übel mußten wir Folge leisten und kamen somit auf einen viereckig umbauten Bauernhof, der schon schwarz war von Lemgower Bürgern, die alle schwer bepackte Fahrräder an der Hand hatten.

Alle hatten bange Gesichter, und kaum einer sprach ein Wort. Es kamen in den folgenden Stunden immer noch mehr mit Lumpen angefahren, in der Hauptsache Frauen. Die Ausweise mußten wir den Polizisten aushändigen. Gegen Mittag wurde das große Hoftor geöffnet. Dann setzte sich ein langer Konvoi in Bewegung, der von flankierenden Polizisten bewacht wurde. In Salzwedel angekommen, durften wir unsere Lumpen dort lassen. Im Stillen dachte wohl jeder, daß es auch lebendige Lumpen gäbe. So erleichtert, führte man uns zu der Polizeistation.

Das dicke Ende bestand dann darin, daß man uns die Fahrräder abnahm und sie in einem schon ausgeräumten Keller deponierte. Waren wir diese nun endgültig los? Dann wären die Lumpen teuer bezahlt. Ein Polizeihauptmann namens Stern ließ die Ausweise an ihre Besitzer aushändigen und schickte uns nach Hause, ohne Fahrrad, ohne Stoffe, aber mit einer zerbrochenen Hoffnung. Einmal hatte der Polizeigewaltige dann am Nachmittag doch ein Herz gezeigt. Weinend kam eine junge Frau zurück und klagte ihr Leid: »Ich darf nicht nach Hause kommen, es ist nicht mein Fahrrad.« Die bitteren Tränen hatten sein Herz gerührt. Sie bekam ihr Fahrrad wieder.

Uns fehlten die Räder überall. So faßten wir den Entschluß, die

Fahrräder am Gründonnerstag abzuholen. Ein aus der Tasche gezogenes Mitbringsel bewirkte, daß wir unter den wohl 100 Fahrrädern unsere heraussuchen durften. Damit kamen wir ungehindert nach Hause. Auch all die anderen haben nach Ostern diesen Weg gewählt, womit die Lumpen-Aktion offiziell beendet war.

Der Heringsexpreß

Die Möglichkeit, nach Hamburg zu fahren und von dort Heringe mitzubringen, hatten ursprünglich einzelne ausgekundschaftet, und wie es damals war, hatte diese Kunde in Windeseile durch ganz Mitteldeutschland geschallt. Da es nach dem Kriege an allem fehlte und die Heringe noch nicht ausgestorben waren, wurde Hamburg fast zu einem Wallfahrtsort, und die Kleinbahn von Lüchow nach Schmarsau erlebte einen Boom, der den normalen Rahmen der Personenbeförderung völlig sprengte.

Davor stand aber ein Risiko, das nicht absehbar war. Zweimal mußte jeder die Grenze passieren. Zweimal schlugen die Herzen bis zum Halse, wenn hin und wieder Grenzkontrollen oder Russen »Stoi« riefen. Nicht alle fuhren mit nach Hamburg, einige hatten sich als »Russenspezialisten« entwickelt und lenkten die Posten auf allerlei Art und Weise ab. Manche ließen sich festnehmen, wobei die Posten dann mit ihnen zur Kommandantur abzogen. Dadurch hatten die anderen wieder freien Lauf. Zur Kommandantur kamen die meisten allerdings nicht, da eine Flasche »Samachonka«, selbstgebrannter Schnaps, Wunder vollbrachte.

Zudem hatten sich auch Einheimische als Grenzführer empfohlen. Diese Menschen hatten sich nicht nur der Führung von der Grenze zu den hiesigen Stationen angenommen, sie hatten auch die Gewohnheiten der Russen ausgekundschaftet und nahmen sich der Grenzgänger auch bei dem Rückweg an. Natürlich ging das alles nicht von heute auf morgen, es hat sich so entwickelt. Diese Leute hatten ein gefährliches Tun auf sich genommen. Wurden sie geschnappt, so blühten ihnen strenge Strafen. Einer von ihnen aus dem Ort Simander kehrte von einem Gang niemals zurück. Seine Eltern verstarben, ohne ihren Sohn jemals wieder gesehen oder von ihm gehört zu haben.

Man muß vermuten, daß auch von russischer Seite etwas Toleranz geübt wurde, daß es den Grenzorganen zu einem einträglichen

Geschäft wurde, denn diese Völkerwanderung wäre sicher wirkungsvoll abzustoppen gewesen. Wenn nun die Menschen die Grenze passiert hatten und sich oftmals unbekannt glücklich in die Arme fielen, hatten sie eine Tagesreise hinter sich gebracht und waren 2 bis 3 km, manchmal auch mehr, zu Fuß marschiert, ausgerüstet mit allerlei Gefäßen für den Erwerb der Heringe. Es stand ihnen aber ein neuer Fußmarsch bevor, der je nach Glück oder Kenntnis lang werden konnte. Der Weg zu der nächsten Station der Kleinbahn führte durch Äcker und Wiesen, durch Feuchtgebiete und Bruchgehölz auf Feldwegen, die keine Landkarte auswies – zu dem unbekannten Ziel, von dem man nur den Namen wußte: Bahnstation Prezier. Diese Station war eine Haltestelle in Gestalt eines Blockhäuschens mitten im Feld. Von dem Ort Prezier war diese Station ca. 2 km entfernt. Von der Grenze aber etwa 4 bis 4,5 km. Kein Wunder, daß die meisten so erschöpft waren, daß sie eine Nacht noch der Ruhe bedurften.

Dies hatten die Einwohner der grenznahen Dörfer bald erkannt. Besitzer von großen Räumen, wozu auch Dielen und Tennen zählten, richteten diese für eine Übernachtung her. Eine Hilfe war das Bereithalten von Transportmöglichkeiten zu den Nachtquartieren oder zu den Stationen der Kleinbahn. Hier hatte sich schon ein ganzes »Gewerbe« herausgebildet. Besitzer von Gespannen hatten ihre noch eisenbereiften Erntewagen mit den Holzsprossenleitern hergerichtet und fuhren mit den Pferdegespannen im Pendelverkehr hin und her. Entweder waren es Ankömmlinge mit leeren Eimern und Töpfen, oder es waren Zurückkehrende mit vollen Gefäßen. Sie nahmen auf den Wagen dicht beieinander Platz, die Beine jeweils durch die Sprossen herabhängend und das Gepäck inmitten auf dem Wagenboden.

Es hatte sich damals aber auch eine andere Gangart entwickelt, nämlich von denen, die nicht mal die Reichsmark zur Verfügung hatten. Diese Wanderer zwischen zwei Welten nahmen die Unbilden der Strapazen in Kauf und zogen durch die Feldmarken direkt zu den Haltestationen. Natürlich saß ihnen die Nachtkälte in den Gliedern, und die Wartezeiten waren lang, da man den Zug erwarten mußte. Da hatte sich eine Selbsthilfe entwickelt, die den Nachkommenden sicher nicht genehm war. Sie trieben die Kälte erstmal durch Verfeuern von überflüssigen Bestandteilen des Wartehäuschens aus den Kleidern. Aber auch den Nachkommenden war es kalt, und sie nahmen dann auch ein paar Teile als Feuerholz. So war zuletzt kein einziges Stück Brennbares von dem zu Prezier gehörenden Wartehäuschen mehr vorhanden, es war buchstäblich abgewrackt worden. (Heute ist die Kleinbahn insgesamt abgebaut worden.)

Wie schon anfangs gesagt, hatte die Kleinbahn einen regelrechten Boom bei der Beförderung von Personen, die aus ganz Mitteldeutschland zu dieser kleinen Strecke kamen. Ehemals wurde mit dem Zug der Güterverkehr befördert, der von einer Dampflock gezogen wurde. Der Zug bekam vom Volksmund den wohl einmaligen Namen »Feuriger Elias«, da er bei schwerer Last auch mal Funken in den Himmel stob. Wenn die an den Wartehäuschen stehenden Menschen die in die Luft steigende Dampfsäule von dem Stahlroß erblickten, so bedeutete es noch lange keine Abfahrt. Das Schlimmste bei diesen Fahrten waren die umfangreichen Rangiererereien auf den Haltestationen, die auch Verladerampen hatten für ankommende Maschinen aller Art. Außerdem wurden dort landwirtschaftliche Erzeugnisse verladen. Das nahm naturgemäß viel Zeit in Anspruch, und die Fahrgäste warteten mit mehr oder weniger Geduld. Da dazu auch noch Stückgutverkehr kam, wurden die Wartezeiten unzumutbar, und es wurde für die Personenbeförderung ein Triebwagen eingesetzt. Dieser hatte keine Wartezeiten und war deshalb schneller, so daß der Volksmund schnell den »Rasenden Lemgower« erfand. Dieser konnte aber keineswegs all die vielen Menschen aufnehmen, die von der Grenze herkamen. So wurden dem Güterzug einige Leerwaggons angehängt, in denen die Heringsreisenden Platz nahmen.

Die Bewegung hatte ein Novum: den penetranten Heringsgeruch. Lästermäuler sagten diesem Zug nach, daß er keine Signaleinrichtungen mehr bräuchte, der Geruch kündigte ihn immer schon einige Kilometer im voraus an. In der Tat war dies bei entsprechender Windrichtung durchaus möglich. Für die, die aus dem Güterwagen herauskamen, begann die Aufregung aufs neue. Es gab da nämlich nicht nur Menschen, die aus Hunger kamen, sondern es waren auch Geschäftemacher darunter, die die Nöte anderer ausnutzten. Nicht nur unter den Reisenden, sondern auch vor oder hinter der Grenze warteten solche Menschen. Es waren also zweifache Gefahren, die den Grenzgängern Angst einflößten. Im Laufe der Zeit waren Schicksale bekanntgeworden, die nicht den Russen zugeschrieben wurden, sondern Verbrecher hatten ihr Unwesen getrieben. Menschen verschwanden, Frauen wurden vergewaltigt, oder die

Reise war ein Anlaß geworden, noch ärmer zu werden. Aber alles das hielt den Menschenstrom nicht auf, er wurde zu einer Völkerwanderung, wie sie im Kriege oft zu sehen war, nur fand sie unter anderen Bedingungen statt.

Die Zonengrenzberichtigung

Wenn man so eine Überschrift liest, denkt man an eine Maßnahme, die von den Behörden geplant und von langer Hand vorbereitet wurde. Aber die hier gemeinte Grenzberichtigung hat ganz andere Initiativen. Als die Russen begannen, ihre Zonengrenze zu markieren mit Schildern und Pfählen, war es für die hiesigen Landwirte ein harter Schlag, da sie nicht auf ihre Felder konnten. Nachdem sie sich darob beraten hatten, wurde eine Abordnung nach Mechau entsandt, um ihr verbrieftes Recht geltend zu machen. Dort fanden sie aber taube Ohren. Die Besatzungstruppe ließ sich auf nichts ein.

So faßten die Landwirte den Beschluß, die Schilder auf eigene Faust bis hinter ihr Eigentum zurückzustellen. Dadurch hatten sie die Möglichkeit, auf ihren Feldern zu arbeiten. Diese Freude dauerte aber nicht lange. Als nämlich eine Streife der russischen Grenzbegeher kam, hat sie kurzerhand die Landwirte abgeführt zur Kommandantur. Da sie aber mit Pferdegespannen dort waren, mußten sie die auch mitnehmen. So waren sie erstmal zwei Tage verschollen. Sie hatten aber herausbekommen, daß diese Truppe abgelöst werden sollte, und versetzten die Beschilderung wieder hinter ihre Felder zurück. Die Schilder blieben von da ab stehen. Es war damit wohl zum ersten Mal eine Verlegung der Zonengrenze erfolgt, die auf eigenes Wirken der Anlieger vorgenommen und letztendlich auch toleriert wurde.

Hans Joachim Gieseler

Grenzgeschichten

Der Krieg ist vorbei. Ein sinnloser Krieg. Was für Elend hat er mitgebracht. Eltern verloren ihre Söhne, Frauen ihre Männer, Kinder ihre Väter. Die Bevölkerung ist durcheinandergewürfelt. Teile von Familien sind im Osten, Teile im Westen verstreut. Es fährt keine Eisenbahn, kein Omnibus. Wenn Autos vorhanden sind, gibt es dafür kein Benzin. Hauptverkehrsmittel ist das Fahrrad und als Transportmittel der Handwagen. Für viele bleiben nur des Schusters Rappen über, um in die Heimat zurückzukommen. Da kommt es dann auch schon vor, daß Fahrräder mitgenommen wurden, die den Leuten nicht gehörten.

Zu diesem Unbill kam noch die Errichtung der Demarkationslinie. Eine Linie, die einmal zum eisernen Vorhang werden sollte. Diese Demarkationslinie wurde festgelegt auf der alten, in unserem Raum bestehenden braunschweigisch-preußischen und hannoversch-preußischen Grenze, die seit dem Wiener Kongreß eingerichtet wurde. Die alten Grenzsteine stehen heute noch fast alle.

Am 1. Juli 1945 war der Stichtag[2], an dem die Besatzungsmächte sich ihre Besatzungszonen abgrenzten.

Die Engländer, die bis zu diesem Zeitpunkt unseren Raum kontrollierten, bauten genau an der Grenze einen Schlagbaum auf. Sie ließen aber jeden, der hier passieren wollte, ohne besondere Kontrolle durch. Ja, sie lachten sogar, sie konnten keinem erklären, weshalb sie an dem Schlagbaum Posten stehen sollten. Es blieb drei Tage ruhig, ohne daß sich etwas besonderes ereignete. Plötzlich, über Nacht, waren die Russen da. Sie hatten einen primitiven Schlagbaum aufgestellt. An einem rohen Baum, der wohl irgendwo in der Nachbarschaft gestanden hatte, der auf zwei eingegrabenen Kanthölzern lag, standen 2 sowjetische Posten. Sonst war im ersten Moment weiter nichts zu sehen. Erst in den nächsten Tagen bekamen wir mit, daß in der Feldmark, so in Abständen von 500 Metern, jeweils ein Doppelposten aufgestellt war. Wir bemerkten sie deshalb, weil wir zum einen in der Feldmark zu tun hatten, zum anderen, weil laufend die ersten sogenannten »Grenzgänger« abgeführt wurden. An den ersten Tagen konnte man sich mit den Soldaten nicht unterhalten. Sie ließen niemanden an sich herankommen. Erst nach und nach wurden sie zutraulicher, da man sich öfter sah, und sie auch merkten, daß wir hier ansässig waren. Nun war es aber auch nicht allzu leicht, sich mit ihnen zu unterhalten. Sie konnten nur wenig Deutsch, wir aber überhaupt kein Russisch. Mit Händen und Füßen war man dabei, sich zu verständigen. »Kak wasch sowut«? Es dauerte einige Zeit, bis wir wußten, was das heißen sollte. Wie ist dein Name? Eine Frage, die einem nun öfter begegnete. Man

2 Vgl. ›Kleine Grenzchronik‹, S. 367.

benutzte diese Frage dann auch selbst. Man wollte ja die guten Leute auch selbst kennenlernen. Da hörten wir dann die Namen: Iwan (Wanja), Rohrij, Juri, Gregorie, Wassilij, auch Richard, Rudolf und Albert kamen vor.

Mittlerweile hatten sie sich schon ein bißchen eingelebt. Wie das nun bei jungen Soldaten immer ist, kamen sie mit ihrer Verpflegung auch nicht aus. Sah man sich ihre Tagesration an, konnte man nur mit dem Kopf schütteln. Sie bekamen einmal am Tag zu essen. Die Mahlzeit bestand hauptsächlich aus Kascha. Das war ein »Sagopamps«, kaum gewürzt. Dazu gab es einen Kanten Brot, ca. 500 g. Das war anfänglich ihr Tagessatz. Später, als sie dann länger da waren, wurde die Kost etwas abwechslungsreicher. Es kamen dann Kohlsuppe und Steckrübensuppe dazu. Wie das nun wohl bei allen Soldaten ist, es wurde auch dazuorganisiert. Sie kauften sich Tiere zum Schlachten, was auch den Küchenzettel verbesserte. Nachdem sie schon längere Zeit da waren, kamen sie auf den Dreh, dort einzukaufen, wo sie nicht bezahlen mußten, das heißt, sie organisierten jenseits der Grenze. Die erste Truppe schaffte es alle 14 Tage, ein Rind oder eine Kuh von der anderen Seite der Grenze zu holen. Einmal war sogar eine hochtragende Kuh dabei. Dieses Organisieren wurde ihnen auch ziemlich leicht gemacht. Die Viehweiden der Bauern in der anderen Besatzungszone gingen bis an die Grenze ran. Das größte Hindernis dabei war nur der Weidezaun. Der konnte aber von findigen Leuten schnell überwunden werden, ohne daß sie den Zaun selbst beschädigten.

Wir selbst betrieben auch die Landwirtschaft. Einzelne Soldaten kamen bei uns dann täglich vorbei. Sie holten sich zu gerne frische Milch. Was sie verlangten, bezahlten sie auch gut. Sie bezahlten immer mit Geldscheinen, ganz gleich, ob es ein Fünfmark-, Zehnmark- oder ein Zwanzigmarkschein war. Sie bekamen ihren Sold auch teilweise in Reichsmarkwährung, die ja derzeit Gültigkeit hatte. Die russischen Soldaten nahmen auch Geld den Grenzgängern ab. Dadurch kamen doch noch viele Leute über die Grenze. Es waren nur wenige Soldaten dabei, die die Grenzgänger festnahmen und dann einsperren ließen. Mit der Zeit kristallisierte sich eine Grenzübergangswährung heraus. Das Hauptzahlungsmittel wurde der Wodka. Nur wurde zu der Zeit wohl wenig Wodka in Deutschland hergestellt. Als bester Ersatz wurde Branntwein anerkannt. Weinbrand wurde zur Not akzeptiert, Wein weniger, der war nicht »krepki« (scharf) genug.

Um auf die Verpflegung noch einmal zurückzukommen. Einzelne Soldaten fragten auch nach Eiern (Jeikas), Brot (Klebba), Butter (Maßla), weniger nach Wurst und Schinken, eher nochmal nach einem Stück Speck. Wir hatten dadurch einen Sonderstatus, wenn wir einmal über die Grenze wollten. Durch Absprache mit diesen Leuten, während ihrer Dienstzeit an der Grenze, hatten wir da einen großen Freiraum. Es ging uns ja auch wie vielen Grenzanwohnern, Verwandtschaft auf beiden Seiten der Grenze zu haben. Mit der Zeit hatten sich nicht nur die einfachen russischen Soldaten bei uns eingelebt. Es kam dann öfter vor, daß sich Führungsstäbe bei uns sehen ließen. Es kam, was wir insgeheim unterdrückten, was da auf uns zukommen sollte. Wir hatten ein großes Wohnhaus zur Verfügung. Während des Krieges waren bei uns Evakuierte aus dem Ruhrgebiet untergekommen. Diese hatten sich rechtzeitig, es waren mehrere Familien, auf den Weg in die Heimat gemacht. So hatten wir ausreichend Eigenraum zur Verfügung. Das war es aber wohl nicht allein. Eher war wohl der Standort unseres Grundstückes, auch wohl die Größe günstig für die Einrichtung einer Kommandantur gegeben.

Wir bekamen 12 Stunden Zeit, das ganze Haus zu räumen. Wo wir bleiben sollten, war den Besatzern egal. Mit Unterstützung der Nachbargemeinde, die Gemeinde, wo wir grundstückmäßig zugehörten, lag weiter weg, bei Verwandten und Nachbarn bekamen wir einzelne Räume als Notunterkunft angewiesen bzw. freigemacht. Es war jedenfalls nicht leicht, sofort entsprechende Räumlichkeiten zu bekommen. Es waren noch zuviel Evakuierte auf dem Dorfe. Auch die Einheimischen hatten dadurch zusammenrücken müssen. Es gab wenig Freiraum, ohne die Ausgewiesenen aus dem Osten, die später auch noch dazukamen.

Das einzigste, was uns gestattet wurde, war, daß wir unser Vieh auf dem Grundstück lassen konnten und daß wir die Wirtschaftsräume weiter benutzen durften. Mit den einfachen Soldaten, auch mit den unteren Dienstgraden, hatten wir soweit ganz guten Kontakt. Vom Kommandant wurden wir geduldet, von höheren Dienstgraden (Offiziere), die des öfteren zur Besichtigung kamen, aber ziemlich scheel angesehen.

Der Herbst kam. Der Strom der Grenzgänger riß nicht ab. Im Haus war ein Kellerraum dazu hergerichtet, wo täglich Leute eingesperrt wurden. Die Leute, die nachmittags, abends oder nachts eingefangen wurden, wurden am anderen Vormittag zur Hauptkommandantur gebracht. Die Leute mußten zu Fuß gehen. Fahrzeuge standen nicht nur Verfügung. Wertgegenstände, Uhren, Schmuck usw. wurden gern einbehalten. Widerstand dagegen oder Beschwerden waren vollkommen zwecklos. Zum größten Teil waren die Grenzgänger auch total verängstigt, sie waren froh, wenn sie ihren Weg fortsetzen konnten und nicht zurückgeschickt wurden. Junge Frauen hatten bei ihrer Festnahme auch mit Vergewaltigung zu rechnen. Vom »Hörensagen«, manche Soldaten brüsteten sich damit, erfuhren wir, daß einige junge Frauen, oder auch Mädchen, sich auf solche Art ihren Weg freigekauft hatten. Von einem Vergewaltigungsfall kann ich berichten, wo eine junge Frau sich auf der Hauptkommandantur beschwert hatte. Eine Gruppe Soldaten mußte bei uns auf dem Hof antreten. Mit dem »großen Kommandanten«, der mit der Frau auf den Hof gefahren kam, suchte die Frau den bestimmten Soldaten heraus. Er wurde auf der Stelle zur Rechenschaft gezogen. Der Soldat mußte vortreten, der Kommandant, es war ein Major, nahm dem ihm am nächsten stehenden bewaffneten Soldaten die Maschinenpistole aus der Hand und schlug den Täter damit grausam zusammen. Dieser wurde dann anschließend fast leblos auf einen Panjewagen geworfen und abtransportiert. Was mit diesem dann weiterhin geschehen ist, habe ich nicht herausbekommen. Diese Begebenheit habe ich mit eigenen Augen gesehen.

Es gab auch die sogenannten Kommandantenliebchen. Doch sie wurden nach einigen Tagen schnell abgeschoben. Was an ihnen oft mißfällig war, war, daß sie einzelne Soldaten verpetzten, die dann darunter zu leiden hatten.

Zu unserem Leidwesen wurden die Soldaten, wenn man sich einigermaßen mit ihnen angefreundet hatte und wußte, mit wem man es zu tun hatte, nach 6–8 oder 10 Wochen abgelöst und durch andere Truppen ersetzt. Ein neues Abtasten, ein neues Kennenlernen. Für uns war von Vorteil, daß wir inzwischen etwas mehr Russisch gelernt hatten, da wir ja zum Hofgrundstück mußten, sei es zum Viehversorgen oder den anderen landwirtschaftlichen Tätigkeiten. Dadurch bekamen wir wieder unweigerlich Kontakt mit den neuen Soldaten.

Inzwischen war es dann auch Winter geworden. Im Winter wird auch Brennmaterial gebraucht. Bei den Besatzungssoldaten hieß es nun, woher nehmen und nicht stehlen. Zuteilungen von Brennholz und Kohlen gab es für sie nicht. Wald gab es in unmittelbarer Nähe nicht. Es blieb im wahrsten Sinne des Wortes das Stehlen. Wir nutzten unsere Viehställe nicht voll aus. Da gab es Abbuchtungen, Planken und Verschläge, die wir vorwiegend im Sommer nutzten. Diese waren das erste Opfer, das dran glauben mußte. Sprach man die Soldaten darauf an, war ein Schulterzucken die Antwort. Dann wurde mit den Bohlen der Tennenabdeckung begonnen. Ich versuchte, mit dem Kommandanten Verbindung aufzunehmen. Auf meinen Hinweis auf die Unverantwortlichkeit dieses Unternehmens war auch wieder ein Schulterzucken die Antwort. Ich machte darauf den Vorschlag, ein Gespann und Fahrzeug zur Verfügung zu stellen, um damit in den Wald zu fahren und Brennholz zu holen. Dieser Vorschlag wurde akzeptiert und ein Termin festgelegt.

Zur abgesprochenen Zeit fuhren wir nun los. Ein bewaffneter Soldat und drei kräftige Gefangene (Grenzgänger) stiegen mit auf den Wagen. Es waren einige Kilometer zu fahren. Der Wald lag auch im Grenzbereich. Als wir dort ankamen, hielt uns ein fremder Grenzposten, eine Doppelstreife, an und fragte, wo wir hinwollten. Nun konnten sich die Soldaten nicht einigen, das heißt, sie konnten sich selbst untereinander nicht verständigen. Unser Mitfahrer war ein Mongole, die beiden anderen jedenfalls sprachen ein anderes Russisch. Unserem Soldaten wurde die Waffe weggenommen. Mit dem bei uns mitfahrenden, entwaffneten Soldaten ging es zur nächsten Kommandantur. Dort wurden wir ohne den Soldaten in einem Verlies eingesperrt. Das war alles am frühen Vormittag passiert. Bis zum Nachmittag ereignete sich nichts. Durch einen Spalt in der Tür konnte man den Hofplatz sehen. Es muß so gegen 4 Uhr gewesen sein, da sah ich ein Gefährt auf den Hof kommen, vor dem eins meiner Pferde eingespannt war. Bald darauf rief man mich heraus, ich sollte die Pferde anspannen. Auf meine Frage nach etwas zu Essen bekamen wir jeder ein Stück trockenes Brot. Das war immerhin besser als gar nichts. –

Meine Pferde hatte ich schnell gefunden und bekam auch das Geschirr alles wieder zusammen. Die Pferde standen nun wieder komplett vor dem Wagen. Ich hatte noch einige Bunde Stroh besorgt, denn es war bitterkalt geworden, und dazu wehte ein eisiger Wind. Nach längerer Wartezeit kamen die gefangenen Grenzgänger mit zwei bewaffneten Soldaten auf meinen Wagen. Ich durfte fahren; aber nicht nach Hause, sondern in entgegengesetzter Richtung.

Es wurde eine grausige Fahrt. Die Straße bis zum nächsten Ort ging fast nur geradeaus, eine Entfernung von ca. 10 km, dabei war ein Schneesturm. Die Pferde waren besser dran als ich, sie konnten sich bewegen, obwohl sie oft versuchten abzudrehen, um nicht dem Sturm von vorn ausgesetzt zu sein. Die Leute auf dem Wagen hatten sich vollkommen ins Stroh verzogen. Auch die Soldaten. Diese Vergünstigung hatte ich nicht, ich mußte ja fahren, auf den Weg achten. Hinter dem nächsten Dorf ging es dann durch die Feldmark. Einer der Soldaten wies mir dabei den Weg. Das Unwetter ließ nun langsam nach. Auf einem großen Gutshof stiegen meine freiwilligen und unfreiwilligen Mitfahrer ab. Ich durfte mich danach auf den Weg nach Hause begeben. In der offenen Feldmark hatte ich mir einige markante Punkte gemerkt, um mich nicht zu verfahren. Die Pferde spürten dann auch, daß es heimwärts ging. Ich brauchte mich fast nicht mehr um sie zu kümmern. Der Wind ließ vollkommen nach, die Wolkendecke riß auf. Das letzte Stück meiner Rückfahrt wurde durch hellen Mondschein begleitet. Dabei bin ich des öfteren vom Wagen gestiegen, um mich aufzuwärmen. Gegen 4 Uhr am anderen Morgen war eine »Fastodyssee« beendet.

Ein Versuch, Brennmaterial zu beschaffen, war somit gescheitert. Meine Befürchtung über den weiterhin erfolgenden Abbau von Gebäudeteilen war immer noch nicht beseitigt.

Ich startete einen neuen Versuch. Diesmal hatten wir dafür einen Eisenbahngrenzübergang in Augenschein genommen. Dort fuhren Kohlenzüge vom Osten in den Westen. Das klappte. Für mehrere Wochen reichten dann diese organisierten Fuhren.

Der Vorrat ging dem Ende entgegen. Eine neue Fuhre mußte geholt werden. Die Kohlenzüge rollten immer noch. Gesagt, getan. Eine neue Fuhre war vollgeladen. Nun ging die Rechnung mal wieder nicht auf. Einem Wachposten am Bahnkontrollpunkt paßte unser »Organisieren« nicht. Nun waren diesmal keine Grenzgänger mit zum Aufladen dabei. Diese Fuhre durfte ich dann bei einer anderen Kommandantur auf dem Hof abladen und dann leer nach Hause fahren. Das heißt, für den eigenen Bedarf habe ich doch einige Briketts auf dem Wagen gelassen. Der Winter ging dann auch dem Ende entgegen. Das Problem der Brennmaterialfrage war dadurch erst einmal gebannt.

Die derweilige Truppe sollte dann auch mal wieder abgelöst werden. Aus dem Nachbardorf mußten die Bauern Fuhrwerke stellen zum Abtransport des Gepäcks, Munition, Waffen und sonstigen Materials. Wir mußten auch ein Gespann dafür bereitstellen. Die Russen hatten nun die Angewohnheit, ihre Truppenbewegungen grundsätzlich nur nachts zu veranstalten. Gegen Anbruch der Dunkelheit ging die Fahrt an. Ziel war ein kleiner Truppenübungsplatz in ca. 30 km Entfernung. Diese Fahrt ging ohne Komplikationen vorüber. Es wurde dabei die Nacht um die Ohren geschlagen.

Der Russe, ein Mensch wie unsereiner. Es gibt bei ihnen auch gute und schlechte. Bei ihnen war weniger die Kultur, mehr die Technik seinerzeit noch sehr unterentwickelt. Man konnte ihnen ohne weiteres nachsagen, daß so manches in Deutschland von ihnen bestaunt wurde. Die Sprüche »Wasser aus Wand« und »Licht aus Decke« konnten ihnen ohne weiteres zugeschrieben werden. Auch die Witze mit den Fahrrädern und den Uhren. – Ein Junge fährt auf einem alten Fahrrad, er fährt freihändig. Ein Russe hat ein neues Rad. Er wird damit nicht fertig, d. h. er kann noch nicht fahren. Wie der Russe den Jungen freihändig fahren sieht, ruft er den Jungen ran und fragt, ob dieser nicht tauschen will. Der sieht das Rad, gibt dem Russen sein altes, nimmt das neue und ist schnurstracks damit verschwunden.

Ein Russe geht mit einem Wecker zu einem Uhrmacher rein. »Du, Meister, du machen mir hieraus zwei Uhren.« – Ein anderer Russe kommt auch mit einer Uhr zum Uhrmacher, sagt: »Uri kaputt.« Der Uhrmacher sieht sich die Uhr an. Macht sie auf, er findet eine Laus darin und sagt: »Sieh mal her, die Uhr kann nicht gehen, weil der Maschinist kaputt ist!«

Zu mir kommt ein Russe und fragt mich, ob ich nicht seine Uhr zum Uhrmacher bringen könnte. Ich sagte zu. In der Wohnung sah ich mir die Uhr noch einmal an und versuchte sie aufzuziehen. Sie war nur total abgelaufen. Am nächsten Tag ging die Uhr noch. Ich machte nun auch ein kleines Geschäft daraus. Als der Russe nun nach ein paar Tagen nach der Uhr fragte, sagte ich zu ihm, daß ich die Uhr in der nächsten Woche wieder abholen könnte. Für die voll aufgezogene Uhr habe ich dann einen kleinen Obolus erhalten.

Es gab viele Russen, die sich gerne bei uns aufhielten. Sie suchten Familienanschluß. Diese Leute konnten wir auch gut leiden. Es kam nun auch mal vor, daß die Soldaten nicht alles mitkriegen sollten über unsere Unterhaltung. Wir unterhielten uns dann einfach auf plattdeutsch. Da mußten wir dann auch eine Überraschung erleben. Ein Russe war dabei, der uns bei Gelegenheit darauf ansprach. Er erzählte uns, daß er einige Zeit in Gefangenschaft in Pommern gelebt hätte und daß er dort Plattdeutsch gelernt hätte. Er hätte alles verstanden, worüber wir uns auf plattdeutsch unterhalten hätten. Nun, das war eine Ausnahme. Wir brauchten nicht öfter damit rechnen.

Geschossen wurde verhältnismäßig wenig. Ein Fall ist mir bekannt, wo ein Grenzgänger erschossen wurde. Auf einem stillgelegten Bahndamm, Schienen und Schwellen lagen noch, wollten die Soldaten einen Grenzgänger kontrollieren. Dieser stolperte, machte dadurch eine ungewollte, hastige Bewegung. Der Posten, der ohnehin zu den ängstlichen Leuten gehörte, schoß sofort und traf den Übergänger tödlich. Das Bedauern hinterher machte den jungen Mann auch nicht mehr lebendig. Ein Willkürakt ist auch einmal vorgekommen. Bei einer Feierlichkeit auf einem Dorf hatten sich Russen unter die Gesellschaft gemischt. Durch eine mir jetzt unbekannte Ursache entstand ein Streit. Die daraufhin erfolgte Schlägerei verlief für einen Soldaten tödlich. Die Russen waren darüber sehr aufgebracht. Am anderen Morgen erschossen sie darauf einen jungen Grenzgänger, der auf Anruf nicht sofort stehen blieb. Mit der Schlägerei hatte dieser aber überhaupt nichts zu tun.

Schlägereien entstanden des öfteren. Vorwiegend bei Feierlichkeiten. An einem Ort in der Nachbarschaft fand eine Maskerade statt. Acht russische Offiziere hatten sich dazu auch eingestellt. Der Eintritt konnte ihnen ja nicht verwehrt werden. Bei der Maskerade hatten sich einige junge Burschen als Mädchen verkleidet und sahen sehr adrett aus. Ein Umstand, der Folgen hatte. Die Offiziere bändelten damit an. Da niemand zimperlich war, war dann wieder eine Schlägerei fällig. Die ging dann so weit, daß der »große Kommandant« gerufen werden mußte. Bei dessen Erscheinen mußten alle 8 Offiziere antreten. Dieser riß ihnen die Schulterklappen von der Uniform und versetzte jedem einen Schlag mit dem Pistolenknauf. Anschließend wurden sie mit einem kleinen LKW abtransportiert. Was weiter mit ihnen geschah, konnte nicht festgestellt werden. Von den Offizieren ist niemand mehr gesehen worden. In unserem Haus hatte nur der jeweilige Kommandant ein Bett. Die Mannschaften mußten entweder auf der Erde, auf Stroh oder auf einem einer Pritsche ähnlichen Gestell, Bohlen auf Kanthölzern montiert, kampieren. Darauf hatten 6–8 Leute Platz. Einzelne hatten sich Matratzen organisiert, sonst galt nur loses Stroh als Unterlage.

Die Lichtschalter wurden abmontiert. Die Leitungen wurden einfach zusammengekniffen. Das Licht brannte Tag und Nacht, ohne Rücksicht, ob da jemand schlafen mußte. Schränke oder ähnliche Gestelle gab es nicht. Die Leute hatten kaum Habseligkeiten. Kaum

Wäsche zum Wechseln. Es hatte wohl jeder sein Eßgeschirr. Das lag irgendwie in der Gegend herum. Das Waschen fand an der Pumpe oder an einer Regentonne statt. Das Rasierzeug wurde in einem Beutel untergebracht. Kämme brauchte keiner. Die Mannschaften durften alle nur kurzgeschoren, als Glatzköpfe gehen. Eine Freizeit bzw. Ausgehzeit gab es überhaupt nicht. Im Sommer konnte man sie in den Freischichten beim Schachspielen oder Fußballbolzen sehen. Einzelne hatten dann mal auch ein Buch dabei. Ansonsten waren andere Freizeitgestaltungen nicht zu beobachten. Findige Soldaten hatten in der Umgebung eine Schnapsbrennerei entdeckt. Der Wodka war ihr Lieblingsgetränk. Gelegentlich bekamen sie sogar welchen zugeteilt. Den tranken sie dann aus ihren Bechern, die zu den Feldflaschen gehörten. Sie benutzten auch Biergläser dafür. Der Branntwein aus der benachbarten Brennerei wurde sogar unverdünnt genossen. Ich bekam auch einmal eine Kostprobe davon. Aus einer großen Korbflasche wurde mir ein Bierglas voll davon eingeschenkt. Unbedenklich nahm ich das volle Glas. Man bedeutete mir, es in einem Zug auszutrinken, was ich auch tat. Ein bereitgehaltenes Glas Wasser war dann hinterher meine Rettung. Der unverdünnte Alkohol nahm mir im ersten Moment nach dem Absetzen des Glases die Luft weg. Die Soldaten hatten eine närrische Freude daran. Für mich war das eine Lehre, niemals mehr etwas bedenkenlos anzunehmen.

Eine andere »Mutprobe« hatte ich noch zu bestehen. Ein Russe behauptete, wir Deutschen wären einzeln alle Angsthasen. Aus einer näheren Distanz legte er seinen Karabiner auf mich an. Ich vertraute darauf, daß er mich nicht erschießen würde, was er dann mit Vorbeischießen demonstrierte.

Der Zeitabschnitt der Grenzbesetzung durch sowjetische Soldaten ging Ende November 1946 zu Ende. Über Nacht war unser Haus leer. Die Grenze war am 1. Dezember vollkommen unbewacht. Die Bewohner der Nachbardörfer in Ost oder West kamen in Scharen bei uns vorbei. Eine eigenartige Beklommenheit machte sich bei uns breit. Sollte der Spuk nun auf einmal vorbei sein? – Niemand wußte eine Antwort darauf. »Dos wi danija« (Auf Wiedersehen).

Einige Begebenheiten möchte ich noch nachtragen. – Wie an jeder Grenze wurde auch hier geschmuggelt. Teilweise haben die Schmuggler mit ihrer Ware sich ihren Übergang erkauft, teilweise wurde ihnen die Ware abgenommen. Mußten sich die Soldaten so lange mit ihrem »Machorka« (feingebrochene Tabakrippen) zufrie-

dengeben, so schmissen sie jetzt mit amerikanischen und englischen Zigaretten herum. »Dei sakurit«, das war die Frage: »Hast
du was zu rauchen?« Jetzt waren sie großzügig. Oft bekam man eine
ganze Schachtel Zigaretten geschenkt, manchmal auch die angefan-
gene Packung. Welche gaben auch die Zigaretten nur einzeln. In
dieser Zeit kam es dann vor, daß ich beim Futterholen vom Heuboden mehrere Stangen Zigaretten, im Heu versteckt, entdeckte. Dieses war eine willkommene Beute für mich. Ich habe die Zigaretten
vorsichtig selbst wieder versteckt und hinterher die Soldaten weiter
angebettelt, damit sie keinen Verdacht schöpfen sollten. Die Zigaretten hatten derzeit einen hohen Schwarzmarktwert, es wurden bis
zu 25 RM für das Stück bezahlt. Bohnenkaffee, ungemahlen, oder
auch als Pulver, wurde auch geschmuggelt. Die Soldaten schenkten
uns oft welchen, sie machten sich nicht viel daraus.

Am 2. Dezember 1946 kamen die ersten Volkspolizisten (Vopos).
Sie standen zwar unter der Oberhoheit der sowjetischen Besatzungsmacht, hatten aber viel eigene Befugnisse.

Wir konnten unser Haus mal wieder beziehen. Anfangs wollten
die Vopos nicht in unser Haus. Es dauerte aber nicht lange, da beanspruchten auch sie einige Räume. Doch dafür war noch genügend
Platz im Haus. Mit den Vopos war es auch nicht viel anders als mit
den Russen. Es gab hier auch gute und weniger gute. Für ihr Brennmaterial sorgten sie selbst. Sie bekamen Zuteilungen an Holz und
Kohle. Unsere Wirtschaftsgebäude blieben jetzt verschont. Ersatz
für den von den Russen angerichteten Schaden bekamen wir auch
von ihnen nicht. Wir konnten diese Einrichtungen nur provisorisch
ausbessern. Entsprechendes Baumaterial gab es Jahre später immer
noch nicht.

Auch bei der Volkspolizei wechselte die Truppe. Die Vorgesetzten auch. Durch die Auffassung der jeweiligen Führung war unser
Aufenthalt im eigenen Haus bedingt. Beim jeweiligen Wechsel
mußten wir mit Auszug rechnen oder, wenn wir nicht im Hause
waren, gelegentlich auch einziehen.

Die Vopos verhielten sich ähnlich an der Grenze wie die Russen.
Grenzgänger wurden weiterhin eingesperrt oder, wie gehabt, auch
durchgelassen. Je nach Gutdünken, je nach den Leuten, die Dienst
hatten. Unter den Vopos hatten wir weniger zu leiden als unter den
Russen. Einmal hatten auch sie uns schikaniert. Meine Schwester
wollte heiraten. Am Tag vor der Hochzeit, wo allgemein Polterabend gefeiert wird, bekamen wir am Mittag die Aufforderung, um-

gehend das Haus zu räumen. Die Hochzeitsvorbereitungen, sie waren ohnehin schon schwierig genug, waren noch nicht abgeschlossen. Wohin nun mit den eingeladenen Verwandten? Wir selbst sollten in zwei schräge Kammern ziehen, ohne Kochgelegenheit und ohne sanitäre Einrichtungen. Und dann die Hochzeit. – Betten und Bettzeug, Geschirr, Kleidung und die Lebensmittelvorräte haben wir provisorisch untergebracht. Anschließend haben wir uns wieder mit den Hochzeitsvorbereitungen befaßt. Diese waren dann spätabends abgeschlossen. Der Polterabend war ins Wasser gefallen. Da wollten wir wenigstens einigermaßen vernünftig Hochzeit feiern.

Für die Betreuung des Viehs waren Bekannte gekommen. So brauchten wir uns nicht auf dem Grundstück sehen lassen. Als wir dann am Tag nach der Hochzeit wieder dorthin kamen, fanden wir Teile unseres Mobiliars auf dem Hof liegen. Es war einfach aus dem Fenster geworfen worden. Dafür hat sich niemand für zuständig erklärt. Auch blieben die Räume hinterher noch mehrere Tage leer.

Auch diese Zeit ging vorüber. Eine neue Besatzung kam. Diese zog in ein anderes Gebäude ins Dorf. Unser Haus war nun wieder vollkommen leer. Aber wie sah es darin aus? Es mußte fast alles renoviert werden. Dazu braucht man Material. Aber wo das hernehmen? Auf Umwegen, nur mit Einsatz von Kompensationsmitteln (Eier, Speck, Wurst), ließ sich das Haus wieder notdürftig herrichten.

In der Zeit davor mußten wir die Aushilfsquartiere auch noch öfter wechseln. So kamen wir in der Zeit bis 1952 auf insgesamt 14 Umzüge. Im Frühjahr 1952 begann dann die Errichtung des »Eisernen Vorhangs«. An der Grenze entlang wurde der »Todesstreifen« angelegt. Ein ca. 10 m breiter Streifen, der anfangs immer schwarz, d. h. gepflügt gehalten werden mußte. Dazu wurde noch die Sperrzone errichtet. Ein 10, teilweise auch 15 km breiter Streifen, parallel zur Grenze, der nur mit Sonderausweisen passiert werden durfte. Innerhalb dieses Gebietes kam noch ein 500 m Sperrgebiet dazu. In diesem wohnten wir. Kein Problem für uns. Wir bekamen noch einen Zusatzstempel in unseren Sonderausweis. Problematisch wurde die Tatsache für uns, daß unsere nächsten Nachbarn in das Innere der DDR abtransportiert wurden. Sie mußten sich mit der Erklärung zufriedengeben, sie wären nicht zuverlässig genug, um im grenznahen Bereich wohnen bleiben zu können. Ein neuer Transport wurde zusammengestellt, auch noch eine außerhalb der Ortschaft in unserer Nähe wohnende Familie war bei den Abtransportierten. Die Tage verliefen ruhig, aber in der Nacht konnte keiner mehr von uns schlafen. Dauernd hatten wir Traktorengeräusch in den Ohren. Kommen sie jetzt zu uns? Holen die uns jetzt auch weg? Aus dieser Situation heraus fiel es uns leicht, die Konsequenz zu ziehen. Am frühen Morgen des 10. Juni 1952 verließen wir unser Zuhause in Richtung Westen. Auf einen Pferdewagen hatten wir noch einigermaßen brauchbares Gerät geladen, dazu Bettzeug, Geschirr und Kleidung. Mit diesem Fahrzeug und unserem Rindvieh kamen wir gut über die Grenze in den »Goldenen Westen«. Wir mußten dazu das Tageslicht abwarten. In der Nacht liefen dauernd Streifenposten über unser Grundstück. Sie leuchteten die Stallungen und Scheune nach Verdächtigem ab. – Das waren 7 nicht gerade schöne Jahre. Vieles ist vergessen. Was noch hängengeblieben ist, habe ich aufgeschrieben.

Am Abend vorher hatte ein junger Mann mit einem Pferdegespann, aus der Bewachung heraus, sich über die Grenze begeben. Er mußte, zusammen mit anderen Gespannen, den Todesstreifen bearbeiten. An einer günstigen Stelle verließ er durch eine kurze Wendung mit dem Gespann das Paradies. Seine Angehörigen erwarteten ihn schon auf der anderen Seite. Sie hatten einen westlichen Zöllner zur Absicherung mitgebracht.

Alfred Krug*

5. 5. 1988: Bis zu meiner Flucht 1952 war ich Mitinhaber einer alten Getränkefirma in Boizenburg-Elbe (10 klm ostwärts Lauenburg). Bin heute 73 Jahre u. war der 5. meines Namens in der Firma. Die Westseite Mecklenburgs war ja bis 30. 6. 45 engl. Besatzungsgebiet. Anl.[1] einige meiner vielen Erlebnisse an der von Wahnsinnigen geschaffenen Zonengrenze.

Meine Erlebnisse an der Zonengrenze zwischen Boizenburg-Lauenburg und Lübeck

1. Erlebnis

Am 30. 6. 1945 fuhr ich mit dem LKW von Boizenburg-Elbe, wo wir einen Getränkebetrieb hatten, zur Bavaria & St.Pauli-Brauerei nach Hamburg, um wie seit vielen Jahrzehnten Faßbier für unsere Gast-

---

1 Um den charakteristischen Tonfall des Textes zu erhalten, wurde die ungewohnt abkürzende Schreibweise ohne Veränderungen belassen.

wirtskunden zu holen, Flaschenbier zogen wir von Doppelhekto-Holzfässern selbst ab. Der Expedient der Brauerei mußte uns leider sagen, daß kein abgezogenes Faßbier vorrätig sei, ich solle das Leergut ruhig in Hamburg lassen u. in 2 Tagen, an einem Montag, wieder kommen, um das Vollgut zu holen. Schweren Herzens verließ ich ohne Bier den Brauereihof, um nach Hause zu fahren (55 klm).

Mein Erstaunen war groß, als ich an der Holstein-Mecklenburger Grenze 2 klm ostwärts Lauenburg eine Sperre mit einem Menschenauflauf entdeckte. Ein englischer Offizier sagte zu mir: »You have to go back« (Sie haben zurückzugehen). Die Grenze nach Mecklenburg war seit 5 Min. gesperrt (es war 18.05 Uhr). »Morgen um 6 Uhr hält der Russe dort Einzug.« Jetzt war ich nicht mehr überrascht, sondern erschrocken. 2 Stunden habe ich dann »gekämpft«, bis man mich mit dem Versprechen passieren ließ, direkt ohne Verzögerung nach Boizenburg zu fahren.

10 Min. später kamen wir dort an. Es herrschte in den Straßen völlige Leere, es war Ausgangssperre. Die letzten engl. Patrouillen verwiesen uns energisch auf den Hof. Man wollte wissen, wo wir denn noch herkämen usw.

Am nächsten Morgen um 6 Uhr hatten wir die Bescherung. Besoffene Russen mit Pferdegespannen galoppierten durch die Straßen. Der wahnsinnige Krieg war vorbei, und wir sahen einer ungewissen Zukunft entgegen.

Im Gegensatz zu dem Westen war es in der Ostzone nicht möglich, einen normalen Geschäftsbetrieb wieder aufzubauen. Wir versuchten, unsern Getränkeherstellungs- u. Großhandelsbetrieb so gut es ging wieder ganz bescheiden in Gang zu bringen. Dieser beschränkte sich zunächst nur auf den Biergroßhandel. – An die Herstellung von Spirituosen war noch nicht zu denken.

Auf der Rose-Brauerei in Grabow (nach Hamburg konnten wir ja nicht mehr) bekamen wir aber nur Bier gegen leere Fässer, und diese lagen in Hamburg. Nun kam uns ein Glücksfall zustatten. Eine Gastwirtin auf dem Lande ließ mich wissen, daß die abgezogenen Engländer in der Gutsscheune eine Menge Bierfässer gelassen hätten. Diese Fässer holten wir uns, u. wir waren aus der Klemme. Die Engländer hatten das Bier aus einer Brauerei in Hannover geholt gehabt.

2. Erlebnis

Am 6. 7. 1945 war unsere Hochzeit in Boizenburg-Elbe festgesetzt. Meine Braut war bis dahin noch bei ihren Eltern in Elbstorf b. Winsen-L. Am 3. 7. wollten wir beide uns in Schnakenbek westl. Lauenburg treffen. Ich wollte sie mit dem Kutschwagen dort abholen, wo sie per Fahrrad ankommen wollte.

In Schnakenbek erfuhr meine Braut erst, daß der Russe schon vor 3 Tagen Westmecklenburg u. damit Boizenburg besetzt hatte, ich konnte also nicht dort sein. Nun war für sie guter Rat teuer. Sie entschied sich sehr tapfer zu dem Wagnis, zum Russen hinüberzugehen, ohne zu wissen, was mit ihr geschehen würde. Sie bewegte sich vorsichtig bis zur Stecknitz (kl. Grenzfluß zwischen Lauenburg u. Boizenburg). Dort traf sie Leute, die auch durch die Russensperre wollten. Ein beherzter Mann wagte das Durchwaten der Stecknitz (das Wasser ging bis zur Brust). Dem vertraute meine Braut sich an, u. beide kamen mit Fahrrad auf die linke Flußseite, wo sofort 2 Russen in Uniform aus dem Busch traten u. die beiden mit vorgehaltener MP aufforderten mitzukommen. Sie waren also festgenommen, u. man brachte sie zum »Kommandanten« in Nostorf, der sie 1/2 Std. verhörte, um sie dann laufen zu lassen. Meine Braut u. der Begleiter hatten sich als Ehepaar ausgegeben, das in Boi. zu Hause sei.

Im Haus meiner Eltern waren natürlich alle einschl. mir in großer Aufregung vom Warten, und wir waren nun erlöst, als meine Braut völlig durchnäßt ins Zimmer trat.

Am 6. 7. 45 konnte nun also die Hochzeit planmäßig stattfinden. Sie wurde natürlich sehr bescheiden gestaltet. Wir wagten uns noch nicht auf die Straßen aus Angst vor den patrouillierenden Russen. Der Pastor u. der Standesbeamte kamen ins Haus. – Wir waren nun verheiratet u. schauten in eine ungewisse Zukunft. Den Krieg hatte ich mit einem »Heimatschuß« u. nach diesem mit dem Aufenthalt in der Genesendenschwadron des Reiterregiments 13 in Lüneburg bis zum traurigen Schluß überstanden. Und nun begann für uns bis zur Flucht 1952 die 2. Katastrophe.

3. Erlebnis

In unserer Spirituosen-Herstellungsfirma in Boizenburg fehlten meistens Korken, denn wir bekamen vom Ostzonenstaat keine zugeteilt, u. frei kaufen konnten wir dort keine. Ich stellte pro Jahr vor

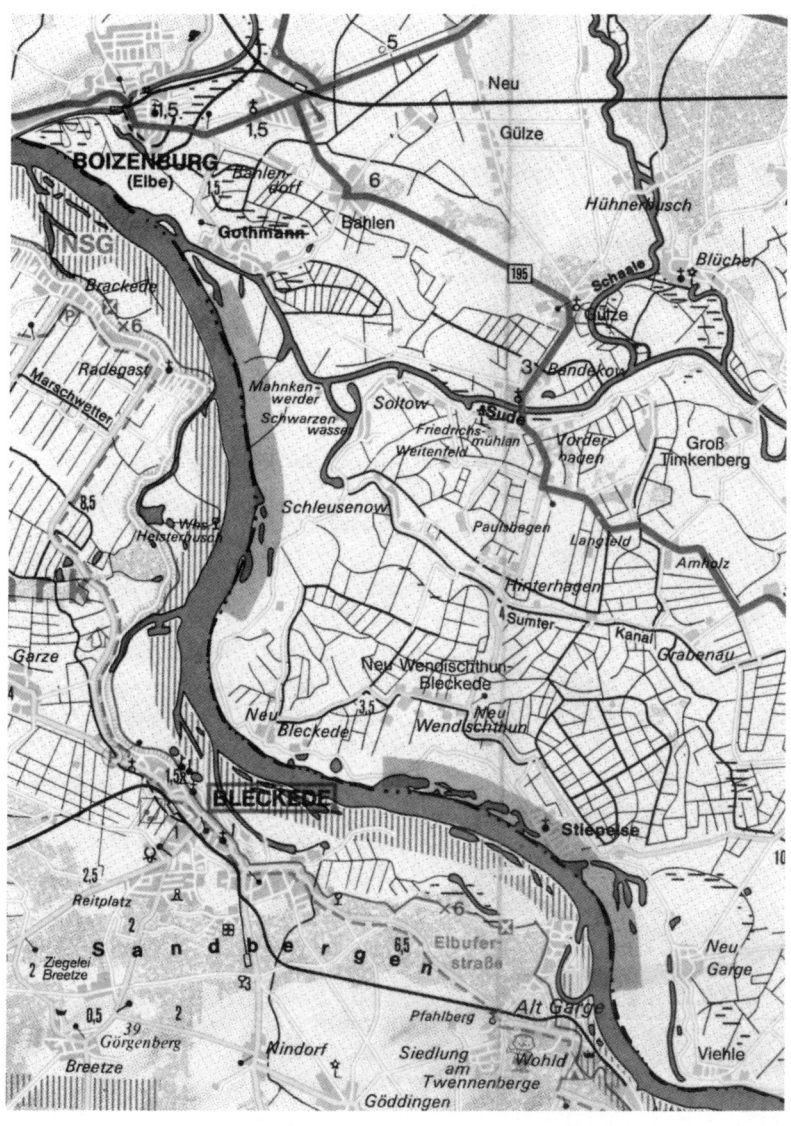

der Währungsreform 420 000 Fl. Spirituosen her, wofür ich mir 4 mal im Jahr beim Ministerium in Schwerin die Freigabe von reinem Alkohol (Sprit) holte, aber widersinniger Weise gab es dafür eben keine Korken. Man glaubte an unsere Wendigkeit, irgend einen Weg zu finden, zu Flaschenverschlüssen zu kommen. Wir sammelten daher Altkorken u. schnitten diese 1 bis 2 mal durch, so daß es meist nur Scheiben waren. Sie wurden dann gebrüht, damit sie sauber wurden. Aber diese reichten bei weitem nicht.

Wir hatten daher 2 »Grenzläufer« laufen, die uns pro Woche ca. 10 000 Korken brachten, in den Jahren von 45 bis 52 ging das noch. Krodhast bekam für diese 10 000 Korken 10 Fl. Schnaps u. die Grenzläufer 2 Fl. Wenn sie die Korken brachten, mußten sie sehr vorsichtig sein, denn bei uns waren meistens russische Offiziere im Schnapsladen, die sich mit Branntwein eindeckten, sie hatten meistens Bezugscheine, die vom Kommandanten ausgestellt waren. Mannschaften bekamen grundsätzlich keinen Schnaps. Die Korkbringer meldeten sich dann auf dem Hof beim Kellermeister, der sie ins Privatkontor brachte, denn die Russen hatten die Grenzer eingesperrt, wenn sie sie getroffen hatten.

Auch Schnapsflaschen fehlten im Betrieb, besonders im Oktober 1945, als die Herstellung von Spirituosen vom Staat verfügt wurde. Der Preis für 1 Ltr. r.A. (reiner Alkohol) für uns Hersteller betrug bis zu 211,– DM Ost, vor dem Kriege waren es nur 4,– RM, es waren also fast alles Steuern, wir waren ein reiner Steuereinzugsbetrieb u. mußten sehr genau, was die Alkoholprozente angeht, arbeiten, sonst wären wir Konkurs gegangen.

Um überhaupt mit dem Befüllen von Spirituosen damals beginnen zu können, schickte ich zunächst einen Pferderollwagen mit 2 Leuten von Wohnung zu Wohnung, damit diese soviel leere Schnapsflaschen sammeln sollten wie möglich, natürlich gegen Bezahlung. Sie schafften 25 000 Flaschen! Außerdem fuhr ich mit einem LKW nach Hamburg u. tauschte wieder gegen Schnaps neue Flaschen bei der Bergedorfer Glashütte. Da ich diese nun mal ausnahmsweise vom Westen aus nicht über die Grenze bringen durfte, legte ich oben auf die ganze Ladung neuer Fl. eine Schicht mit gebrauchten, so daß wir legal über die Grenze fahren konnten.

4. Erlebnis

Im November 1946 wollten meine Frau u. ich über die grüne Zonengrenze zur Hochzeit meiner Schwägerin in den Westen (Interzonenpässe waren von der roten Kommandantur abgelehnt).

Wir wurden mit dem Kutschwagen von Boi. bis auf die Höhe von Gudow gebracht. Im Rucksack hatten wir 16 Fl. Schnaps u. machten uns durch ein großes Waldgebiet auf den Marsch. Direkt an der Grenze, wo der Hochwald aufhört u. eine Schonung beginnt, rief uns ein bewaffneter Russe »stoi« zu, u. wir waren mit der für den Russen u. für den Westen kostbaren Schnapsfracht geschnappt. Er führte uns bei totaler Dunkelheit eine ganze Strecke durch den Wald bis zu einer Blockhütte, wo die russ. Grenzwache ihr Quartier hatte. Man ließ unter dem üblichen Verhör die Rucksäcke auspakken u. bekam Stielaugen, als die 16 Fl. Schnaps auf dem Tisch standen. Als man erfuhr, daß ich der bei fast allen russ. Offizieren in der Gegend bekannte Schnapshersteller aus Boi. war, wurde der »Kommandant« gnädig, u. seine Miene wurde sogar freundlich. Er ließ uns dann von einem Posten bis zur westl. Grenze bringen. Selbstverständlich habe ich von den 16 Fl. 12 zurücklassen müssen, was mir der freie Grenzübergang wohl oder übel wert sein mußte. Als der russ. Posten 100 mtr. mit uns gegangen war, sagte er forsch »davei Uri« (Uhren her). Er hatte nämlich in der Hütte gesehen, daß wir 3 Uhren bei uns hatten, die der Kommandant uns gelassen hatte (er wollte es nämlich nicht mit mir verderben, denn er hoffte, daß ich ihm bei einem Besuch bei uns in Boi. großzügig mehr Schnaps geben würde, als er von seinem Vorgesetzten genehmigt bekommen hatte). Diese Uhren sollte ich für eine Tante in Hbg. abliefern. Es blieb mir weiter nichts übrig, als dem Befehl des Russen zu entsprechen. Unser Geschnapptwerden hatte sich also für unsere liebe Besatzungsmacht doppelt gelohnt. Dann sagte der Posten: »Jetzt geradeaus 200 mtr. engl. Zone.«

Sehr erleichtert wegen der Entlassung – aber auch durch den Verlust des Schnapses – kamen wir, vermeintlich schon im Westen, an ein kl. Haus, wo früh schon eine Kuh gemolken wurde. Die Melkerin sagte aber: »vorsichtig 100 m weiter ein Russe«, den wir dann vorsichtig umgingen. Glücklich kamen wir unter Überwindung eines Koppelzaunes in die Freiheit u. konnten, fast ohne geistige Getränke, die Hochzeit feiern.

5. Erlebnis

Oberhalb von Lauenburg, in Barförde links der Elbe, setzte der Gastwirt u. Fährmann Boelte in den Jahren bis zur Währungsreform nachts fast gewerbsmäßig über die Elbe für 50 RM in die Freiheit.

Allmählich wurde das den Russen bekannt, u. sie wollten ihm das Handwerk legen. Diese Gelegenheit glaubten sie zu haben, als ein Bruder Emil Boelte von ihnen in Boizenburg geschnappt wurde. Die Russen zwangen ihn, ein verschlüsseltes Telegramm an seinen Bruder, den Fährmann in Barförde, aufzugeben mit dem Text: »Hole mich Mittwoch um 22.30 ab Dein Bruder Emil.« Dieser wollte seinen Wunsch erfüllen, war aber mißtrauisch. Er fuhr mit dem Handruderboot bis auf 50 mtr. an das rechte Elbufer heran u. rief: »Emil büst Du dor?«. Dieser antwortete »ja«. Darauf der Fährmann: »Is sünst och wer dor?« Als darauf die Antwort ausblieb, meinte der Fährmann: »Denn weit ick Bescheid« u. machte kehrt.

Man hatte den Mann, den man haben wollte, nicht gefaßt. Der Bruder Emil wurde zur Strafe, daß er nicht »nee« gerufen hatte, noch eine längere Zeit eingesperrt, bis er freigelassen wurde. Der Gastwirt unterließ fortan das Übersetzen, das hatten die Russen also erreicht.

Mir ist obige Geschichte bekannt, weil Boelte für mich einige Male Schnaps von Ost nach West rübergerudert hatte, damit ich dafür Maschinenersatzteile in Hamburg eintauschen konnte.

6. Erlebnis

Es war wohl 1947, als in Lauenburg im Hotel Stadt Hamburg (Hubert Koch) Feuerwehrball stattfinden sollte. Nun war der Wirt natürlich sehr in Verlegenheit um Spirituosen, denn ohne diese ist doch ein Feuerwehrball undenkbar, denn es war immerhin schon 2 Jahre nach Kriegsende, u. in Westdeutschland gab es noch keinen offiziellen Schnaps, u. schwarz gebrannter durfte nicht irgendwo erscheinen, außerdem war er gesundheitsschädlich, weil er nicht entfuselt war. In Boizenburg stellte meine Firma Schnaps her.

Koch, der mich gut kannte, er stammte aus Boizenburg, meiner Heimat, nahm über den Polizeichef in Lauenburg Kontakt zur Ostzonen-Polizei auf (das war damals noch möglich, manchmal) u. bat diese, den russischen Kommandanten zu fragen, ob dieser wohl erlauben würde, daß an der Dückerschleuse, 10 klm nördlich von Lauenburg, am kl. Grenzfluß Stecknitz, an die Lauenburger Feuerwehr 20 Ltr. Schnaps in einer Korbflasche übergeben würden, natürlich sollte das eine absolute Ausnahme sein.

Der Russe erteilte wider Erwarten diese Genehmigung und beauftragte mich, eine Korbflasche mit 20 Ltr. Doppelkümmel zu füllen u. mit ihm (es war ein Major) u. dem Schnaps mit unserm PKW an die Stecknitz bei der Dückerschleuse zur Übergabe der im Westen damals besonders kostbaren Flüssigkeit an die Lauenburger Feuerwehr bzw. an Hubert Koch zu fahren.

An dieser Stelle führt noch heute eine heile kl. Betonbrücke über den kl. Fluß, die man noch betreten kann, denn die Zonengrenze verläuft links des Flusses.

Die Übergabe erfolgte dann unter einigen beiderseitigen Scherzen. Nun konnte man in Lauenburg Feuerwehrball wie in alten Zeiten feiern. Diese 20 Ltr. ergaben immerhin ca. 1000 Schnäpse. Über diese kl. Brücke bin ich übrigens einige Male als Kind in den 20er Jahren mit meinem Vater mit dem Kutschwagen von Boizenburg über 4, an tiefen Landwegen gelegene, Dörfer nach Lauenburg gefahren, u. dann ging es in doppeltem Tempo auf der Chaussee nach Boizenburg zurück, denn die Pferde hatten es leichter, den Wagen zu ziehen, u. sie hatten Hunger. An der Brücke wurden damals 10 Pf. für die Benutzung gezahlt, sie war Privatbesitz, wenn eingekehrt wurde im Gasthaus, entfiel die Gebühr.

7. Erlebnis

Wieder einmal mußte ich nach Hamburg, mein Drang nach dem Westen war unbändig. Der Paß wurde wieder abgelehnt. Mein Weg war wieder durch die Elbe, denn es war Sommer. Diesmal begleitete mein Freund mich bis zum Ufer, um meine Sachen mit zurückzunehmen. Nachdem ich mich ausgezogen hatte, warteten wir im Busch, bis die russ. Patrouille vorbei war.

Dann machte ich wieder den Sprung in die Elbe. Mein Freund ging, das Zeug überm Arm, zurück nach Boizenburg.

Ich war wieder glücklich »gelandet« u. fuhr per Bus wie schon oft in Richtung Hamburg. Nach ca. 3 Tagen führte ich ein Ferngespräch mit meinem Vater in Boizenburg. Dieser sagte mir, daß ein Russe meinen Freund mit meinen Klamotten festgenommen hätte, als dieser sich auf dem Weg von der Elbe zur Stadt befunden hatte. Der Russe hatte ihm direkt gesagt, »die Sachen, die Sie über dem Arm haben, gehören dem Mann, der eben durch die Elbe geschwommen ist«. Er wurde die Nacht in einem kl. Dorf bei Boi. festgehalten u. wie üblich verhört u. verwarnt.

Mein Vater hatte mir am Fernsprecher gesagt, ich könne ja ruhig zu Fuß von Lauenburg nach Boizenburg auf der Landstraße nach Hause gehen, denn die Kommandantur wüßte durch Fr. Carl Strack, daß ich illegal drüben war. An der Ostseite der Grenze wurde ich dann bald wieder freigelassen, auch für meinen Freund gab es kein Nachspiel.

8. Erlebnis

Im Sommer 1947 fuhr ich mit meinem Freund (es handelt sich immer um Fr. Carl Strack aus Boizenburg, mit dem ich schon 1929 in Schwerin zusammen in einer Pension gewohnt hatte, der bis zur Flucht 1952 seinen alten Vater im Geschäft unterstützt hatte u. der danach als Kapitän auf gr. Fahrt tätig war) auf dem damals noch für den Privatverkehr freien Elbdeich an einem Sonntag mit dem Kutschwagen von Boizenburg bis Neu Bleckede, rechts immer die Freiheit im Auge. In Neu Bleckede (Bleckede liegt linkselbisch) spannten wir beim Gastwirt auf dem Elbdeich das Pferd aus.

Aus Bleckede hörten wir über die Elbe herüber Marschmusik (es war wohl Schützenfest, das es in der Ostzone ja nicht gab). Von der Musik waren wir so angezogen, daß wir ins Wasser gingen u. halb durch die Elbe schwammen. Nach kurzer Zeit rief uns eine auf dem Elbdeich gehende russ. Patrouille, unter Androhung, von der Schußwaffe Gebrauch machen zu wollen, aus dem Wasser. Wir wurden festgenommen u. aufgefordert, mit zu ihrer Kommandantur nach Neuhaus-Elbe (ca. 15 klm) zu kommen, um wie üblich verhört zu werden. Mit dem Kutschwagen war das aber zu weit, so sollten wir in ihren Geländewagen einsteigen. Weil wir aber den Kutschwagen dort hatten, ging das auch nicht einfach so. Ich telefonierte daraufhin mit zu Haus in Boizenburg u. bat einen Fahrer, mit dem PKW nach Neu Bleckede zu kommen u. diesen gegen den Kutschwagen auszutauschen.

Die Russen warteten geduldig, sie hatten ja in mir einen »guten Fang« gemacht u. wollten dadurch einige Fl. Schnaps von mir als

einzigem Spirituosenhersteller im Kreis Hagenow erpressen, denn
Schnaps war ihr »ein u. alles«, er war knapp u. kontingentiert. Wir
fuhren dann mit dem PKW nach Neuhaus u. der mit diesem aus
Boizenburg gekommene Fahrer mit dem Kutschwagen nach Boizenburg.

In Neuhaus mußten mein Freund u. ich einige Stunden eingesperrt warten, bis wir verhört wurden. Gegen das Versprechen, den
Herren Russen einige Flaschen Schnaps zukommen zu lassen, durften wir dann von Neuhaus nach Boizenburg (25 klm) zurückfahren.

9. Erlebnis

Es war wohl im Sommer 1948. Man hatte mir wieder einmal den
Interzonenpaß nach dem Westen abgelehnt, meiner Frau aber genehmigt. Der Russe ist ja stets unberechenbar, wodurch er heute
noch die 17 Mil. eingesperrten Deutschen in der Ostzone in ständige Unruhe u. Angst versetzt, er zieht einmal die Kandare an, u.
einmal läßt er Luft. Weil ich aber dringend aus Hamburg kleine
Ersatzteile für die Getränkemaschinen brauchte, mußte ich die
Grenze anders überwinden.

So entschloß ich mich, wie etwa 10 mal zwischen 1945 u. der
Flucht, mit Ostmark in der Badehosentasche in der Dämmerung
durch die Elbe zu schwimmen.

Meine Frau, die ja per Paß im Westen war, saß gegenüber von
Boizenburg auf der freien Seite der Elbe auf dem Buhnenkopf u.
wartete auf mich. Ich stieg ca. 400 mtr. oberhalb (diese Strecke trieb
man ca. ab) des Sitzpunktes meiner Frau nach Ablegung meiner
Klamotten im Busch u. nachdem die kommunistische Patrouille
vorbei war, auf der rechten Elbseite ins Wasser u. schwamm durch
den Fluß, meine Frau, die ich bemerkt hatte, im Auge. Mein Abtrieb
war richtig berechnet, so daß ich genau an ihrem Buhnenkopf an-
schwamm. Wir liefen dann, nachdem wir uns glücklich in den Armen gelegen hatten, die ca. 2 klm bis zum Gasthaus am Elbdeich,
wo mein Anzug immer aufgebügelt hing. Mein in der Badehosentasche naß gewordenes Geld, es war ja noch vor der Währungsreform
deutsche Mark, wurde auf dem Gaststubentisch trocken geplättet.
Nun konnten wir per Bus in das Heimatdorf meiner Frau an der Elbe
u. nach Hamburg fahren, um dort kleine Ersatzteile zu kaufen. Ich
schwamm nach einigen Tagen zurück durch die Elbe, ohne auf der

Ostseite geschnappt zu werden. Meine Frau fuhr per Paß wieder in die Heimat, sie nahm die Ersatzteile mit, u. wir konnten in Boizenburg wieder mit den Maschinen arbeiten.

10. Erlebnis

1949 war wieder ein Besuch in Hamburg notwendig geworden. Pässe gab es nicht. Diesmal bot sich mir ein neuer Grenzübergang.

Auf dem Grenzbahnhof Schwanheide westl. Boizenburg belieferte meine Firma den Pavillon auf dem Bahnsteig mit Spirituosen. Aus diesem Grunde durfte ich den Bahnsteig betreten, um Schnaps anzuliefern.

Der Pächter dieser Verkaufsstelle, die hauptsächlich Spirituosen verkaufte u. diese reißend los wurde, weil es sie im Westen noch kaum gab, riet mir gelegentlich eines Besuches auf dem Bahnsteig, ruhig schnell in den anfahrenden Zug zu springen. Ich war glatt auf dem Trittbrett gelandet u. 1 Min. später im Westen, wo ja nichts mehr passieren konnte.

Hinter Büchen betrat ein westl. Zollbeamter das Abteil u. machte zollmäßige Stichproben. Ich hatte außer einem kleinen Gepäck einen Karton mit Kondomen (man darf das heute ja sagen), die ich mir bei einem Friseurgroßhandel in Schwerin gegen Schnaps eingetauscht hatte, 144 Stück. Sie waren leichter als 12 Fl. Schnaps, daher dieser sonderbare Kartoninhalt. Diese Gegenstände wollte ich mir irgendwo in Hamburg wie 1:1 eintauschen. Bei den Stichproben fragte der Zöllner: »Was ist in dem Karton?« u. zeigte auf den meinen. Als ich ihm sagte, es seien Gebrauchsgegenstände, war er zufrieden u. verzichtete auf eine Öffnung. Ich war froh, daß ich nicht verlegen werden brauchte.

In Hamburg angekommen, verkaufte ich diese Gegenstände auf St.Pauli an die Klo-Frauen für Westmark wie ges. wie 1:1, u. ich war wieder beweglich, indem ich ca. 200,– DM zur Verfügung hatte, ohne den schweren Schnaps, mit dem man in Hamburg immer noch etwas anfangen konnte.

PS. Auf der Rückfahrt mit dem Zug sprang ich sofort nach dem Anhalten in Schwanheide (östl. Grenzstation) auf der dem Bahnsteig abgewandten Seite aus der nicht verschlossenen Tür in den Wald. Wie ich später hörte, hatte das jemand bemerkt, u. die abgewandten Türen wurden fortan geschlossen.

11. Erlebnis

Ein Teil der aus Boizenburg-Elbe geflohenen Bürger (es sind ca. 3 000) treffen sich jedes Jahr im Juni in Radegast im Gasthaus W. Jahncke auf dem Elbdeich gegenüber unserer Heimatstadt. Wir sind in diesen Jahren noch ca. 150 Leute, es waren schon 400. Nach dem gemeinsamen Mittagessen gehe ich mit 12 meiner in Geesthacht gehaltenen Brieftauben in der Kiste auf den Elbdeich; das mache ich schon viele Jahre, um sie vor den Augen der Landsleute fliegen zu lassen. Sie fliegen dann immer über die Elbe u. über den Mordzaun nach Boizenburg hinein, um dann nach einigem Kreisen nach Westen abzudrehen. Weil weiße dabei sind, kann man sie gut beobachten. Wenn wir abends wieder in Geesthacht sind, sitzen die Tauben vor dem Schlag. Sie sind also ohne Genehmigung der Kommunisten über die Zone geflogen, u. das macht mir Spaß. Übrigens fliegen sie nach Boizenburg hinein, weil Boi., genau wie Geesthacht, rechts der Elbe zwischen dem Höhenzug u. dem Fluß liegt, sie glauben zunächst, die Stadt sei Geesthacht. Mir ist noch nie eine Taube verlorengegangen. An der gleichen Stelle der Elbe habe ich übrigens 2 mal gestanden u. die Glocken gehört, als meine Eltern beerdigt wurden (1961 u. 1968). Mein Vater hatte mir kurz vorher geschrieben, er ginge bald unter die Erde. Ich dürfe nicht kommen, ich solle an der linken Elbseite stehen und den Glocken lauschen, was ich dann auch mit Verwandten zusammen tat. Der Grund dafür war, daß ich mich bis zur Flucht 1952 mit den Kommunisten in der Ostzone zu viel »bei den Ohren gehabt« hatte. Man hätte mich verhaften können, u. dem Risiko wollte ich mich nicht aussetzen. Übrigens hatten bei unserer geplanten Ausweisung aus Boi., wir waren von Freunden gewarnt worden, die aus Schwerin herangereisten KP-»Funktionäre« gesagt, als sie feststellten, daß meine Frau u. ich mit 2 kl. Kindern nach Berlin geflohen waren, »wenn wir den zu fassen bekommen hätten, dann wären wir mit ihm weitergegangen«, was auf gut deutsch heißen sollte nach Sibirien. Ich wäre dann heute längst vermodert.

Frühe Tage

»Der Krieg ist vorbei. Ein sinnloser Krieg. Was für Elend hat er mitgebracht.« Die Erinnerungen an die Grenze sind oftmals Erinnerungen an das Jahr 1945, an den letzten Kriegsfrühling, an das Datum der Kapitulation und vor allem an die erste harte Zeit danach: »Am 8. Mai war dann der Spuk zu Ende. Meine Schwester wurde krank.« Auch nach Kriegsende gingen die Nöte weiter. Hunger, Kälte, Krankheit, Erschöpfung und Gewalt brachten noch vielen Menschen den Tod. Zertrümmerte Städte und verwüstetes Land wechselten sich ab mit Gegenden, in denen der Krieg äußerlich nur geringe Spuren zurückgelassen hatte. »Nie, so lange ich mich erinnern konnte, war ein Frühling so schön gekommen wie dieser.«[1] Das gesamte Verkehrssystem wies schwere Bombenschäden auf, Brücken, Eisenbahnanlagen und Straßenbauten waren weitgehend zerstört.[2] Zugleich bestand ein immenser Bedarf an Transportmitteln. Unzählige waren unterwegs.[3]

Die Geschichten über die Frühzeit der Grenze spielen sich vor diesem Horizont ab. Das Leben entlang des damals noch nicht monströs durch die Landschaft gezogenen Streifens verlief mancherorts gewiß weniger drückend als in den Ruinen der zerbombten Städte. Doch wurde die noch kaum sichtbare Barriere durch ihre Bewacher bereits unmißverständlich spürbar. Zwischen Lübeck und Hof überquerte täglich eine Unmenge von Menschen die von Russen, Amerikanern und Engländern kontrollierte Grenze. Allein oder in Gruppen, mit oder ohne Führung, schleichend, robbend oder schwimmend, versuchte man, von der einen Seite unbemerkt auf die andere

1 Gudrun Pausewang: Ein Maimorgen. In: Heinrich Böll (Hrsg.): Niemands Land. Kindheitserinnerungen an die Jahre 1945–1949. Bornheim Merten 1985, S. 59.
2 Vgl. Helga Grebing; Peter Pozorski; Rainer Schulze: Die Nachkriegsentwicklung in Westdeutschland 1945–1949 (Studienreihe Politik, 7a). Stuttgart 1980, S. 4–14.
3 Vgl. Klaus R. Scherpe (Hrsg.): In Deutschland unterwegs. Reportagen, Skizzen, Berichte 1945–1949. Stuttgart 1982.

zu gelangen. Es herrschte lautloser Hochbetrieb. Überall trafen Fremde ein, Heimkehrer, Flüchtlinge, Menschen auf der Suche und Menschen auf Hamsterfahrt in jene Gebiete, in denen noch Lebensmittel zu erlangen waren. Daneben tauchten professionelle Schmuggler auf sowie Grenzführer, die von hier aus ihre Geschäfte aufnahmen. Das Leben wurde von den drei Fragen beherrscht: »Wie werde ich satt? Wo kann ich unterkommen? Wann finde ich meine Familie wieder?«[4] Doch nicht nur Personen wanderten hinüber und herüber, auch schaffte man Waren aller Art auf die andere Seite: »Es war, als wanderten die Lasten allein über die Grenze, als wären die Menschen nur nebensächliche Imponderabilien, allenfalls gut genug, Gepäck zu bewegen oder zu bewachen. Rechts und links der Straße von Friedland war das Gepäck zu Bergen getürmt, zu kunstvollen Häusern und Höhlen zusammengebaut, in denen Familien Schatten suchten. Ganze Schlafzimmereinrichtungen waren auf wackligen Leiterwagen herübergekarrt worden, Kaninchenställe, Klaviere, komplette Hühnerfarmen.«[5] An den Grenzbahnhöfen machte eine Vielzahl an Geschichten und Gerüchten die Runde. Es entstanden Lager und Kommandanturen. Innerhalb der jeweiligen Zonen kamen neue wirtschaftliche Binnenorientierungen zustande. Die Infrastruktur des gesamten Einzugsgebietes wandelte sich mit der Zeit grundlegend.

In den Texten wird die Rückschau auf die Grenze des Nachkriegsalltags zur Rückschau auf die eigene Biographie. Die Berichte äußern sich über private Strategien des Überlebens, über Ängste und Träume, über Abenteuer und Streiche. Eine große Zahl von Erlebnissen kreist um das sogenannte Organisieren. Lebensmittel, Gebrauchsgüter und Brennmaterial waren knapp und auf legalem Weg oft nur in unzureichendem Maße zu bekommen. Deshalb schlug man andere Wege ein, nämlich den des Mundraubs, des Diebstahls oder auch des Betrugs. Die Praxis des Organisierens stammte noch aus den Kriegstagen und wurde vielfach nicht als eigentlich kriminell angesehen. »Man stahl nicht, man organisierte.«[6] Über die Abenteuer, die Gefahren und die Mutproben, die hierbei zu bestehen waren, kursierte eine Fülle von pointenreichen Erzählungen.

4 Margaret Bourke-White: Deutschland April 1945. Deutsche Erstausgabe. München 1979 (zuerst 1946), S. 79.
5 Zitiert nach Frank Grube; Gerhard Richter: Die Schwarzmarktzeit. Deutschland zwischen 1945 und 1948. Einleitung Arno Surminski. Hamburg 1979, S. 102.
6 Klaus Staeck: Karbid und Feuerstein. In: Heinrich Böll, wie Anm. 1, S. 91.

»›Organisieren-Geschichten‹, Geschichten vom Besorgen, von Diebstählen, Requirements und Unterschleifen sind für gewöhnlich lustige Geschichten.«[7] In schwankhafter Form und in immer neuen Variationen wird von der eigenen Verschlagenheit berichtet, davon, wie man in der Grauzone zwischen dem Erlaubten und dem Verbotenen auf seine Kosten zu kommen verstand. Häufig wurden zum Beispiel bei den schwarzen Geschäften an der Grenze russische Wachsoldaten hinters Licht geführt. Ein beliebter Trick bestand etwa darin, den Uniformierten anstelle des versprochenen Alkohols eingefärbten Spiritus zu liefern.

Die große Geschichte hält nur am Rande Einzug in die Erlebnisberichte. Nirgends werden Nationalsozialismus, Drittes Reich und deutsche Kriegsschuld als Erklärung der persönlichen Situation im Nachkriegsdeutschland herangezogen, nirgends auch werden die Beschwernisse, die es in den frühen Tagen am eigenen Leib auszuhalten galt, als Konsequenz aus der Geschichte verstanden, die diesen Tagen vorausging. Der Krieg klingt in den Grenzberichten nach als ein Spuk, der, gleich einer Naturkatastrophe, übers Land gezogen war.

Die Grenze stellte ein Hindernis unter zahlreichen anderen dar, ein Hindernis, das sich – wenn auch unter Lebensgefahr – überwinden ließ. Sämtliche Grenzen, auch die der anderen Alliierten, standen unter Bewachung. Die Franzosen zum Beispiel untersagten den Amerikanern noch 1946 den Zutritt zur französischen Zone.[8] Im allgemeinen Chaos der unmittelbaren Nachkriegszeit nahm die Grenze zum russischen Zuständigkeitsbereich keine exponierte Stellung ein, und anders als wenige Jahre später trennte sie die Menschen noch nicht endgültig. Sie bildete eher einen diffusen Bereich als einen radikalen Schnitt zwischen zwei politischen und weltanschaulichen Systemen.

Die Ausgangslage der Autorinnen und Autoren war in dieser Zeit sehr unterschiedlich. Anneliese Boike hatte im Krieg ihren Mann verloren und lebte mit den Kindern allein. Als Kriegerwitwe teilte sie das harte Schicksal vieler anderer Frauen, die auf sich gestellt waren und für ihren Lebensunterhalt sowie für den ihrer Kinder

---

7 Albrecht Lehmann: »Organisieren«. Über Erzählen aus der Kriegs- und Nachkriegszeit. In: Der Deutschunterricht 6 (1987), S. 55f.
8 Vgl. Werner Roth: Dorf im Wandel. Struktur und Funktionssysteme einer hessischen Zonenrandgemeinde im sozial-kulturellen Wandel. Eine empirische Untersuchung. Frankfurt o. J., S. 236.

Sorge tragen mußten.[9] Glücklicher sah es zum Beispiel für den Spirituosenfabrikanten Alfred Krug* aus, dessen Hochzeit am 6. Juli 1945 stattfand. Er gründete eine Familie, und er war Mitinhaber eines Geschäftes. Wenngleich der Betrieb schon bald mit Schwierigkeiten zu kämpfen hatte, so bedeutete doch zunächst der Zugang zu Alkohol ein lukratives Privileg. Andere nutzten die Grenze unmittelbar als Erwerbsquelle: Geländekenntnisse, Risikobereitschaft, der Besitz von Transportfahrzeugen und gewiß auch Geschäftssinn prädestinierten manch einen zum Grenzführer.

In dem entlassenen Soldaten Karl Sengler* gewinnt ein Vertreter jener Grenzgänger Kontur, die unterwegs waren auf der Suche nach ihrer Familie. Für etliche Bauern schließlich, die ihre Erlebnisse aufzeichneten, verschärften sich die Lebensbedingungen vor allem dadurch, daß die Höfe, auf denen sie zuhause waren, durch russische Mannschaften konfisziert wurden.

Trotz ihrer Detailtreue deuten die Berichte vergangene Erfahrungen vor dem Horizont der jeweiligen Gegenwart, der Zeit also kurz vor Öffnung der Grenze. Die Erinnerungen sind immer zugleich auch Bearbeitungen, der Bericht aus dem Leben ist zugleich Selbst-Darstellung dieses Lebens. Sengler hebt in seinen Aufzeichnungen den sachlichen, gelegentlich abgebrüht wirkenden Habitus des Kriegsberichterstatters hervor, Krug den des cleveren, letztlich aber ungerechterweise um die Früchte seines Fleißes und Einfallsreichtums gebrachten Unternehmers. Ohne daß dies direkt ausgesprochen würde, sind sämtliche Geschichten von der Grenze auch davon geprägt, was die Menschen in den dazwischenliegenden Jahrzehnten erlebt haben und welche gesellschaftliche Stellung sie zum Zeitpunkt der Niederschrift innehatten.

Krugs abschätzige Einstellung gegenüber den Organen der Sowjets und der DDR findet unter anderem darin ihre Erklärung, daß er sich 1952 zur Übersiedelung in den Westen gezwungen sah. Mit der Firma und dem Zuhause büßte der Autor seine soziale Position ein. An die Stelle seines früheren Fabrikantendaseins trat nun eine Existenz als reisender Kaufmann. In dieser Profession mußte er die Limonadenhersteller in Norddeutschland besuchen, »um ihnen Limo-Essenzen zu verkaufen. Es waren ausnahmslos ›Kollegen‹ von mir, die ihre Heimat, ihr Vermögen u. die Existenz behalten hatten im Gegensatz zu mir. Das alles war nicht leicht. Auf keinen Fall

9 Vgl. Sibylle Meyer; Eva Schulze: Wie wir das alles geschafft haben. Alleinstehende Frauen berichten über ihr Leben nach 1945. München 1985.

durfte ich sie merken lassen, daß ich sie beneidete, u. das tat ich auch nicht.« So tröstete er sich noch 1988 damit, gegen sein Vermögen wenigstens die Freiheit eingetauscht zu haben und auf der westlichen Seite »der von Wahnsinnigen geschaffenen Zonengrenze« zu leben – so seine Worte in einem Anschreiben. Die Öffnung im November 1989 verlangte vielen, und gewiß auch Alfred Krug, eine neue Sichtung ihres durch die Grenze bestimmten Lebens ab.

Von Autor zu Autor differiert die Wahrnehmung des Grenzterritoriums. Anneliese Boike und etliche andere zum Beispiel nehmen eine eher stationäre Perspektive ein. Wohnhaft in der unmittelbaren Nachbarschaft zur Demarkationslinie, beschreiben sie Ausschnitte ihres dortigen Alltags. Alfred Krug und Karl Sengler dagegen schildern in erster Linie ihre Erlebnisse als Wanderer zwischen den Zonen. In besonderem Maße ist ihr Augenmerk auf die Beschaffenheit des gefährlichen Streifens gerichtet.

In Gesprächen ist oft der Satz zu hören: »Man hat ja so vieles vergessen.« Zugleich aber werden bestimmte Vorkommnisse und Erlebnisse so plastisch erinnert, daß sie wie ein Film abzulaufen scheinen. In der mündlichen wie in der schriftlichen Mitteilung werden beispielsweise ganze Dialogsequenzen, vorzugsweise mit Russen, in wörtlicher Rede wiedergegeben und in szenische Situationen hineingestellt. Liselotte Isecke schildert eine »humorvolle, aber ebenso ernste Begebenheit«: »Buschalastia attin raz – potzelowatz, ich verstehe nicht russisch, sagte ich, und er sagte: ›Ich übersetze in deutsch: Ich dir bitte geben einen Kuß.‹ Und ehe ich mich versah, hatte er schon meine Taille ergriffen und wollte mich an sich ziehen. Ich zog den heißen Saucenlöffel aus dem Topf und bratete ihm eins über die Nase.« Besonders Anneliese Boike vermag ihre Eindrücke, Erfahrungen und Gefühle zu gleichermaßen konkreten wie zeitlosen Bildern des Jammers, der Traurigkeit und des Grauens zu verdichten. Ein schweigsamer und erbarmungsvoller Elendsstrom macht sich über Pferdekadaver her: »Es zog an mir vorbei wie ein böser Traum. Ich hockte zwischen den Tannen und weinte, und weinte. – – « Ein junger russischer Soldat steht im Wohnzimmer der Autorin und betrachtet lange das Bild ihres gefallenen Bruders: »Mir war, als weinte er. Dann drehte er sich schnell um und ging wortlos hinaus. Ich habe den Russen nie wiedergesehen. Was er gewollt und was ihn bewegt hat? Ich weiß es nicht.« Eine taube, alte Frau wird grausam umgebracht: »Sie stürzt und will auf Händen noch weiter kriechen und jammert und stöhnt. Da springt der Russe zwei Schritte zurück und erschießt die alte Frau.« Ein Mädchen will über die Grenze, um sich ihr Brautkleid schneidern zu lassen. Am Stacheldraht wird sie nach versuchter Vergewaltigung hinterrücks erschossen.

Erst im Laufe der Jahre errichtete man entlang der Grenze einheitliche und zunehmend undurchlässige Sperreinrichtungen. In der Frühzeit wurde die Sicherung durch Zäune und durch Wachpersonal von Region zu Region noch unterschiedlich rigoros gehandhabt. Vielfach stand die Schärfe der Kontrollen im Ermessen des einzelnen Grenzsoldaten oder des jeweiligen Kommandanten. Allerdings schlug auch von Kriegsende an bereits das politische Tagesgeschehen auf die Grenzverhältnisse durch. Das Binnenklima hier wurde zum Ausdruck der internationalen Großwetterlage. Perioden der Lockerung wechselten sich manchmal abrupt mit Phasen der Spannung ab. Insgesamt war das Grenzgebiet bis 1952 Durchgangsland. Bahnhöfe wie etwa der von Helmstedt oder Bebra entwickelten sich zu regelrechten Sammelplätzen. Dort boten sogenannte Schlepper ihre Dienste gegen gute Bezahlung an[10]; dort wurden Nachrichten ausgetauscht, und wie an allen Treffpunkten zwischen den Zonen machten Gerüchte die Runde; und nicht zuletzt trieb dort der Schwarzhandel üppige Blüten.

Neben Bahnhöfen boten sich auch Gaststätten, Mühlen, exponiert gelegene Gehöfte und andere Baulichkeiten als Ausgangslager und als Stützpunkte für die Überschreitung der Grenze an. Zeitweise passierten von bestimmten Stellen aus so viele Menschen die Grenze, daß ein oberfränkischer »Schlepper« nicht übertreibt, wenn er schreibt, es habe damals die »reinste Völkerwanderung ›hüben‹ wie ›drüben‹« stattgefunden. Besonders ereignisreich in dieser Hinsicht war das Grenzstädtchen Schöningen einige Kilometer südlich von Helmstedt. In der Nähe der Ortschaft wurde und wird noch immer im Tagebau Braunkohle gewonnen. Nacht für Nacht kamen die Grenzgänger in großer Zahl über die Halden. In Schöningen, so heißt es in einer Nachkriegsreportage, befindet sich »der Mittelpunkt des ›Lochs im Osten‹«[11]. In der Region um Helmstedt kamen zwischen 1945 und 1947 ungefähr fünf Millionen – davon zwei Millionen »illegale« – Grenzgänger in den Westen.[12]

10 Vgl. z. B. Werner Roth, wie Anm. 8, S. 236.
11 Josef Müller-Marein: Deutschland im Jahre 1. Reportagen aus der Nachkriegszeit. Hamburg 1984, S. 222.
12 Vgl. David Shears: Die häßliche Grenze. Stuttgart (2. Aufl.) 1971, S. 36.

Für die Ankömmlinge von ›drüben‹ wurden Auffangstationen eingerichtet; keineswegs jedoch nur als erster Willkomm, sondern auch als Orte der Internierung. Das Hilfsgefängnis in Bebra, in welchem die durch Bahnpolizei und durch Amerikaner[13] gefangenen Grenzgänger festgesetzt und von wo aus sie zumeist ohne Umschweife zurückgeschickt wurden, war beileibe nicht die einzige Einrichtung dieser Art. Solche Lager säumten den gesamten Grenzverlauf auf westlicher Seite. So bemerkte etwa der Journalist Joseph Müller-Marein, »daß beispielsweise das Flüchtlingslager Uelzen, in das alle ziellosen Grenzgänger verwiesen werden, nicht so sehr ein ›Auffanglager‹, wie sein Titel heißt, als vielmehr ein ›Zurückweisungslager‹ genannt werden sollte«[14]. Vor allem die Amerikaner standen im Ruf der Unerbittlichkeit, so daß viele Menschen, deren Ziel innerhalb der amerikanischen Zone lag, den Umweg über die britischen Gebiete wählten.

Wie in anderen von Amerikanern besetzten Orten, so ging es in den frühen Tagen auch im hessischen Obersuhl streng zu. Am östlichen Ortsende sperrte ein Schlagbaum den Weg hinüber ins Nachbardorf Untersuhl ab, wo sich russische Soldaten eingerichtet hatten. Sowjets und Amerikaner standen sich hier direkt gegenüber. Von seiten beider Besatzungsmannschaften kam es zu gewalttätigen Übergriffen gegen die Zivilbevölkerung und gegen Grenzgänger. Die scharfe Bewachung vor allem durch amerikanische Soldaten brachte den Verkehr weitgehend zum Erliegen. Die Kontrahenten im Grenzszenario waren zum einen die Zivilpersonen, zum anderen die Soldaten der verschiedenen Großmächte. Manchmal jedoch waren sie allesamt aufeinander angewiesen und trafen auf engstem Raum zusammen; dabei konnten sich groteske Situationen ergeben. Unmittelbar an der Grenze zwischen Ober- und Untersuhl zum Beispiel war in einem Privathaus eine amerikanische Kommandostelle untergebracht. Nachts, während die Soldaten schliefen, kamen die Russen regelmäßig in das Schlafzimmer der Eigentümer und baten um Wasser.[15]

In den Erinnerungsberichten über die Anfänge der Grenze kommt den Briten und Amerikanern zumeist nur die Rolle von Randfiguren zu. Um so mehr Erzählstoff gibt es über die Russen, die in kaum einer Geschichte fehlen. Nicht selten erscheinen sie darin als eine

13 Werner Roth, wie Anm. 8, S. 238.
14 Josef Müller-Marein, wie Anm. 11, S. 220.
15 Vgl. Werner Roth, wie Anm. 8, S. 235f.

fremde Spezies, deren Eigenschaften und Verhaltensweisen von den eigenen in auffallender Weise abwichen. Es hat den Anschein, als markierte der Aufenthaltsbereich dieser Fremdlinge oft als einziges Hinweiszeichen jene gefahrenumwitterte, vielerorts aber noch unsichtbare Trennlinie, die sich durch die Wälder oder durch die Feldmark zog. Häufig wird berichtet, daß hier quasi aus dem Nichts plötzlich »der Russe« auftauchte. Dieser von den Autoren mit schillernden Charakterzügen ausgestattete Mensch aus dem Osten geriet ab 1945 zum Symbol der bewachten, prinzipiell aber noch durchlässigen Grenze. Damit galten die Russen zugleich als Repräsentanten und Verursacher der als willkürlich empfundenen Teilung. Insofern wurden sie von Grenzgängern wie von Anrainern als die eigentlichen Kontrahenten begriffen; als Gegenspieler innerhalb einer Konstellation, die sowohl freundschaftliche, amüsante und groteske als auch feindselige, gewagte und grausige Situationen mit sich brachte. Nicht nur ihre Fremdheit, auch ihr Standort machte sie anfällig für Gerüchte aller Art. Denn hier, »auf der niedrigen Straßenbarrikade zwischen den Zonen«, da hockte es, das Gerücht. »Es raunt, es wispert, es tratscht, nicht zu überprüfen, unkontrollierbar und gefährliche Ressentiments und Vorurteile an die Stelle klarer Sachlichkeit und Vernunft setzend«.[16] – Bereits einige Kilometer weiter zurück im Hinterland versank »die fragwürdige Welt krimineller Grenzkolportage«[17] wieder.

Zur Topographie der Grenze gehörte nicht zuletzt die von den Grenzgängern gefürchtete russische Kommandantur. Sie war die Endstation vieler mißglückter Gänge. Hier wurden die eingefangenen Kinder, Frauen und Männer vernommen, und hier verbrachten sie oft eine angsterfüllte Nacht oder auch längere Zeit in Kellerlöchern. Während die Grenzgänger diesen Ort meist nur kurzfristig aus der Perspektive der Notlage erlebten, lernten etliche Anwohner unfreiwillig auch den dortigen Alltag der russischen Mannschaften kennen; zum Beispiel dann, wenn diese sich in ihren Wohnhäusern einquartiert hatten. So etwa wurde der Hof von Hans Joachim Gieseler im Jahre 1945 zur Kommandantur umfunktioniert. Die Arrangements, die der enteignete Landwirt mit den Wachmannschaften an ihrem Stützpunkt traf, und die Eindrücke, die er dort von ihnen gewann, waren teilweise anderer Natur als die Verabredungen und

16 Ludwig Doering: Der »große Grenzverkehr« (1947). In: Klaus R. Scherpe, wie Anm. 3, S. 169.
17 Ebd.

die Wahrnehmungen jener Ortsfremden, die täglich in großer Zahl die Grenze passierten. Gieselers Konflikte mit den Russen bezogen sich auf sein tägliches Leben und auf sein Haus, die der anderen auf die unbeschadete Überwindung der Grenze; er bangte um seine Existenzgrundlage, die anderen um ihre Freiheit, ihr Leben, ihre Habe und ihr Schmuggelgut.

Als am 28. November 1946 die »Deutsche Grenzpolizei« Aufstellung bezog, empfanden dies Grenzgänger und Ortsansässige überwiegend als gravierenden Einschnitt innerhalb der Sicherungspraxis. Die Zahl der Posten stieg von zunächst 2 543 Mann auf 4 000 im September des Jahres 1947 und schließlich auf 10 000 bis Mitte 1948. Ende 1952 waren insgesamt 35 000 deutsche Grenzpolizisten eingesetzt.[18] Die Erinnerungsberichte über die Frühzeit der Grenze setzen häufig mit dem Kriegsende 1945 ein, und sie enden nicht selten mit dem Jahre 1952. Es ist das Jahr, in dem man auf DDR-Seite eine ca. 5 Kilometer breite Sperrzone und einen 500 Meter breiten »Schutzstreifen« einrichtete, der nur mit besonderem Berechtigungsausweis betreten werden durfte.[19] Zugleich wurde entlang des gesamten Grenzverlaufes der sogenannte Kontrollstreifen von 10 Metern Breite abgeholzt und umgepflügt. »Das Überqueren dieses Streifens wurde für alle Personen verboten. Jeder, der ihn in Richtung DDR oder BRD zu passieren suchte, sollte von den Grenzpatrouillen festgenommen werden. Schußwaffengebrauch wurde im Fall von Zuwiderhandlungen gegen die Befehle der Grenzpolizei angeordnet.«[20] Viele als politisch unzuverlässig eingeschätzte Personen siedelte man in dieser Zeit aus der Fünf-Kilometer-Zone zwangsweise ins Landesinnere um.

Das Klima an der Grenze veränderte sich drastisch. Die Zeit der Tauschgeschäfte und der Privatabmachungen ging dahin, und das Wagnis, die Grenze schwarz zu überqueren, nahm neue Dimensionen an. Zwar galten die Vopos zunächst als nicht immer zuverlässige Grenzwächter, die bei ihrer Tätigkeit von russischen Soldaten beaufsichtigt werden mußten[21], doch änderte sich dieses Bild recht

18 Vgl. Peter Joachim Lapp: Frontdienst im Frieden – Die Grenztruppen der DDR. Entwicklung – Struktur – Aufgaben. Koblenz (2. Aufl.) 1987, S. 198 und 199.
19 Vgl. SBZ von 1945 bis 1954. Die sowjetische Besatzungszone Deutschlands in den Jahren 1945–1954. Herausgegeben vom Bundesministerium für gesamtdeutsche Fragen. Bonn 1956, S. 192.
20 David Shears, wie Anm. 13, S. 39.
21 Vgl. Gerhard Wandschneider: Ein Pfahl im Fleische Deutschlands. In: Zeitschrift für Geopolitik, 27, Heft 10 (1956), S. 43.

bald. Schon nach wenigen Jahren standen sie in dem Ruf der völligen Gefühlskälte, was damit zusammenhing, daß sie gehalten waren, auf keinerlei Gesprächsangebote zu reagieren. Nur selten trägt der einzelne Vopo in den Erinnerungen individuelle Züge; im Gegensatz zum Russen wird er zumeist als ein Namenloser präsentiert. Sein Gebaren wird von vielen Gesprächspartnern als kränkend und »typisch deutsch« bzw. »150prozentig deutsch« bezeichnet. Mit der Herausbildung dieses Images konnte man Grenzüberschreitungen nicht länger als zwischenmenschliche Herausforderung, als Kommunikationsproblem betrachten. Doch nicht alle Zeitgenossen sahen mit den neuen Bewachern schwerere Zeiten an der Grenze und in ihrem Hinterland heraufziehen, nicht alle erlebten die Mannschaften nur in ihrem Einsatzfeld. Über die deutschen Grenztruppen, die bald nach dem Abzug der Russen sein Haus beanspruchten, urteilt Hans Joachim Gieseler: »Mit den Vopos war es auch nicht viel anders als mit den Russen. Es gab hier auch gute und weniger gute. Für ihr Brennmaterial sorgten sie selbst. ... Unsere Wirtschaftsgebäude blieben jetzt verschont.«

Je dichter man die Grenze abriegelte, desto stiller wurde es dort, desto ferner rückte die andere Seite. Nicht nur in ihrem äußeren Erscheinungsbild, sondern ebenfalls in den Lebensgefühlen formte sich während dieser ersten sieben Jahre die Welt des Zonenrandes um. Zunehmend schlugen sich die Umstände der Trennung und der Teilung auch auf die Wahrnehmungsmuster nieder. Waren in den Vorstellungen die Zonen zunächst nur undeutlich voneinander geschieden, waren die kontrastierenden Bilder vom Hüben und Drüben in der frühen Zeit erst relativ unscharf ausgeprägt, so bildete sich schon bald das deutliche Bewußtsein von einem Land diesseits und einem Land jenseits des gefährlichen Streifens heraus; und dieses Bewußtsein verfestigte sich schließlich in Begriffen wie ›der Osten‹ und ›der Westen‹, mit denen weit mehr als bloß gegensätzliche Himmelsrichtungen gemeint war. Die durchlässige Membran aus den Anfangstagen wandelte sich auch in den Köpfen der Menschen zur Trennwand zwischen zwei Welten, zum »Eisernen Vorhang«. Hinter den Häusern »verlief die Grenze zwischen Rußland und Amerika«[22].

Viele Bewohner des grenznahen Raumes entschlossen sich nicht zufällig im Jahre 1952, endgültig in den Westen überzuwechseln.

---

22 Mündliche Auskunft einer betagten Grenzbewohnerin.

Die politischen Daten, die historischen Ereignisse der Jahre 1945 und 1952 nehmen als Marksteine in den Lebensläufen vieler der Betroffenen Gestalt an, werden zu Fixpunkten im Strom ihrer Erinnerungen. In vielen Aufzeichnungen und Erzählungen über die unmittelbare Nachkriegszeit werden jedoch auch noch weitere genaue Datierungen vorgenommen; oft erinnert man sich selbst in bezug auf kleinere Begebenheiten an das Kalenderdatum, an den Wochentag, an die Tageszeit. Es will beinahe so scheinen, als hätte man sich in einer unüberschaubaren und vielfach als chaotisch erfahrenen Lebenssituation unter anderem dadurch eine gewisse Übersicht verschafft, daß man sich die Chronik der persönlichen Erlebnisse als Instrument der Orientierung und der Selbstvergewisserung zunutze machte. Dementsprechend kommen die Berichte über spätere Jahre, in denen sich das Leben wieder in vergleichsweise geordneten Bahnen abspielte, weitgehend ohne diese Art von biographischen Wegmarken aus. Gewißheiten und klare Ordnungen wurden nun verstärkt von außen vorgegeben.

Ein amerikanischer Ethnologe beobachtete in den siebziger Jahren deutsche Auffälligkeiten: »Bei einer Fahrt durch Deutschland bemerkt man zuallererst die ordentliche und präzise Aufteilung von Raum, Land und Gebäuden: Stadt wie Land sind in ordentliche, geometrische Parzellen aufgeteilt, die von einer Vielzahl von Mauern, Zäunen und Toren bezeichnet werden. Jeder Fleck Boden scheint von einer definitiven Grenze umschlossen, die ihn klar von allen anliegenden Grundstücken scheidet. In den Kleinstädten sind die einzelnen Häuser durch regelrechte Mauern voneinander getrennt, und innerhalb dieser ummauerten Liegenschaften befinden sich wiederum Mauern, die den Vorgarten vom Haus und diesen wieder vom Hof trennen – und das Haus selbst erscheint durch seine Rolläden vollends als Festung. ... Diese Aufteilung des Raums wird von einer ebenso unmißverständlichen Reihe von Regeln und Übereinkünften flankiert, die die Benutzung dieses Raums regeln. Überall scheinen Hinweis- und Verbotsschilder aufgestellt zu sein.«[23] So gesehen stellte die deutsch-deutsche Grenze eine übersteigerte und ins Gespenstische gewendete Manifestation dieser als ›deutsch‹ charakterisierten Ordnungen und Verbote dar. Damit erweist sich auch das Erschrecken vor der Grenze ein Stück weit als Erschrecken vor der eigenen Kultur.

23 Jack McIver Weatherford: Deutsche Kultur, amerikanisch betrachtet. In: Tintenfisch 15 (Quartheft 97). Berlin 1979, S. 82f.

86

Teil 2

Heinrich Badekow

Landwirt und Elbfischer

(An der Elbe)[1]
Aus einem Interview

Wir haben vor der Grenzziehung diesseits und jenseits der Elbe gewirtschaftet, ungefähr ein Drittel der Flächen, die zum Hof gehörten, lagen drüben, am 1. Juli 45 war Schluß. Das war natürlich eine sehr starke Umstellung für den Betrieb und hat praktisch eine ganze Wirtschaftsgeneration gedauert, solange wie meine Frau und ich den Hof bewirtschaftet haben. 25 Jahre haben wir dran gebastelt, um dies wieder auszuwetzen, damit wir wieder eine Wirtschaftsgrundlage hatten. Das ist nicht ohne staatliche Hilfe gegangen. Längst nicht allen ist es gelungen, ihren Betrieb aufrechtzuerhalten, ich möchte mal sagen, drei Viertel der Betriebe, die durch die Zonengrenze hier Flächen verloren haben, sind auch eingegangen. Im gewerblichen Bereich ist das auch so gegangen, Kaufleute, Gastwirte oder Handwerker, die sehr viel Kundschaft jenseits der Elbe hatten, die haben hier nicht überleben können.

Nach 46, da habe ich selber wieder angefangen zu fischen auf der Elbe; 46, 47 und auch 48, wo es nichts zu essen gab, wurden die Elbfische noch mit Kußhand aufgenommen, und das war dann ein Zubrot, daß man mittels Fischerei noch etwas erwerben konnte. Grade 47/48 war ja auch die Bewachung jenseits der Elbe wieder gelockert worden, weil die sowjetischen Truppen kaserniert worden waren und dort dann die mecklenburgische Landespolizei die Bewachung übernommen hatte, so daß wir auch auf der anderen Seite der Elbe gefischt haben.

In dieser Zeit ist auch ein Austausch von Bedarfsgütern, aber natürlich illegal und nachts, vorhanden gewesen, der dann mit Boo-

---

1 In Klammern gesetzte Überschriften wurden von den Herausgebern eingefügt.

ten über die Elbe betrieben wurde. Da hab ich natürlich auch so gut es ging mitgeholfen. Wir kannten uns ja persönlich alle und waren ja auch mit dem Gelände vertraut. Ich bin mit meiner Fischerei allerdings nur stundenweise am Vormittag dort zugange gewesen, weil ich ja Landwirtschaft nebenbei machen mußte.

Wenn man Ferkel wegbringen wollte nach drüben, dann hat sich die mecklenburgische Landespolizei so verhalten, daß man durchaus die Zeiten abpassen konnte, wenn die gerade in dem Bereich keine Streife gingen.

Ein Freund von mir, der hatte 1948 im Juni Hochzeit, da sind wir mit meinem Boot abends mit jungen Leuten rübergefahren und haben da drüben Polterabend gefeiert jenseits am Deich. Da war natürlich auch der zuständige Mann von der mecklenburgischen Landespolizei da, der hat das auch mitgekriegt, daß wir von der anderen Seite gekommen waren, und hat gesagt: »Seht bloß zu, daß euch die Russen hier nicht sehen, bleibt oben vom Deich runter, und dann kommt gut wieder zurück.«

Bekannten von uns, die drüben Kriegsschaden hatten und ihr Haus wieder aufbauen wollten – da gab's keinen Zement drüben –, denen haben wir im Winter 1947, als die Elbe zugefroren war, geholfen, nachts mit Schlitten 60 Zentner Zement rüberzubringen.

Und einem Bekannten, dem hat ein Tischlermeister hier sein Schlafzimmer zusammengezimmert; das haben wir ihm, wie er geheiratet hat, nachts auch rübergefahren.

Die Fischer haben auch Leute rübergebracht. Diese Menschen hatten Wind bekommen, daß bei dem und dem was zu machen ist. Zum Beispiel war das bei uns im Dorf ein Fischer Fritz Löpke*. Die Leute hielten sich dann entweder bei diesem Fischer, bei uns oder bei dem letzten Haus im Dorf so lange auf, bis es dunkel wurde. Abends nach 22.00 Uhr ging man dann an die Elbe, dann mußte man abwarten, bis von drüben ein Signal kam, ob die Luft rein war oder ob sie nicht rein war. Das wurde mittels dieser Taschenlampen gemacht, die eine weiße und eine rote Blende hatten. Wenn zur vereinbarten Zeit dort weißes Signal kam, konnte gefahren werden, kam rotes Signal, mußte gewartet werden. Da wurde manchmal zwei, drei Stunden lang gewartet, und wenn dann in der Nacht kein weißes Signal mehr kam, dann hieß es, daß dort russische Streifen waren und daß nicht gefahren werden konnte.

Wenn frei war, wurde rübergefahren, dann wurden sie drüben vom Lotsen an der Elbe am Deich in Empfang genommen, wurden übern Deich bis ins nächste Dorf gelotst und mußten dann möglichst noch vor Morgengrauen einige Kilometer Land gewinnen. Da konnte auch mal was schiefgehen. Hier den Fischer Walter Ehrlich*, den haben sie beschossen, der hat sich dann flach ins Boot gelegt und hat einen Schuß oben durch die Jacke gekriegt.

Der Fährmann Schröder* in Alt Garge ist von Leuten, die er rübergebracht hat, verraten worden. Die haben ihn an Land auf die andere Seite nach Neu Garge gelockt mit der Aussicht, daß dort Leute wären, die wieder hier rüber wollten. Er sollte sie dort abholen. In der Regel hat das keiner gemacht. Er ist aber unvorsichtigerweise mit nach Neu Garge reingegangen, und dort haben die Russen ihn dann gekascht. Der ist vom russischen Militärgericht verurteilt worden und ist in Neubrandenburg im Zuchthaus gestorben. So ganz ungefährlich war diese Tätigkeit also auch nicht.

Bereits ab Ende 49 wurde es noch erheblich gefährlicher. Denn da wurde die kasernierte Volkspolizei zur Grenzüberwachung eingesetzt, und denen saßen die Flinten dann wesentlich lockerer. Ich persönlich habe seither die Fischerei nur am diesseitigen Ufer betrieben. Der illegale Verkehr ist eigentlich zum Erliegen gekommen Ende Mai 52, als die grenzunzuverlässige Bevölkerung drüben abtransportiert worden ist. Die sind zwangsweise umgesiedelt worden, wenn sie dafür bekannt waren, daß sie Kontakte nach hier hatten.

In jüngster Zeit sind immer wieder Leute auf die andere Seite nach Osten rüber. Da ist erst im vorletzten Jahr ein Lehrer gewesen, der hat sich an die Elbe begeben, hat sein Zeug in den Plastikbeutel getan, hat es in den Busch gelegt und ist dann mit der Badehose bekleidet durch die Elbe geschwommen, hat dann den ersten Zaun überstiegen, hat den zweiten Zaun überstiegen und ist dann in der Ortschaft drüben morgens um sechs angekommen. Dann hat er einen Landwirt da aus dem Bett geklopft und gesagt: »Hier bin ich nun in der DDR.« –

Großes Staunen. Erst hat er ihm eine Hose und warmes Zeug gegeben, denn der hat ziemlich geschlottert, – wenn man da im Mai durch die Elbe schwimmt. Dann hat der Grenzsicherheitsdienst ihn mitgenommen, und die haben nicht geglaubt, daß es möglich wäre, von hier nach drüben über die Elbe zu schwimmen und Zäune zu übersteigen, und der perfekte Grenzsicherheitsdienst dort, der merkt da nichts von. Dann haben sie diesen Mann auch befragt, ob er nun bereit wäre, die DDR-Staatsbürgerschaft anzunehmen, und dazu hat er sich nicht entschließen können, und dann ist er in 14 Tagen wieder hier gewesen.

Ein anderes Mal war Schützenfest hier in Bleckede, und da hat der Schützenleutnant Palm* hier gewettet: »Ich schwimme über die Elbe in voller Uniform und melde mich drüben zum Dienst bei der Volkspolizei.« Da hat er natürlich schon einen Haufen getrunken, das ist so 1958 gewesen. Er hat das dann auch gemacht und hat sich vorschriftsmäßig drüben gemeldet in Schützenuniform. Den haben sie dann auch mitgenommen nach Boizenburg und ihn dort ausnüchtern lassen. Es hat keine zwei Tage gedauert, da war er wieder hier.

Von drüben sind auch viele über die Elbe geschwommen. Aus dem Schweriner Raum sind ein Schlosser und ein Schlachter mit dem Trabi in das Sperrgebiet reingefahren – da haben die Posten wohl geschlafen –, dann haben sie sich eine Leiter gegriffen drüben im Dorf, haben die Leiter an den Zaun gestellt, rüber und durchgeschwommen im August bei Niedrigwasser. Dann kann man das machen, das schafft man auch. – In den Grenzdörfern im Sperrgebiet darf man jetzt – auch in der Obstpflückezeit – nachts keine Leitern draußen stehen lassen. Wenn jemand beim Obstpflücken eine Leiter vergessen hat, kommt dort die Vopostreife und sagt: »Das ist nicht gestattet, Sie müssen die Leiter unter Dach bringen.«

Es gibt auch sehr viel ernstere Dinge in dieser Hinsicht. Gerade Jugendliche, die versucht haben, von drüben nach hier rüberzuschwimmen zu Zeiten, wo das eigentlich nicht möglich ist, also im April oder im Mai bei Hochwasser, da sind hier Jahr für Jahr junge Menschen ertrunken in der Elbe, gerade in diesem Abschnitt. Hier auf den Friedhöfen erzählen einige Gräber davon, daß eine ganze Menge ertrunken sind. Das ist nun mal die traurige Seite dieser Demarkationslinie. Hier ist natürlich nicht so viel von publik gemacht worden wie von der Berliner Mauer, dort sind Presse, Funk und Fernsehen immer gleich da, aber wenn man hier die Zeitungsarchive durchstöbert, dann findet man alle diese Schicksale wieder, die hier gerade mit diesem illegalen Durchschwimmen der Elbe passiert sind.

90

Manfred Rost

Grenzstorys

Anfang 1946 kamen wir aus Oberschlesien nach Niedersachsen. Unser erster Wohnort war Velpke Kr. Helmstedt, etwa 5 km westlich der damaligen Zonengrenze zwischen der britischen und sowjetischen Besatzungszone. Den ersten Kontakt mit der Grenze bekam ich in diesem Jahr. Mein gleichaltriger Freund (11 Jahre) und ich zogen an einem schönen Sommertag morgens in Richtung Oebisfelde los. Meiner Mutter hatte ich nichts gesagt. Man konnte ja nicht wissen, wie die Erwachsenen (mit Rote-Armee-Erfahrungen) darauf reagieren.

Zu den örtlich-geographischen Gegebenheiten muß im voraus gesagt werden: Oebisfelde liegt direkt (östlich) an der Aller, die in diesem Abschnitt die Grenze bildet. Lediglich ein Streifen mit Schrebergärten liegt zwischen Stadt und Aller. Auf westlicher Seite an der jetzigen B 188 liegt die kleine Ortschaft Bustedt. Die Allerbrücke in Richtung Oebisfelde war durch russische Grenztruppen besetzt und somit unpassierbar. Die Aller war zu jener Zeit noch an mehreren Mühlen angestaut, so daß die günstigste und müheloseste Übergangsstelle die Alte Furt (Alte Heerstraße Braunschweig–Gardelegen bzw. Magdeburg) war. Der Nachteil war die Tatsache, daß die Furt nur etwa 100–150 m nördlich der Allerbrücke lag und von den Grenzposten auf der Brücke eingesehen werden konnte.

Der Trick, mit dem mein Freund die ›Iwans‹ überlistete, war folgender: In den Sommermonaten badeten und spielten sowohl Kinder aus Oebisfelde als auch aus den umliegenden westlichen Dörfern in und an der Allerfurt, man mußte sich nur unter die Kinder mischen und in einem geeigneten Moment auf der anderen (östlichen) Seite die Furt wieder verlassen. Das einzige Problem waren dann noch die Mitbringsel, die wir von West nach Ost oder auch umgekehrt zu transportieren hatten. Die wurden in einem geeigneten Moment vom Westufer ans Ostufer geschafft, was uns auch des öfteren unter den Augen der am Ufer sitzenden ›Iwans‹ gelang. Das Ganze mag sich wie eine Kinderspielerei anhören, ich möchte jedoch zu bedenken geben, daß man sich, auch als Kind, zu der Zeit »eine Tracht Prügel« oder noch schlimmer »drei Tage Knast« einhandeln konnte.

In den Sommerferien 1947 kehrten mein Vater und ich von einem

Verwandtenbesuch aus Erfurt zurück. In Magdeburg stiegen zwei Diakonissen in unser Abteil. Als sich der Zug Oebisfelde, also der Grenze näherte, wurden die beiden merklich unruhig, sie tuschelten miteinander, und dann sprachen sie uns an. Sie fragten uns, ob wir auch schwarz über die Grenze wollten. Als Vater ihre Frage bejahte, baten sie, mit uns gehen zu dürfen. Vater willigte nach einigem Zögern ein. Wir kamen bei einbrechender Dunkelheit in Oebisfelde an und machten uns sofort auf den Weg Richtung Grenze.

Den ersten Teil des Weges gingen wir einfach im Strom der Reisenden Richtung Stadt. Dort fielen wir mit unserem Gepäck am wenigsten auf, außerdem glaubten wir uns in Begleitung der beiden Diakonissen genügend getarnt. Unsere andere Sicherungsstrategie, nämlich getrennt marschieren usw., zahlte sich diesmal aus. Ich lief etwa 50 bis 70 Meter vor den anderen und bemerkte, daß vor uns eine Straßensperre aufgebaut war, an der alle Passanten kontrolliert wurden. Ich lief zurück und berichtete den anderen, was ich entdeckt hatte. Nach kurzer Beratung beschlossen wir, uns seitlich in die Büsche zu schlagen, sprich: uns in eine Seitenstraße Richtung Grenze abzusetzen.

Dadurch waren wir zwar vorläufig in Sicherheit, andererseits aber auch in einer uns völlig fremden Gegend. Wir gingen vorsichtig weiter und fanden uns nach kurzer Zeit in den Schrebergärten, die kurz vor der Aller (Grenze) liegen, wieder. Zu unserem Glück war in der Zwischenzeit der Mond aufgegangen, so daß wir uns einigermaßen orientieren konnten. So bemerkten wir eine Grenzstreife zuerst, konnten ihr aber nur quer über die Gärten ausweichen.

Es war ein ergötzlicher Anblick für mich, Diakonissen mit ihren langen und sicher auch schweren Röcken über Gartenzäune klettern zu sehen. Aber es sollte noch besser kommen, denn plötzlich standen wir an der Aller. Ich beförderte zuerst unser Gepäck ans westliche Ufer. Mein Vater erbot sich, unsere Begleitung durch die Aller zu tragen, aber beide lehnten ab. So kam ich zu dem wohl einmaligen Erlebnis, zwei Diakonissen mit geschürzten Röcken durch die Aller waten zu sehen. Die beiden hielten sich aber tapfer, denn außer einem unterdrückten »Ogott Ogott« war nichts zu hören. Wir brachten die beiden zum Velpker Bahnhof, von wo sie am nächsten Morgen in Richtung Braunschweig weiterreisen konnten.

Hier, wo die eine Episode endet, fängt auch gleich ein weiteres Kapitel meiner Grenzgängerei an. Es gab zwei Kategorien von

Grenzgängern: die Professionellen und die Gelegentlichen, zu denen ich mich zähle. Die Profis schmuggelten Waren, von Ost nach West Damenstrümpfe, Pelze, Kunstgegenstände usw., von West nach Ost Lebensmittel, vor allem Fisch von der Küste. Der Bahnhof Velpke war die zwangsläufige Endstation der ehemaligen Bahnstrecke Braunschweig-Oebisfelde und somit einer der Anlaufpunkte der Grenzgänger aller Kategorien und Richtungen.

Mein Vater hatte im Spätsommer 1947 einen Handwagen erworben, erworben hieß in jener Zeit getauscht gegen 300 Amis (Zigaretten). Mit diesem unserem besten Stück stand ich, wenn immer nur möglich, am Bahnhof und wartete auf Kundschaft. Mit dem Handwagen transportierte ich das oft umfangreiche Gepäck der Grenzgänger zur Grenze. Meine liebste Kundschaft waren die Profis, mit ihnen konnte man im voraus schon das Honorar aushandeln, am liebsten natürlich Naturalien, denn die Zeiten waren schlecht und das Geld nichts wert. Diese Kunden waren auch weniger problematisch, sie hatten ihre festen Übergangsstellen und -zeiten, denn auf der anderen Seite sicherten bestochene russische Grenzstreifen den Übergang, und der Weitertransport der Waren war meistens auch schon organisiert. Außerdem gab es an den besagten Stellen auch gleich noch Kundschaft für den Rücktransport, also doppelten Verdienst. Es kam auch des öfteren vor, daß der Profi schon auf westlicher Seite von den Iwans in Empfang genommen wurde, um die Provision meistens in Form einer Flasche Schnaps zu kassieren und an Ort und Stelle zu »vernichten«.

Grenzgänger fahren war eine beliebte Tätigkeit der Velpker Jugend, und somit war die Konkurrenz groß. So blieb des öfteren nur noch die Problemkundschaft übrig, die Neulinge, die nichts wußten von der Grenze und bei denen auch nicht viel zu holen war. Mit Freunden, meistens zu dritt, habe ich gelegentlich auch selbst Grenzführungen organisiert. Gegen ein angemessenes Honorar wurden die Grenzgänger, meistens Frauen, bis zum Bahnhof in Oebisfelde gebracht. Eine dieser Grenzführungen wäre beinahe schiefgegangen, und das war so: Ein Freund hatte mich überredet, eine Führung mitzumachen. Ich wollte eigentlich nicht, denn zum einen hatte ich an diesem Tag Fußballtraining und zum anderen gar kein gutes Gefühl bei der Sache. Es waren zwei Frauen, Mutter und Tochter, die nach Leipzig wollten. Die erste Schwierigkeit gab es gleich am Anfang, denn die beiden wollten unbedingt am Tage über die Grenze. Wir einigten uns darauf, erst mal bis in die Nähe der

Grenze zu gehen und dort abzuwarten. Bei Einbruch der Dunkelheit gingen wir los, ließen jedoch einen von uns zur Bewachung des Handwagens zurück und trugen ihm auf, daß er unsere Angehörigen unterrichten sollte, wenn wir nicht bis zu einem bestimmten Zeitpunkt zurück wären.

Wir gingen nach dem bewährten Sicherungssystem vor und kamen auch gut durch die Aller. Als wir gerade die Uferböschung auf der östlichen Seite emporstiegen, kam unser »Vorposten« zurückgerannt und machte uns mit Handzeichen klar, daß wir uns hinlegen sollten. Er hatte eine Russenstreife ausgemacht, die direkt auf uns zukam. Wir lagen im Schutze der Böschung, als die Iwans keine zehn Schritte von uns entfernt an uns vorbeigingen. Zu unserem Schreck setzten sich die beiden Russen auf zwei große Steine ganz in unserer Nähe, so daß wir weder vorwärts noch rückwärts konnten. Im schwindenden Licht konnte ich gerade noch sehen, wie die beiden Russen ihre Maschinenpistolen an die Steine lehnten und sich in aller Gemütsruhe eine Zigarette anzündeten. Sie schienen es nicht eilig zu haben, denn nachdem sie ihre Zigaretten aufgeraucht hatten, blieben sie sitzen und plauschten miteinander. Die beiden Frauen zitterten, sicher nicht nur wegen der Abendkühle, am ganzen Körper, und uns beiden war auch nicht gerade wohl in unserer Haut. Als ich mich schon fast entschlossen hatte, aufzugeben und mich einfach durch die Aller nach Westen abzusetzen, standen die beiden Russen auf und entfernten sich langsam in entgegengesetzter Richtung.

Nachdem sich unsere beiden Frauen etwas beruhigt hatten und wir weiter gehen wollten, weigerte sich mein Freund, auch nur einen Schritt weiter in Richtung Osten zu gehen. Später erfuhr ich auch warum: Wer geht schon gerne mit einer nassen Hose durch die Stadt zum Bahnhof und zurück? Zu dritt hasteten wir mit dem ganzen Gepäck zum Bahnhof und erreichten nur noch mit Müh und Not den Zug.

Freund und Handwagen traf ich auf dem Rückweg nicht mehr an, zuhause aber war man glücklich, daß der fälschlich schon als vermißt gemeldete Sohn wieder da war. Man soll sich eben doch auf sein Gefühl verlassen, diesesmal war es noch mal gut gegangen, aber man hat nicht immer Glück.

Bei meinem letzten »illegalen« Grenzübertritt hat mich mein Glück dann auch ganz schön im Stich gelassen, und das kam so: 1948 Berlinblockade, nichts geht mehr, die Post auch nicht, mindestens nichts nach drüben. Uns ging es ja jetzt wieder besser, es gab wieder richtiges Geld, für das man sich auch etwas kaufen konnte. Mein zweiter Bruder Herbert war aus französischer Gefangenschaft nach Hause gekommen, und alles war eigentlich prima. Nur unser Ältester mit Familie wohnte drüben in Erfurt, und denen wollte Mutter zu Weihnachten von den Segnungen des Westens unbedingt auch etwas zukommen lassen.

Wie schon gesagt, die Post nach drüben ging nicht, aber wozu hat man eigentlich einen grenzerfahrenen Sohn und Bruder? Also wurde ein Päckchen gepackt, am Ende hatte das Päckchen das stattliche Gewicht von 17 Kilo. Ich weigerte mich eine Woche lang, loszugehen und das Paket in Oebisfelde zur Post zu bringen. Wie schon erwähnt, ich hatte ein ganz blödes Gefühl. Erst als mein Bruder mir eine von seinen Uhren als Weihnachtsgeschenk versprach, war ich überredet. Keiner meiner Freunde war bereit mitzugehen, und so ging ich am 21. Dezember in Begleitung meines Bruders los. Das ganze Unternehmen fand unter den denkbar ungünstigsten Bedingungen statt. 1. Ich mußte am Tage gehen, denn nur dann war die Post geöffnet. 2. Ich mußte alleine über die Grenze, denn mein Bruder durfte aus bestimmten Gründen nicht den Russen in die Hände fallen. 3. Es gab zu dieser Jahreszeit keinen ausreichenden Sichtschutz, denn alle Bäume und Büsche waren ohne Laub, und die Felder waren abgeerntet. 4. Der Wasserstand der Aller war hoch und das Wasser eiskalt.

Mein Bruder half mir wenigstens, unser »Päckchen« bis zur Grenze zu tragen. Mein Bruder blieb im Schutze einer Spargelbude zurück, versprach mir aber, auf mich zu warten. Ich kam auch halbwegs trocken durch die Aller, aber als ich durch die Schrebergärten auf die Stadt zu ging, erwarteten mich schon die zwei Iwans. Die beiden hatten mich ganz offensichtlich schon frühzeitig gesehen, und ich war in die Falle getappt.

Die Russen haben im Sommer 1948 die Grenztruppen ausgetauscht. Waren früher überwiegend ältere Soldaten an der Grenze, so waren es jetzt jüngere, sogenannte Stalinschüler, die sich erst noch ihre Lorbeeren verdienen mußten, also scharfe Hunde. Die beiden konnten kein Wort Deutsch, und die paar Brocken Russisch, die ich kannte, halfen auch nicht weiter. Ich mußte mit zur »Kommandantura«, ein Schreckenswort für jeden Grenzgänger. Aber zuerst brachten sie mich zu ihrem Stützpunkt, einem ausgedienten Eisenbahnwaggon neben der Brücke der Eisenbahnstrecke Hanno-

ver–Berlin zwischen Vorsfelde und Oebisfelde. Auf dem Weg dorthin habe ich in einem günstigen Moment versucht zu türmen, hatte
dann aber nicht den Mut, in das eiskalte Wasser der Aller zu springen, und so haben mich die beiden Iwans wieder eingefangen. Wenn
ich gewußt hätte, daß mich die beiden auch noch verprügeln würden, wäre ich vielleicht doch gesprungen. Ich wurde von den beiden
beim Stützpunkt abgeliefert, um beim Wachwechsel dann zur Kommandantur verbracht zu werden. Kommandantur, das bedeutete
drei Tage Kellerarrest, und in drei Tagen war Heiligabend. –
    Es war lausig kalt, und so mußte ich für den Kanonenofen, den die
Iwans in ihrem Waggon hatten, Holz hacken. Den Rucksack mit
meinen »Päckchen« stellte ich vorsorglich neben den Hackklotz;
für alle Fälle, man konnte nicht wissen, was noch alles geschieht.
Die Eisenbahnbrücke – das war die Möglichkeit, nur ruhig bleiben
und den richtigen Zeitpunkt abwarten. Der kam schneller, als ich
zu hoffen gewagt hatte.
    Wenig später brachte die Streife aus der Gegenrichtung eine junge
Frau mit Kinderwagen und drei Kindern. Ein Kind lag im Wagen,
eins saß auf einem quer über den Wagen gelegten Brett, und ein
Kind hatte die Frau an der Hand. Die junge Mutter nahm ihr schrei-
endes Baby aus dem Wagen und versuchte, die Russen zu überreden,
sie mit ihrem Baby in den Waggon zu lassen, um das Kind trocken-
zulegen und die Milch, die sie in einer Flasche bei sich hatte, warm
zu machen. Die Russen wollten erst nicht – die Frau war ziemlich
resolut, und so kam es zu einem lautstarken Streit. Das war die
Gelegenheit. Ich schnappte mir meinen Rucksack und dann nichts
wie ab in Richtung Brücke. Als ich an der Brücke ankam, die Russen
hatten offensichtlich meine Flucht noch nicht bemerkt, waren da
nur Schienen, Schwellen und ein paar Träger und dazwischen
nichts, Luft, und darunter rauschte die Aller.
    Zum Überlegen war nicht viel Zeit, denn die Russen hatten in-
zwischen doch meine Flucht bemerkt und riefen »stoi, stoi«, schossen mit ihren MPs in die Luft, so hoffte ich jedenfalls. Den Rucksack noch immer in der Hand, versuchte ich auf den Schienen zu
balancieren, ging nicht, – also springen, von einer Schwelle zur
anderen, von Träger zu Träger, bis ich drüben war, im Westen, geschafft.
    Ich bin sicher niemals zuvor so glücklich und erleichtert von der
Grenze nach Hause gegangen wie an diesem Abend, drei Tage vor
Heiligabend. – Mein Bruder hatte von seinem Standplatz mit ange-

96

sehen, wie mich die beiden Iwans gekrallt hatten, und so hatte man mich eigentlich schon für drei Tage abgeschrieben. Um so größer war die Freude, als ich an diesem Abend unerwartet in der Stubentür stand.

Das war das endgültig letzte Mal, denn 1949 wurden die russischen Grenztruppen durch Deutsche ersetzt. Und da die Deutschen bekanntlich alles gründlich machen, war somit bald kein Durchkommen mehr.

Werner Herpel
Ehemaliger Einkäufer in einem Flugzeugmotorenwerk, Jahrgang 1913.

(Eine Zugfahrt Richtung Westen zwischen 1945 und 1947)

Der Zug stand schon dort, ich war froh, als ich einen Platz fand und ich mich setzen konnte. Im Zug, überfüllt wie alle damaligen Züge, waren die Fenster, da das Glas herausgeschlagen war, durch Holzverschläge vernagelt und nur eine kleine Öffnung offengelassen worden. Mein Platz war neben der Tür, durch die zugenagelten Fenster mit den kleinen Öffnungen drang nur wenig Licht in die Abteile, es herrschte ein Halbdunkel. Der Zug sollte abfahren, ich atmete auf, zu früh. Plötzlich Kontrolle, die geöffnete Tür verdeckte mich, Ausweiskontrolle durch die Russen. »Du komm mit« an mein Gegenüber, denn bei dem Halbdunkel konnte man keinen Ausweis lesen, ich haute ab, denn mit meinem schon gekennzeichneten Ausweis hätte ich bestimmt Schwierigkeiten bekommen. Der Russe kam dann zurück, sah meinen leeren Platz, wie man mir später erzählte, fragte »wo Mann«, und dann suchten sie mich in allen Wagen des Zuges. Im einzelnen kann man gar nicht schildern, wie man da herausgekommen ist und sie einen nicht faßten im Katz-und-Maus-Spiel in den Wagen, mal drinnen mal draußen, wobei die Mitfahrenden durch die kleinen Öffnungen der Fenster die Hände steckten, wenn ein Russe sich im Wagen befand und man von draußen dann zurück sehen konnte, in welchen Wagen sich die Russen gerade befanden. Noch aus heutiger Sicht unverständlich, wie man das überstanden hat.

Der Zug fuhr dann auch endlich ab und erreichte, ich glaube

Neustrelitz i. Mecklenburg, fuhr nicht durch, und wieder hieß es aussteigen, ein anderer Zug stand aber zur Weiterfahrt schon bereit. Ein Aufatmen, rasch hin und hinein und erstmal ruhig Luft geholt. Aber dann – die deutsche Polizei räumte die Wagen wieder sehr zum Unwillen der schon rebellierenden Mitfahrenden. Nebenan im Abteil trat ein Polizist schon ein, ich rief in den Wagen, »es hilft ja nichts, gehen wir alle raus«, so daß der Polizist es hörte, wartete, bis alle heraus waren und versteckte mich in der Toilette, ich stand hinter der Tür, so klein wie möglich, die geöffnete Tür verdeckte mich, er schaute nur kurz und flüchtig rein und setzte seinen Kontrollgang fort. Alle Mitreisenden mußten dann durch eine Kontrolle an der Sperre, wo schon russische Lastwagen bereitstanden und die Männer, die ihnen geeignet erschienen, aufluden zu irgendeinem Arbeitseinsatz, wie die zurückkehrenden Mitreisenden, zumeist ja Frauen, darüber berichteten. Von so einem Arbeitseinsatz ist so mancher überhaupt nie mehr zurückgekommen. Ich hatte mich während der Zeit in einem Gebüsch versteckt. Der Zug fuhr ab, Endstation ein Ort an der Zonengrenze. Kontrolle, einige schäbige Deutsche verrieten dann noch der kontrollierenden Polizei, daß einzelne Mitreisende Schnaps bei sich hatten, für Tauschzwecke unersetzlich wertvoll, weil ihnen selbst bei der Kontrolle was abgenommen wurde. Dann waren es noch nach dem Übergang auf westdeutschem Gebiet einige Kilometer zu dem nächsten Bahnhof, ich glaube es war Dannenberg. Ein vorüberfahrender Lastwagen von einem Bauer, beladen mit einigen neuen Holzharken, wurde gebeten, zumindest Ältere und Frauen mitzunehmen. Hartherzig, nur gegen Geld, von dem viele ja kaum was hatten, nahm er dann welche mit. Zum Dank für diese Gemeinheit traten sie ihm dann die Holzharken auf dem Wagen kaputt.

In dem Ort angekommen, versuchte ich ein Zimmer für eine Übernachtung zu bekommen. Nach langem Suchen und viel Überredungskünsten fand ich eine Übernachtungsmöglichkeit in einem Gasthof, wo die Wirtin Verständnis aufgebracht hatte. Todmüde, seelisch zermürbt, sank ich ins Bett, wälzte mich in der Nacht hin und her und konnte das Erlebte nicht verarbeiten, eine nachträglich eingetretene Schocksituation. Morgens beim Aufwachen stellte ich dann zu meinem Entsetzen fest, daß ich völlig verschwitzt naß war, das Kopfkissen, die Bettwäsche völlig gelb vom Schweiß. Die Reaktionen auf die vorangegangenen Erlebnisse hatten eine völlige Schwitz- oder Angstkur bewirkt. Mir war es sehr peinlich, ein schweißgetränktes Bett zu hinterlassen, und machte dann auch die Wirtin bei der Abmeldung darauf aufmerksam, gottseidank hatte sie dafür Verständnis.

Damit war der Abschluß dieses Unternehmens erreicht, ich schwor mir, nie mehr unter solchen Umständen die Zonengrenze zu überschreiten.

Unvergeßlich die Eindrücke und das Staunen darüber, was ein Mensch leisten kann, wenn Notstände es erfordern. Gebe Gott, daß unsere Nachkommen nie in solche Situationen kommen mögen, der Friede erhalten bleibt und nie mehr Menschen aus ihrer angestammten Heimat brutal und unmenschlich vertrieben werden.

Rudolf Schatz

Geboren 1919; Beruf: Schäfer – im Ruhestand

(Besuch von der Mutter)

Ende Mai 1945 bin ich mit meiner Frau und Kind losgewandert, Koffer und unseren Jungen setzten wir auf das Fahrrad. Der Fußmarsch dauerte zwei Tage. Unterwegs mußten wir bei Frieda die Werra überqueren. Die Werrabrücke war leider zerstört. Wir mußten an einer hohen Leiter hochklettern, um auf den Brückenpfeiler zu kommen, dabei halfen uns ein paar Jungen. Meine Frau hatte Benno auf dem Arm und kletterte mutig die hohe Leiter hoch. Ich selbst kam mit dem Fahrrad auf dem Rücken hinterher. Wir waren heilfroh, als wir am anderen Ufer waren.

Am 1. Juli 1945 bekam ich Arbeit als Schäfer in Völkershausen auf dem Gutshof bei der Familie Fiege. Das Dorf liegt in der Nähe von Wanfried an der Zonengrenze. Es war kein leichter Anfang, überall war noch große Not. Mit unserer wenigen Habe bezogen wir eine kleine Wohnung über dem ehemaligen Pferdestall, die früher die Herrschaftskutscher bewohnten. Später kamen noch drei Flüchtlingsfamilien dazu. Wir teilten vieles miteinander, noch heute sind sie uns in guter Erinnerung. Eines Morgens sahen wir vom Fenster aus eine Frau am anderen Werraufer laufen. Sie schrie um Hilfe, »holt mich doch rüber«. Wir trauten unseren Augen nicht. Wir erkannten, daß es unsere Mutter war. Sie hatte einen langen beschwerlichen Weg hinter sich, sie war von Hüpstedt im

Eichsfeld bis hierher gelaufen. Wir riefen ihr zu, sie möge doch der Werra entlang bis zur Bootsfähre gehen. Dort holte ich sie mit dem Fährmann herüber, erschöpft und überglücklich nahmen wir uns in die Arme. Unmittelbar in der Nähe waren Ami-Posten, sie hatten wohl den ganzen Ablauf beobachtet. Sie kamen, nahmen uns alle drei fest und führten uns in das Wachhäuschen. Unsere Mutter saß traurig auf einem Hocker und weinte. Sie war ganz verzweifelt. Zum Glück konnte einer von den Amis etwas Deutsch. Mutter bat ihn, uns doch freizulassen: »Ich will doch nur meine Kinder sehen u. besuchen. Ihr habt doch sicher auch eine Mutter, die sich um euch sorgt.« Die Posten ließen sich erweichen, aber eine Strafe muß sein. Meine Frau mußte die Wachbude auskehren und das Geschirr spülen, dann konnte sie gehen. Nun kam er auf mich zu. Er sah wohl, daß an meinem alten Soldatenrock noch ein paar Uniformknöpfe waren. Er grinste und lachte, kurzerhand schnitt er alle Knöpfe ab. »So«, sagte er, »du nun singen«. »Es zittern die morschen Knochen der Welt vor dem großen Krieg.« Er mußte selbst darüber lachen, aber es hat mich doch dann sehr nachdenklich gestimmt. Endlich ließ er uns nach Hause gehen. Mutter erzählte uns von ihren vorhergehenden Strapazen, die sie erlebt hatte. Einmal war sie bei den Russen, einmal bei den Vopos gelandet, immer schickten sie sie wieder zurück. Aber die Sehnsucht war stärker. Mit Gottes Hilfe fand sie doch noch den Weg zu uns. Nach längerem Aufenthalt bei uns wurde ihr bekannt, daß in der Stadt Wanfried zwischen den Amerikanern und Russen ein Austausch von Personen stattfinden sollte. Mit Lastwagen wurden die Leute von Ost nach West befördert. Unsere Mutter kam hiermit unbehelligt in die Ostzone zurück. Sie nahm schweren Herzens Abschied von uns. Die Grenzen wurden ja immer dichter.

Ralf Münster*

1938 bin ich im Südharz geboren. Ich bin bei der Deutschen Bundesbahn beschäftigt und verrichte meinen Dienst nur auf Grenzübergangsbahnhöfen. Vater: Arbeiter; Mutter: Hausfrau; 2 Buben Jahrgang 1938 + 1941.

(Erinnerungen aus meiner Kindheit)

Der Vater stirbt nach schwerer Krankheit im Herbst 1944. Die junge Witwe lernt in den letzten Kriegstagen 1945 einen deutschen Soldaten während einer Truppeneinquartierung kennen. Dieser kehrt nach Kriegsgefangenschaft 1946 zu uns zurück in den jetzigen Grenzort Walkenried. Um zum Lebensunterhalt beizutragen, betätigt er sich als sogenannter »Grenzführer«. Er half also Leuten von hüben und drüben, über die damals noch durchlässige Grenze im Bereich Walkenried/Ellrich zu kommen und ihr Hab und Gut zu retten. In dieser Zeit gingen in unserer winzigen Mietwohnung viele fremde Leute ein und aus, um Hilfe zu erhalten. Heute, als 50jähriger, kann ich mich unter anderem an folgende Episode aus meiner Kindheit erinnern.

Auch der evang. Pastor von Ellrich hatte eine kinderreiche Familie und viele hungrige Mäuler zu stopfen. Zu dieser Familie hatte mein angehender Stiefvater ein freundschaftliches Verhältnis. An einem sonnigen Vormittag machte ich mich als 8-9jähriger mit meinem kleinen Rucksack auf den Weg in Richtung Ellrich. Ich sollte 2 Flaschen Schnaps zum Pastor bringen und sie gegen eine andere Ware eintauschen. Nun führte mich der Weg aber in eine andere Richtung. Ich marschierte am Kupferberg entlang, durch den Hasenwinkel in Richtung Juliushütte (KZ). Auf einem Teil des Weges benutzte ich die Gleise der Bahnstrecke Walkenried–Ellrich. Vor dem Walkenrieder Tunnel stand noch ein zerschossener und zerfetzter Güterzug. Hier war schon viel passiert und oft Leute überfallen und ausgeraubt worden. Ich machte einen großen Bogen um die Waggons mit Bremserhäuschen, denn davor hatte ich doch ein bißchen Angst. Dann ging's hinein in das dunkle Loch, das Tunnelportal. Jeder Schritt auf den Schwellen hallt durch das Tunnelgewölbe. Im gleichen Rhythmus glucken meine beiden Schnapsflaschen im Rucksack. Ich bin ganz allein in dem dunklen Tunnel. Plötzlich kommt aus der Gegenrichtung auf dem anderen Gleis eine Person. (Damals war die Strecke noch zweigleisig.) Die Schritte hallen ebenfalls laut, plötzlich Stille, die Person bleibt stehen. Ich bleibe auch stehen und lausche. Der andere geht weiter. Ich packe allen Mut zusammen und gehe ebenfalls weiter. Je näher der andere kommt, desto schneller gehe ich. Als wir uns fast begegnen, flitze ich so gut es geht an dem Fremden, den ich nicht sehen und erkennen kann, vorüber. Ich bin froh, als ich den hellen Schein des Tunnelausganges erblicke. Kurze Zeit später hat mich die Sonne wieder. Das Konzentrationslager Juliushütte kommt in Sicht. Ich lasse dieses aber rechts liegen und schlage den Weg links in Richtung Ellrich ein. Den Ellricher Bahnhof kann man von weitem erkennen. Doch ich überquere eine Holzbrücke und erreiche in Ellrich die Pastorenfamilie. Hier werde ich zum Mittagessen eingeladen. Es gab Kartoffelsalat mit Fischöl zubereitet. Der Fischgeschmack war so widerlich, daß mir jeder Appetit verging und ich schnell mit dem Essen fertig war. Die Pastorenkinder aßen den Kartoffelsalat jedoch mit dem größten Appetit, denn sie waren hungrig. Nachdem ich meine Ware getauscht hatte, begab ich mich wieder auf demselben Weg in Richtung Walkenried zurück.

Hartmut Beck*

(Das Gebilde namens Grenze)
Aus einem Interview

Bis 1952 hab ich drüben gewohnt, 52 wurde der erste Zaun gebaut, da bin ich mit Sack und Pack mit der Familie und mit einer Handtasche – da war der wichtigste Gegenstand der Wecker, den ich da drin hatte, daß man früh das Aufstehen nicht vergißt – hier rüber. Ich war verheiratet, zwei Kinder, Möbel durfte ich nicht mitnehmen. Na gut, drüben hatte ich 'ne Wohnung, sogar ein eigenes Häusje, aber ich wollte meinen Arbeitsplatz behalten.

Ich hatte einen Ausweis, mit dem ich täglich rüber und nüber durfte. Da ging es noch. Aber 52 im Juni war Schluß. Da ist der Eiserne Vorhang praktisch gefallen, vorher war noch eine gewisse Freizügigkeit, da kamen Leute von drüben, es kamen auch von hüben. So zum Beispiel in Reichenbach, das ist von hier aus 15 km entfernt, da haben viele Westdeutsche drüben gearbeitet in den Schieferbrüchen, und hier in Tettau war es halt umgekehrt. Da haben Leute drüben gewohnt, Facharbeiter, die schon vor dem Krieg

hier gearbeitet hatten in der Glas- und auch in der Porzellanindu-
strie, die sind von drüben hier herüber, hatten die Erlaubnis. Das
war noch alles wie im Krieg oder vor dem Krieg. Vor 52, da konnten
sogar Ehepaare herüber ziehen, konnten ihre Möbel mitnehmen,
legal.

Solange die Russen an der Grenze gewesen sind als Grenzposten,
da war das eigentlich freizügiger als dann später, als die Volkspolizei
kam und die Russen abgelöst hat. Da kriegten wir hier in dem
Abschnitt Sachsen aus Leipzig, und da wehte ein ganz anderer
Wind. Die waren schärfer, die kontrollierten stärker als die Russen,
die führten dann auch den Umtauschzwang ein. Wir mußten dann
unser Westgeld eins zu eins abliefern drüben, gegen Ostgeld umtau-
schen, vorher, solange die Russen hier waren, wurde danach nicht
gefragt. Die Russen waren ja froh, wenn wir Waren mitgebracht
haben vom Westen nach dem Osten, zumal wenn man Heringe
hatte oder Fett oder Palmin oder Margarine oder Fleisch oder Brot,
das konnte man ja drüben eintauschen oder verkaufen. Das war
doch ein freizügiger Markt drüben, aber als dann die Volkspolizei
kam, war das aus.

Ich kenne die Russen. Ich war als Soldat in Rußland, als Kriegsge-
fangener in Rußland, also über die Russen möchte ich mich nicht
weiter äußern. Na, sie waren zum großen Teil sehr gute Kameraden,
aber es waren auch welche drunter, die sich Übergriffe erlaubt haben. Darüber läßt sich viel sagen, für eine Flasche Schnaps war da
alles möglich bei den Russen oder für gute Zigaretten, Pallmall oder
Chesterfield, da war noch alles möglich. Sie waren gutmütige Menschen. Auf jeden Fall anders als während des Krieges, da waren sie ja
noch anders.

Da saßen wir mal abends zusammen zuhause in Neuenbau und
haben Schafkopf gespielt, mit der Familie, Fernseher gab es ja nicht.
Auf einmal klopft einer an die Haustür, wie wenn die Tür rein-
bricht. Kamen zwei russische Posten. Da war eine Flügelpumpe in
der Küche, im Keller ein Brunnen. Die haben gar nicht lange gefragt
oder sie konnten noch net viel Deutsch, an die Pumpe hin, ge-
pumpt, aus dem Regal eine Tasse genommen, ne Porzellantasse, in
die Porzellantasse Schnaps reingefüllt, Wodka oder was sie hatten,
die Tasse ausgetrunken, an die Pumpe, ne Tasse Wasser vollge-
macht, ausgetrunken, dann der nächste. So, und dann hatten sie
sich sattgetrunken gehabt, und dann sind sie zu uns an den Tisch
hin. Sie hatten ihre weiten Soldatenmäntel an, da hat einer seinen

Ärmel naufgestrichen, »Uhr«, »Uhr«, und hat Uhren angeboten. Hatte der vom Oberarm an – eine neben der andern – Armbanduhren aufgereiht. Wo er die her hatte, das weiß ich nicht. Ich meine, darüber hat man dann Geschichten erzählt, aber das sind Geschichten. Das ist üble Nachrede, ich möchte nicht nachreden, aber der hatte den ganzen Arm voll Uhren. Und dann hat man natürlich auch erzählt, wenn ein Mädchen besonders willig war, hat sie so eine Uhr gekriegt. Ein anderer hatte einen Stab voll Ringe gehabt. Wenn man das beobachtet hat, hat man so zwei, drei Wochen drauf doch im Dorf, da oder dort jemanden gesehen, der so einen Ring trug. Das hat es alles gegeben, ha ha ha...

Bei den Vopos, da hat auch jeder seine Freunde gehabt, denn wenn so ein Vopo zum Beispiel ein Motorrad hatte und einer brauchte einen Reifen, da war es das einfachste, er hat sich an einen Westarbeiter gewandt, und der hat ihm den Reifen mitgebracht für irgendwelche Gefälligkeiten. Das waren auch alles Schieber- und Tauschgeschäfte, der Volkspolizist durfte sich natürlich nicht erwischen lassen von seiner Kommandantur. Der mußte dann sagen, das hat er von Leipzig oder Dresden, dabei war er von Tettau, der Motorradreifen. Das durfte net rauskommen. Da ging es dann strenger zu mit der Volkspolizei, auch die Kontrollen. Da begannen die bösen Zeiten. Vorher mit den Russen war das leger. Da war das eine Landesgrenze wie andere Grenzen auch.

Ich bin dann, wie ich gemerkt hatte, es wird dichtgemacht, bei Nacht und Nebel drüben ausgerissen und bin illegal rüber. Daß plötzlich zugemacht wird, damit hat doch niemand gerechnet. Als der Zaun gezogen wurde, war es aus, dann war dicht und wurde sehr streng kontrolliert. Da gab es kein schwarzes Rüber- und Nübergehen mehr, Grenzgänger nur noch ganz selten, und die riskierten ihr Leben, weil dann geschossen wurde.

Seit 1952 sind es ja nun 36 Jahre her. Ich entsinne mich nur noch, daß wir diesen Übertritt auf Sonntag eingeplant hatten. Wir wohnten in der Nähe der Grenzpolizeistation da drüben in Neuenbau, haben so ein bißchen beobachtet, wie die Postengänge sind, wir haben mit den Leuten ein bißchen Kontakt gehabt, auf jeden Fall gesprächsweise, wenn man Nachbarn ist, ne. Wir wußten, wann die Ablösung kommt und wann die Ablösung wieder fortgeht. Und dann hatten wir Sonntagmittag Mittag gegessen, haben uns dann angezogen, so als ob wir spazieren gingen, sind aber von unserem Haus aus nicht in Richtung Grenze gegangen, sondern die entgegengesetzte Richtung, haben das Dorf umgangen und sind durch Wald und Wiese und Feld am schönsten hellen Nachmittag über die grüne Grenze herüber gekommen bei Sattelgrund da oben, ohne daß uns jemand begegnet ist oder gesehen hat. Wir waren vielleicht zwei Stunden unterwegs, sehr vorsichtig, die Frau dabei, zwei Kinder dabei, als alter Pfadfinder durchgeschlängelt.

Vor 1952 gab es in sehr großem Umfang Schieberei, gerade hier im Tettauer Raum. Da gab es Leute, die sich damit einen ganz schönen Nebenverdienst erworben haben. Denn es war ja so, zum Beispiel Fieberthermometer, die wurden in Thüringen hergestellt, im Thüringer Wald und in dem thüringisch/sächsischen Industriegebiet; die gab es in Westdeutschland nicht. Die wurden natürlich geschoben, man sagte nicht geschmuggelt, sondern geschoben. Dann Biluxlampen, Autolampen, die kamen auch von drüben, da war hier in Westdeutschland keine Fabrikation, das hat sich erst später entwickelt, die kamen von drüben. Auch Christbaumschmuck wurde geschoben, hier aus dem Thüringer Wald, ein sehr beliebter Gegenstand hier in der Gegend war Porzellan. In Tettau waren ja Porzellanfabriken, aber in Thüringen waren ja auch sehr viele, und da wurden drüben in Thüringen, das war eine Spezialität, die sogenannten Spitzenfiguren gemacht. Die wurden in ziemlichen Mengen hergeschoben, Spitzenfiguren, das sind so zierliche Tänzerinnen, die ein schönes Spitzenkleid tragen. Das wird mit richtiger Spitze gemacht, die dann in Porzellanmasse getränkt wird, dann wird das gebrannt, und dann sieht das so aus, wie wenn diese Tänzerin ein echtes Spitzenkleid anhat. Diese Figuren wurden dann weiterverschoben an die Amerikaner, die waren ganz verrückt darauf. Unter Umständen wurden auch größere Gegenstände geschoben, zum Beispiel Schreibmaschinen. Schreibmaschinen kamen von drüben aus Zwickau, aus Chemnitz, aus Dresden. Die Ideal-Schreibmaschine aus Dresden, die Mercedes-Schreibmaschine aus Suhl, die Olympia-Schreibmaschine aus Erfurt, die Wanderer-Schreibmaschine aus Chemnitz u.s.w. Oder Rechenmaschinen, die Industrie war drüben. Es war in ganz Westdeutschland keine Schreibmaschine zu bekommen. Und wenn diese Schreibmaschinenfabriken, ich übertreibe nicht, tatsächlich drüben gewesen sind, war es auch drüben schwierig, so 'ne Schreibmaschine zu bekommen, weil ja manche Betriebe zerstört waren. Es war drüben auch Mangelware, aber es gab auch schon einen schwarzen Markt damals Anfang der fuffziger Jahre – gegen Westgeld haben sie dann drüben alles gekriegt, wie die Währungsreform vorbei war. Nur die Schwierigkeit war, das Zeug rüberzubringen.

Ich habe mich natürlich an der Schieberei nicht beteiligt, denn wenn ich erwischt worden wäre, wäre ich ja meinen Übertrittsschein losgewesen. Nur war es so, wenn ich frühmorgens über die Grenze bin, in die Arbeit bin, dann sind mir oft Trägerkolonnen begegnet. Die Grenze ging ja direkt am Ortsrand vorbei, und dann war man schon auf westdeutschem Gebiet, und das waren halt im Wald dunkle Wege, und vor allen Dingen im Herbst, wenn das Geschäft mit dem Christbaumschmuck kam, da waren von da drüben, von diesen Ortschaften, die diesen Christbaumschmuck herstellten, ganze Kolonnen unterwegs, die sich dann gegenseitig auch Beistand geleistet haben. Und die sind uns, wir waren die sogenannten Westarbeiter, es sind ja von dort drüben viele Leute hier herüber, die sind uns oft frühmorgens so um sechs, halb sieben oder sieben Uhr, je nachdem wann nun Arbeitsbeginn war, sind die uns begegnet.

Die haben uns ungeschoren gelassen, aber wenn sich denen irgend jemand in den Weg gestellt hat und sie verhaften wollte oder was, na, da hat man böse Geschichten gehört. Da ist mancher Volkspolizist entwaffnet worden. Und dann hat man ihn gefragt, an welchem Baum daß er hängen möchte. Das ist alles vorgekommen, aber man hat die Leute dann freigelassen, die sind dann ausgerissen, um ihr Leben gelaufen ohne Waffen. Denn was wollen zwei Volkspolizisten machen, wenn hier so eine Trägerkolonne kommt mit zwanzig, fünfundzwanzig Mann?

Die Grenze war damals sehr belebt und sehr interessant, wenn diese Trägerkolonnen kamen. Die haben mit Fahrzeugen, in Kisten oder Kartons verpackt, irgendwie diese Porzellan- und Glaswaren und technischen Geräte und so weiter bis in grenznahe Waldgebiete schaffen lassen, wo eine Straße hinführte, bei Nacht oder bei Nebel. Und die Trägerkolonnen, die haben das dann ausgepackt, haben das ohne Verpackung, damit sie viel unterbringen konnten, schön in den Korb reingebaut. Meistens hatten die einen Huckelkorb auf, aus Weiden gestrickt, auf jeden Fall die, die ich gesehen habe. Dieses Verpackungsmaterial lag dann haufenweise drüben in gewissen Waldgebieten herum. Da kannte ich so ein Gebiet, also das war schlimm. Mich wundert es auch, daß da die Polizei nicht eingegriffen hat – die damalige Polizei war halt auch net so gut bezahlt wie heute und war hungrig. Ich will der Polizei nichts Schlechtes nachsagen, aber es waren halt Notzeiten, und es war Krieg und war die

Schieberzeit, und das war halt so. Die einen sind fort auf die Bauerndörfer und haben geschoben und getauscht und gepascht, und hier hat man an der Grenze geschoben und getauscht und gepascht. Das war dasselbe.

Heringe, das war ein sehr, sehr beliebtes Schmuggelgut, denn Heringe waren ja mit eines der ersten Lebensmittel, das frei zu bekommen war. Das haben aber hier die Geschäftsleute besorgt, die Verteilerstelle der Konsumgenossenschaften, die hier im Ort waren und in Tettau. Die haben ein Faß oder ein nächstes Faß oder noch ein Faß besorgt, und die Leute, die geschmuggelt oder geschoben haben, die haben sich den Rucksack vollgepackt und haben das mit rüber genommen, und der Hering war drüben sehr begehrt. Eines der ersten Güter war wie gesagt auch Palmin, das gab es ab 1949, glaube ich, frei. Und was eben dann so nach und nach ohne Marken zu bekommen war, das haben sich die Leute mit hinüber genommen, auch Mehl, einen halben Sack oder wieviel man bekommen konnte. Das waren die Güter, die beliebtesten Güter, und nach und nach natürlich dann auch Stoffe oder Bekleidung, aber das erste, was geschmuggelt wurde, waren Lebensmittel, weil es ja hier in Westdeutschland ein bißchen schneller ging mit der Bewirtschaftung als drüben.

Legenden wurden natürlich auch ausgestrahlt oder in Umlauf gesetzt, auch um solchen Leuten an der Grenze Angst zu machen. Da war mal hier eine ganz schlimme Psychose einen Winter, ich glaube, das war der Winter 1950, da gab es die sogenannten Hupfmännle. Hat man am Stammtisch und überall das Märchen erzählt, da wären im Wald draußen an der Grenze Gestalten unterwegs, die hätten Sprungfedern an den Schuhen, würden große Hupfer tun, würden springen, wie ein Känguruh könnten die springen, und die kämen plötzlich. Wenn man da durch den Wald ging, kämen die aus dem Gebüsch und würden einen umklammern und würden einem alles abnehmen. Die würden Jagd machen auf Schieber, also mich hat niemand angesprungen, ich habe auch kein son Hupfmännle gesehen, aber das war monatelang das Tagesgespräch, die Hupfmännle, die eben eingesetzt sind so wie früher die Raubritter im Mittelalter, da gab es ja hier auch Raubritter in der Gegend, das waren die modernen Raubritter mit Sprungfedern, die den Schiebern ihre Ware abgenommen haben.

Wahrscheinlich sollten die von der DDR-Seite kommen, von der Ostzone. Da gab es nun viele Leute, die auch gerne Hering essen wollten oder ihre Kartoffeln mit Palmin anbraten wollten, und die haben sich dann angeblich auf diese Weise bedient, ich meine, das war natürlich ein sehr tolles Märchen. Ich glaube davon kein Wort, habe auch damals keins geglaubt, aber manche haben das mit vollem Ernst erzählt: »Paß auf, wenn du heut heimgehst und hast dein' Rucksack voll Hering. Und die Hupfmännle komme, die nemme dir deine Hering ab.« Die kamen gehupft aus dem Gebüsch, haben einen niedergerissen, das Zeug abgenommen und sind wieder fortgehupft, und die waren so schnell, daß man die nicht einholen konnte, weil sie eben mit Sprungfedern gesprungen sind. Mancher Witzbold, der hat natürlich gesagt: »Mir ist das vorige Woche passiert«, aber das war ja alles gelogen. Doch die Mehrheit der Menschen hat's damals, wie diese Psychose eben auf ihrem Höhepunkt war, wohl geglaubt.

Das ist eine sehr fürchterliche Grenze hier. Wir leben ja hier an einer Grenze, das ist nicht 'ne Grenze, das ist der Welt Ende. Wie soll man das beschreiben, für so was ist ja die Bezeichnung Grenze im üblichen Sprachgebrauch nicht zutreffend. Haben Sie sich darüber mal Gedanken gemacht, über den Unterschied einer Grenze zwischen Menschen auf dieser Erde, zwischen Ländern und hier dieser Grenze? Was ist das hier für ein Gebilde? Ja, ich habe die Schnauze voll. Ich hätte nach Neuenbau in mein Elternhaus einen Fußmarsch von einer Stunde zu machen und darf nicht hin. Ich kann überall hinfahren in der Welt, in jedes Land. Ich kann sogar nach Rußland, ich kann in die DDR, ich kann in die Tschechei, bloß Neuenbau, was hier vor meiner Haustür liegt, was mir hier im Blickfeld liegt, das ist Sperrzone. Da darf ich nicht hin. Und ich besuche auch die DDR nicht mehr aus diesem Grunde. Ich war jetzt schon fünf oder sechs Jahre nicht mehr drüben. Das letzte Mal war ich drüben, als meine Mutter gestorben ist, der habe ich die Ehre noch erwiesen. Und ich geh da nicht mehr rüber. Ich weiß auch nicht, wie man damit fertig wird. Am besten ist es, man vergißt dieses Dorf, dieses Heimatdorf. Jeder Mensch hat eine Heimat, sogar der Herr Honekker hat sein Mieselskirchen noch mal besucht, sein Heimathaus.[1]

Aber hier, was ist das denn, das ist doch keine Grenze. Ich meine, wenn ich an eine andere Landesgrenze gehe, da leben doch die Menschen miteinander, die gehen nüber, sie gehen rüber, da gibt es den sogenannten kleinen Grenzverkehr. Zum Beispiel hier oben an der

1 Erich Honecker wurde in Neunkirchen/Saar geboren.

Grenze wär ein Posten, und da drüben wohnt meine Schwester. Da kaufe ich einen Blumenstrauß hier im Ort und geh früh um zehn Uhr dorthin zu dem Posten und sage »grüß Gott« oder »guten Tag, da hinten in dem Haus, da wohnt meine Schwester, ich will ihr zum Geburtstag gratulieren«, und da fragt er mich nach dem Namen: »Haben Sie einen Paß dabei? Zeigen Sie mal her.« Und schreibt mich in seine Liste ein. »So, Sie dürfen rüber, aber Sie müssen um 18 Uhr wieder da sein bei Einbruch der Dunkelheit. Auf Wiedersehen.« Das ist kleiner Grenzverkehr. Wenn ich hier kleinen Grenzverkehr mache, das ist eine Lüge, das ist schon gelogen. Das ist kein kleiner Grenzverkehr.

Wir hätten ja hier die Möglichkeit, kleinen Grenzverkehr zu machen. Und zwar muß ich da zum Gemeindebüro gehen, da hole ich mir zwei rote Karten, die muß ich ausfüllen, fehlerfrei, doppelt, und muß die ans nächstgelegene Volkspolizeiamt schicken. Und da dauert es vier oder fünf Wochen, und dann kriege ich da eine Genehmigung, daß ich im kleinen Grenzverkehr innerhalb von drei Monaten die DDR neunmal besuchen darf. Aber nicht das Sperrgebiet.

Man kann dann weiter ins Gebiet rein, wo eben die Fünfkilometer-Sperrzone beendet ist. Da kann man sich treffen. Da geht dann die Schwester oder die Mutter oder der Bruder oder der Freund, der geht los nach Sonneberg ins Hinterland. Und sucht zunächst erst mal eine Gastwirtschaft, wo man sich gemeinsam an einen Tisch setzen kann. Die wenigen Gaststätten, die es dort gibt, die sind auf Wochen hinaus ausgebucht, die Tische sind bestellt, da muß man vier Wochen vorausbuchen. Dann kommt der Bescheid, also wir fahren nüber. Man trifft sich an irgendeinem bekannten Punkt, kann sich dann ein paar Stunden zusammensetzen in so einer Gastwirtschaft, und Sie meinen, das wäre kleiner Grenzverkehr? Nee, wenn ich meinen Heimatort nicht besuchen darf, dann ist das kein Grenzverkehr, kein kleiner, kein großer, das ist gar nix. Finden Sie eine Bezeichnung für so was.

Sie müssen ja bedenken, früher war das keine Grenze. Da haben die Leute von Tettau nach Neuenbau, von Tettau nach Hasenthal, von Tettau nach Spechtsbrunn, von Tettau nach Lichtenhain geheiratet. Hier rund herum um Tettau im Wegwinkel von 270 Grad ist DDR. Die Menschen haben nüber und rüber geheiratet. Da bestehen die meisten verwandtschaftlichen Verbindungen, und die von Tettau dürfen aber ihre Verwandten und Bekannten da drüben in der Sperrzone fünf Kilometer tief nicht besuchen. Nicht besuchen!

Da bestehen mehr verwandtschaftliche Beziehungen als sonst in der ganzen DDR. Wer ist denn von Leipzig mit einem in Köln verwandt oder Dresden, München? Gut, da gibt es auch verwandtschaftliche Verbindungen und Freundschaften, doch aber nicht so wie hier.

Nach 52 in den fünfziger Jahren, da konnte man auch noch einmal nüber zum Familienfest, Konfirmation und so weiter, aber dann wurde das doch immer strenger, und der Eckpunkt oder Endpunkt war doch dann der Mauerbau in Berlin. Das war ja das Schlimmste, und da war es dann ganz aus. Ich wollte vor drei oder vier Jahren mit meiner Frau rüber zur goldenen Hochzeit von meiner Schwester. Ich selber als der Bruder, ich hätte hingedurft, meine Frau durfte nicht mit. Da habe ich verzichtet. Was tue ich denn auf einer goldenen Hochzeit, auf einem Familienfest, wenn meine Frau nicht mit darf?

Ich bilde mir ein, es sind nur drüben die Menschen selber, die sich gegenseitig bespitzeln, wo einer dem anderen sein Teufel ist. Wir kennen das ja aus der Nazizeit, nicht, da gibt es im Grenzgebiet die sogenannten Polizeihelferorganisationen, die genau aufpassen, daß im Sperrgebiet nicht plötzlich ein fremdes Gesicht auftaucht. Das könnte ja ein Grenzgänger sein, der nachts heimlich über die Grenze will.

Hier ist erst neulich wieder ein Spion verhaftet worden, es gibt noch Leute, die über die grüne Grenze gehen oder herübergeschleust werden, aber die Polizei hier im Westen gibt das in Einzelheiten nicht mehr bekannt, auch nicht der Presse, aber immer wieder hört man, da oder dort sind wieder zwei Mann rüber. Da ist einer rüber. Ich meine, wenn es spektakuläre Sachen sind, daß einer mit einem Lkw oder Traktor gekommen ist, nun, das ist schnell beobachtet. Aber was so heimlich rüberkommt, davon erfahren wir nichts mehr. Aber das gibt es noch. Das gibt es immer noch. Die Menschen setzen alles auf eine Karte und wollen rüber. Und nun sagen Sie mir: Welche Bezeichnung ist zutreffend für so ein Gebilde?

Früher gab es mal eine Chinesische Mauer. Das ist schlimmer als die Chinesische Mauer, weil Brüder und Schwestern hüben und drüben wohnen. Eine fürchterliche Grenze. Und für uns hier, wo wir unsere Verwandten im Sperrgebiet haben, haben diese Erleichterungen nichts gebracht, im Gegenteil, uns tut es noch mehr weh. Die einen machen sich ein Vergnügen daraus, besuchen nun mal die DDR, fahren mal nach Weimar oder nach Erfurt oder in ein großes Hotel nach Dresden oder Leipzig. Und wir dürfen nicht in unseren

Heimatort, nach Hasenthal oder Spechtsbrunn oder Neuenbau, rüber und nüber. Früher haben wir miteinander gelebt mit den Menschen, nicht bloß mit den Verwandten, sondern mit den Nachbarn, mit den Freunden. Das war doch ein inniges Zusammenleben. Und da ist mit einem Beil alles zerhackt worden. Man findet dafür noch nicht einmal die passende Bezeichnung, weil so etwas auf der Welt wahrscheinlich noch nicht dagewesen ist. Man spricht von Freundschaft und von Glasnost und Perestroika. Der Gorbatschow, der hat schon recht, aber das jetzt durchzusetzen, nachdem das nun jahrzehntelang hier verhärtet ist.

Da ist voriges Jahr ein Ding passiert. Mein Schwiegersohn, der macht ein bißchen Hobbylandwirtschaft, hat sich da oben direkt an der Grenze ein Kartoffelfeld angelegt, und im Sommer im Juni mußten die Kartoffeln gehackt werden, da hat er einen Freund mitgenommen, direkt an die Grenze, wo die weiß-blauen Pfähle sind, nicht am Zaun. Da kamen dann zwei Männer durch den Zaun, zwei Volkspolizisten, ein Oberleutnant war dabei, und der andere war ein Unteroffizier, die sind bis auf zwei Meter ran und haben auf meinen Schwiegersohn und seinen Freund aufgepaßt, wie die Kartoffeln gehackt haben. Und da hat meinem Schwiegersohn sein Freund gesagt, »guten Morgen die Herrn«, die haben nicht geantwortet. Das war voriges Jahr, wo man doch schon Lockerungen gespürt hat. Und dann hat der Freund Willi gesagt, »na ihr dürft wohl mit uns net plaudern«. Und da hat nun der Oberleutnant die Zunge rausgestreckt. Kein Wort gesagt, hat nur die Zunge rausgeleckt. So, und nun finden Sie eine Bezeichnung für so ein Menschheitsgebilde hier. Die Natur hat es ja nicht gemacht, die hat ja den Zaun net gebaut, die Menschen haben es ja gemacht. Grenze sagen die alle, Grenze.

Wenn ich Freunde treffe und frage: »Warsch denn einmal wieder drüben?« »Ich war schon acht Jahr net mehr drüben. Ich geh nimmer nüber.« Neulich habe ich einen getroffen. »Nun, Franz, du warst schon mal wieder drüben. Was machen sie denn?« »Ach Gott, ich war doch schon zehn Jahr net mehr drüben. Das weißt du doch. Ich fahr net mehr nüber.« So sieht es aus.

Wenn Sie Ihr Elternhaus haben und das nicht besuchen dürfen, sich nicht im Dorf noch mal mit Freunden treffen dürfen und so weiter und so fort, dann ist das kein Besuch. Da fahren Sie lieber nicht nüber, was will ich denn in Sonneberg, wenn ich weiß, da oben liegt Neuenbau, und ich kann naufgucken, und da darf ich

111

nicht hin. Da geh ich auch lieber nicht nach Sonneberg, da tut mir das Herz weh, da wird das ganze Zeug bloß wieder aufgewirbelt. Es ist besser, man vergißt. Da ist Australien nicht so weit weg als hier unsere Heimat hier. Und nun finden Sie eine Bezeichnung für dieses Gebilde hier. Ist das nun eine Grenze oder was ist das? Gibt es dafür eine Bezeichnung?

Josef Alger*

Diplom-Ingenieur

An der Grenze (1986)

Wie oft schon stand ich hier am Waldesrand
– die Büsche einst, sie wurden längst zu Bäumen –
und schaute übers weitgewellte Land
bis zu den Hügeln, die mein Tal umsäumen.
Sie tun jetzt fremd, wie eine stumme Wand,
den Blick verweigernd zu den Kindheitsträumen.
Kein Laut. Nur zaghaft über ihren Rand
steigt fahler Rauch vereinzelt auf in Bahnen
und löst sich schwebend auf im grauen Tag.
Ich suche qualvoll jenen Hauch zu ahnen,
der meinem Vaterhaus gehören mag.

Ich wär zu Haus in Zehnminutenfrist,
um mit dem Bruder einen Krug zu trinken.
Auf unserm Hügel ständ er, würde winken,
doch kann er's nicht, weil es verboten ist.
Für diese Order find ich keinen Reim.
Hier stehen Welten wider die Natur.
Auf trauten Wegen führt nicht eine Spur.
In zehn Minuten wäre ich daheim...

Vom toten Acker, der die Heimfahrt wehrt,
fliegt eine Krähe krächzend aus dem Osten
und tauscht die Seiten wieder unbeschwert,
nicht achtend Stacheldraht, nicht Turm noch Posten,
sie lebt, wie's Freiheit ewig ihr beschert.

112

Uns Deutsche weigern Deutsche, selbst bewacht,
von Deutschland her nach Deutschland zu gelangen
und wehr'n des Bruders brüderlich Verlangen,
ja töten es und nehmen es gefangen,
diktiert von einer unverstand'nen Macht.

Mit meinem Volke trag ich tiefes Leid. –
Sagt man uns nicht, wir wären längst befreit?

Hanno Nietmann*

(Rückwege)

Um Unannehmlichkeiten zu vermeiden, brachte ich eines Tages
meine Frau auf Umwegen wieder an den Grenzbach. Noch lange
stand ich – beide Daumen haltend u. bittend – zunächst am Bach-
rand, später auf einer Anhöhe, bis meine Frau den Blicken entschwunden war. Dann trat ich in Gedanken versunken allein den
Rückweg ins Dorf an. Plötzlich erschien der »Grenzer« W. mit seinem Fahrrad. Er kam auf mich zu, sagte: »Herr Lehrer, ich habe Sie
mit dem Fernglas von der ›Schönen Aussicht‹ aus beobachtet. Sie
haben Ihre Frau zur Grenze gebracht. Was haben Sie dazu zu sagen?« Da ich nicht zum Reden aufgelegt war, antwortete ich ihm
nur, er solle sein Fernglas in Reparatur geben oder in Zukunft das
Gasthaus zur »Schönen Aussicht« meiden. Meine nicht gerade
freundliche Erwiderung ließ in des Grenzjägers Brust die dienstliche
Seite erklingen: »Herr Lehrer, glauben Sie denn, wir wissen nicht,
daß Ihre Frau bei Ihnen zu Besuch war? Ich bin im Dienst und werde
Anzeige erstatten.« Darauf antwortete ich: »Wenn das so ist, dann
sollen Sie auch die Wahrheit erfahren. Gut, meine Frau war zu
Besuch. Sollte das ein Verbrechen sein, dann bitte ich sogar um eine
Anzeige. Es wird aber einmal eine Zeit kommen, wo man Sie fragen
wird, ob Sie in der trübsten Zeit des deutschen Volkes als Mensch
oder als Schnüffler gehandelt haben. Tun Sie, was Sie nicht lassen
können, und schlafen Sie ruhig mit ihrem guten Gewissen.«
Es erfolgte keine Anzeige. Sooft ich diesen Beamten später wieder
traf, bemühte er sich, mit mir in ein freundliches Gespräch zu kommen. Kurz und sachlich gab ich ihm Antwort. Dabei wurde mir

immer klarer, daß ein Grenzer wirklich keinen angenehmen und beneidenswerten Beruf hat. Die Grenze zwischen Pflichtbewußtsein und menschlichem Empfinden kann genauso schmerzhaft, unheimlich und unheilvoll sein wie die Grenze zwischen Ost- und Westdeutschland.

Hertha Weih

(Das Federbett)

Ich habe in der DDR in Empfertshausen/Rhön gelebt und bin am 8.7.1921 auch dort geboren. Am 5.6.1952, ich hatte gerade meinen Sohn gestillt, es war nachmittags um 16.00 Uhr, da kamen 3 Herren und sagten mir, wir müßten bis morgen früh um 8.00 Uhr unsere Möbel in einen Bahnwaggon geladen haben. Um nach Sangerhausen umzusiedeln. Der letzte Herr, der rausging, sagte mir, ich solle Proviant für 5 Tage mitnehmen. Wir wurden hellhörig, bis Sangerhausen konnte es keine 5 Tage dauern. Mein Sohn war damals 4 Monate alt. So packte ich meinen Pelzmantel, Windeln, Jäckchen und sonst alles, was meinem Sohn gehörte, in den Kinderwagen. Wir hatten nur, was wir am Leibe trugen. Mein Mann, mein Sohn, unser Schäferhund und ich gingen dann über die Grenze nach Tann/Rhön, da hatte ich einen Bruder, der seit 1933 da verheiratet war.

Mit Angst und Aufregung wegen dem weißen Kinderwagen (den besitze ich heute noch) kamen wir glücklich am Friedrichshof an. Es war ein Gutshof von den Baronen v.d.Tann und das 1. Haus nach der Grenze. Dort standen wenigstens 100 Personen aus unserem Heimatort im Hof. Keiner wußte etwas vom anderen wegen der Flucht. Die Freude war sagenhaft, daß wir es alle geschafft hatten. In Tann war natürlich große Aufregung.

Am 28.8.1952 habe ich meinen Sohn zu meiner Schwägerin gebracht und ihr gesagt, »ich gehe schnell mal nach E., um das Federbett für meinen Sohn zu holen.« Der Winter stand vor der Tür, und mein Sohn paßte nicht mehr in den Kinderwagen, Geld hatten wir auch nicht, und in E. hatte er sein Kinderbett. In einem Sommerkleid bin ich dann über die Grenze. Der Grenzübergang verlief ohne Hindernisse, doch als ich in den Wald kam, lagen da 2 Grenzer von der DDR mit einem Schäferhund. Durch die Angst vorm Hund bin ich darauf zugelaufen und sah dann, daß der Hund an einem Bein der schlafenden Grenzbeamten festgebunden war. – Ich konnte nicht mehr zurück, weil der Hund anschlug. Die Zöllner wurden wach, der eine sagte: »Warum sind Sie nicht zurückgelaufen?« Der andere befahl mitzukommen. Ich hatte Bilder von meinem Sohn in der Tasche, die zeigte ich ihnen und glaubte, sie hätten Mitleid. Es nützte nichts, ich mußte mit auf den Katzenstein. Früher war es ein wunderbares Ausflugslokal aus Steinen von der Rhön, mein Vater hat es gebaut. Die Gästezimmer hatten Namen wie Göbbels usw. Der Katzenstein war nun Sitz der Grenzpolizei, dort kam man in den Keller für 1 Nacht, und mit 60,– M wurde man dann wieder freigelassen. Diesmal ich nicht, ich kam am anderen Tag nach Dermbach ins Schloß. In der Nacht wurde ich öfter geweckt von einem Herrn, der im Nebenraum war. In der Wand an der Decke war ein Loch zur Verständigung. Er wollte mich aushorchen. Ich habe aber nichts gesagt. Nur immer, ich hätte einen Bruder in Tann, und deshalb bin ich nach drüben und nicht in die Fremde. – Am Nachmittag kam ich mit dem Zug nach Bad Salzungen, in Begleitung eines Wachpostens natürlich. Im gleichen Zug war mein Neffe, ich sehe sein Gesicht noch heute, es war von Schrecken gezeichnet.

14 Tage war ich im Keller in Bad Salzungen, dort war auch meine Gerichtsverhandlung. Ich hatte einen sehr einsichtigen Richter. Zu meiner Entlastung habe ich gesagt, ich würde noch stillen, und wie könnte man eine Mutter verurteilen, die Gutes für ihr Kind tut. Meine Strafe war 14 Tage für die Flucht in den Westen u. 14 Tage für den Grenzübergang in die DDR. In Bad Salzungen wurde ich gut behandelt. Ich durfte mich morgens und nachmittags ein paar Stunden bei den Wachposten aufhalten, damit ich keine Lungenentzündung kriegen sollte. Die Wachposten kannte ich, sie waren früher an der Grenze stationiert. Weil unser Haus am Ortsrand stand, kamen sie oft in der Nacht und haben im Wohnzimmer geschlafen. Mein Vater stellte ihnen einen Wecker, damit sie zur rechten Zeit an ihrem Posten waren. Der Richter hat erlaubt, daß meine Eltern und mein Bruder mich besuchen durften. Auch bekam ich mein Federbett, meinen Bademantel, den ich nachts überzog, einen Mantel, Strümpfe und Strumpfhalter, weil ich so leicht bekleidet war. Ich hatte ja noch alles zu Hause.

Der Richter hat vorgeschlagen, daß meine Eltern für die 4 Wochen täglich 5,– M bezahlen könnten, u. ich würde dann beim nächsten Transport in den Westen mitkommen. Selbstverständlich wollten meine Eltern bezahlen. Es mußte aber erst von Berlin genehmigt werden. – Die Zeit verging, und ich kam mit einem Gefängniswaggon mit Hundebewachung nach Erfurt, von da aus sollte die Ausreise erfolgen. In Erfurt sollte ich mich ausziehen u. Anstaltskleider anziehen. Das habe ich nicht getan u. gesagt, bei meinen Sachen sei ein Brief, in dem steht, daß ich rübergeschleust werden sollte. So kam ich in eine Zelle mit einer Frau aus Witzenhausen. 3 Tage waren wir in einer Zelle, sie wurde abgeschoben, ich mußte bleiben, weil aus Berlin noch nichts da war. Ich kam dann ins Frauengefängnis nach Gera, dort blieb ich auch 14 Tage. Ich wurde sehr gut behandelt und durfte Einkaufsnetze knüpfen. Von den anderen Grenzübergängern erfuhr ich, daß ich eine milde Strafe hatte, sie hätten wegen dem Delikt 9 Monate. Danach kam ich nach Plauen, und von dort wurde ich am Grenzübergang Juchhöh bei Hof rübergeschleust.

Ohne einen Pfennig kam ich im Westen an. Die Nacht verbrachte ich in Hof in einem dazu eingerichteten Wohnheim. Tagsüber mußten wir das Heim verlassen. So wollte ich von einer Kirche zur anderen und beten und danken, daß ich frei war. Vor dem Ausgang stand ein Lastwagen aus Hamburg, einer der Fahrer kämmte sich vorm Außenspiegel. Ich wußte, daß die Fahrer über Batten nicht weit von Tann fahren mußten. So fragte ich, ob sie mich mitnehmen würden. Ich hatte eine echte Kette, einen Ring und Ohrringe an und bot sie ihnen an und sagte, mit meinem Körper bezahle ich nicht. Sie nahmen mich mit. So holte ich in meiner Unterkunft mein Federbett u. meinen Bademantel und fuhr mit ihnen los. Ich hatte zum Frühstück eine Birne bekommen, die hatte ich in der Hand und den Bademantel auf dem Schoß. Ich kann es nicht vergessen, die Angst, es wurde mittlerweile dunkel und die Birne immer mehr Matsch vom Drücken. An einem Rasthaus hielten wir an. Ich wollte im Laster bleiben. Sie ließen es nicht zu. Ich wollte auch nichts essen, weil ich nicht noch mehr in ihre Schuld kommen wollte. Auf der Theke stand eine Stehlampe, der Schirm war schief und kaputt, den habe ich wieder in Ordnung gebracht, dafür bekam ich eine Tasse Kaffee und ein Stück Kuchen umsonst von der Wirtin. Dann ging es weiter nach Batten. Den zwei Lastwagenfahrern danke ich heute noch, sie waren so einsichtig. Von Batten nach Hilders, der nächsten Bahnstation, mußte ich zu Fuß gehen. Dahin begleiteten mich 2 Mädels, sie wollten nach Hilders ins Kino. Sie trugen auch mein Federbett. Zum Glück kannte ich den Schaffner, er nahm mich unentgeltlich mit nach Tann, das waren noch 9 km.

Die Nachricht verbreitete sich sehr schnell, daß ich wieder da sei. So fühlte ich, daß ich in Tann zu Hause war. Und so ist es bis heute noch.

(Geburtstag)

Ich bin noch so in Gedanken der Grenzerlebnisse.

Meine Nichte u. Pate wurden im April 1949 konfirmiert. Zum Fest waren mein Vater und ich nach Tann gekommen. Wir blieben ein paar Tage.

Am 26. 4. hatte mein Vater Geburtstag, so machten wir uns nach dem Mittagessen auf den Heimweg. – Den Rucksack voll Kaffee, Kakao, Hefe, Kuchen von der Konfirmation und alles, was es sonst nicht bei uns gab.

Wir glaubten uns in Sicherheit, weil wir schon eine Zeit auf DDR-Boden waren, plötzlich kam ein Reiter hinter uns her. Es war ein Grenzer, der in Empfertshausen einkaufen wollte. Wir mußten mit zu seinem Wagen u. fuhren nach E. Wir fuhren dann mit auf den Katzenstein und kamen wie immer in den Keller. Zum Abendbrot wurden wir hochgeholt. Es gab Reisbrei. Ich flüsterte meinem Vater zu, »bitte esse nicht, es ist Mäusedreck drin«. Mein Vater aß auch nichts. Als die Grenzer kamen und abräumen wollten, hatten wir nichts gegessen. »Warum eßt ihr nicht?«, fragte er. – »Reisbrei mit Mäusedreck garniert haben wir noch nicht gegessen, und deshalb ist der Teller nicht leer.«

Er führte uns wieder in den Keller. – Nach einiger Zeit habe ich an der Türe geklopft und dem Grenzer gesagt, ich möchte den Chef sprechen. Er brachte mich zu ihm, und ich bat ihn, meinen Vater freizulassen, dafür würde ich zwei Tage im Keller bleiben, er hätte doch heute Geburtstag, und die Gäste warteten doch auf ihn. Er machte mir keine Zusage, aber um 22 Uhr kam ein Grenzer und sagte: »Ihr könnt nach Hause gehen.« Wir haben uns bedankt und gingen voller Freude und Dankbarkeit.

Hand in Hand gingen wir querfeldein den Berg hinunter. Zu Hause war die Freude groß.

Mein Vater hat erzählt, was wir erlebt hatten, und sagte: »Unsere Hertha, die ist schon eine.«

Rudolf Arnecke

(Rüber)

Ich habe 1951 die DDR verlassen. Als Beschäftigter war ich in Red-
deber, Kreis Wernigerode, bei einem Viehhändler und Holzfuhrbe-
trieb. Ich war mit zwei Pferdegespannen und einem Traktor im
Harz bei Wietfeld, das ist eine Försterei bei Elend, stationiert. Ich
hatte noch zwei Kollegen, die aber in der DDR blieben. Wir waren
mit Holzabfuhr und Rücken beschäftigt. Ich war sozusagen von
unserem Chef die rechte Hand. Im Juni 1951 brachte mein Chef
noch zwei fette Zugochsen zu uns nach Wietfeld. Wir sollten die
Ochsen zum Holzrücken einsetzen. Ich wunderte mich sehr darüber. Am 6. Juni kam mein Chef zu mir und sagte, »nimm du die
Pferde, und ich nehme die Ochsen, und bring mich mit den Tieren
in den Westen«. Wir sind dann von Wietfeld über die Fuchsfarm
nach Braunlage mit den Pferden und Ochsen gezogen. Wie die
Grenzposten ihre Streife gingen, wußte ich ganz genau. Dadurch
war es nicht allzu schwierig! Ich selbst hatte aber nicht vor, im
Westen zu bleiben. Ich wollte nur die Tiere mit rüber bringen und
dann wieder zurückgehen. Es kam aber alles anders. Als wir in
Braunlage waren und die Tiere versorgt hatten, gingen wir in eine
Gaststätte und haben etwas gegessen und alles mit den Tieren geregelt. Die Tiere wurden im Westen erst einmal von dem Zoll beschlagnahmt. Wir mußten erst einmal den Beweis bringen, daß die
Tiere unser Eigentum waren. Jetzt waren Stunden vergangen. Ich
war jetzt zu der Überzeugung gekommen, daß die Volkspolizei jetzt
alles schon gemerkt und abgeriegelt hat. Ich traute mich nun nicht
mehr zurück, und mein Chef sagte, »dann bleibst du auch hier. Wir
werden schon etwas finden.« Wir beschlossen dann, daß ich in der
Nacht noch einmal zurück nach Wietfeld ginge und versuchen
sollte, den Traktor zu holen. Ich habe es dann auch getan. Auf den
Fahrer des Traktors konnte ich mich verlassen. Ich ging also in der
Nacht noch einmal zurück über die Grenze nach Wietfeld. Es ist
auch alles ganz gut geglückt.

Als ich aber in Wietfeld ankam, sah ich schon vom weitem, daß
alles hell erleuchtet war und besetzt von Volkspolizei. Da ich dort
alles kannte, schlich ich mich bis zu dem Fenster, wo unser Fahrer
des Traktors schlief. Ich klopfte am Fenster, und er war da und
machte das Fenster auf. Als er mich sah, sagte er, »bist du verrückt

geworden? Die suchen dich schon überall, und hau bloß ab. Die sperren dich ein. Vom Traktor ist ein Rad abmontiert, weil die Angst haben«, – daß ich auch mit dem Traktor abhaue. Also ich auf dem kürzesten Weg wieder in Richtung Braunlage. Ich mußte ja nun einen Bach überspringen. Als ich nun am Bach war und springen wollte, flogen ein paar Wildenten hoch. Vor Schreck bin ich mitten in den Bach gesprungen. Ich kam am andern Ufer pitschnaß an. Aber ich war wieder heil im Westen. Nun wohnten wir zwei Monate in Braunlage. Nur im blauen Schlosseranzug und ohne Geld. Meine ganzen Sachen waren ja in der Försterei in Wietfeld geblieben. Nach zwei Monaten wurden die Tiere vom Zoll freigegeben, und mein Chef hat die Ochsen sofort in Braunlage verkauft. Inzwischen hatte mein Chef in Göttingen auf der Knochenmühle eine Viehhandlung gepachtet. Ich setzte mich eines Morgens auf ein Pferd, und die anderen zwei wurden angebunden. Dann ritt ich morgens um 4 Uhr früh von Braunlage in Richtung Göttingen. Dort blieb ich dann noch einige Zeit. Ich hatte nun so allerhand hier im Westen kennengelernt und habe dann in der Landwirtschaft und auch auf dem Bausektor mich redlich durchgeschlagen. Ich habe dann meine Frau kennengelernt und bin so in Fallersleben gestrandet. Ich besuche oft noch Göttingen, da ich dort einen Freund habe.

Josef Alger*

Als der Krieg und die Gefangenschaft für mich zu Ende gingen, war ich 20. Da ich über ein halbes Hundert Grenzgänge auf dem Buckel habe, gäbe es noch mehr zu berichten.

Grenzgang

Während meines Studiums Anfang der fünfziger Jahre im Westen zog es mich alle paar Wochen ins Elternhaus, zwölf km jenseits der Zonengrenze, in den anderen Rest Deutschlands. Das hatte sich herumgesprochen. Und so wurde ich von einem bekannten Pfarrer gebeten, ein junges Mädchen, das ihren Verlobten im anderen Rest Deutschlands aufsuchen wollte, mit über die »grüne Grenze« zu nehmen. Das nächste Wochenende wurde vereinbart.

Es war ein milder Sommersonntagabend. Die helle Dämmerung wurde von einem glitzernden Sternenhimmel abgelöst. Die Lichter

Duderstadts leuchteten mild hinter uns, als wir zur Roten Warte aufbrachen, und vor uns lag dunkel der Wald, der sich von hier bis zum Fuße des Sonnensteins hinstreckte. Vorsichtig gingen wir hinter der Roten Warte auf den Waldrand zu, hinter dem sich die unsinnige Grenze alsbald versteckt hielt. Im Rucksack befand sich das übliche 20-Kilo-Gepäck aus Wäsche, die bei Muttern wieder in Ordnung zu bringen war, aus Postsendungen, die damals nicht so recht die Grenze passieren durften, und aus Gefälligkeiten für hüben und drüben.

Nach einigen hundert Metern auf den mir bekannten moosbewachsenen Waldwegen, auf die wir vorsichtig und möglichst lautlos und angestrengt lauschend Fuß vor Fuß setzten, gewahrte ich alsbald eine ungewohnte Aktivität, die auf eine Jagd nach tierischem oder menschlichem Grenzwild deutete. Wir lauschten still mit verhaltenem Atem im Schutze der Bäume am Wegrand, bis die unterdrückten Zurufe und eiligen Schritte näher kamen. Ich packte das fremde Mädchen fest an der Hand, und wir liefen so schnell wir konnten weiter hangabwärts.

Jetzt waren wir sicher in der Talmulde, und wir marschierten auf Fuhrbach zu bis zum Sportplatz am Rande des Dorfes. Im großen Bogen versuchten wir nun den bedrohlichen Waldzipfel zu umgehen. Doch bald wurde mir die Gegend in der Nacht unbekannt. Ich verschwieg das dem Mädchen, und wir bewegten uns vorsichtig im freien Feld, ohne zu wissen, auf welchem Teil Deutschlands wir uns als Deutsche bewegten: dem angeborenen, dem verbotenen, dem zugeteilten oder dem gewählten. Die Nacht war halbhell. Kein Mensch war zu sehen, kein menschlicher Laut zu hören.

Von fern endlich ein breiterer Lichtschimmer und dann schwaches Hundegebell. Sollte das Jützenbach sein? Die Gegend war mir unbekannt. Kein Orientierungspunkt in der Nacht, kannte man diese Dörfer doch eigentlich nur von früheren Busdurchfahrten. Draufzu! Unsere Schritte wurden zielstrebiger, aber auch vorsichtiger. Der Rucksack drückte. Schweiß perlte den Rücken herunter. Ich spürte das Fieber und war erschöpft.

Plötzlich enttäuschtes Erstaunen: Wir standen an derselben Stelle, von der wir vor zwei Stunden zu unserem großen Umgehungsbogen gestartet waren. Wir wären im Kreis gelaufen. Inzwischen war es eine Stunde nach Mitternacht, und wir waren insgesamt schon drei Stunden unterwegs. Also erneuter Anlauf. Heim, Richtung Osten! Müde, lauschend, um uns spähend, stehend und laufend, war schon wieder fast eine Stunde vergangen, wie unser Zifferblatt mühsam verriet. Da plötzlich singende und scherzende Stimmen über den dunklen Feldern. Ein sicheres Zeichen, daß wir noch diesseits waren. Drei Gestalten tauchten vor uns im Feldweg auf, halbtorkelnd, übermütig gestikulierend und grölend: »Es war so wunderwunderschöön, so schön...« Grenzer waren das jedenfalls nicht, andere Grenzgänger? – »Immer chrode uut, dissen Wech wier, immer tau, wie komet chrode von drohm. Hiete is do kaner, dä fiert hiete. Wi ssiet tann Danzen drohm ne west. Et Chlass Beer kostet fief Pennige West, immer dissen Wech lank! Do is kaan Minsche.« Sie zogen lachend und grölend weiter: »Es ist so wunderwunderschön, so schön!«

Das gab neuen Mut. Unsere Schritte beschleunigten sich. Der Dorfrand lag vor uns. Tanzmusik. Wir bogen um die Ecke. Ein hellerleuchtetes Haus, Lachen, Stimmengewirr, auf den Treppen hin und her rennende Vopos, Grenzer, Zivilisten. Das alles schien unvermittelt und unverhofft aus dem Boden gezaubert. Ich kann mir die Plötzlichkeit des Stimmungswechsels heute noch nicht erklären, es erschien mir unwirklich. Aber sofort, fast instinktiv, flog mein Rucksack vom Rücken, ich preßte ihn zwischen das Mädchen und mich, als trüge ich eine Tasche, und drückte das Mädchen eng an mich. So überquerten wir als Liebespaar unter anderen den hellerleuchteten Platz und suchten wie die anderen mit klopfenden Herzen schnell das nächste Dunkel. Spürte ich nicht die Blicke hinter uns? Wir verschwanden eng umschlungen in der schützenden Nacht, ein heimkehrendes Paar unter den anderen, die in ihrem Dorf nach beendetem Tanz nach Hause strebten. Das Grenzdorf hinter uns lassend, zogen wir endlich auf den mir bekannten Feldwegen weiter über Wenderhütte und Sonnenstein ins heimatliche Tal.

Müde und glücklich lieferte ich das Mädchen noch bei ihren Bekannten ab und sank endlich um fünf in der Frühe erschöpft ins Bett des elterlichen Hauses. Das war mein längster Grenzgang: sieben statt normal zwei Stunden Dauer für zwölf Kilometer.

Wolfgang Lenz

Konrektor i. R.

Grenzgang

Seit über 40 Jahren lebe ich nun an und mit der Grenze, die das Land, in welchem ich geboren wurde, in zwei Teile zerschneidet, seit Jahrzehnten bin ich so nahe an sie herangerückt, daß ich von dem Fenster meiner Wohnung in Duderstadt aus hinüberblicken kann in das andere Deutschland. Da drüben wurde ich vor über 60 Jahren ein Erdenbürger, mitten im »Grünen Herzen Deutschlands«, im Thüringer Land. Dort drüben liegt meine Heimat.

So spielten in meiner Kindheit und frühen Jugend Grenzen keine Rolle, sie waren weit weg. In meinen Träumen flog ich in die entferntesten, exotischsten Winkel der Erde, aller von der Natur oder von Menschen errichteten Barrieren spottend. Und später, als ich den Soldatenrock trug und mich mit breit machte in fremden Ländern, in denen ich nichts zu suchen hatte, waren Grenzen nicht zu spüren, weder auf dem Vormarsch noch beim Rückzug.

Und dann war plötzlich alles anders. Als ich im Sommer 1945 aus der Kriegsgefangenschaft entlassen wurde, hatten sich die Siegermächte mein einst so verhängnisvoll stolzes Deutschland in vier Besatzungszonen aufgeteilt, und man konnte sich zwar verhältnismäßig einfach innerhalb der drei Zonen, die man die »westlichen« nannte, bewegen, aber die vierte, die sowjetische oder »Ostzone«, die mußte man meiden, in die konnte man sich nur hineinschleichen, bei Nacht und Nebel möglichst. Hier signalisierte Stacheldraht, daß man gefälligst da zu bleiben hatte, wo man war. Hier hatte man eine Grenze gezogen, lächerlich im Vergleich zu der heutigen, die in ihrer Perfektion nahezu jeder Überwindung spottet, aber doch Schlimmes androhend, wenn man sie nicht respektierte. Vorläufig erwies ich ihr meine Reverenz. Im Frühjahr 1946 aber schlich ich zum ersten Male bei Gerblingerode nahe Duderstadt »schwarz über die grüne Grenze« nach Osten.

Die Freude, wieder daheim zu sein, wurde sehr bald getrübt. Ich bekam keinen Studienplatz, da ich kein Arbeitersohn war, und meine Schwester konnte ihr schon im Kriege begonnenes Studium nicht fortsetzen. So rüsteten wir Anfang November 1946 zu einer abenteuerlichen Reise, unser Ziel war Göttingen, denn die dortige Universität, hochkarätig versorgt in nahezu allen Fakultäten, übte nicht nur wegen ihrer relativen räumlichen Nähe eine starke Anziehungskraft auf uns beide aus. Und so zogen wir eines sehr frühen Morgens, jeder bepackt mit einem großen Rucksack und zwei schweren Koffern, dem Bahnhof zu. Mutter hatte jedem von uns am Abend vorher 3 000,– Mark zur Existenzgründung in die Hände gedrückt, und wir waren stolz auf unseren Einfall, das Geld unter die Einlegesohlen unserer Wanderstiefel zu legen, um es auf diese Weise unentdeckt und unversehrt hinüberzuretten ins neue Leben jenseits des Stacheldrahts. Denn zu damaliger Zeit war die Grenze noch zu jung, um sich um so etwas wie Währung zu kümmern. Die Mark sah hüben wie drüben gleich aus und hatte den gleichen Wert.

Bummelzüge rüttelten uns nun stundenlang durchs novemberlich trübe Thüringen. Sie waren überfüllt mit Menschen und vollgestopft mit Koffern und Säcken. In diesen ersten Nachkriegsjahren schien die Bevölkerung Deutschlands ständig auf der Bahnachse zu sein. Die einen, um sich die dringend benötigten Lebensmittel auf Hamsterfahrten im Tauschhandel vom Lande in die Städte zu holen, andere kehrten in die durch Bomben zerstörten großen Industriegebiete zurück, aus denen sie evakuiert worden waren, wieder andere verließen wie wir ihre alte Heimat, die ihnen nicht mehr die erhofften Existenzmöglichkeiten bieten wollte, um sich eine neue zu suchen.

Mehrmals mußten wir umsteigen und unsere schweren Koffer von Bahnsteig zu Bahnsteig schleppen, zuletzt in Nordhausen, wo die letzte Etappe nach Ellrich begann, der Endstation vor der Grenze. Hier nun weigerte sich die Lokomotive, den Zug weiterzuziehen. Sie wollte nichts mit der britischen Besatzungszone jenseits des Tunnels zu tun haben, sie wollte wieder zurück in ihren Lokschuppen nach Nordhausen, obwohl dort die Bomben so unbarmherzig eingeschlagen hatten. Und so quollen die Menschentrauben aus den Abteilen heraus, schoben und stießen sich hinunter auf den Bahnsteig, durch die engen Sperren, durch die Bahnhofshalle hindurch und wieder hinaus ins Freie, über Stufen hinunter auf den Bahnhofsvorplatz, der sich schnell mit Menschen füllte, die gewiß beinahe alle noch nie ihren Fuß auf Ellrichs Stadtgebiet gesetzt und vor der Planung ihres gewagten Unternehmens noch nie etwas von der Existenz dieser kleinen Stadt an der Grenze gehört hatten.

Plötzlich ertönten Pfiffe aus Trillerpfeifen. Von mehreren Seiten stürmten sowjetische Soldaten auf den Platz und zwangen uns, laut schreiend und heftig gestikulierend, in mehreren Reihen im Halbkreis vor ihnen Aufstellung zu nehmen. Danach geschah erst einmal gar nichts. Ich gab meiner Schwester ein Zeichen, und wir drückten uns rückwärts durch die Menge ganz nach hinten und schlichen dort gebückt bis zum äußersten rechten Flügel, ganz in die Nähe des Bahnhofsportals. Und dann ging alles sehr schnell. Mit wenigen Sätzen sprangen wir in die Schalterhalle, lösten Billetts nach Nordhausen, und dann saßen wir wieder im Zug, der schon unter Dampf stand, diesmal mit der Lokomotive am anderen Ende. Als er sich in Bewegung setzte, atmeten wir erleichtert auf. Kein Russe hatte unsere Flucht bemerkt.

Als wir in Nordhausen ankamen, war die Nacht hereingebrochen, und wir wußten nicht, wo wir sie verbringen sollten. Da kamen wir an einem Haus vorbei, dessen Tür offen stand und aus dessen Flur Licht auf die Straße fiel. Wir gingen hinein, und als uns zwei Volkspolizisten empfingen, bemerkten wir zu spät, daß wir in eine Polizeiwache geraten waren. Wir bekamen einen gehörigen Schrecken, aber die beiden Gesetzeshüter waren freundlich und leutselig. Sie wußten sofort, daß wir über die Grenze wollten, und hatten nichts dagegen. Sie boten uns vielmehr Pritschen zum Übernachten an und waren der Meinung, wir hätten uns einen ganz besonders günstigen Fluchttermin ausgesucht, denn der kommende Tag sei der 6. November, der größte Feiertag des Jahres für die Sowjetsoldaten, der Tag der russischen Oktoberrevolution. In diesen würde, nach den Erfahrungen des vorigen Jahres, mit Strömen von Wodka hineingefeiert, so daß sich am Tage kein Russe weit und breit sehen ließe. Wir schliefen beruhigt ein.

Als wir am anderen Morgen in Ellrich eintrafen, begann es zu tagen. Wir waren die einzigen, die den Zug verließen, und alles war totenstill. Von einem Eisenbahner wohlberaten, marschierten wir nicht auf Walkenried zu, dem nächsten Ort an der Bahn jenseits der Grenze, sondern hinauf in die Berge, über deren Kamm der Stacheldraht verlaufen sollte und die auf der anderen Seite in ein steiles, enges Tal abfallen, in dem sich der Ort Zorge erstreckt. Es ging bergauf, wir schleppten uns immer langsamer und mühsamer dahin und merkten schließlich, daß wir die Gewalttour über die Berge mit unserem schweren Gepäck nicht schaffen würden. Da hörten wir hinter uns ein Poltern, und als wir uns umsahen, bemerkten wir einen Mann, der mit einem Handwagen den Waldweg heraufkam. Wir warteten auf ihn, und als er bei uns war, forderte er uns auf, unser Gepäck auf den Wagen zu laden. Wir waren erleichtert, und als wir mit vereinten Kräften das Gefährt den Berg hinaufschoben und zogen, erzählte uns der Mann, er sei Waldarbeiter und ganz oben direkt an der Grenze damit beschäftigt, Holz zu fällen. Er habe sich verspätet, seine Kollegen seien schon längst oben am Arbeitsplatz.

An der Grenze angekommen, konnten wir ohne Mühe den Stacheldraht überwinden. Kein Russe war auch nur von ferne zu sehen gewesen. Der Weg nach Zorge hinab war steil, und wir hatten Last mit unserem Gepäck, aber schließlich kamen wir doch unten an, froh darüber, in Sicherheit zu sein.

Das neue Leben »im Westen« begann nicht ohne Schrecken. In Zorge setzten wir uns in eine Gastwirtschaft und waren erstaunt und amüsiert, daß an der Wand des Schankraumes noch ein Bild des Fürsten Bismarck hing. In der sowjetischen Besatzungszone war das Aufhängen von Bildern, die an Deutschlands Vergangenheit erinnerten, streng verboten. Da nun unsere Füße nach dem langen und beschwerlichen Marsch schmerzten, zogen wir unsere Wanderstiefel aus und schauten auch einmal nach unserem Geld. Und da wurden wir blaß. In zwei Schuhen waren die Sohlen wohl zu klein gewesen, sie waren hin und her gerutscht und hatten die Scheine zerrissen und zerrieben. Ein schlimmer Verlust! Recht kleinlaut setzten wir uns in den Bus, der uns nach Bad Harzburg brachte. Dort suchten wir eine Bank auf, zeigten das Geld vor und bekamen es anstandslos umgetauscht! Fröhlich zogen wir zum Bahnhof. Das neue Leben konnte beginnen!

Dieter Lohse*

Geboren 1926, Beruf Modellbauer. Obwohl ich jeden Tag bis zu 12 Stunden zur Arbeit und zurück unterwegs bin, habe ich mir die Zeit genommen, einige Erinnerungen zu sammeln.

Grenzgängererlebnisberichte zwischen Kaltenwestheim und Tann/Rhön

Herbst 1946 kam ich aus der Gefangenschaft nach »Hause« und überschritt damals zum erstenmal die Ost-Westgrenze. Meine Eltern waren als Flüchtlinge in einem Dorf untergekommen, welches kurz vor Kriegsende durch einen Bombenangriff zu 2/3 abgebrannt war. Die Bauern hatten mit Mühe eine Ernte einbringen können, indem sie überall Saatgut zusammenorganisiert hatten. Da Männer knapp waren, konnte ich viel in der Landwirtschaft mitarbeiten und hatte dadurch eine zusätzliche Lebensmittelquelle. Da das Dorf sehr einsam lag, kamen nur selten Hamsterer bis zu uns durch. Ähren habe ich zumeist alleine gelesen.

Trotz der Abschreckung lockte die »Amerikanische Zone«, man mußte nur zusehen, daß man beim Grenzübertritt keine Russen traf. Am Tage und in der Nacht war ich öfter »drüben«, kannte die Landschaft wie meine Hosentasche, auch in finsterster Nacht. – Ich habe u.a. Hefe geholt, bis zu 6 Steine (500 g). (Mehr bekam man nicht zusammen.) Pro Stein bekam ich vom Bauern 6 Eier. Mit dem Rad fuhr ich mehrere Dörfer ab und war fester Lieferant, man wartete oft schon auf mich. Brot habe ich auch oft mitgebracht, Weißbrot, welches man im Laufe der Zeit ohne Bedenken bekam. Eine Zeitlang habe ich überall Marken »erbettelt« und hatte beim Bäcker ein Guthaben. Personen habe ich in beide Richtungen mitgenommen, einmal sogar 12 Personen in langer Kette auf Sichtabstand. Lebensmittelpakete für Angehörige in Ost-Deutschland hatte ich auch oft mit. All diese Botengänge waren hier Gefälligkeiten, oder einer half dem anderen, dadurch lief mein »Geschäft« so gut. Einmal habe ich einen Kuß bekommen, und jemand schenkte mir ein Buch.

Einen festen Preis gab es für Ferkel. Ein gutes Frühstück und eine Einladung zum Schlachtfest. Die Ferkel wurden mit Zucker (5 Pfund) und Geld bezahlt. Als ich einmal 2 im Rucksack hatte, fingen sie genau auf der Grenze an zu quietschen, sie wollten wohl nicht ins Paradies.

Zur Herstellung von Tischlerwerkzeug brauchte ich Holz. Auf einem meiner Wege hatte ich eine Weißbuche entdeckt. Zusammen mit einer Freundin haben wir den Baum umgesägt und hochkant über die Grenze getrudelt. Im Heuwagen wurde er nachher verstaut. Als alles fertig war, kamen 2 Russen vorbei, die am Niemandsland entlang liefen.

Geschnappt wurde ich wohl als einer der ersten, als über Nacht Grenzpolizei eingesetzt wurde und wir uns auf ihrem ersten Rundgang trafen. Ihnen die Grenze zeigend, ging es dann zur Wache, da waren wir schon mehrere. Im Laufe der Nacht wurden wir verhört und zu Fuß zum nächsten Bahnhof gebracht. In der Kreisstadt wurden wir weiter verhört, das Geld wurde uns abgenommen, alles noch etwas unbekannt, spannend, aber noch harmlos. Zum Russen mußte ich auch noch. Der hat gefragt: »Nun warum du noch nicht verheiratet?« Ich war 22.

Mit einem Pastor, in Tann, tausche ich Ost-West-Zeitungen. Als ich erwischt worden war, habe ich davon weggeworfen. Viel später war dieser Pastor an einer ganz anderen Stelle auch erwischt worden. Da hat man ihn gefragt, wieso Zeitungen mit seinem Namen (vom Zusteller geschrieben) im Grenzgebiet gefunden worden wären.

Beim zweiten Mal waren die Herren schon geübter, da ich nicht alleine erwischt worden war, versuchte man uns durch Einzelverhöre auszutricksen. Wir hatten vorher vereinbart, bei der Wahrheit zu bleiben. Die Brieftasche wurde gleich draußen schon beschlagnahmt, und darin befand sich leider auch Westgeld. Diesen Schein war ich natürlich los. Wir wurden verhört, allerlei Tricks wurden angewandt, aber ich war noch geschult, aus der Zeit, als ich in Kriegsgefangenschaft war; z. B. hatte ich ein rotkariertes Läppchen bei mir, so groß wie eine Briefmarke, es stammte von der Bluse meiner Freundin, aber angeblich war es ein Einkaufsmuster. Geheizt wurde die Wachstube von einer Kochplatte, die beim Verhören unter dem Schreibtisch stand.

Einen Unfall hatte ich auch einmal. Mit Rucksack und Taschen schwer bepackt, bin ich im Dunkeln einen schrägen Berg hochgekraxelt und gestürzt. Ich habe mir dabei die Zähne eingeschlagen. Da ich sie gleich wieder zurechtgebogen habe, sind sie mir noch lange erhalten geblieben, erst vor einigen Jahren wurden sie immer »länger« und mußten gezogen werden. In der Nacht war ich nach Hause gekommen und wollte gleich ins Bett gehen. Meine Mutter war aber noch wach und riet mir, am Morgen zum Zahnarzt zu gehen. In dem Moment, wo ich hingefallen war, war sie aufgewacht und hatte den Sturz »miterlebt«. Eine so enge Beziehung hatten wir schon öfter.

Eines Nachts merkte ich, wie jemand auf mich zulief, ich blieb zwischen den Tannen stehen. Gleich darauf liefen zwei Vopos an mir vorbei, ohne mich zu sehen, ich hätte den einen greifen können. – Ein andermal bemerkte ich vor mir 2 Vopos, die am Waldrand standen und beobachteten. Sie hatten mich nicht kommen sehen, und ich konnte mich ins nasse Gras legen. Irgendwann waren sie weg, ich muß eine Zeitlang bewußtlos gewesen sein, zum Schlafen war es zu kalt, und ich war sicherlich vom Marsch und der Schlepperei überanstrengt, und Hunger hatte man damals fast immer.

Einmal habe ich meine Armbanduhr (mit Leuchtziffern) verloren, da ich den Weg genau kannte, habe ich sie im Dunkeln, im Gras liegend, wiedergefunden.

In der Anfangszeit, als die Grenzpolizei auftauchte, war das Verhältnis noch freundlich. Einmal ist sogar einer von ihnen mit mir rüber, er trug Zivil und hat Lebensmittel eingekauft. Er gab mir auch schon einmal einen Tip, aber Vorsicht war geboten.

Am Tag der Währungsreform war ich auch drüben, brachte viel Geld rüber (für andere) und bekam sogar Westgeld, da ich Ware geliefert hatte. Vor den plötzlich vollen Läden zu stehen war ein Wunder, ich weiß aber nicht mehr, was ich damals alles eingekauft habe außer einen Kochtopf.

In diesem Gebiet gab es auch viel Wildschweine, die gern in der Nacht nach Kartoffeln suchten. Die Gefahr bestand, daß sie einen zu spät bemerken würden, um noch rechtzeitig in den Wald flüchten zu können. Dann blieb ihnen nur ein Angriff übrig. Zum Glück habe ich die Tiere immer nur gehört. Öfter habe ich erzählt, daß ich deshalb immer einige Kartoffeln in der Tasche hätte und die Tiere aus der Hand fressen würden.

Ich bin praktisch veranlagt und habe mich als Soldat in der Gefangenschaft usw. immer recht gut durchgeschlagen. Viel überlegt wurde da nicht. Am meisten habe ich wohl gelernt: »Nur zu glauben, was ich selber gesehen habe«, es wird zuviel behauptet, wovon ich weiß, daß es nicht stimmen kann. Überleben muß man immer selber, Gutes und Schlechtes kommt von außen, ob im Krieg oder im Frieden. Mir hat die Grenzgängerei nicht nur Materielles eingebracht, es hat auch Spaß gemacht, es war damals eine Art Sport, und da viele sich nicht trauten, hatte ich genug zu tun. Erfreulich waren für mich die menschlichen Kontakte, etwas organisieren und meine neue Heimat kennenlernen. Ich war kein Geschäftsmann, dann hätte ich z. B. für einen Stein 8 Eier genommen, der übliche Preis. Ich habe mich immer gefreut, wenn ich Bauersfrauen Hefe liefern konnte, die noch Jahre danach nachfragten und auch einmal ein Stück Kuchen für mich übrig hatten.

Dramen hat es im Grenzbereich nie gegeben, es war recht einsam dort, da fanden nur wenige hin.

August 1952 ging ich zum letzten Mal rüber. Eine ungünstige Nacht, blattstill, Vollmond, ich konnte alles sehen und hören, da wurde ich von einem Reh überrascht und habe lange gebraucht, um durch den Wald an die Grenze zu kommen. Habe lange gelauert und gewartet, um dann in einem langen Spurt durch den Wiesengrund rüberzuspurten. Damals gab es noch keinen Zaun, aber viele Fußstreifen, und ich durfte auf keinen Fall erwischt werden, dann hätte es Gefängnisstrafe gegeben, wegen Republikflucht. Kaum war ich einige hundert Meter drüben, habe ich mich in eine Tannenschonung gesetzt und mein Reisebrot gegessen. Ich fühlte mich an dieser Stelle schon ganz sicher!

Jahre später war ich wieder einmal in diesem Abschnitt, das breite Wiesental wurde von einem Stacheldrahtzaun geteilt. Ich konnte eine Ecke von meinem Dorf erkennen und ging in Gedanken noch einmal meine Wege. Die Tannenschonung, wo ich damals landete, war ein ordentlicher Wald geworden. Inzwischen war ich auch einmal drüben (in der DDR), sah Land und Leute wieder, die Freude war groß, aber man fragt sich, weshalb haben *die* den Krieg *so* verloren!? Nach 35 Jahren hat sich wirklich nicht viel verändert.

Gerhard Rühle

Ich bin gebürtiger Braunschweiger, Jahrgang 1927, gelernter Kaufmann. Ich berichte Ihnen Erlebnisse aus der Vergangenheit, so wie sie in der Erinnerung auftauchen.

(Erlebnisse aus der Vergangenheit)

Im Sommer 1945 wurde ich als ehemaliger Marinesoldat aus englischer Kriegsgefangenschaft entlassen. Mit einem Transport wurden wir nach Helmstedt gefahren. Da es von dort keine Fahrgelegenheiten gab, mußte ich mit dem Seesack auf dem Buckel, in dem sich die uns noch gelassenen Habseligkeiten befanden, ca. 12 km nach Schöningen tippeln. Es war schon ein deprimierendes Gefühl, dabei zu wissen, daß man an einer Grenze entlang marschierte, auf deren anderer Seite Russen als Besatzer waren.

Unwillkürlich schweiften die Gedanken einige Jahre zurück. In den Schulferien, die ich manchmal in Schöningen bei der Oma verbrachte, bekam ich ja auch Kontakt mit ansässigen Gleichaltrigen. So wie es in den größeren Städten unter Kindern zu sogenannten »Kämpfen« zwischen verschiedenen Straßen kam, bestand eine

Rivalität zwischen den Schöningern und den Hötenslebern. Hötens-leben liegt an der Aue, einem Bach, der auch heute in etwa die jetzige Grenze markiert. Nach diesem Bach wurden die Burschen und auch die Mädchen (die manchmal bei den Raufereien tüchtig mitmischten) aus Hötensleben die »Auräuber« genannt. Die Schö-ninger waren die »Dreckschweinchen«. Schon damals gab es ange-sichts dieser Begebenheiten eine Grenze, die nicht unbehelligt über-schritten werden durfte. Aber das waren kindliche Spiele.

Ich war nun 18 1/2 Jahre alt, elternlos, der Krieg war vorbei. In Schöningen, wo es keine Ruinen gab, fand ich bald neue Freund-schaften. Nur, was konnte man unternehmen? Wir wollten ja auch tanzen gehen und mit Mädchen »anbändeln«. Die vorhandenen Tanzsäle waren von den Alliierten beschlagnahmt. Hier spielten Militärbands auf für »Amis und Tommys« und deren »deutsche Fräuleins«.

Für uns blieben nur Scheunen oder Turnhallen in der Umgebung, wo wir dann zu Fuß hinlaufen mußten, um uns zu amüsieren; was man so in dieser Zeit darunter verstehen konnte, Geld knapp und nichts wert, Hunger und die »Landserklamotten« auf dem Leib. Aber junge Menschen wollten genau wie heute »etwas erleben«. Und der Nachholbedarf war groß.

Die Ausflüge in die Umgebung zogen uns aber auch in die öst-liche Richtung. Die Grenze war ja noch nicht so stark abgeriegelt wie heute. Ein Übergang bei Hötensleben, wo russische Soldaten standen, war manchmal möglich. Je nachdem, wie die Posten ge-launt waren. Zum Beispiel war es ein leichtes, im Jahre 1946 den 1. Mai »drüben« zu feiern. Es war eine richtige Verbrüderung bei Bier und Schnaps. Allerdings waren überall an allen nur möglichen Stel-len rote Fahnen und Tücher mit Parolen angebracht.

Meine persönlichen Empfindungen dabei kann ich nicht richtig ausdrücken, waren es Ängste?

Nun war die Nachkriegszeit ja so, daß zum Überleben auch das »Organisieren« gehörte. In der Feldmark, größtenteils Domänenbe-sitz, stand das auf den Äckern, was den Menschen fehlte: Kartof-feln, damals Hauptnahrung, Zuckerrüben zum Saft kochen, Mohn und so fort. Zum Bewachen der Felder waren auch Lehrer und son-stige Vertrauenspersonen angestellt. Eine Begebenheit ist hierzu er-wähnenswert.

Als ich mich mal wieder mit einem Sack Kartoffeln heimwärts schleichen wollte, sah ich plötzlich eine Gestalt aus einem Gebüsch heraus auf mich zukommen. Ich bangte schon um meine Beute. Doch der Mann mit der weißen Binde am Arm kam freundlich auf mich zu und verwickelte mich in ein Gespräch. Dieses lief dann darauf hinaus, daß er mich bat, ihm einen Gefallen zu tun. Auf der Ostseite der Grenze befand sich ein Tabakfeld, ich sollte ihm dort einen Sack füllen. Und so sprang ich über die Aue, pflückte hastig und dabei ängstlich um mich schauend, bis der Sack voll war. Dann gingen wir beide zufriedengestellt zurück in die Stadt.

Aber die Zeit schritt fort, und die Kontrollen zwischen Ost und West verschärften sich. Ein Grund war wohl auch, daß sich ein Tauschhandel entwickelte, der stetig zunahm. Auch war es zu ernsteren Zwischenfällen im Grenzgebiet gekommen. Ein Mann, der bei der Feldarbeit war, wurde von einem alkoholisierten russischen Posten vom Osten aus beschossen. Er konnte sich aber noch durch Weglaufen in Sicherheit bringen.

In den Jahren 1947/48, vor aber besonders nach der Währungsreform im Westen, wurde die Grenze praktisch Schmuggelgebiet. Sehr viele Menschen aus der Ostzone kamen mit Textilien herüber, die sie hier gegen Lebensmittel oder englische Zigaretten eintauschten. Die Bahnhofsgaststätten in Schöningen wie auch in Helmstedt waren meistens nachts überfüllt, da die Grenze oft im Schutz der Dunkelheit überschritten wurde. Ein bevorzugtes Tauschobjekt waren Nylonstrümpfe, die am Körper versteckt am leichtesten zu transportieren waren. Fast schon professionelle Aufkäufer machten damit ihre Geschäfte. Es gab auch »Grenzführer«, die gegen einen Teil der Ware die Leute auf sogenannten sicheren Wegen über die doch schon manchmal gefährliche Grenze lotsten. Auch der Zoll auf unserer Seite hatte ein Auge auf die Situation geworfen.

Die Lage war natürlich auch eine Versuchung für manchen, hier gute Geschäfte zu machen. So manch ein »biederer Geschäftsmann« bis weit aus dem Hinterland auf unserer Seite ist damals billig zu Waren gekommen. Die hatten ihre Strohmänner, die den ostzonalen Grenzgängern z. B. Herrenanzüge für DM 20,– abnahmen, die hier im Westen für DM 80,– bis DM 100,– in den Läden auftauchten.

Ich selbst war 1948 nach der Währung arbeitslos geworden und war in einer bitteren Notlage, die mit heutiger Arbeitslosigkeit schwer zu vergleichen ist. So trieb ich mich mit einigen, denen es ebenso erging, oft auch in dieser Szene herum. Teils aus Langeweile, teils weil wir versuchten, auch ein paar Mark durch Vermittlung zu erheischen. Daß ich selbst für solche Geschäfte nicht geeignet war, sollte sich noch erweisen. Es gab damals inzwischen sogenannte »Schieber«, die vom Westen aus selbst in den Osten gingen und Waren hin und her»schoben«. Die machten ganz schönes Geld. Irgendwelche besonderen Schleichwege gab es wohl für sie. Doch das konnte auch gefährlich werden. Ein uns Bekannter aus diesem Kreis, der wohl zu übermütig wurde, fiel bald den Kontrollen auf. Ihn ereilte sein Schicksal. Bei einer erneuten Rückkehr aus der Zone wurde er von einer Streife aufgefordert, stehenzubleiben. Er jedoch ergriff die Flucht. Nun wurde aber hinter ihm her geschossen, und er wurde tödlich getroffen. Ob damals Russen oder schon Volkspolizisten geschossen haben, weiß ich nicht mehr.

Nun zu meiner eigenen Erfahrung auf diesem Gebiet. Ich wollte also auch einmal versuchen, mein karges Arbeitslosengeld aufzubessern. Aus dem Wissen, wie andere es machten, wollte ich Kapital schlagen. Seinerzeit waren u.a. Kieler Sprotten in Kisten und Seife eine gute Grundlage für einen Tausch gegen »Nylon«, die dann dadurch einen Gewinn erhoffen ließen. So nahm ich mein letztes Stempelgeld, kaufte Fisch und Seife auf dem Markt. Ich gelangte auch unbehelligt damit auf die östliche Seite. In Magdeburg hatte ich entfernte Verwandte, und so fuhr ich dort hin. Der Schwarzhandel spielte sich dort in Wilhelmsburg vor dem Bahnhofsgelände ab. Mit viel Angst in der Hose wickelte ich dort mein Geschäft ab. Als ich mich nun glücklich unauffällig entfernen wollte, standen plötzlich 2 Männer in Zivil vor mir. Mein Ausweis wurde verlangt, und so stellte sich heraus, daß ich aus dem Westen kam. Das Geschehen nahm nun seinen Lauf. Ich wurde abgeführt und landete tatsächlich in einer Zelle. Die Umstände waren dementsprechend, zumal darunter echte Kriminelle waren. Ich wurde mehrmals zum Verhör geholt, wo ich immer wieder erklärte, daß ich wegen meiner Arbeitslosigkeit die Tour riskiert hatte. Nach ca. einer Woche bot man mir an, im Osten zu bleiben, man wolle mir helfen. Das war aber nie meine Absicht. Schon die Atmosphäre in der Stadt und erst recht der Aufenthalt im Gefängnis ließen ein ungutes Gefühl aufkommen, daß man dort drüben unterdrückt leben würde. Ich wurde nicht weiter behelligt, bis ich nach insgesamt 14 Tagen Arrest, hungriger als je zuvor, aus der Zelle geholt wurde. Mit noch ca. 20 Männern und Frauen stand ich zur Entlassung an. Wir wurden alle mit Handschellen aneinandergekettet und so zum Bahnhof geführt. Dort war an einem Personenzug ein vergitterter

Waggon angebracht, in den man uns verfrachtete. Der Zug fuhr ab, und Endstation war Oebisfelde vor der westdeutschen Grenze. Nachdem alle anderen Reisenden den Zug verlassen hatten, wurden unsere Türen geöffnet, und wir mußten immer noch zusammengefesselt rausklettern. Plötzlich ruckte die Lokomotive noch einmal kurz an, und diejenigen Gefangenen, welche sich noch auf den Trittbrettern befanden, fielen übereinander von den Stufen. Dabei stürzte ein Mann direkt zwischen den Waggons auf die Gleise. Unser Wagen war noch etwas im Rollen, und der Mann lag so unglücklich, daß ihm von einem Rad ein Arm direkt oben an der Kugel abgequetscht wurde. Es war schrecklich. Wir Aneinandergeketteten haben verzweifelt versucht, den Waggon abzubremsen, aber es gelang uns nicht. Schlimm war es, mit ansehen zu müssen, wie unsere bewaffneten Bewacher wie unbeteiligt daneben standen. Es dauerte für uns noch eine Ewigkeit, bis man uns die Handschellen abnahm und den Schwerverletzten, der noch lebte, unter dem Wagen hervorholte. Was aus ihm geworden ist, habe ich nie erfahren. Wir anderen wurden bei Oebisfelde über die Grenze kommentarlos abgeschoben. Ich bin nach diesem Erlebnis nie wieder auf der anderen Seite gewesen.

Im Jahr 1951 bin ich dann, um endlich zu Arbeit zu kommen, im Ruhrgebiet gelandet. Ich habe dort unter Tage als Bergmann Kohle gehauen. Warum ich das erwähne, ist folgendes: Natürlich wird, wie überall, ein Neuer immer gefragt, »wo kommst du her?« Meine Antwort also, »aus Schöningen«. Da konnte sich jedoch niemand etwas drunter vorstellen. Ich also ergänzend – »aus Schöningen bei Braunschweig«. »Ach so…«, hieß es dann, »aus der Ostzone.« Ich muß sagen, ich war seinerzeit doch sehr geschockt, daß 6 Jahre nach dem Krieg der Grenzverlauf noch so unbekannt war.

Der Arbeitsmarkt hat sich später gebessert, und 1956 kehrte ich nach Schöningen zurück. Ich bekam eine Anstellung bei den Braunschweigischen Kohlenbergwerken Helmstedt, BKB. Ich war dort bis kurz vor dessen Stillegung im Schwelwerk Offleben als angelernter Rohrleger beschäftigt. Hierbei hatte ich dann meine letzten direkten Kontakte mit der Grenze. Es war bereits ein Zaun vorhanden. Auch in unmittelbarer Grenznähe befanden sich größere Rohrleitungen mit Schiebern und Ventilen. Diese mußten von uns gewartet und repariert werden. In 2–3 m Nähe war schon der Zaun, auf dessen anderer Seite ein breiter Trampelpfad getreten war. Es kam oft vor, daß bei unserer Arbeit Doppelposten der Volkspolizei vorbeikamen. Das Verhalten dieser Männer war recht unterschiedlich. Mal wurden wir selbst angesprochen, freundlich, auch unfreundlich. Viele gingen auch stur vorbei, da ließ sich kaum ein Blick mit wechseln. Doch kam es auch noch vor, daß ein gutes Gespräch zustande kam bei einer Zigarettenpause. Glücklich waren diese Männer, wenn wir ihnen zum Abschied unsere restlichen Zigaretten schenkten.

Werden solche Gespräche übern Zaun von Nachbar zu Nachbar jemals wieder möglich sein?

Gustav Empler*

(Drei Beiträge)

Beitrag 1: Wir schreiben das Jahr 1961. In Neustadt, mit seiner überwiegend evangelischen Bevölkerung, waren Konfirmationen. Dies wird bei uns sehr groß gefeiert. Alle Paten und Verwandten, auch diejenigen, die nicht mehr in Neustadt wohnen, kommen zu diesem Festtag zurück in die Familien.

In einer Familie kam Besuch auch aus Württemberg. Der Neustädter Konfirmand mit seinem gleichaltrigen Besuch ging an die Zonengrenze, um ihm unsere Nachbarstadt Sonneberg zu zeigen. Die beiden 14jährigen in ihrer Neugier liefen bis zum Zaun und waren somit auf Gebiet der DDR. Dort tauchten plötzlich zwei Volkspolizisten vor dem Zaun auf und nahmen die beiden Jungen wegen Grenzverletzung mit in die Nachbarstadt Sonneberg. Nun war guter Rat teuer. Es war Sonnabend, und am anderen Tag war der große Tag der Konfirmation. 40 Gäste waren angesagt, der Kuchen bereits gebacken, der Braten vorbereitet, nur die Hauptperson, der Konfirmand, war in Gewahrsam der DDR. In ihrer Not kamen die Eltern zu mir und baten mich, ihnen doch zu helfen. Ich versuchte in meiner Eigenschaft als 2. Bürgermeister mit den Dienststellen in der DDR Kontakt zu bekommen, was leider nicht gelang. Daraufhin ging ich zu dem Vorsitzenden der damaligen KPD, E.v.C. Er empfing mich mit den Worten: »Ich weiß schon, was du willst. Ich kann dir auch nicht helfen.« Daraufhin sagte ich ihm: »Wenn du die letzten 125 Stimmen, die ihr in Neustadt noch habt, nicht verlieren willst, dann rufe deine Freunde in der DDR an.« Eine halbe Stunde später erhielt ich die Nachricht, daß ich jemanden vom Jugendamt an die

Gebrannte Brücke schicken sollte. Die zwei Jugendlichen würden dort wieder übergeben. Das war ein ganz außergewöhnliches Entgegenkommen von der anderen Seite. Denn normalerweise wurden bei sogenannten Grenzverletzungen die Betroffenen über die Eisenbahn über Hof wieder zurückgeschickt.

Beitrag 2: Im Jahre 1945 war die Grenze nur provisorisch mit Stacheldraht gekennzeichnet. In einem Nachbardorf von Neustadt, in Heubisch, wurde eine Verwandte eines Neustädter Gastwirtes beerdigt. Der Gastwirt erfuhr die Nachricht so spät, daß er über die normale Grenze nicht mehr einreisen konnte, sonst wäre er zu spät gekommen. Daraufhin ging er »schwarz« mit seinem Kranz über die Grenze und nahm an der Beerdigung teil. Dann allerdings wurde er in Gewahrsam genommen und nach Sonneberg zur Volkspolizei gebracht, wo man ihn nach drei Tagen wieder in die Bundesrepublik abschob.

Beitrag 3: Die Straße zwischen dem Gasthof Bergmühle im Neustädter Stadtteil Ebersdorf und dem Dorf Heubisch auf DDR-Gebiet gehörte zur Hälfte zur Bundesrepublik. Der Zaun zur DDR war jedoch am Straßenrand. Der frühere Kabelwerksdirektor Sch. beging mit seiner Frau die Straßenseite, die an sich auf DDR-Gebiet liegt. Obwohl vorher schon Tausende von Besuchern die Straße ebenfalls benutzt hatten, ohne daß jemand Anstoß genommen hatte, wurden Herr Sch. und seine Frau festgenommen und drei Tage mit in das thüringische Oberlind in Haft genommen. Dann durften sie wieder auf das Gebiet der Bundesrepublik zurück.

Zu vermerken ist noch, daß diese Verhältnisse inzwischen durch Grenzbereinigung mit der DDR geregelt sind. Die Straße liegt nunmehr ganz auf dem Gebiet der Bundesrepublik.

In das gleiche Gasthaus kamen am Anfang öfter russische Soldaten, die die Grenzwache innehatten, zum Frühstück und für ein gutes bayerisches Bier auf unsere Seite, ohne daß hüben oder drüben jemand Anstoß nahm. Wenn sie gefrühstückt und ihr Bier getrunken hatten, gingen sie wieder auf das Gebiet der DDR zurück.

Willibald Meier*

Dem Text lag ein Begleitbrief der Mutter von Willibald Meier bei. Darin schreibt sie: »Wir haben Ihnen eine wahre Begebenheit übermittelt, aber leider wissen wir nicht, zu welchem Zweck. ... Mein Sohn Willibald Meier ist schon fast 10 Jahr ohne Arbeit! Er hat mich gebeten, Ihnen diesen Brief zu schreiben. Wir sind arme Leute, aber jeder Mensch hat seinen Fehler. Frau A. Lamprecht*. Mutter.«

Meine Erfahrung mit der Zonengrenze

An einem Sonntag im Mai 1977 – ein milder schöner Vormittag – bei feuchtfröhlicher Laune, habe ich einen Spaziergang zur Bergmühle gemacht. Die Bergmühle – ein bekanntes Ausflugsziel direkt an der Zonengrenze bei Neustadt/Coburg. Die Grenze verläuft hier unmittelbar bis an den geteerten Waldweg, der ca. drei Meter hohe Zaun teilweise ca. 2–3 m ostwärts der Straße.

In der Bergmühle traf ich einige Freunde, die ebenfalls einem zünftigen Frühschoppen zusprachen. Angeregt durch den Alkohol, frivole Sprüche und dadurch voller Tatendrang, wurden auch Wetten abgeschlossen. Eine der Wetten war, bei der es um DM 1 000,– ging: Wer hat den Mut, jenseits des Zauns, unter einem Busch, eine Flasche Bier zu trinken?

Ohne lange zu überlegen, nur die DM 1 000,– im Hinterkopf, bin ich über den Zaun gestiegen, habe mich unter einen Busch gesetzt und in aller Ruhe meine Flasche Bier ausgetrunken, die leere Flasche in weitem Bogen von mir geworfen und – auf Zurufe meiner Freunde – den Rückweg wieder angetreten. Aber es war bereits zu spät.

Bevor ich den Zaun wieder übersteigen konnte, hörte ich hinter mir: »Halt, stehen bleiben – Hände hoch.«

Ohne den Ernst der Lage zu erkennen, habe ich in freundschaftlicher Weise den beiden jungen Vopos eine Prise Schnupf angeboten. Während der eine davon Gebrauch machte, forderte mich der andere mit vorgehaltener Maschinenpistole auf mitzukommen. Ich wurde zu einem geländeähnlichen Fahrzeug gebracht, mußte einsteigen und wurde zur Kommandantur nach Heubisch gebracht. Während der Fahrt krachte, beim Schalten, mehrmals das Getriebe, so ich mir's nicht verkneifen konnte zu sagen: »Viele Grüße ans Getriebe – mit Zwischengas geht's besser.«

136

In Heubisch wurde ich in einen größeren Saal geführt, in dem ein langer Tisch stand. Am Tisch saßen zwei Offiziere und ein Offizier der Stasi. Zwei andere Vopos brachten mir ein Käse- und ein Schinkenbrot, wovon ich das Käsebrot aß. Ich bin in dieser Zeit zweimal zur Toilette gegangen, jeweils mit einem Vopo. Beim ersten Mal frug mich der Vopo, warum ich das Schinkenbrot nicht esse. Ich habe geantwortet, daß ich keinen Hunger mehr habe. Er sagte: »Aber ich«. Daraufhin habe ich beim zweiten Toiletten-Besuch das Schinkenbrot unter meinem Hemd mitgenommen und ihm gegeben. Er bedankte sich und sagte: »Nicht viel reden, es kommen jetzt noch drei weitere Offiziere von der Stasi.« Von den drei hinzugekommenen Offizieren ging einer direkt auf mich zu, nahm mir meinen Schnupftabak ab, legte mich in Handschellen, und ab ging's zu viert. Ich wurde in einen grauen Kastenwagen verfrachtet, der innen vier käfigartige Abtrennungen hatte. Nach ca. einstündiger Fahrt kam ich im Gefängnis von Suhl an. Ich kam in eine Zelle mit drei Holzpritschen. Zwei Zellengenossen waren schon da. Die Zelle hatte ein ca. 80 × 80 cm großes Fenster und über der Tür eine mit Glas und einem Gitter abgedeckte Lampe. Um 21.00 Uhr wurde das Licht ausgemacht – Matratzen und Decken in die Zelle geworfen.

Von hier aus wurde ich an einem Samstag aus der Zelle geholt, und mir wurde mitgeteilt, daß am kommenden Montag meine Verhandlung in Sonneberg stattfindet. Bei der Verhandlung wurde ich zu zehn Monaten Haft verurteilt wegen Grenzverletzung. Außerdem wurde das Verbot ausgesprochen, jemals wieder das Gebiet der DDR zu betreten.

Anschließend ging es nach Suhl zurück, und drei Tage später wurde ich nach Berlin-Rummelsburg ins Gefängnis verbracht. Dort mußte ich täglich arbeiten, und zwar mußte man Kabel in Lampen einziehen.

Nach ca. vier Monaten wurde ich von Berlin-Rummelsburg nach Karl-Marx-Stadt gebracht. Nach drei Tagen Aufenthalt mußten wir unser Westgeld für jegliche nutzlosen Sachen ausgeben. Nach weiteren Tagen Aufenthalt wurden wir mit Bussen nach Gießen gebracht und vom Roten Kreuz übernommen, verpflegt und betreut.

Vom Ständigen-Vertreter-West bekamen wir DM 30,– Handgeld und die Fahrkarte nach dem Heimatort. Festgestellt habe ich noch, daß die Busse, mit denen wir fuhren, auf DDR-Seite Ost-Berliner

Autonummer hatten und auf westdeutscher Seite Gießener Nummer[1] trugen.

Elisabeth Merkel

Eine Grenzgeschichte

Es war Ende der 50er Jahre, wir wohnten damals mit unseren 6
Kindern im Grenzgebiet in Lengenfeld unterm Stein (Kreis Mühlhausen). Mein Mann war ABV im Ort (Abschnittsbevollmächtigter
der Volkspolizei). Unser Ältester, Manfred, war etwa 13–14 Jahre alt
und immer unternehmungslustig, viel unterwegs, um die wunderschöne Gegend auszukundschaften. Der Sohn vom Arzt war sein
bester Freund, und sie waren in jeder freien Minute zusammen.
Aber nun zu meiner Geschichte:

Eines Tages in den Sommerferien sagte Manfred zu mir: »Mutti,
packst du mir bitte etwas zu essen und eine Flasche Tee ein, wir
zwei wollen heute eine Tagestour machen, zu Abend sind wir wieder da.« Ich konnte mich auf meine Kinder eigentlich immer verlassen, also hatte ich keinen Argwohn und stimmte zu.

Die beiden zogen los mit Rucksack und Fernglas, ich sah sie noch
bis zum Waldrand, dann waren sie meinen Blicken entschwunden.

Es war ein wunderschöner Tag, sie liefen kreuz und quer durch
den Wald, durch Felder und Wiesen – bergauf, bergab – und sahen
dann so gegen 15.00 Uhr ein Dorf etwa 2 km entfernt vor sich liegen.

Die zwei waren sich einig, in den Ort zu gehen und eine Brause in
der Gaststätte zu trinken. Die Gaststätte war schnell gefunden, und
sie bekamen von der freundlichen Wirtin auch die bestellte Limo-
nade. Als es aber dann ans Bezahlen ging, sagte die Wirtin: »Kinder,
dieses Geld nehme ich aber nicht, wo kommt ihr denn überhaupt
her?« Als diese Frage von den beiden wahrheitsgetreu beantwortet
war, sagte die Frau: »Wißt ihr denn eigentlich, wo ihr hier seid?«
Auf das Kopfschütteln der Jungen sagte sie: »Ihr seid in Wanfried –
in der BRD.«

---

1 Seit den siebziger Jahren verfügten Transportbusse für zurückgekaufte Häftlinge
über Nummernschilder, die sich um 180 Grad drehen ließen. Im Niemandsland
wurde auf Knopfdruck vom DDR-Kennzeichen auf bundesdeutsches Kennzeichen
umgeschaltet (vgl. Der Spiegel 50/1989, S. 68).

Da war nun guter Rat teuer, der letzte Bissen ihres Brotes blieb ihnen buchstäblich im Halse stecken, und die Angst war groß.

Manfred dachte darüber nach, was sein Vati für Schwierigkeiten kriegt, wenn sein Sohn illegal im Westen war, und der Freund hatte auch mächtige Angst vor den Folgen!

Die Wirtin beruhigte die zwei erst mal und telefonierte dann mit dem westlichen Grenzkommando. Es dauerte nicht lange, da kam ein Geländewagen und holte die beiden »Grenzgänger« ab. Sie wurden am Grenzstreifen dem östlichen Grenzkommando übergeben. So gegen 17.00 Uhr klingelte bei uns das Diensttelefon. Es war unser Grenzkommando im Nachbarort Hildebrandshausen − sie sagten, wir sollten unseren Sohn und dessen Freund abholen. Mein Mann fuhr sofort los, wir wußten ja immer noch nicht, was los war. Der damalige Hauptmann des Kommandos war mit uns befreundet, und nur ihm hatten wir es zu verdanken, daß dieser »Grenzgang« keine ernsthaften Folgen für uns hatte!

Mein Sohn Manfred hätte Ihnen diese Geschichte noch viel lebendiger schildern können, er ist leider vor 21 Jahren bei einem Grubenunglück ums Leben gekommen.

Michael Gröner*

Zollbeamter

(Stippvisite)
Aus einem Interview

1974 muß das gewesen sein. Es war abends 18 Uhr, Herbst, es war also früh dunkel. Und da kamen...− das ist eine lange Chaussee unten an einem Fluß, der Fluß heißt Wakenitz, dort ist eine Brücke, und da ist ein kleines Häuschen von uns Zöllnern; dort saß ich drin und...− es kamen wie gesagt zwei Jungs diese lange Chaussee runter. Ich sah sie schon ganz oben so schemenhaft, mit unserem Fernglas kann man ja auch im Dunkeln sehen, und ich denk: ›Mensch, das ist ja komisch, das kann ja wohl bald nicht stimmen.‹ Die kommen näher, und ich denk: ›Rutsch mal so'n bißchen tiefer in deinen Sitz, damit sie dich nicht gleich sehen.‹ Sonst könnten die vielleicht Panik kriegen und weglaufen. Sie kamen dann noch näher, und ich bin raus und habe sie angesprochen: »Wo kommt ihr denn her?« »Aus Schlagsdorf.« Ich überlege: »Schlagsdorf? − Das ist doch

DDR.« »Ja, das ist DDR. – Wir waren heute morgen in der Schule«; und die hatten einen Schulgarten und sollten arbeiten in diesem Schulgarten, Geräte holen: Hacke, Harke und so weiter. »Da hatten wir keine Lust zu, das wollten wir nicht.« Und ich frage: »Und was habt ihr dann gemacht?« »Ja, dann sind wir einfach losgegangen in Richtung Westen.« »Mensch« – sag ich – »da ist doch der Zaun, wie seid ihr denn da durchgekommen?« Das war ja noch mit Minen gespickt und so weiter. »Nö, wir sind einfach losgegangen und sind auch durchgekommen.«

»Habt ihr denn auch Hunger?«, frag ich. Unten ist ja dieses Lokal. »Ja, Hunger ham wa.« »Dann gehn wir mal runter, dann sollt ihr wenigstens erst mal was zu essen haben.«

Das muß ich einfügen: Damals war so ein bißchen Rivalität zwischen BGS und Zoll, die besteht heute auch noch. Nun hatte ich diese beiden Jungs jedenfalls, und es ist normalerweise so, daß wenn so was los ist, wir sofort den BGS verständigen, und der hätte die sich gleich weggeholt. Darum ließ ich mir dabei Zeit. Die haben zuerst mal was zu essen gekriegt, Pommes frites mit Bratwurst oder Bockwurst war das. Und Ketchup. Kannten sie nicht. Die Bockwurst schon, aber keine Pommes frites und kein Ketchup. Kannten sie nicht. Dann mußten wir sie abliefern, und der BGS hat sie verhört. Befragt nannte sich das.

Weil sie zu mir schon ein bißchen Vertrauen hatten, durfte ich sie nachher auch wieder zurückbringen. Am selben Abend noch sind die über Schlutup wieder über die Grenze gekommen. Und zum Abschied habe ich ihnen dann noch zwei Tafeln Schokolade gekauft.

Sie wollten unbedingt wieder nach Hause, sie wollten unbedingt wieder zurück, denn am selben Abend sollte ein Fußballweltmeisterschaftsspiel zwischen der Bundesrepublik Deutschland und der Tschechoslowakei im Fernsehen übertragen werden. Und das wollten sie sehen. Das war ihnen viel wichtiger als alles andere. Nun hatten sie ja noch Glück, denn in dieser Schokolade, da gab es damals so Bilder von Fußballern, und die bekamen sie nun noch mit, und die wollten sie unbedingt auch mitnehmen, damit sie die drüben bei ihren Schulkameraden als Beweismittel vorlegen konnten und sagen konnten: »Wir sind tatsächlich drüben gewesen!«

Simon Stolze

Nach 22 Jahren – Klarheit über einen letzten Gang!

Es war abends, 29. November 1967; mein 75jähriger Onkel, der in Familienanschluß bei mir wohnte, kam zur üblichen Zeit nicht heim. Ich machte mich umgehend auf den Weg und besuchte die 3 örtlichen Gaststätten, Nachbarn und Verwandte. Da ich hier erfolglos blieb, befuhr ich die Ausfallstraßen zu den umliegenden Orten. Gegen 21.00 Uhr machte ich Meldung an die Polizei, da die Möglichkeit des Jahrmarktbesuches in Duderstadt bestand.

Am Morgen des folgenden Tages machte ich der Polizei eine offizielle Vermißtenmeldung. Daraufhin wurden Suchaktionen in allen denkbaren Möglichkeiten vollzogen. Am 01. 12. 1967 brachten beide Tageszeitungen Vermißten-Anzeigen. Die Bevölkerung wurde öffentlich aufgerufen mitzuhelfen. Mit 7 Zoll-Suchhunden wurden die Waldungen entlang der Zonengrenze durchkämmt. Auch das Suchen in den nächsten Tagen blieb erfolglos. Immer mehr erhärtete sich die Annahme, daß der Vermißte in der Zone zu suchen sei.

Eine Verbindung nach »Drüben« gestaltete sich sehr schwierig. Weder Gemeinde noch Kreis, weder Polizei noch Staatsanwaltschaft oder Rotes Kreuz hatten Aussicht auf Kontaktaufnahme mit der DDR. Behördlich wurde mir nahegelegt, daß ich als Privatperson die größte Möglichkeit auf Erfolg hätte. Ich schrieb an die Seelsorger der 3 Zonen-Nachbargemeinden Ecklingerode, Brehme und Jützenbach sowie an einen mir persönlich bekannten LPG-Vorsitzenden im zuletzt genannten Ort. Ferngesprächsanmeldungen an den 3 folgenden Tagen blieben ohne Erfolg, da die Anmeldungen jeweils um 24.00 Uhr hinfällig wurden. Energisches Vorgehen beim Fernmeldeamt Hannover brachte am 07. 12. 67 frühmorgens ein Gespräch zustande; mit der Volkspolizei in Worbis! Selbige nahm höflich meine eingehende Personenbeschreibung entgegen und versprach, zu gegebener Zeit von sich hören zu lassen.

Am Mittag des 08. 12. 1967 erhielt ein Fuhrbacher einen Brief von seinem Schwager aus dem Zonengrenzdorf Brehme mit folgendem Satz: »Am Grenzstreifen wurde ein toter Mann aufgefunden, den aber niemand kennt.« Bei sofortiger Anmeldung eines sehr dringenden Gespräches wurde ich auf die Möglichkeit eines Blitzgesprächs hingewiesen.

Die öffentliche Poststelle in Brehme gab ausweichende Antworten. Eine zufällig in der Poststelle anwesende gebürtige Fuhrbacherin erklärte, eine Fotografie des Toten gesehen zu haben, ihn jedoch nicht habe erkennen können. Sie sagte mir, daß der Tote nicht mehr in Brehme sei und daß die Volkspolizei mir den Ort sagen könne. Ein Anruf bei der Volkspolizei in Brehme wurde nicht angenommen. Die Volkspolizei in Worbis gab 4 bis 5 mal die Antwort: »Hier geht es nicht um menschliche Dinge, hier geht es um Prinzipien!« Die Volkspolizei des Bezirkes Erfurt verweigerte die Annahme eines Ferngespräches aus der Bundesrepublik.

Am 09. 12. 1967 rief mich der angeschriebene LPG-Vorsitzende an und teilte mir mit, daß die Leiche in Mühlhausen liegt. Er gab mir den Rat, ein Schreiben an die Staatsanwaltschaft in Worbis zu richten mit der Bitte, die Leiche auszuliefern und die Überführungskosten mir anzurechnen. In einem weiteren Einschreiben am folgenden Tag an die Worbiser Staatsanwaltschaft bat ich um Zusendung einer Fotografie des Vermißten und der Krawatte, die er trug. Ich hoffte, daß so meine Annahme restlos bestätigt werden könnte.

Am 11. 12. 1967 versuchte ich nochmals über das Rote Kreuz eine offizielle Verbindung mit der DDR zu bekommen. Ich wurde nach Genf verwiesen, wovon ich jedoch Abstand nahm. Ein weiterer Versuch, über die Staatsanwaltschaft Göttingen etwas in Erfahrung zu bringen, wurde mit dem Hinweis der »Nicht-Zuständigkeit« abgelehnt! Vielmehr wurde ich von dort aufgefordert, zunächst erst einmal eine Vermißtenanzeige persönlich dort abzugeben. Ich lehnte dieses ab, da ich ja bereits bei der hiesigen Polizei alles Erforderliche getan hatte. Ich gab zu verstehen, daß der Weg von Göttingen zu mir die gleiche Entfernung hätte und ich zu Hause Rede und Antwort geben würde. Das Gespräch endete wenig zufriedenstellend. Eine halbe Stunde später bekam ich dann doch von der Staatsanwaltschaft Anschriften vom Ordnungsamt und der Polizeidienststelle Mühlhausen.

In diesen Tagen war zufällig eine Cousine des Vermißten (in Fuhrbach geboren und verheiratet in Jützenbach) zu Besuch in Fuhrbach. Die hiesige Gemeindeverwaltung stellte eine Bescheinigung aus, daß sie den Toten unzweifelhaft identifizieren könne. Die Cousine war bereit, am nächsten Tag nach Mühlhausen zu fahren. Sie erhielt keine Fahrerlaubnis, da sie in der Sperrzone wohnte. Am nächsten Tag richtete ich ein Handbittschreiben an den damaligen Staatsratsvorsitzenden Walter Ulbricht.

Am selben Tag brachten beide Tageszeitungen die Schlagzeile:

»Rentner in der Zone gestorben?« In beiden Veröffentlichungen war vom Grenzdorf Jützenbach die Rede. Das Göttinger Tageblatt schrieb wörtlich: »Ob ostzonale Grenzschützer an dem alten Mann ein Verbrechen begingen, als sie ihn in der Nähe der Zonengrenze bemerkten, kann erst festgestellt werden, wenn die ostzonalen Behörden die Leiche zur Beerdigung in die BRD freigeben, sofern sie entsprechend identifiziert ist.« Ich wandte mich umgehend an die Presse, um die Quelle dieser Nachricht zu erkunden. Die Redaktion verweigerte die Auskunft mit dem Hinweis auf das Pressegeheimnis.

Am 15. 12. 1967 kam ein Anruf vom mutigen LPG-Vorsitzenden aus Jützenbach, der persönlich bei der Volkspolizei gewesen war. Er riet mir, nichts mehr zu unternehmen, »es dauert seine Zeit«. Offizielle Antwort hatte er auch nicht bekommen.

Am 19. 12. 1967 – 9.45 Uhr – erhielt ich ein Telegramm von der Staatsanwaltschaft in Worbis mit folgendem Inhalt: »Bitte um Übernahme der Leiche Ihres verstorbenen Onkels am Donnerstag den 21. 12. 1967 12.00 Uhr am Zonengrenzamt Wartha!«

Bis zu diesem Zeitpunkt war keinerlei behördliche Antwort oder Benachrichtigung an mich persönlich oder an die Gemeinde- oder Kreisverwaltung gegangen!!

Vom Erhalt des Telegrammes setzte ich beide eben genannten Verwaltungen in Kenntnis und leitete Beisetzungsvorbereitungen ein. Die dann einsetzende Amtshilfe war erstaunlich!

Die Übergabe der Leiche zum festgesetzten Termin erfolgte korrekt und unkompliziert. Mit übergeben wurden Schuhe, Armbanduhr, Gebiß sowie Bestattungsschein und Leichenpaß. Die Bekleidung war verbrannt worden! Entstandene Kosten wurden nicht zurückgefordert. Im gerichtsmed. Institut in Göttingen war die geplante Obduktion nicht mehr nötig, da dies bereits in der DDR geschehen war.

Am 22. 12. 1967 fand in Fuhrbach die Beisetzung statt. Am selben Tag veröffentlichte das Göttinger Tageblatt unter der Überschrift »Zonenbehörden übergaben Toten« folgenden Artikel:

»Die Zonenbehörden haben am Donnerstag die Leiche des 74jährigen Rentners Simon Stolze aus Fuhrbach am Grenzübergang Wartha übergeben. Der 74jährige war seit dem 29. 11. 67 vermißt worden. Nach Mitteilung der Staatsanwaltschaft Göttingen sollte die Leiche im gerichtsmed. Institut in Göttingen obduziert werden, um die Todesursache festzustellen. Eine von den Sowjet-

Zonenbehörden veranlaßte Untersuchung hatte ergeben, daß der 74jährige infolge Unterkühlung gestorben war. In der Sowjet-Zone war der Tote nicht identifiziert worden, weil bei ihm kein Ausweis gefunden worden war. In einem Schreiben an den Generalstaatsanwalt in Celle hatte schließlich die Staatsanwaltschaft Erfurt angefragt, ob auf westdeutscher Seite eine Person dieses Alters vermißt werde.«

Dieser Artikel veranlaßte mich zu einer Anfrage an den Generalstaatsanwalt in Celle, ob dort ein Schreiben vorliege, welches Datum es trage und wo die Leiche gefunden worden ist. Von der Staatsanwaltschaft des Landgerichtes erhielt ich folgendes Schreiben: »In der Ermittlungssache wegen des Todes Ihres Onkels teile ich auf Ihre Anfrage v. 25. 12. 67 mit, daß nach Mitteilung der Staatsanwaltschaft des Bezirkes Erfurt vom 07. 12. 1967, gerichtet an den Staatsanwalt in Celle, die Leiche Ihres Onkels am 30. 11. 1967 im Kreis Worbis, jenseits der Demarkationslinie aufgefunden worden ist.«
Von diesem Schreiben aus der Zone war keine untere Behörde in Kenntnis gesetzt worden!!!
Nachdem die Grenze jetzt durchlässig ist, fuhr ich am Freitag dem 01. 12. 1989 mit dem Fahrrad über die Grenzöffnung Dud.-Ecklingerode zum Nachbarort Brehme. Dort machte ich den Waldarbeiter ausfindig, der vor nunmehr 22 Jahren meinen Onkel unweit der »Roten Warte« tot im ausgehobenen Sperrgraben, der westlicherseits mit Betonplatten ausgelegt und befestigt ist, aufgefunden hat. Es war am Vormittag des 30. 11. 1967, 9.30 Uhr.

Ingrid Prehl

(Erster Grenzübertritt)

Als Kind der sozialistischen deutschen Republik (1951 geboren) bin ich mit der deutsch-deutschen Grenze aufgewachsen und habe mit ihr leben gelernt. Erst mit zunehmendem Alter hat sich der Gedanke des »Eingesperrtseins« verstärkt, und der Anblick der Mauer bei Besuchen in Berlin wurde fast unerträglich. Seit Öffnung der Grenze war es deshalb mein sehnlichster Wunsch, diese Sperre zu überwinden.
Am Sonnabend, dem 25. 11. 89, bin ich gemeinsam mit meiner

Familie von Altenburg nach Bayreuth gefahren. Mehrere Stunden im Stau beeinträchtigten die Fahrt, die freudige Erwartung ließ mich aber alle Strapazen geduldig ertragen. Gegen 11.30 Uhr passierten wir die Grenze bei Hirschberg/Rudolphstein. Der Anblick der Grenzanlagen, die in ihren Ausmaßen so furchtbar gewaltig sind, machte sprachlos. Wir mußten sehr langsam fahren, so daß mein Ehemann, der während seiner Armeezeit an der Grenze gedient hatte, mir und den Kindern die Funktion der einzelnen Bauten erklären konnte. Ich war entsetzt darüber, welche Maschinerien hier Menschen geschaffen haben, um uns am Verlassen des Landes zu hindern, und gleichzeitig glücklich, hier wohlbehalten »durchgekommen« zu sein.

Den tiefsten Eindruck jedoch hinterließ der Grenzbeamte, der auf der Seite der Bundesrepublik in seinem Häuschen hinter der Glasscheibe saß und den ich schon von weitem und insgesamt über mehrere Minuten sehen konnte. Er hatte seine Mütze in die Hand genommen, winkte unentwegt mit ihr und strahlte über das ganze Gesicht. Alles an dem Mann war Freude, und dieses Glücklichsein übertrug sich auf mich und die Insassen aller Fahrzeuge um uns. Jeder winkte, warf Kußhände und freute sich über diesen herzlichen Empfang durch den ersten Bundesbürger, dem wir an diesem Tag begegnet sind. Ich mußte weinen und brauchte einige Zeit, um mich wieder zu fassen. Warum nur ist dieser Mann so glücklich, daß wir die Bundesrepublik besuchen, wenn für ihn Tausende DDR-Reiselustige doch nur zusätzliche Belastung in der täglichen Arbeit bedeuten? Ich denke, er hat verstanden, daß für mich und viele andere die Fahrt nach Bayreuth nicht wegen des Begrüßungsgeldes und der hervorragenden Einkaufsmöglichkeiten stattgefunden hat, sondern daß uns DDR-Bürgern der Grenzübertritt mehr, wesentlich mehr bedeutete. Es war der erste Schritt in die Freiheit. Der Grenzbeamte mit der wedelnden Mütze nahm mir die unangenehmen Gedanken über bevorstehende Begegnungen mit unseren Landsleuten im anderen Deutschland, z. B. bei der Auszahlung des Begrüßungsgeldes, und er ist tatsächlich das Symbol für alles Verständnis und die tiefe Herzlichkeit geworden, die uns auch später in Bayreuth begegnete. Ich werde das strahlende Gesicht des Mannes mit dem schwarzen Schnauzbart nie wieder vergessen und hoffe sehr, daß er mich auch bei meinem nächsten Besuch aus seinem Zollhäuschen heraus begrüßen wird.

Fluchtversuche: Vernehmungsprotokolle

Erstes Protokoll

Gemeinsam haben wir beschlossen, im Thüringer Wald bei der Ortschaft Henneberg, Kreis Meiningen, die Grenzanlage zu überwinden. Zur weiteren Vorbereitung haben wir uns eine Leiter selbst gebastelt, Handschuhe besorgt und zur Tarnung uns NVA-Jacken beschafft. Ca. zwei Monate vor dem Fluchttermin habe ich meinen Trabant auf meinen Vater überschrieben.

Am 10.11.1987 bin ich zusammen mit meinem Freund Guido und mit dem zwischenzeitlich auf meinen Vater überschriebenen Trabant losgefahren. Meine Arbeitsstelle habe ich bereits am Freitag zuvor, am 06.11.1987, gekündigt.

Als Bargeld hatten wir 5000 Ostmark bei uns. Dieses Geld hatten wir für eine vorgesehene Übernachtung in einem Hotel mitgenommen. Es war unsere Absicht, zunächst ein Hotel anzumieten, um die Umgebung erkunden zu können. Unsere Versuche in Suhl und Meiningen, ein Hotel zu bekommen, verliefen ergebnislos.

Zwischenzeitlich hatten wir etwa 400 km zurückgelegt, und es war 23.00 Uhr, so daß wir auf einem Parkplatz in Meiningen im Auto übernachteten. Am nächsten Morgen zwischen 05.00 Uhr 06.00 Uhr sind wir dann mit dem Fahrzeug aus Meiningen etwa 10 km Richtung Wölfershausen gefahren. Wir wollten die Gegend erkunden. Am Ortsausgang von Wölfershausen haben wir dann unsere mitgebrachten Gegenstände (Leiter, Tarn-Jacke und Handschuhe) versteckt. Anschließend sind wir nach Meiningen zurückgefahren und haben das Fahrzeug auf dem Parkplatz abgestellt. Wir haben uns dann noch Hüte gekauft, eine Armbanduhr mit Beleuchtung und ferner versucht, in verschiedenen Geschäften Kartenmaterial zu erhalten.

Am Vormittag, gg. 09.00 Uhr, sind wir dann mit dem Taxi nach Wölfershausen gefahren und haben uns dort bei unseren Sachen versteckt.

Wir sind dann unmittelbar von dieser Stelle mit unseren Gegenständen losgezogen. Wir sind dann Richtung Grenze losmarschiert. Orientiert haben wir uns aufgrund eines Schildes, welches wir in Meiningen gesehen hatten, und ansonsten haben wir uns auf unser Orientierungsgefühl verlassen. Gegen 17.00 Uhr, nach einem Tagesmarsch von ca. 30 km, kamen wir an einem Grenzkontrollpunkt, den wir von der Ferne beobachten konnten, an.

Gegenüber vom Grenzkontrollpunkt haben wir dann auch einen Beobachtungsturm der Grenztruppen bemerkt. Wir sind dann über eine Wiese gegangen, ohne daß wir entdeckt wurden. Nach einem Weitermarsch von ca. 1 1/2 Stunden wurde es langsam dunkel, und die Lichter am Grenzzaun (Grenzbeleuchtung) wurden eingeschaltet.

Nun wußten wir, daß wir an der Grenzanlage bzw. unmittelbar an der Grenzanlage waren. Wir haben dann unsere Leiter zusammengeschraubt. Vom Waldrand aus sind wir dann im Schutz der Dunkelheit mit unserer Leiter über einen großen Acker in Richtung Grenzzaun gelaufen, der zu diesem Zeitpunkt noch ca. 1 1/2 km von uns entfernt lag.

Nach ca. 1 1/2 Stunden kamen wir am ersten Grenzzaun an. Die Grenzanlage an dieser Stelle war folgendermaßen aufgebaut. Als erstes kam eine nicht geteerte Straße, auf der die Grenzfahrzeuge patrouillierten. Nach dieser Straße folgte ein ca. 3 m breiter Grasstreifen. Im Anschluß daran folgte ein Lehmstreifen, der zur Spurenfeststellung dient.

Nach diesem Streifen kam dann der erste Zaun, in unserem Fall handelt es sich um den Signalzaun.

Zwei Meter hinter diesem Signalzaun folgte ein zweiter Signalzaun.

Der erste Zaun war ca. 2,50 m, der zweite ca. 2,30 m hoch. Zwischen diesen beiden Zäunen waren Hunde an einer Laufleine.

Nachdem wir unsere Leiter an den ersten Zaun gestellt hatten, mußten wir feststellen, daß es unmöglich war, diesen Zaun unbemerkt zu übersteigen. Dieser Zaun war durch seine Anordnung (durch das V) im oberen Bereich ca. 2 m breit.

Im oberen Bereich des Zaunes im V verliefen mehrere Reihen Stacheldraht. Nachdem wir eingesehen haben, daß es völlig sinnlos war, an dieser Stelle einen Fluchtversuch zu unternehmen, haben wir den Rückzug angetreten. Durch die Witterungseinflüsse waren wir auch moralisch stark angeschlagen.

Wir sind dann zu Fuß neben einer Straße in Richtung Grenzkontrollpunkt gelaufen. Wir wollten zurück zu unserem Auto, um uns wieder etwas aufzufrischen.

Nachdem wir uns etwa 1 600 m vom Kontrollpunkt entfernt hatten, die Grenze war zwischenzeitlich etwa 4 km entfernt, wurden wir plötzlich im Wald von Grenzsoldaten zum Anhalten aufgefordert. Jetzt erfolgte unsere Festnahme.

Zweites Protokoll

Am 04.01.87 stellte ich einen Ausreiseantrag.... Anfang November wurde mir der Ausreiseantrag ohne Begründung abgelehnt. Aufgrund des Ausreiseantrages konnte ich nicht mehr in meinem Beruf als Abteilungsleiter arbeiten. Ich wurde gekündigt und fand eine neue Stelle ... als Friedhofsarbeiter.

Ich entschloß mich, Republikflucht zu begehen.

Ich bastelte mir Steigeisen und wollte den Grenzzaun überwinden. Am 19.11.87, gegen 05.00 Uhr, fuhr ich mit dem Zug von Neuruppin nach Wittenberge. In Wittenberge hielt ich mich kurz auf und fuhr dann weiter nach Arendsee, ca. 5 km vor der Grenze. Ich habe den ersten Grenzzaun überwunden. Beim Heruntersteigen zerriß ich mir die Hose. Vermutlich löste ich das Alarmsystem aus, oder ich wurde durch irgendwelche Geräusche entdeckt. Letztendlich wurde ich am nächsten Morgen von DDR-Grenzposten mit Hunden entdeckt. ... Ich erhielt 20 Monate Freiheitsstrafe ohne Bewährung.

Drittes Protokoll

Etwa ein halbes Jahr vor meinem Fluchtversuch kam ich mit meiner Frau überein, daß ich mit einem Schlauchboot versuchen wollte, die DDR auf dem Wasserwege zu verlassen. ... Am 17.11.1987 mietete ich mir ein Auto und fuhr nach Kap Arkona auf Rügen. Dort ließ ich das Schlauchboot zu Wasser. Ich wollte dann mit eigener Kraft bzw. durch Windunterstützung die Insel Bornholm erreichen. Leider drehte der Wind, und ich wurde in Richtung polnische Küste getrieben. 12 Meilen vor der polnischen Küste wurde ich dann am 21.11.1987 durch einen polnischen Fischkutter geborgen.

Viertes Protokoll

Aus politischen und privaten Gründen wollte ich zusammen mit meiner Verlobten mit einem Schlauchboot (mit zwei Schlauchbooten) über die Ostsee flüchten.

Am 07.09.1986 wurden wir festgenommen, nachdem es uns nicht gelang, mit dem Schlauchboot über die See zu kommen. Es war schlechtes Wetter, wir wurden in Kühlungsborn an Land gespült. Ich war zu diesem Zeitpunkt schon ohnmächtig.

Fünftes Protokoll

Am 10.08.86 fuhr ich mit dem Zug von meinem Heimatort Leipzig nach Boltenhagen an der Ostsee. Ich wollte durch die Lübecker Bucht in die Bundesrepublik schwimmen.

Ich schwamm auch tatsächlich am 10.08.86 um 23.00 Uhr von Boltenhagen in Richtung des Bundesgebiets.

Nach einigen Stunden wurde die Strömung sehr stark, und ich konnte nicht mehr weiterschwimmen. Meine Kräfte ließen nach, ebenfalls war mir sehr kalt.

Ich ließ mich deshalb von der Strömung zurücktreiben, weil ich nicht mehr konnte. Ich wurde dann am 11.08.86 gegen 11.00 Uhr von einem Grenzboot der DDR im Grenzgebiet aufgefischt.

Sechstes Protokoll

Ich setzte mich in den Zug und fuhr nach Leipzig. In Leipzig bestieg ich den Interzonenzug in Ri. Frankfurt/M.

Ich versteckte mich in einer Zwischendecke über der Toilette. Hier wurde ich im Bereich Eisenach von der Transportpolizei festgenommen.

Siebentes Protokoll

In der Nacht vom 03. zum 04.01.88 war ich in stark alkoholisiertem Zustand im Gebiet von Weißenborn auf DDR-Gelände gegangen. Das heißt, ich habe den Metallgitterzaun überklettert und bin auf dem dort befindlichen Kolonnenweg entlang gegangen. Als ich an einen Beobachtungsturm kam, habe ich wohl eine Leuchtfalle ausgelöst, so daß die Wachmannschaft des Turmes auf mich aufmerksam wurde. Innerhalb kürzester Zeit war ich von 5–6 Mann umrundet. ... Zunächst wurde eine Blutprobe genommen (Ergebnis 2,7‰). Ich wurde nach dem Grund meines Grenzübertrittes gefragt. Als Antwort hatte ich gegeben, daß ich wohl infolge einer etwas zu langen Sylvesterfeier einen Filmriß gehabt hätte. ... Nachdem ich die Stiefel ausziehen mußte und mir Handschellen angelegt wurden, wurde ich in die Stasi-U-Haftanstalt Erfurt gebracht. Hier befanden sich bereits 2 Westdeutsche.

Achtes Protokoll

Am 03.08.86 bin ich auf zwei Grenzsoldaten zugegangen, die Dienst an der Grenze versahen. ... Ich selbst wohnte von dieser Stelle etwa 100 m entfernt. Ich muß sagen, daß ich an jenem Tag einiges an alkoholischen Getränken zu mir genommen hatte, es war Kirmes im Ort, so daß ich nicht mehr ganz nüchtern war. Ich bin dann auf die Soldaten zugegangen und habe mich zu ihnen gesetzt. Ich erklärte ihnen dann, daß sie zwei Möglichkeiten hätten, entweder mich rüberzulassen oder mich festzunehmen. Es war von mir keine spontane Aktion, sondern ich hatte es mir zusammen mit meiner Frau überlegt, daß ich eigentlich nur über den Strafvollzug in den Westen gelangen könnte. Ich bin dann auch tatsächlich festgenommen worden, ohne einen offiziellen Fluchtversuch gemacht zu haben.

Neuntes Protokoll

Wir wollten unter allen Umständen heraus und waren bereit, uns den Weg freizumachen.
Am 24.09.82 brachen wir den Zugang zum Schießstand in B. auf. Aus der Waffenkammer der Gesellschaft für Sport und Technik entwendeten wir eine Skeetflinte und vier KK-Pistolen mit entsprechender Munition sowie Magazinen. Ferner nahmen wir zwei Sprechfunkgeräte mit.
Zuvor hatten wir ein Krad der Grenztruppen, das an einer Straße abgestellt war, an uns genommen.

Mit dem Krad, das ein Kennzeichen der Grenztruppen hatte, wollten wir bis an die Grenze kommen. Wir trugen zu diesem Zeitpunkt auch Uniformen der Grenztruppen...

Mit dem Krad und den Waffen fuhren wir dann gemeinsam in Richtung der Grenze. Wir wechselten uns bei der Fahrt ab. Während der Fahrt muß uns ein Teil des Kennzeichens verloren gegangen sein. Dies fiel der Polizei auf, die uns dann anhielt.

Dies geschah etwa 5 km vor der Grenze bei N. Auf Befragen erklärte ich, daß wir vorhatten, die Schußwaffen bei Erreichen der Grenze evtl. zu benutzen, falls wir dort gestellt oder angehalten worden wären.

Zehntes Protokoll

Am 11.2.1977, gegen 20.00 Uhr, suchte ich mit meinem Bekannten P. den VEB Kraftverkehr in A. auf, um einen LKW zu entwenden und damit in die BRD zu flüchten.

Wir sind gemeinsam mit dem LKW losgefahren (ich saß am Steuer), der Pförtner öffnete uns auf mein Hupen sogar die Schranke.

Nach ca. 1 Stunde gelangten wir in das ca. 50 km entfernte Magdeburg. Dort stellte ich den LKW ab, und zwar in einer Nebenstraße.

Dort fand ich auch einen unverschlossenen PKW, Marke Lada, den ich kurzschloß.

Mit diesem Fahrzeug fuhren wir bis kurz vor Marienborn und stellten es dort ab.

Marienborn darf man nur mit einem sog. Passierschein betreten.

Aus diesem Grunde liefen wir auf Umwegen zum Parkplatz an der Grenze, der für westdeutsche Kfz reserviert ist.

Dort fand ich einen vollbeladenen Tanklastzug der Fa. Esso, Marke Mercedes, der unverschlossen war und in dem der Zündschlüssel steckte.

Damit wollten wir gewaltsam die Grenze durchbrechen. Damit wir nicht angehalten und nicht beschossen würden, wollte ich während der Fahrt Benzin auslaufen lassen.

Um dieses Vorhaben zu verwirklichen, wendete ich und wollte zunächst in Richtung Marienborn zurückfahren, um »Anlauf zu nehmen«.

Unmittelbar nach dem Anfahren drehte mein Beifahrer P. durch und schrie lauthals, ich solle anhalten usw. Er machte damit die Grenzsoldaten auf uns aufmerksam, und wir wurden wenig später festgenommen.

Elftes Protokoll

Am 15. 10. 1981 wollte ich die DDR-Grenze im Raum U. verlassen. Dieser Bereich liegt etwa 3 Kilometer von meinem damaligen Wohnort S. entfernt. In der Nacht versuchte ich, die Grenze zu überwinden. Ich wurde dabei von Grenztruppen überrascht und festgenommen. Ich hatte zuvor die Örtlichkeit mehrfach beobachtet, doch hatte ich an der Stelle, an der ich die Grenze überwinden wollte, keine Hinderungsgründe außer der Grenze selbst feststellen können. In jener Nacht stand aber dort für mich unerwartet ein Fahrzeug der DDR-Grenztruppen. Als ich mich dort näherte, standen plötzlich ca. 20 Mann vor mir. Zunächst wurde auch von den Truppen geschossen. Ich hörte, wie es unmittelbar vor mir gepfiffen hatte, woraus ich schloß, daß der Schuß in meine Richtung abgegeben worden war. Ich wurde aber glücklicherweise nicht verletzt. Ich stellte dann fest, daß es ein ziemlich junger Mann der Grenztruppen war, der auf mich geschossen hatte. Seinen Namen kenne ich nicht. Ich wurde dann von den ganzen Leuten umringt und zunächst liegend am Boden festgehalten. ... Wegen dieser versuchten Republikflucht wurde ich zu 22 Monaten verurteilt.

Zwölftes Protokoll (Grenzlagemeldung)

am 27jun87 berichtete ein aus der ddr zurueckkehrender reisender am gueg[1] herleshausen, dasz gegen 1920 uhr bei der zweiten kontrolle in der guest wartha volkspolizisten durcheinanderliefen und zum links der autobahn liegenden beobachtungsturm schrien: schieszt, schieszt, schieszt doch endlich.

zur gleichen zeit fuhr ein krad die dahinterliegende boeschung in richtung eines waeldchens hoch, mglw. um einen fluechtenden zu

---

1 gueg = Grenzübergang, guest = Grenzübergangsstelle, bt = Beobachtungsturm, robur = DDR-Mannschaftswagen, grso = Grenzsoldaten.

stellen. die reisenden wurden schnell und unkontrolliert auf die lkw-spur umgeleitet.

eine anschl. auf bundesgebiet durchgefuehrte beobachtung ergab, dasz die besatzung des bt durch die geoeffneten fenster in richtung guest wartha beobachteten auszerdem fuhr ein robur mit 2 grso in richtung kontrollstelle.

weitere feststellungen wurden nicht getroffen.

Dreizehntes Protokoll

I. Aufgrund der bisher getroffenen Feststellung ist davon auszugehen, daß

a) – der im Grenzgebiet der DDR ... wohnhaft gewesene 19 Jahre alte Baufacharbeiter S. wegen Unzufriedenheit mit den dortigen politischen Verhältnissen seine Flucht in die Bundesrepublik vorher geplant und die örtlichen Gegebenheiten an der Grenze im Bereich der Gemarkung St. erkundet hatte,

b) – er am 15. 09. 1988, gegen 08.00 h, im erwähnten Bereich die DDR-Grenzsperranlagen zwar überwinden konnte, dabei jedoch von einer Streife der 3. Grenzkompanie B. bemerkt, verfolgt und beschossen wurde, bevor er die Elbe mit dem Grenzverlauf entlang der Streichlinie an der DDR-Seite in Höhe Strom/km 544 erreichte, um die Elbe zu durchschwimmen.

c) – S. gegen 08.15 h die Uferseite der Bundesrepublik im Bereich der in Höhe Strom/km 544,6 liegenden Buhne 32 erreichte und

d) – er dort, als er sich bereits in der Flachwasserzone befand, durch einen gezielten Fernschuß, der von der an der DDR-Seite zwischen den Buhnen 15 und 16 befindlichen Uferzone abgefeuert worden sein dürfte, getroffen wurde.

II. Zeugenvernehmung im Kreiskrankenhaus U., Intensivstation. Ich bin heute morgen um 07.00 Uhr mit dem Moped von da, von G., losgefahren Richtung N., und ich war schon öfter dagewesen. Da, wo ich heute die Flucht begangen hatte, und die Flucht war schon länger geplant. Ich wollte letzte Woche, ich war schon an der Ostsee oben, bloß da hat es nicht geklappt. Da wollte ich mir ein Boot suchen. Und bin dann eben diese Woche nach N. bei St. Ich bin dann mit dem Moped Richtung Grenze gefahren, durch einen Seitenweg, den kannte ich ganz gut, und da war auch kein Schlagbaum und nichts, und da konnte mich auch keiner weiter sehen. Dann bin ich hingefahren mit dem Moped bis zum Schußstreifen und bin dann 500 Meter weiter nach rechts und nach links gefahren und hab dann mal nachgeguckt, ob da irgendwo ein Grenzposten steht, und da war keiner. Und dort, wo ich dann über den Zaun gegangen bin, führt der erste an den zweiten ran, also wenn Sie sich vorstellen, daß die parallel laufen, geht dieser hier so schräg hoch und dann an den zweiten ran. So war es ja günstig, in der Ecke dort rüberzukommen, weil der zweite etwas tiefer war wie der erste. Dann bin ich hoch über den Zaun, da war die Uhr kurz nach 08.00 Uhr, schätze ich mal. Mit dem Moped braucht man etwa 1 Stunde bis da hin. . . .

Ich bin dort über den Zaun rüber gelaufen, da kam, ich wußte nicht, wie die Elbe aussah, weil das kann man schlecht sehen bei uns da, da war ungefähr ein Graben von ungefähr 20 Meter Breite mit Wasser gefüllt und bin dann durchgeschwommen, wieder auf Land rauf, und da habe ich mir gedacht, das kann nicht der Westen sein, denn die Elbe ist für die Schiffahrt zugelassen, und das ist hier viel zu schmal. Dann bin ich weiter, und da habe ich hinter mir ein Rufen, einen Schrei gehört, »halt, anhalten« oder so, ich weiß nicht mehr so genau. Ich habe mich dann umgedreht noch einmal, als ich auf dieser Insel war, und dann kam da so ein Wagen, was weiß ich, son Trabant oder son Kübel, was weiß ich, wie das heißt, kam da an. So, ich bin dann weitergelaufen, sah son Schild, bin durch Brennessel gelaufen und kam dann an, und dann kam ich genau am Ufer von der richtigen Elbe an.

Dort habe ich meine Lederjacke ausgezogen und die Brusttasche aufgemacht und hab dann meinen Führerschein, Ausweis und Zigaretten in einen Beutel gepackt und habe diesen Kunststoffbeutel in meine Hose gesteckt.

Mit der Jacke konnte ich nicht schwimmen, die hätte mich runtergezogen irgendwie. Ich bin dann durchgeschwommen. Dann habe ich wie gesagt die Schüsse gehört, ich hab mich aber nicht weiter darum gekümmert, ich kam sowieso nicht recht vorwärts und war eben bemüht, die andere Seite zu erreichen.

Ich bin dann rausgekommen aus dem Wasser und wollt mich dann erst mal hinlegen da, weil ich dachte, nun wär alles gelaufen, nun können sie dir nichts mehr. Ich weiß nicht, ob ich schon lag oder wieder aufgestanden bin, weiß ich nicht mehr, doch ich bin dann glaub ich rausgekommen und hingefallen. Dann wollte ich wieder aufstehen. In diesem Moment fiel ein Schuß und hab dann in der Brust einen Schlag verspürt. Ich habe dann gemerkt, daß sie mich irgendwie angeschossen haben oder so.

Dann bin ich einen kleinen Hügel hoch, so ungefähr 1,50 Meter hoch, der war ein bißchen bewachsen, da hab ich mich dahinter geschmissen und hab immer rübergeguckt, ob da einer steht. Ich habe aber keinen gesehen. Ich kann nicht sagen, wer geschossen hat, aber es muß ein Grenzer gewesen sein, aber ich hab ja keinen weiter gesehen.

Dann bin ich über so ne Wiese, ungefähr 20 oder 30 Meter breit, bis zum Wald bin ich da gelaufen, im Zick-Zack-Lauf, weil ich dachte, die schießen vielleicht noch mal, und bin dann durch den Wald gegangen, und dann kam da gleich so ein Schotterweg, so ein schwarzer, mit schwarzem Schotter, und habe dann das erste Haus gesehen und bin dann sofort da hin, weil ich auch nicht mehr konnte, und dann geklingelt. Dann machte dann ne Frau auf. Ich habe sie gefragt, ob sie nicht irgendwie einen Krankenwagen holen könnte oder so. Was dann im einzelnen passierte, weiß ich nicht mehr so genau.

III. Zeugenvernehmung.
Gegen 07.15 Uhr bin ich zur gewohnten Zeit aufgestanden. So gegen 08.00 Uhr, ich hatte nicht auf die Uhr gesehen, habe ich es 2 mal knallen hören. Nicht kurz hintereinander, sondern in einem Abstand von ca. 20–30 Sekunden. Ich habe mir zunächst nichts dabei gedacht. Ich hatte angenommen, daß ein Jäger geschossen hat.

Einige Minuten später, es könnten 5–10 Minuten gewesen sein, habe ich zufällig durch das Wohnzimmerfenster zur Straße hin gesehen. Ich sah, daß ein junger Mann die Gartenpforte öffnete und mein Grundstück betrat.

Die näheren Umstände beschreibe ich wie folgt: Der Mann stand eigentlich ganz normal. Ich habe gesehen, daß der Mann triefte und seine Bekleidung völlig sandig war.

Der Mann ging dann weiter zum Hauseingang. Ich öffnete die Tür, obwohl ich etwas ängstlich war. Ob ich etwas gesagt habe, weiß ich nicht mehr. Jedenfalls fragte mich der Mann gleich, ob er im Westen wäre. Ich bejahte dies. Der Mann sagte dann weiter: »Ich brauche einen Arzt oder Krankenwagen, ich bin angeschossen worden.«

Da ich mir dachte, daß er von drüben gekommen ist, fragte ich, weshalb er rübergekommen sei. Er sagte, aus politischen Gründen. Daß der Mann blutete, habe ich nicht gesehen, nur fiel mir auf, daß er seine Hand auf die Brust drückte. Ich rief gleich Herrn G., einen Schwager von mir, und den Arzt R. an.

Herr G. traf wenig später ein. Vor seinem Eintreffen habe ich den Mann in das Haus geholt, ihn auf einen Stuhl gesetzt und ihm eine Wolldecke umgehängt.

Außer daß der Mann ein Glas Wasser haben wollte, hat der Mann nichts mehr zu mir gesagt.

Später habe ich dann gesehn, daß sich auf einer Waschplatte, knapp 10 m vor dem Haus, ein Blutfleck von ca. 20 cm befand. Diesen Blutfleck habe ich in der Zwischenzeit entfernt. Bei einer eben durchgeführten Nachsuche mit einem Kriminalbeamten sind jedoch weitere kleine Blutflecken an der Hauseingangstür, u.a. in der Nähe der Klingel, aufgefunden worden. Ich werde den Spurensicherungsdienst darauf aufmerksam machen.

Peter Schulz*

(Der Traum)
Aus einem Interview

Geplant war das überhaupt nicht. Ich bin abends zu einem Kumpel auf den Geburtstag gegangen, und dabei hat es einen kleinen Rundgang durchs Dorf gegeben. In der Gaststätte drüben, im Saal, da war eine öffentliche Feier. Da sind wir rein und haben an der Theke ein Bierchen getrunken. Man unterhält sich, trifft den und den, und da habe ich auch einen ehemaligen Lehrer von mir getroffen. Der hatte mich früher in Staatsbürgerkunde unterrichtet. Und mit diesem Lehrer bin ich ins Gespräch gekommen. Ich hatte inzwischen ausgelernt, hab meinen Beruf gehabt. Das hat ihn interessiert, wie ich nun lebe, was ich jetzt mache.

In der Schulzeit, als ich bei ihm Unterricht hatte, da haben wir manchmal bohrende Fragen gestellt, also von wegen Sozialismus und DDR, alles schön und gut, Fragen, vor denen er ausgewichen ist. Zum Beispiel haben wir mal an die Tafel geschrieben: »Was war am 17. Juni 1953?« Er machte die Tafel auf, hat einen Lappen genommen und hat's abgewischt. Wir wollten das gern mal wissen.

156

Jedenfalls bei dem Gespräch in der Gaststätte hat er gefragt, wie ich nun zum System und zur Gesellschaft stehe. Da habe ich ihm das klargemacht, daß ich noch dieselben Einstellungen habe wie damals in der Schulzeit, die zum Teil durch meine Arbeit noch bestärkt worden sind. Im Betrieb kriegt man ja auch Sachen mit, die für einen nicht immer hinnehmbar sind, zum Beispiel habe ich es nie richtig verkraftet, daß wenn ich zur Arbeit fahren will, daß ich zweimal kontrolliert werde und zweimal Ausweis rausholen, nur um an die Arbeit zu kommen. Und wenn ich dann abends wieder heimfahre in mein Dorf nach Hause, werde ich wieder kontrolliert. Ich habe mich zwar abgefunden damit, nur hab ich denen auch immer wieder gesagt: »Das ist für mich sinnlos, das ist Menschenverdummung. Was hat das für einen Sinn?«

Das Gespräch mit dem Lehrer ist immer toller geworden, jedenfalls hat's dann auch ne kleine Streiterei gegeben, wir sind sogar ins Familiäre gegangen, und ich habe ihm vorgehalten, daß er doch ruhig sein könnte, denn er bezieht ja aus der Bundesrepublik genug Sachen. Denn das wußten wir, daß er da Verwandte hatte, und wenn ein Westpäckchen kommt, daß er das Päckchen auch nicht aus dem Fenster schmeißt.

Und da hat er mir Vorwürfe gemacht und gesagt, solche Leute, die wären nicht tragbar im Grenzgebiet, das muß sich ändern. Da hab ich gesagt: »Da ändert sich nischt.« Und darauf meinte er: »Du kennst ja die Typen, die sie damals rausgeholt haben.« Dazu muß man sagen: Vor mir sind zweie oder dreie aus dem Dorf weggeholt worden. Der eine hat zum Teil gegammelt, der andere hat geklaut. Die haben auch ne negative Einstellung zum Staat gehabt, aber ne andere negative wie ich. Der Lehrer hat mich aber mit denen verglichen und gesagt: »Wenn du deine Meinung nicht änderst, dann wird's dir auch mal so gehen!«

Und das hat mir dann zu denken gegeben. Ich bin mit meinen Kumpels wieder zurück auf den Geburtstag gegangen, und da hab ich erst mal ein bißchen was getrunken. Doch dieses Gespräch, das hab ich irgendwie nicht vergessen. Meine Kameraden haben auch noch gesagt: »Was hast du *den* wieder angemacht?« Und da hab ich mir gesagt: »Mensch, Mensch, Mensch, wenn das mal gutgeht. Ob du das richtig gemacht hast? Was wird denn nur morgen sein?« Ich hab den Gedanken gehabt, ›du kommst morgens früh heim oder stehst morgen früh auf, und dann stehen unten die Vopos vor der Tür und führen dich ab‹. Ich wußte ja nicht, wie der das ausschlach-

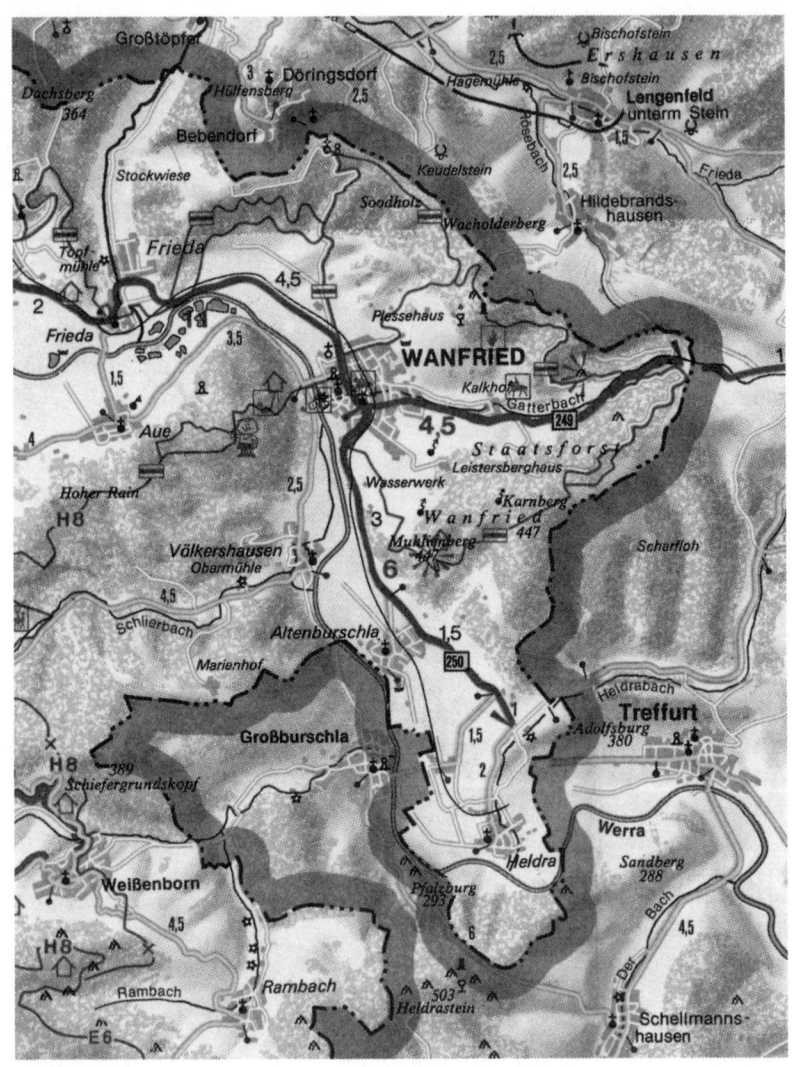

tet, wie er das nimmt. Der hätte ja können ernst machen, und davon bin ich ausgegangen.

So gegen zwei, halb drei Uhr habe ich erst noch ein Stündchen geschlafen, ich war müde. Und dann muß ich einen Traum gehabt haben, als wenn einer mir gesagt hätte im Schlaf: »Steh jetzt auf und geh!« Ich hab diesen Traum gehabt, bin aufgewacht, bin an den Tisch gegangen, hab einen Schnaps getrunken und bin aus der Tür rausgegangen. Da haben die noch gefragt: »Wo willst du denn hin?« Da hab ich nichts gesagt, gar nichts gesagt. Die haben gedacht, ich muß mich übergeben draußen. Und dann bin ich, als wenn mich einer schiebt und drückt, aus der Tür raus, die Königsgasse runter, das ist die Straße Richtung Werra, zum Sportplatz, da bin ich hingegangen, bis ans Werraufer hier oben, wo der Sportplatz ist.

Und dann hab ich gedacht: ›Halt, da ist das Wasser. Was nun?‹ Circa ne halbe Stunde habe ich dagestanden und überlegt. ›Wie machst du's richtig? Auf der einen Seite, da sind deine Eltern, wenn du jetzt dort hingehst, siehst du die net wieder, auf der anderen Seite, wenn du jetzt heimgehst, und morgen holen sie dich weg, und du wirst irgendwo hingesteckt, und wer weiß, was sie dir noch alles anhängen, dann ist es auch schlecht.‹ Und dann hab ich mich dafür entschieden, daß ich den Schritt mache, und hab die DDR verlassen. Am Sportplatz am Ufer bin ich ins Wasser rein. Hinterher erst ist mir bewußt geworden, wo ich lang bin und daß da oben ein Bunker ist. Ich hab ja keinen gesehen, ich wußte auch nicht, ob da Posten sind, ich wußte gar nichts. Ich hätte ja einem in die Hände fallen können, die hätten können schießen, hätten mich können festnehmen...

Tage später kam dann auch Heimweh.

Und lange danach, ich war schon drei Jahre hier, ich hab Kontakte nach drüben gehabt, ich hab angerufen, Briefe geschrieben, hab Päckchen geschickt, da bekamen dann meine Eltern Schwierigkeiten. Bei Nacht und Nebel mußten die aufladen, die ganzen Klamotten drauf und sind einfach umgesiedelt worden Richtung Polen, kurz vor der Ostsee war das. Das kann man sich gar nicht vorstellen. Ich selber hab das auch nicht gedacht, daß das wirklich so schlimm wird.

Rübergehen

Fast sämtliche Berichte kreisen um das Thema »Grenzüberschreitung«. Denn beinahe jeder, der über die Grenze spricht, erzählt zugleich von ihrer Durchbrechung. Zumeist widmen die Leute dem Grenzstreifen überhaupt erst in dem Moment ihre ganze Aufmerksamkeit, wenn sie ihn mit einem gewagten Gang oder zumindest in ihrer Phantasie zu überwinden bzw. ihn wenigstens zu betreten versuchen. Besonders dann nämlich macht sich das Hindernis in allen seinen Bestandteilen und in all seiner Monstrosität bemerkbar; es offenbart sich als Maschinerie einer tödlichen Bedrohung, die sich jederzeit gegen die Person des Erzählers selbst richten kann, auf jeden Fall gegen jenen, der das vergleichsweise sichere Ufer diesseits der Warnschilder verläßt. Die Erfahrung – sei es als Akteur, sei es als Augenzeuge – wie auch die Vision des ›Rübergehens‹ erweisen sich als existenzielle Erzählstimuli, die einen großen Teil der Geschichten in Gang bringen und ihre Perspektive, ihren Bogen, ihre Pointe und ihre Moral mitprägen. Vielfach ist vom Gelingen, vom Scheitern oder von der Aussichtslosigkeit eines Grenzganges die Rede.

Von Beginn an galt die Grenze als gefährlich. Ihre Errichtung und ihr Ausbau wurden von den Anwohnern sowie von den Menschen, die dort unterwegs waren, als Willkürmaßnahmen empfunden. Und dieses Willkürliche haftete dem gesamten Gelände zwischen den Zonen an, für das über viele Jahre hinweg wie für einen rechtsfreien Raum der Name Niemandsland geläufig war; eine Bezeichnung, die – in Anbetracht der offiziell und penibel geregelten Zuständigkeiten – nicht etwa einen ungeklärten Verwaltungsstatus, sondern eine wiederkehrende Erfahrung zur Sprache brachte.

Wer seinen Fuß auf diesen gefährlichen Boden setzte, dem war erhöhte Wachsamkeit geraten, für den galt ein anderes Recht, der konnte zum Freiwild werden. Jede Bewegung, jedes Geräusch, jede Einzelheit und jeder Zufall – eine Wolke etwa, die das Mondlicht freigibt – vermochte folgenschwere, nicht selten sogar lebenswich-

tige Bedeutung anzunehmen. Die Grenzgänger mußten das Bekannte geschickt nutzen und das Unbekannte blitzschnell erkennen.
Die Sinne waren dabei aufs höchste geschärft, der oft erschöpfte
Körper aufs äußerste angespannt. Während der Überschreitung
herrschte also oftmals ein zweifacher Ausnahmezustand: ein inne-
rer, der sich auf den Wahrnehmungsapparat bezog, und ein äußerer,
der das Milieu der Grenze betraf.

Doch von Anfang an hielt auch Alltag Einzug ins »Niemandsland« und verlieh ihm einen Anstrich von Normalität und von Re-
gelhaftigkeit. Der Rhythmus der Patrouillengänge und der Wach-
ablösung wurde vielerorts berechenbar wie ein Gezeitenwechsel,
Grenzführungen und Schmuggelgänge nahmen häufig feste Formen an, selbst das Scheitern des Grenzübertritts vollzog sich meist
in ritualisiertem Ablauf. Hinter den ungezählten einmaligen, ganz
persönlichen und deshalb oft als unvergleichlich empfundenen Erfahrungen zeichnen sich gemeinsame, wiederkehrende Muster ab,
die sich jedoch im Laufe der Zeit umformten. Sie wandelten sich
in dem Maße, wie die Bedingungen an der Grenze sich veränderten.

Größtenteils werden »illegale« Grenzgänge geschildert. Nur selten findet sich ein Bericht, der die Kontrollen am offiziellen Übergang behandelt. Dabei rückt eher das absurde als das martialische
Gepräge der Grenze in den Vordergrund, zum Beispiel die Verwicklungen um einen Posaunenchor oder um einen Evangelisten, die
jeweils in die Fänge der Staatsorgane geraten. Erst mit der Öffnung
am 9. November 1989 avanciert das Erlaubte endgültig zum berich-
tenswerten und zum aufregenden Stoff. Denn nicht zuletzt die un-
vermittelte Legalität, die plötzliche Wirkungslosigkeit so vieler
Verbotsschilder löste das große Staunen an diesem und an den folgenden Tagen aus.

Schwarze Grenzgänge erscheinen insgesamt als das weit attrakti-
vere Erzählthema: nicht nur wegen der mit ihnen verbundenen Gefahren oder wegen der dabei bestandenen Abenteuer; und auch
nicht nur, weil in solchen Unternehmungen eine Besonderheit genau dieser Grenze lag, sondern ebenso deshalb, weil sie den indivi-
duellen Akt einer Nicht-Anerkennung unter Beweis stellen, weil
sich in ihnen ein privater Protest artikuliert. Denn die Sperranlagen
selbst und nicht deren Überwindung wurden als unrechtmäßig angesehen. Daran konnten auch Drohgebärden, diplomatische Noten
und politische Rhetorik kaum etwas ändern. In breiten Kreisen

wurden Grenzverletzungen, wenn sie von westlicher Seite ausgingen, bis in die Gegenwart hinein als Husarenstücke, Kavaliersdelikte oder schlimmstenfalls als Unverantwortlichkeiten betrachtet. Gingen sie von Bürgern der DDR aus, dann stand ihre Berechtigung von vornherein außer Zweifel.

Für ein ›Rübergehen‹ gab es viele Anlässe: In der Nachkriegszeit florierten Schmuggel und Tauschhandel; Grenzführer erwarben sich im Niemandsland ihr Auskommen. Handwerk und Gewerbe suchten ihre alte Stammkundschaft über die Grenze hinweg zu bedienen, und manchen führte der Weg zur täglichen Arbeit hinüber auf die andere Seite. Grenzüberschreitende Nachbarschaftshilfe wurde geleistet, man ging rüber zu Dorffesten, auf Hochzeiten oder aus Liebe.

Heimkehrer und Flüchtlinge, Kinder, Frauen und Männer waren gezwungen, auf der Suche nach einem neuen Zuhause, nach ihrer Verwandtschaft oder nach einer Verdienstmöglichkeit über die grüne Grenze zu wechseln. Da sie mit den dortigen Verhältnissen oft nicht vertraut waren, riskierten sie besonders viel; und zur Gefahr gesellten sich zumeist materielle und seelische Not.

Zur gleichen Zeit wurden auch Umzüge an den Wachposten vorbeigeschleust; etlichen gelang es, einen ganzen Hausstand, ja, eine ganze Fabrik nach generalstabsmäßiger Planung hinüberzutransportieren. Andere sahen sich genötigt, Hab und Gut an der Grenze stehenzulassen: Sie kamen mit leeren Händen an, fanden vielleicht bei Verwandten oder Freunden eine provisorische Unterkunft und mußten in Sichtweite und zugleich in unerreichbarer Entfernung zu ihrem vorherigen Wohnort ganz von neuem beginnen.

Schon in den späten vierziger Jahren, insbesondere aber anno 1952, als man die Grenzanlagen auszubauen begann, siedelten viele – wie sie meinten, zur letztmöglichen Gelegenheit – in den Westen über. Für sie bedeutete dies einen oft schmerzlichen, endgültigen Abschied. Erst die Reiseerleichterungen der siebziger und der achtziger Jahre ließen die frühere Heimat wieder näher rücken; und die Öffnung endlich ermöglichte ein unbehindertes und befreites, zugleich aber auch ein wehmütiges und geisterhaftes Wiedersehen. Wie man selbst, so waren ebenfalls die anderen Menschen gealtert, die Schulfreundin, der Nachbar, die Verkäuferin. Und auch der Tod war umgegangen. Die Straßen der Jugend boten nun das Bild einer unwiederbringlich vergangenen Zeit. Die verfallenden Häuser bestätigen zwar im nachhinein, daß man die damalige Entscheidung nicht zu bereuen braucht, aber ebenso vermitteln sie die melancholische Gewißheit einer unerreichbaren Ferne, die jetzt nicht mehr räumlicher, sondern zeitlicher Natur ist.

Als die Grenze in den fünfziger und sechziger Jahren immer brutaler verriegelt wurde, gingen Schwarzhandel, Tauschgeschäfte und nachbarschaftliche Hilfeleistungen drastisch zurück. Westdeutsche hatten kaum einen Anlaß mehr zu illegalen Grenzgängen, zumal die wirtschaftlichen Beziehungen weitgehend abgerissen waren und auch Verwandtschafts- sowie Freundschaftsverhältnisse unter der Barriere gelitten hatten. Rübergehen, das war nicht länger ein »kleiner Grenzverkehr«, das war unterdessen eine Wanderung zwischen den Machtblöcken, zwischen den politischen und ideologischen Systemen geworden. Unternehmungen, die sich Jahre zuvor noch fast problemlos durchführen ließen, wären nun einem Himmelfahrtskommando gleichgekommen, einer selbstmörderischen Aktion. Obwohl selbst unter schärfster Bewachung noch spektakuläre Überschreitungen gelangen, kehrte insgesamt eine trügerische, waffenstarrende Stille an der Grenze ein, eine Stille, die jederzeit jäh zerreißen konnte.

Während so gut wie keiner mehr einen Schleichweg in Richtung Osten suchte, erschien der Grenzgang nach Westen vielen DDR-Bürgern als letzter, verzweifelter Ausweg aus den einschnürenden Verhältnissen in der neuen Republik. Der Schritt über die Grenze gestaltete sich dabei nicht selten zur Flucht auf Leben und Tod. Spätestens zu dem Zeitpunkt, als das Gelände wie ein Straflager gesichert wurde, drängte sich für diese Fluchten der Vergleich zum Gefängnisausbruch unschuldig Inhaftierter auf. Dementsprechend bot sich die Befestigungsanlage als wirkungsvolles Symbol einer Scheidelinie zwischen dem Prinzip der Freiheit und dem der Unfreiheit an, als Symbol, das die Unvereinbarkeit zweier Systeme sichtbar und spürbar zur Darstellung brachte.

Die vormals direkten, lebendigen Verbindungen über den Zaun versuchte man in den eisigen Zeiten wenigstens notdürftig mit Hilfe von Zeichen aufrechtzuerhalten. Zunächst waren manchmal sogar noch Sprechkontakte nach drüben möglich, später dann winkte man zum verabredeten Zeitpunkt einander zu, doch schließlich wurde selbst ein verstohlener Gruß durch den Gardinenschutz als grenzunzuverlässiges und damit staatsgefährdendes Verhalten geahndet. Aber auch solche Einschränkungen konnten nicht mit letzter Gewißheit ausschließen, daß nicht doch einmal ein Treckerfahrer im Niemandsland seine Lichthupe bediente; und sie konnten weder der »Jodlerin vom Bayernturm« (vgl. S. 307) noch ihren anonymen Bekannten von gegenüber das abendliche Spiel verderben, das da hieß: »Rüberblinken«. Folgten die Lichtsignale zwar keinem Alphabet, so waren sie dennoch keineswegs leere Zeichen, sondern trugen gewitzt die Botschaft von der Überwindbarkeit der Grenze über den Stacheldraht.

Auch die Blicke wanderten weiterhin über die Grenze; die der von Schrecken ergriffenen oder ihre Selbstgefälligkeit auskostenden Schaulustigen, die der unentwegt spähenden Grenzsoldaten, die der Spaziergänger oder der Träumer, denen die Landschaft das retuschierte Bild einer ungetrübten Idylle vor Augen stellte, und auch die der Bewohner von geteilten Ortschaften, die den Verlust ihrer halben Welt nie verschmerzen konnten. Die Ohren machten an der Grenze ebenfalls nicht halt. Kirchengeläut und Fabriksirenen, Vogelstimmen und Hundegebell drangen herüber, aber auch das intime Gespräch wurde – mit Hilfe von Richtmikrofonen – abgelauscht.

Von der Ostseite her kam außer den Menschen im Sperrgebiet kaum mehr einer bis an den Zaun heran. Und dieser war ja nicht die einzige Barriere, sondern er versperrte lediglich als erstes Hindernis den Zugang zu einem breiten, zeitweise verminten Geländestreifen, der auf Westseite durch einen weiteren Zaun abgeriegelt war. Diesen Westzaun nun hatte man ein Stück weit landeinwärts – zurückversetzt – errichtet, so daß er nicht den genauen Grenzverlauf bezeichnete. Die eigentliche Trennlinie wurde durch Pfosten markiert, die sich im Vergleich zum nahen Stacheldraht und zu den allgegenwärtigen Wachtürmen höchst unscheinbar ausnahmen. Das Land zwischen diesen Markierungen und dem dahinter liegenden Zaun war Hoheitsgebiet der DDR und durfte keinesfalls betreten werden. Zumeist war es mit Gras und mit niedrigem Gebüsch bewachsen, gerade übersichtlich genug für ein freies Schußfeld und doch so uneinsehbar, daß sich auch hier Wachposten verstecken konnten.

Dieses Gelände wurde in den Zeiten der großen Grenztristesse zum Schauplatz für allerhand Mutproben, für kleine Grenzverletzungen, die mitunter jedoch gravierende Folgen, zum Beispiel langwährende Haftstrafen nach sich zogen. Etliche ließen auf diesem Streifen in Form privater Übergriffe – beliebt war der Diebstahl des DDR-Emblems – ihren Unmut oder Übermut heraus. Manch einer trug seine persönliche Fehde mit dem Regime auch auf geradezu poetische Weise aus, wie etwa der Tauben züchtende Getränkehändler Alfred Krug*, der seine weißen Brieftauben alljährlich »ohne Genehmigung der Kommunisten« (vgl. S. 75) über ›Feindesland‹ kreisen ließ.

Die Erinnerungen ans Rübergehen unterscheiden sich nicht nur in ihren Anlässen und in ihren vielfältigen äußeren Bedingungen; sie erhalten ihr jeweils eigentümliches Gepräge ebenfalls aufgrund der verschiedenen Formen des subjektiven Erlebens. Wer in den Nachkriegsjahren unmittelbar an der Grenze wohnte, für den gehörten Grenzgänger zum Alltag, und der hatte in puncto Grenzgängerei oft auch selbst einschlägige Erfahrungen gesammelt. Professionelle Führer und sonstige Routiniers begegneten den Gefahren des Geländes mit anderen Augen als diejenigen Amateure, die das Wagnis nur ein einziges Mal, vielleicht mit einem quiekenden Ferkel im Rucksack, auf sich nahmen. Menschen auf der Durchreise, die keine Ortskenntnisse hatten, nahmen den Grenzwechsel in anderer Weise als die Anwohner wahr. Eine Mutter, ein entlassener Soldat, ein Kind, ein Abenteurer, ein Verzweifelter oder – später dann – ein sogenannter Republikflüchtling: jeder brachte seine eigene Geschichte, seine Übung im Beobachten, seine Ängste und seine Erwartungen mit in das gefährliche Terrain. In den Berichten begegnen wir ihnen wieder, der mutigen Mutter, dem Kind, allein in einem unheimlichen Wald, dem Soldaten, der die Grenze wie eine Frontlandschaft durchmustert, dem Jugendlichen, der seinem sozialistischen Vaterland im Alptraum wandelnd den Rücken kehrt.

Neben den Verhältnissen im Niemandsland variierten auch die Ausgangspositionen und das Wahrnehmungsgefüge derer, die es durchquerten. Alle, die über die Grenze gingen, wurden mit harten Tatsachen konfrontiert, mit unmißverständlichen und übermächtigen Gegebenheiten, die sich in das Gedächtnis der Betroffenen zugleich als ein Stück ihrer persönlichen Lebensgeschichte einschrieben. Insofern dokumentieren die Schilderungen von der Grenze über deren reale Beschaffenheit und öffentliche Wirkung hinaus vor allem einen privaten, freilich von außen nicht unbeeinflußten Charakter; die Geltung, die sie in den Köpfen und in den Herzen erlangte. In gewisser Hinsicht ereignete sich jede Begebenheit mehrfach. Während man vom Rübergehen berichtete, gingen die Gedanken noch einmal auf die andere Seite; und dabei verschmolz das Hier und Jetzt unmerklich mit dem Dort und Früher.

165

In ihrer scheinbar unabänderlichen, regungslosen Präsenz vermittelten die Befestigungsanlagen den Eindruck, daß hier die Welt zu Ende sei. Viele, die unmittelbar am Zaun lebten, bemerkten ihn kaum noch. Abseits ihrer alltäglichen Belange, rückte er zunehmend an die Peripherie ihrer Wahrnehmung. Über die stumme, ereignislose, aus dem Bewußtsein ausgeblendete Grenze gab es so gut wie nichts zu erzählen. In dem Vakuum, das sie schuf, gediehen keine Geschichten; ein Achselzucken vielleicht oder eine knappe Bemerkung kommentierten ihre dumpfe, abweisend-passive Gegenwart.

Bei ihrer Überschreitung hingegen war die Grenze in einen Aktionsrahmen eingebunden, der ihr die volle Aufmerksamkeit abverlangte und sie vom Rande ins Zentrum des Geschehens treten ließ. Schlagartig stellten Stacheldraht, Wachtürme und Hundelaufanlagen ihre ganze Bedrohlichkeit unter Beweis, die Maschinerie des Abfangens begann nun zu arbeiten, die Grenze zeigte im perfiden Zusammenspiel ihrer einzelnen Elemente ihr monströses Gesicht. Die Gewalt wurde evident, Angst machte sich breit, unvermittelt befand man sich in einer Extremsituation. Darin mußten die Grenzgänger die Quellen der Gefahr möglichst exakt orten und ihre jeweiligen Ausmaße abschätzen. Diese Arbeit der Sinne, die Empfindungen, die sie auslöste, und die Gedanken, die sich mit ihr verbanden, prägten sich tief ein. Geschichten selbst über weit zurückliegende Grenzgänge liefern präzise Angaben über die Arten und Lokalitäten der Gefährdung und auch über die Umstände, die das Unternehmen begünstigten. Die Berichte konzentrieren sich aufs Entscheidende und führen dem Leser dadurch eine Art Schattenriß vor Augen, ein Inventar der Grenze, einen Stationenweg von der einen auf die andere Seite: Da sind die Bahnhöfe und die übrigen Orte des Aufbruchs; dann die Wachtürme, die Zäune und die Patrouillen; nahe und entfernte Stimmen, ein plötzliches Knacken im Gebüsch, Schüsse; da sind Dunkelheit, Schnee und Mondschein; Waldstücke, Gräben, Flüßchen, eine Furt oder eine Brücke; Unterstände und Erdlöcher, eine erleuchtete Kommandantur; und da sind auch die Zeichen und Orte der Ankunft, die ersten Lichter, das Klopfen an einer fremden Fensterscheibe, das Dorf gegenüber.

All diese Realien wurden zu Bildern, die die Grenze – durchaus im doppelten Sinne – verdichteten. Indem sie das Elementare erfaßten, boten sie sich auch als Metaphern in den eher poetisch-nachdenklichen Ausführungen vom Rübergehen an. Sie bildeten das Material für die literarische Begleitung zur feindlichen Wirklichkeit vor Ort, der sie entnommen waren. Der Zaun und die halbierte Brücke, sie wurden zu Symbolen der willkürlichen Trennung, der Wachturm und die Minen zu denen der Bedrohung und der Tücke; aber auch andere Bilder, die direkt aus der Seele zu kommen schienen und die gleichzeitig doch auch vorformulierten Mustern folgten, gesellten sich hinzu: Bilder wie die des freien Vogelfluges oder der unbeirrbaren Bahn der Sonne, in denen sich die Hoffnung auf eine künftige Annullierung der Grenze und die Gewißheit ihrer Vergänglichkeit Ausdruck verschafften.

Teil 3

Friedrich Schütz*

(Erinnerungen eines Grenzpolizisten)
Aus einem Interview

Ich habe den Dienst begonnen bei der bayerischen Grenzpolizei, im
Jahre 1946, und zwar als ehemaliger Angehöriger der Reichswehr.
Hunderttausendmannheer, habe in Meiningen gedient, habe meine
beinahe 12 Jahre bis auf 3 Monate heruntergesegelt, davon 1939–45
ständig im Einsatz. Ich war in Polen, Frankreich, Rußland, Griechen-
land, wieder Frankreich und so weiter, habe mich dann, ohne in die
Gefangenschaft zu kommen, durchgeschlängelt nach hier. Mit als
erster habe ich den Dienst da angetreten, habe also diese verfluchte
Grenze von Anfang an bis 1974, da wurde ich ja pensioniert, miterlebt. Seit 52 habe ich Reisegruppen von München aus organisiert,
die hier an die Grenze kamen, sie an die Grenze geführt, ihnen die
Grenze erläutert, und das mache ich heute auch noch als Hobby.
Ich habe erlebt, daß russische Soldaten, die uns gegenüberstanden, mit uns gesprochen haben, wir mit ihnen uns unterhalten haben, nicht über die Grenze, sondern über ihr Leben, wo sie her sind.
Die Russen, die hier gestanden haben, kamen aus dem weißrussi-
schen Gebiet weit hinter Moskau, hinter Moskau. Das war mir
bekannt. Sage ich zu einem: »Wieso hast du drei Handschuhe?« Der
hatte zwei Handschuhe angehabt und einen Handschuh in der
Hand. »Wieso hast du drei Handschuhe?« »Ja ich sehe ja eure Chefs,
die haben die Handschuhe in der Hand, aber keinen an«, also so in
der Hand, wie man es früher auch gemacht hat. »Und das habe ich
auch.« Der andere kommt mit einem Fahrrad oben heruntergefahren von Höhenbach, und ein Junge von uns, da konnte man noch so
über die Grenze mal nauf ins Dorf, da sind auch mal die Dörfler
runtergekommen zu uns, – dieser Schuljunge ist mit seinem alten
Fahrrad hinaufgefahren in die damalige Ostzone, sowjetische Besat-

169

zungszone, heute heißt es DDR, und dieser russische Soldat kam mit einem nagelneuen Fahrrad an, und dieser Junge fuhr freihändig. Da hat der Russe gesagt zu ihm, »du wir tauschen«, und da hat der kleine Schuljunge gesagt, »ja wieso, warum?« »Ich will auch ohne fahren.« Da hat der Schuljunge gesagt, »na bitte hier«, der Russe hat das Fahrrad genommen und ist mit dem alten Fahrrad los, der Junge kam mit dem neuen Fahrrad runter. Hat er behalten. Solche Sachen sind mir passiert.

1946 hatten wir drüben in Fürth am Berg auf der anderen Seite einen Bürgermeister in der sowjetzonalen Zone für die Ortschaft, und dieser Bürgermeister hat ein gutes Verhältnis gehabt zu seiner Dorfbevölkerung. Er war einverstanden, und er wußte, daß sie her-übergehen bei Nacht und Nebel auf unser Gebiet und sich hier was zu essen holen, Verwandtenbesuch machen und so weiter. Der Bür-germeister hat mit seinen Leuten ausgemacht: »Wenn bei mir das Licht brennt, dann könnt ihr rüberkommen. Ist bei mir das Zimmer dunkel« – das konnte man von der Grenze genau sehen das Haus –, »sind die Fenster nicht beleuchtet, warten. Dann sind Streifen un-terwegs.« Das hat monatelang geklappt. Und da muß doch mal ei-ner dabei gewesen sein, ein Verräter, der gesungen hat, und dann drüben die Russen, die haben die Leute dann aufgegriffen. In der Vernehmung hieß es dann »ja« »ja« und so weiter und so fort. Die-sen Bürgermeister hat man sofort aus dem Haus heraus woanders-hin evakuiert. Der war also weg von seinem Fenster.

Ich kann Ihnen auch eine Liebesgeschichte erzählen. Wir hatten hier eine, ich nenne sie einmal Luise, sie heißt aber ganz anders. Diese Luise hat uns Grenzpolizei viel zu schaffen gemacht. Und zwar hat sie Hakenkreuzschmierereien an den Wänden hier auf dem Markt und so weiter durchgeführt und ist wieder über die Grenze verschwunden, war drüben, stammte aber von hier aus einem Nachbardorf. Und die haben wir oft auf der Dienststelle gehabt und haben sie immer wieder verwarnt. Sie war 18 Jahr alt. Nun, jeden-falls sind wir dahintergekommen, daß die drüben ein Liebesverhält-nis hatte mit einem Volkspolizisten, der hier im hiesigen Raum Streife lief. Und drüben bei der Volkspolizei war das bekannt, und sie wurde auch festgenommen, nachdem sie mit dem Volkspolizi-sten sich wieder getroffen hatte, und wurde wieder abgeschoben. Man hat sie immer wieder mal eingesperrt und dann wieder abge-schoben, aber sie hat es nicht gelassen. Sie hat immer wieder ver-sucht, diesen Volkspolizisten drüben zu treffen, und ich nehme an,

170

daß später dann drüben der Kompaniechef gesagt hat: »Also so geht das nicht mehr weiter. Da wird der Mann versetzt.« So muß das gewesen sein. Und diese Luise, die ist dann ganz vernünftig geworden und hat dann sogar einen hohen Beamten geheiratet.

Was gibt es da noch für Liebesverhältnisse? Wenn die Neustädter Burschen da hinüber sind und haben drüben die Mädchen poussiert... Gestern hab ich wieder ein Bild von 1947 gesehen. Wir studieren jetzt aus dem Archiv hier Zeitungen, beginnend mit dem Jahre 1947, abends juckt die Nase, weil die verstaubt sind. Da stehe ich am Schlagbaum draußen, und da steht drunter, »drei jugendliche Mädchen wollten in Neustadt bei Coburg hier im Teddybär zum Tanz«, stammten aus Sonneberg drüben, und als sie in Neustadt angekommen sind und standen vorm Teddybär, hat der Teddybär zugehabt. Und die wurden dann von uns wieder unter dem Schlagbaum zurück, »so jetzt bleibt schön drüben, nicht wahr, und macht nicht mehr so ein blödes Zeug, und nach Möglichkeit geht drüben tanzen und net hier. Ihr habt Schwierigkeiten dann mit uns, mit der Militärregierung«, ein öfterer Grenzübertritt wurde ja mal angezeigt, die sind net eingesperrt worden, sondern sind dann wieder abgeschoben worden und so. Ich habe das gar nicht mehr gewußt, ich seh da mein Bild drin als Grenzpolizist und die drei Mädchen dort. Ja, Liebesverhältnisse...

Etwas anderes: Ein älterer Herr aus Coburg hat Verwandte drüben im Nachbardorf Eisfeld, die hat er besucht, aber sein Besuch im kleinen Grenzverkehr, im Vierteljahr neunmal, galt mehr dem Intershop, Zigaretten, billige Zigaretten. Plötzlich kommt er an einem Tag, und die Kollegen haben gesagt: »Sagen Sie mal, Sie haben ja, Donnerwetter, ein ganz neues Auto!« »Jo jo, acht Tage alt, ganz neu.« — »Nun gratuliere, gute Fahrt... Ja, was haben Sie da dabei?« »Mein Enkel, der möchte gern den ausgestopften Habicht haben. Was soll ich damit, den schenk ich ihm, den Habicht.« Als der Mann zurückkommt, da sagen unsere Kollegen: »Ja, der Mann, der kommt doch zu Fuß zurück. Der hat bestimmt was vergessen, guckt einmal nach!« — Sehen Sie, meine Reisegruppen sind genau so gespannt wie Sie jetzt, wenn ich das so erzähle, was ja an und für sich der Wahrheit entspricht — »Lassen wir ihn mal reinkommen.« »Na, haben Sie was vergessen?« »Nein, Wut im Bauch! Mein Auto ist weg. Ganz neues Auto.« »Ja wieso, was ist denn passiert?« »Ja, ich mußte bei dem Offizier da rein, ich mußte den Habicht mitnehmen, und der hat den Habicht auseinandermontiert, und da haben sie Ostgeld gefunden.« Jetzt haben die in dem ausgestopften Habicht das Geld gefunden und gesagt: »Sie sind für uns ein unerwünschter Bürger. Wir wollen Sie nicht mehr sehen. Auf Wiedersehen. Fahrzeug bleibt da. Geld bleibt da. Habicht bleibt auch da.« Da ist er nicht mehr rübergefahren. — Das ist natürlich eine lustige Sache, die Entspannung bei den Leuten ist dann da, wenn ich das so erzähle. Ich meine, das muß man einschieben. Sonst ist die Sache zu stur, wenn ich nur sage: Da ist ein Zaun, da ist ein Zaun...

Wir hatten hier einen Turm im Gebiet Neustadt bei Coburg, und der war besetzt von zwei Uniformierten mit Fernglas vor den Augen. Und unsere Beobachter, unsere Streifen haben gesagt: »Also jetzt langt mir's Menschenskind, jetzt guck ich zehn, fünfzehn Minuten schon den Burschen an da drüben. Der bewegt sich überhaupt nicht!« Und siehe da, es waren zwei Schaufensterpuppen in Uniform im Turm aufgebaut als Abschreckung für Grenzgänger, die eventuell an der Stelle nüber wollen. Die haben auch drüben Personalmangel.

Mein Gott, wir werden ja ständig fotografiert, und auch in den Uniformen bin ich fotografiert worden. Die fotografierten uns noch und noch, und ich denke, ja das gibt es doch net, das geht doch net, ich habe jetzt mitgezählt. Sag ich zu dem Offizier: »Du hast ja über 40mal geknipst, sagen Sie mal, Sie haben ja jetzt über 40 mal geknipst, das habe ich doch gesehen und mitgezählt. Was habt ihr für Filme. Ich kenne nur einen 36er Film und mehr net, habt ihr bessere Filme?« — Ist nicht drauf geantwortet worden.

Und dann kommen natürlich jetzt die traurigeren Sachen, die bei uns passiert sind. Wir hatten an der Grenze Fischteiche, die sind heute nicht mehr da, das war ein Gebiet, wo Fischotter drinnen rumgeschwommen sind. Ich habe sie selbst gesehen. Aber bei Nacht, als die Russen dort an der Grenze marschierten, Standposten hatten und bei dieser Gelegenheit in früheren Jahren 46 Grenzgänger bei Nacht herübergekommen sind, unter anderem auch Frauen, haben wir gehört, wie Personen mit dem Ruf »Stoj« angehalten wurden, unter anderem Frauen, und dann hat man die Schreie gehört von den Frauen. Die sind vergewaltigt worden, und wir konnten nicht eingreifen, die waren ja zu weit weg, und wir durften an und für sich nicht über die Grenze. Das einzige, was wir gemacht haben, wir haben aus unseren Karabinern, den amerikanischen Karabinern, die wir hatten, Schüsse abgegeben in die Luft und haben

172

sie dadurch gestört. Vielleicht haben wir diesen russischen Soldaten dann davon abhalten können, daß er weiter sein furchtbares Geschäft da mit der Person weiterführt, nicht wahr. Das ist auch passiert hier an der Grenze.

An der Grenze ist eine Frau erschossen worden. Ich bin damals mit dem Dienststellenleiter nach Weißenbrunn gefahren, und auf dem Gebiet der damaligen ostsowjetischen Besatzungszone, Ostzone, DDR heute, haben wir die Frau liegen sehen. Und in etwa 15 Meter Entfernung stand ein russischer Soldat mit der Maschinenpistole im Anschlag, wie sie sonst immer stehen. Wir haben diesen russischen Soldaten angesprochen: »Wir wollen diese Frau« – er hat uns eh nicht verstanden – »wir wollen diese Frau holen, wir sind unbewaffnet«, wir haben den Waffenrock, unseren Uniformrock aufgemacht und haben die Hände so gehalten und sind auf diesen russischen Soldaten zugegangen. Und bei dieser Frau, wo wir gleich festgestellt haben, die ist tot, haben wir gehalten und haben den russischen Soldaten angesprochen, was er da gemacht hat. »Njet jewo? Njet polima? Njet polima?« Das war seine Auskunft. »'Ne polima?« Doch Leute, die haben gehört, wie dieser russische Soldat diese Frau angesprochen hat: »Stoj, stehenbleiben«. Aber die alte Frau hat gesagt: »Komm Junge, so wird es gemacht, komm Jung, Mensch mach halt kein Zeug, ich war da drüben bloß bei meiner Schwester, im Nachbardorf auf dem Gebiet der heutigen DDR und hier ist Weißenbrunn.« Sie hat nur einen Besuch gemacht. Das war damals möglich. Und dieser russische Soldat, der hat – nach dreimaligem Stoj hat sie nicht gehalten – geschossen, und sie war tot. Da haben wir die Frau dann abgeschleppt.

Im weiteren Verlauf, als die Grenze hier dichter wurde und 1961 mit dem Bau der Berliner Mauer die ersten Minen gelegt wurden, da sind auch Personen über die Grenze geflüchtet. Sie wurden von unseren Streifen aufgegriffen auf unserem Gebiet. Auf unsere Frage: »Eh, nun sage mal, wo bist du rübergekommen, da liegen doch Minen«, hat einer gesagt, »ja das weiß ich, daß da Minen liegen, aber ich habe ein Brett vor mir hergeschoben, und über dieses Brett bin ich gelaufen, bis ich zum Zaun kam, und dann bin ich über den Zaun geklettert.« So ist er gekommen. Ein anderer erzählte: »Hinten beim Friedhof bin ich rübergegangen, und ich habe auch im Morgengrauen eine Streife beobachtet, die im Gelände saß, eine Streife der Volkspolizei. Und um diese Streife nicht auf mich aufmerksam zu machen, bin ich auf dem Bauch gekrochen über den

Minengürtel und habe einen Stein vor mir hergerollt und bin immer nachgekrochen.«

Da habe ich gestern wieder in der Zeitung von 1947 gelesen, der Polizeichef Seifert, der hier die Stadtpolizei hatte, warnt die hiesige Bevölkerung, weil Kinder von drüben herüber kommen und betteln, hier bei der Bevölkerung, und man soll aufpassen, die stehlen. Ich habe es selbst erlebt bei mir in der Wohnung. Diese Kinder sind Schüler gewesen, die sind in Kolonnen gekommen, fünf, sechs, acht, zehn. Und zwar mit einem kleinen Sturmgepäck auf dem Rükken, darin waren Porzellan oder Textilsachen, die es da drüben gegeben hat zur damaligen Zeit noch, wo sie wahrscheinlich gehamstert hatten. Das hatten die als Tauschobjekt in ihrem kleinen Sturmgepäck. Die wurden von unseren Streifen aufgegriffen. Aufgrund der Befragung, die wurden nicht vernommen, sind Kinder gewesen, aufgrund der Befragung haben wir gesagt: »Nun sagt einmal, so was wollt ihr hier?« »Tja, wir haben einen Onkel hier, wir haben eine Tante hier, mein Großvater ist hier, mein Bruder ist auch schon hier, der ist in Coburg oder er ist dort und so weiter, den wollten wir halt besuchen, daß wir was zu essen bekommen«, denn bei uns gab es ja schon zu essen wieder. »Ja und was habt ihr da dabei?« Ja, haben sie ausgepackt, Strümpfe und weiß der Kuckuck, Teller, Tassen, alles aus Steingut, kein Porzellan, kein Meissener Porzellan. Das hat man den Kindern gelassen, wir haben sie auch zu den Verwandten gehen lassen, damit sie sich mal satt essen. »Kommt aber wieder hierher zu uns. Wir führen euch dann hinaus. Sagt einmal, wo seid ihr eigentlich rübergekommen?« »Dort und dort«, haben die gesagt. »Ja, da liegen doch Minen. Habt ihr da keine Angst gehabt?« »Nein«, sagten sie, die waren schon schlau. Denn der erste Minengürtel mit dem Stacheldrahtzaun, der wurde als Wildwechsel von unserem Rotwild drüben, beziehungsweise von drüben wieder herüber benutzt, und dann sind Rehe über diesen Minengürtel gedappt und sind verletzt oder getötet worden und haben die Minen ausgelöst. Die Minen wurden ja nie mehr ersetzt. Das war dann eine freie Stelle. Und diesen Trampelpfad von diesem Wild haben diese Kinder ausgenutzt, auch dann späterhin Erwachsene. Da sind sie genau Fuß vor Fuß rüber gegangen und sind unbeschädigt auf unser Gebiet gekommen. Das ist passiert.

Die Steinach, die drüben aus dem Thüringer Wald kommt und bei Fürth am Berg in das Bundesgebiet einläuft, hat das Gelände auf dem Gebiet der Bundesrepublik nahe an der Grenze restlos überschwemmt. Und bei dieser Überschwemmung wurden Minen aus dem Minengürtel herausgeschwemmt, zum größten Teil auf das Gebiet der DDR im nahen Grenzraum, und einzelne Minen sind auch bei uns herüber abgeschwemmt worden. Die Bevölkerung war gewarnt von unseren Polizeifahrzeugen über Lautsprecher: »Vorsicht, das Gebiet erst dann betreten, wenn unser Minensuchkommando durchgelaufen ist.« Erst danach konnte die Bevölkerung ihre überschwemmten Wiesen, Äcker, Felder wieder begehen und den Unrat beseitigen. Aber ein Landwirt aus dem Ortsteil Fürth am Berg ist vorzeitig auf diese überschwemmte Wiese, sein Eigentum, gegangen und hat geglaubt, vor sich eine Konservendose zu haben. Einen Meter. Und mit dem Rechen hat er das Ding auf sich zugerecht, das war eine Mine. Die Mine kam zur Detonation, er wurde schwerstens verletzt, er hat ein Auge verloren, ein Auge zu sechzig Prozent eingebüßt an Sehkraft, schwere Verletzungen am ganzen Körper. Er wurde abtransportiert mit dem Hubschrauber.

Auch drüben auf dem Gebiet der DDR sind die Minen, die abgeschwemmt waren, gesucht worden. Und zwar haben sie einen alten T 34, den russischen Panzer T 34, den ich kennengelernt habe während des Rußlandfeldzuges. Der Turm war oben abmontiert. Mit diesem Räumpanzer, mit einer Scheibenegge davor, wurde das Gelände durchpflügt. Bei diesem Durchpflügen sind Minen unter die Scheibe gekommen, sind zur Detonation gebracht worden. Und da ist ein Segment von einer solchen Scheibe durch die Luft gesegelt. Es sind sehr viele Zuschauer draußen. Bei dieser einen Gelegenheit ist ein Holzstock – heute noch im Archiv von der Grenzpolizei – herübergesegelt durch die Luft, und ich stand an meinem Pkw. Sag ich so: »Der kommt doch genau auf dich zu.« Und der flog genau auf das Dach vom VW-Käfer, vom Dienstwagen. Oben drauf lag er. Ich lag daneben, ich habe mich auf die Erde geschmissen.

Das überschwemmte Gebiet wurde erst nach Wochen freigegeben, und da habe ich selbst beobachtet, wie eine Kolonne von sechs Grenztruppenangehörigen der NVA mit einer Telegrafenstange auf der Schulter marschierte. Ich hörte das Kommando: »Legt ab!« Das Ding wird dann runtergeschmissen, und in dem Moment haben zwei Soldaten, die vorne an der Spitze waren, aufgeschrien. Da war eine Mine in einem Loch gelegen. Diese Telegrafenstange ist gerade auf das Loch draufgedonnert und hat die Mine zur Entzündung gebracht. Die beiden Soldaten sind schwer verletzt abtransportiert worden.

Und dann habe ich Minenverletzte erlebt, die im Minengürtel liegen geblieben sind. Ein junger Mann, ein Vater, verheiratet, ein Kind, stammend aus Sonneberg, ist in den frühen Morgenstunden, wo Nebel, Dunst über diesem Gelände lag, in einem Bachgraben in Richtung Grenze im Wasser leise langsam gewatet. Und kurz vor dem Zaun stieg er aus dem Bach und wollte in Richtung Zaun hinüber steigen und zu uns kommen. Wäre er im Bach geblieben, wäre überhaupt nix passiert. Er wäre ohne Schaden zu uns gekommen, er steigt auf das Ufer und berührt eine Mine und wird schwer verletzt. Er lag dort, das war früh morgens um vier Uhr. Ich wurde geweckt, ich war damals Postenführer. Wir haben die Hilferufe gehört, und dieser junge Mann war noch ansprechbar. Wir sind bis hart an die Grenze herangegangen bis zum Pfahl, weiter nicht, denn drüben standen bereits schon Grenzsoldaten der Volkspolizei und haben uns gewarnt, wir dürfen ihr Gebiet nicht betreten, sonst machen sie von der Schußwaffe Gebrauch. Wir haben auch gar net geantwortet. Wir sind an den Zaun rangegangen und haben den jungen Mann so fünf, sechs Meter vor uns liegen sehen, seine Kleider waren durch die Minendetonation vom Körper heruntergefetzt, der hat nur in Unterhose und Unterhemd dort gelegen. Durch die Mine, durch den Pulverdampf war der Körper schwarz, und sein Bein war abgerissen. Wir haben ihm dann eine Leiter zugeschoben und haben gesagt, er soll sich noch festklammern, wir ziehen dich herüber. Das haben die alles drüben geduldet. Die haben ja auch das Bein liegen sehen, denn der war ja schwer verletzt der Junge. Wir haben ihn herüber gezogen, und da war er ohnmächtig, wir wußten noch net einmal, wer er ist, wie er heißt. Er wurde sofort hier in das kleine Krankenhaus nach Neustadt bei Coburg verfrachtet – es besteht heute nicht mehr – und wurde versorgt. Wir wußten immer noch nicht, wie der Mann heißt. Und aufgrund des Gerüchtes, daß da was passiert ist, haben natürlich einige Neustädter sich dafür interessiert und gesagt: »Ja, das ist der und der. Das muß der und der sein.« Er hat ja nicht mehr antworten können. Er war bewußtlos. Später haben wir dann rausbekommen, daß er wirklich der ist, den die gesagt haben, nur wenn Sie mich jetzt nach dem Namen fragen, ich weiß ihn nicht, aber er läuft in Neustadt rum, immer noch. Er wurde dann wieder gesund gepflegt. Im November wurde er entlassen, Prothese und und und, er hat Arbeit bekommen, hat Wohnung bekommen und so weiter und so fort. Der Grund seiner Flucht war folgender: Er war ein einfacher Kraftfahrer des VEB-Kraftfahrparkes

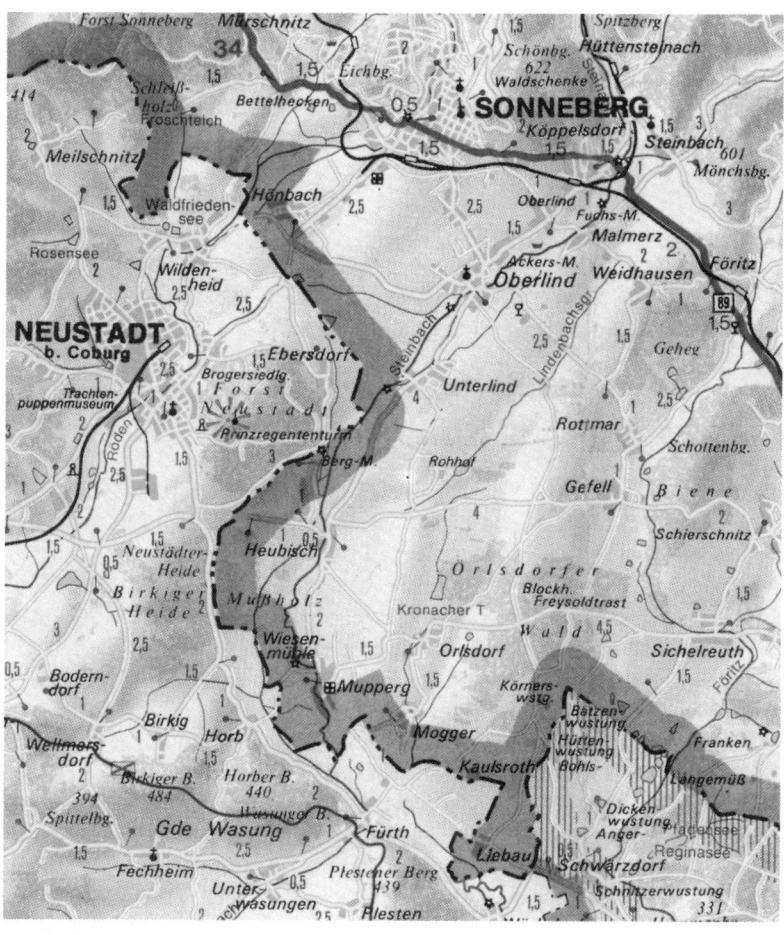

Sonneberg, und seine Frau war eine Funktionärin der SED. Und er mußte sich ständig anhören, was er für eine Niete ist, von seiner Frau. Und das hat er nicht mehr ausgehalten und hat sich dann auf die Socken gemacht und ist dann in die Freiheit geflüchtet. Hier wurde er dann später geschieden.

Der andere Fall, der dann späterhin geschah, und zwar auch im Neustädter Raum am hellerlichten Tag: Ein junger Fürsorgezögling aus einem Jugendheim im Unterfränkischen ist ausgerissen und wollte zu seiner Oma in die DDR. Er hat mittags gegen halb zwei den Zaun hier überklettert und ist vom Zaun oben herunter gesprungen auf eine Mine. Er wurde schwerstens verletzt, er lag dort, das war in den frühen Nachmittagsstunden. Diese Detonation wurde von unserer Streife gehört, wurde auch von drüben gehört, die drüben haben sofort die Stelle abgeriegelt, wir konnten nicht an den Zaun heran, denn das ist die natürliche Grenze. Der Zaun war vierzig Meter weit entfernt auf dem Gebiet der DDR, also hätte man vierzig Meter auf das Gebiet der DDR gehen müssen. Dieser Junge hat zwei Stunden gewimmert, um Hilfe gerufen, da war es aus, da war er ruhig. Dann nach weiteren zwei Stunden, das wurde von uns alles beobachtet, hat die Grenztruppe drüben eine sogenannte Minenbrücke rangeschafft. Diese Minenbrücke, die wird rangefahren, die legt sich dann über den Minengürtel. Über diese Brücke krochen dann zwei Soldaten und haben den schwerverletzten Jungen herausgehoben und abtransportiert. Und acht Tage später kam er aus dem Krankenhaus Sonneberg, wurde wieder abgeschoben bei Göttingen in die Bundesrepublik, schwerverletzt. Und das ist das, was ich bei meinen Reisegruppen sage, der damals im März, der lag bis November bei uns in der Klinik, verpflegt, gesund, Prothese, Arbeit, Unterkunft. Und dieser Junge, schwerverletzt nach acht Tagen ab, »hier habt ihr ihn, der gehört zu euch, jetzt macht damit was ihr wollt.«

Manfred Bornemann

28.2.1988: Geboren 1933. Ich halte eine Dokumentation über diese Grenze und die Grenzbewohner für sehr wichtig. Denn es sind im Grenzraum, besonders in den ersten Nachkriegsjahren, Dinge passiert, die man kaum für möglich hält. Da würden allein die Vorgänge im Grenzraum Ellrich/Walkenried Bände füllen!

Erinnerungen an einen Unglücksfall
im Grenzgebiet bei Ellrich

Ich war 1945 so alt wie das Reich, das in Blut und Tränen unterging. Eine wohltuende Ruhe hatte sich zunächst über das Chaos gelegt, das der Krieg in der Landschaft und unter den Menschen hinterlassen hatte: Die Fabriken standen still, die Bahnen fuhren nicht mehr, Schule, Kinovorstellungen und Veranstaltungen aller Art waren abgesagt. Die Familie war froh, in dem kleinen Luftkurort Ilfeld am Südharz von Kriegsereignissen, Luftangriffen, Flucht und Vertreibung verschont geblieben zu sein. So konnte ich als Zwölfjähriger nach dem Zusammenbruch und mehrmonatiger Pause ab August 1945 in gewohnter Weise die Ausbildung fortsetzen. Wie in den Kriegsjahren fuhr ich wieder mit der Bahn in die Kreisstadt Nordhausen zur Schule.

Natürlich mußte sich jeder neu orientieren. Dazu kam die Not, die allgegenwärtig war. Hunger, Verhaftungen, Enteignungen, Nachrichten vom Tod eines Angehörigen lasteten auf jeder Familie. Die Teilung des Landes in Zonen war eine weitere Belastung. Wer in der Nähe der Zonengrenze wohnte, wie wir, spürte, wie die neue Grenze das neue Leben einengte und bestimmte. Die Zonengrenze bei Ellrich, nur 12 km entfernt, machte sich auch im Hinterland bemerkbar: Grenzgänger mit Rucksäcken und Koffern beherrschten Bahnhöfe und Züge. Und gefangengenommene Grenzgänger, Männer und Frauen, sah man, die von russischen Posten in irgendeinen beschlagnahmten Stall oder Keller getrieben wurden. Aber in Grenznähe lebten wir auch von der Grenze, deren Verlauf man genau kennen mußte, um gewinnbringende Tauschgeschäfte machen zu können: Nordhäuser Korn gegen Fisch, Margarine, Speiseöl, Reis, Mais und dergleichen. Dankbar sei hier erwähnt, daß meine Mutter wie viele Frauen die ungeheuren Strapazen und Gefahren der »Grenzgängerei« auf sich nahm, um die Familie zu versorgen.

In der Schule war die Zonengrenze zwar kein Thema für den

179

Unterricht, bot aber Gesprächsstoff unter den Schülern. Nachrichten von hüben und drüben und von Vorgängen im Grenzraum, über die keine Zeitung in der sowjetischen Besatzungszone berichtete, wurden ausgetauscht. Man hatte das, was man wußte, gehört oder selbst erlebt. Das tragische Schicksal eines Klassenkameraden aus dieser Zeit ist mir in Erinnerung geblieben.

Ich gehörte 1949 zu einer der 9. Klassen der Humboldt-Oberschule in Nordhausen. In der Klasse saßen »Beo« und »Atze« hinter mir zusammen auf einer Schulbank. Sie sorgten für Stimmung und belebten durch ihre Unbekümmertheit den Unterricht und die Pausen. Die Namen der beiden Spaßvögel hatte ich nach Jahren der Trennung schnell vergessen, ihre Spitznamen und ihre lustigen Streiche aber nicht. Auch der Schicksalsschlag, der beide auseinanderriß, ist mir bis heute unvergessen geblieben.

Eines Tages kam »Atze« nicht mehr in die Klasse zurück. »Beo« saß ernst und traurig allein auf der Schulbank, erzählte den neugierigen Klassenkameraden, »Atze« wäre nachts beim Grenzgang in der Nähe von Ellrich in einen Steinbruch gestürzt und hätte den Sturz nicht überlebt. Mehr war über den schrecklichen Unfall damals nicht zu erfahren.

Fast vier Jahrzehnte sind seit dem Tod des Klassenkameraden vergangen. Längst habe ich auf der anderen Seite der Grenze wie Hunderttausende, die den sowjetischen Machtbereich verließen, ein neues Leben begonnen. Aber die Erinnerung an die damalige Schulzeit im grenznahen Raum wurde kürzlich auf seltsame Weise wachgerufen. Im Sommer 1987, als ich im Museum in Braunlage in alten Zeitungen blätterte, stand die Nachricht vom Unglück an der Grenze jäh wieder auf. In einer Notiz vom Sonnabend, dem 6. August 1949, konnte ich in der »Braunschweiger Zeitung« folgendes lesen:

»Walkenried. Der 17jährige Schüler Joachim Denhardt aus Nordhausen stürzte Freitag nacht auf dem Wege von der russischen Zonengrenze nach Walkenried über die steile Wand einer Kiesgrube ab und blieb mit schweren inneren Verletzungen liegen. Seine beiden Begleiter bargen den Verunglückten und sorgten für seine Überführung ins Braunlager Krankenhaus, wo Denhardt wenige Stunden später starb. Es ist in kurzer Zeit der zweite tödliche Unfall durch Absturz, dem ortsunkundige Grenzgänger in den Walkenrieder Bergen zum Opfer fielen.«

Wie im Kriege, so holte und holt noch immer der Tod im Grenzraum auf unterschiedliche Weise seine Opfer. Da wurden und werden Menschen von Minen zerrissen, erschossen, erschlagen, erwürgt oder durch Unfälle getötet. Einer der Toten ist »Atze«. Sein Schicksal soll an dieser Stelle für das vieler Opfer stehen.

rak (Künstlername)

Polizeihauptkommissar im BGS. 12. 2. 1988: Ich selbst lebe in der Region Coburg/Oberfranken nunmehr seit fast 20 Jahren und bin gut 50 Jahre alt. Ich wohne zwar nicht unmittelbar an der Grenze zur DDR, aber schon allein aus beruflichen Gründen lebe ich mit ihr – und das doch sehr intensiv.

Minendetonationen

Aus den Akten der Sicherheitsbehörden im Raum Neustadt bei Coburg in Oberfranken.

November 1968, Ostrand »Isaak«, einem von der Grenze zur DDR geteilten Berg am Südrand des Thüringer Waldes.

16.48	Minendetonation, dann Hilferufe.
17.05	Grenzsoldaten beantworten die Hilferufe: liegen bleiben, Hilfe käme; danach ununterbrochene Hilferufe, von denen folgende zu verstehen sind: »Hilfe Ihr Ostdeutschen, holen Sie mich hier raus, ich habe doch nichts verbrochen.« »Ich bin doch erst 16 Jahre alt und will noch nicht sterben.« »Bringt mich doch ins Krankenhaus, meine beiden Beine sind weg.« »Ihr Westdeutschen, holt mich hier raus, ich muß doch verbluten.«
17.40	Jenseits des Zaunes kommt ein Sanitätskraftwagen der DDR-Grenztruppe. Grenzsoldaten werfen Verbandspäckchen dem Verletzten zu und sagen ihm, daß sie in 5 Minuten wiederkämen. Sie kehren zum Fahrzeug zurück, helfen aber nicht. Die Hilferufe werden schwächer.
18.50	Alle beobachteten Grenzsoldaten fahren mit dem Sanitätskraftwagen weg, es sind aber noch Stimmen zu hören, die darauf schließen lassen, daß eine Meldung abgesetzt wird.

19.00	Keine Hilferufe des Verletzten mehr zu hören.
20.00–20.10	Etwas weiter entfernt wird eine Minengasse freigesprengt.
20.30–20.45	Der Abtransport mittels einer Bahre aus dem Minenfeld wird beobachtet; an dem Leblosen werden Erste-Hilfe-Maßnahmen nicht mehr beobachtet.
21.12	»Ende des Dramas«.

Otto Fest*

Auszug bzw. Abschrift aus der Hohegeißer Kirchenchronik (1963, Pastor Block)

1963: Anfang August war Hohegeiß in aller Munde: Der 22jährige Helmut Kleinert aus Quedlinburg war bei dem Versuch, mit seiner jungen Ehefrau die Bundesrepublik zu erreichen, in Höhe des »Café Brockenblick« – aus der Talmulde der früheren Straße nach oder von Sorge kommend – 100 Meter vor der rettenden Freiheit – d.h. bei dem (nach dem 13. August 1961, dem Mauerbau in Berlin) auch an der Ostgrenze von Hohegeiß auch am Buß- u. Bettag (!!!!) erbauten Doppelzaun – brutal – von einer großen Mehrheit von Volkspolizisten (die in Sorge ihre Kompanie-Unterkünfte haben) niedergeschossen und dann feige aus nächster Nähe ermordet worden.

Ganz Hohegeiß war in großer Bestürzung und Erregung, besonders, als sich der Kompanie-Führer der Volkspolizei-Einheit aus Sorge, der vielen Hohegeißern persönlich bekannt war, unmittelbar an der Mordstelle zeigte. Die Ehefrau, die den Tod ihres Mannes miterlebte, wurde – anscheinend unverletzt – von Volkspolizisten in das Innere der sog. »DDR« abgeführt.

3 Berliner Jungen, die hier die Ferien in einem der jetzt 5 Jugendheime verlebten, errichteten spontan aus Tannenholz ein Gedenkkreuz mit Stacheldraht gegenüber der Mordstelle. Übereifrige Bildreporter fotografierten das Gedenkkreuz – mit den 3 Berliner Jungen. Der Erfolg: Die 3 Jungen mußten nach Berlin zurück geflogen werden. Sie durften und dürfen nicht mehr durch die »Zone« reisen, weil so ihre Bilder (durch die Photos in westdeutschen Zeitungen und »Illustrierten«) den Verantwortlichen der Zone bekannt geworden waren!

Kurz nach der Tat wurde ich von den westdeutschen Angehörigen (Bruder und Schwester) des Ermordeten – über ihren ev.-luth. Ortspfarrer – um 1 Trauerfeier für die Angehörigen gebeten. Ich sagte selbstverständlich sofort zu. So fand am Donnerstag, dem 8. August 1963 – um 17 Uhr – im Gemeinderaum des Pfarrhauses die kirchliche Trauerfeier für Helmut Kleinert – in Anwesenheit seiner westdeutschen Verwandten – statt.

Anschließend gingen wir – geschlossen – zum Gedenkkreuz, wo eine riesige Menschenmenge, darunter viele Kurgäste, uns erwartete. Dort angekommen sprach ich noch – gemeinsam mit den Hunderten von Teilnehmern – das Vaterunser. Zum Schluß sprach noch der Bürgermeister Herr Stegen, der unmittelbar gegenüber der Mordstätte bzw. von dem Gedenkkreuz wohnt und darum auch als Augenzeuge der Bluttat (mittags gegen 13 Uhr!!) berichten konnte.

Bei einem kurzen Beisammensein mit den Angehörigen – in der Wohnung des Bürgermeisters – fand sich auch der Oberstaatsanwalt für diese Sonderfälle – aus Salzgitter ein.

Günther Wolf*

Morde an der Grenze

An der Grenze, genauer gesagt, an der Zonengrenze zwischen Offleben und Helmstedt, geschah vor 1950 ein tragisches Unglück mit zwei Morden an zwei deutschen Bürgern, woran ich mich noch sehr gut erinnern kann.

Wie kam es dazu? Es war so üblich, daß Grenzbewohner aus der Sowj. Zone mit Einverständnis der russischen Grenzsoldaten, durch Bestechung mit Schnaps und ähnlichem, die nahe Grenze zum Westen überschreiten konnten, um Verwandte oder Bekannte zu besuchen.

So auch diese beiden, mir sehr gut bekannten Menschen aus meinem Heimatort. – Dazu muß noch erklärt werden, daß der eine ca. 75jährig, ein sehr bekannter Landwirt in der Gegend und seine ca. 45jährige Tochter Besitzerin einer ca. 95 ha großen Landwirtschaft waren. Sie hatte den Hof von ihrem Vater geerbt. – Da in diesem Ort kein landw. Betrieb über 100 ha Land war, welcher durch das Bodenreformgesetz von 1945 enteignet werden konnte, versuchten nun die örtlichen deutschen Kommunisten an einen Hof heranzukommen, um diesen zu enteignen und aufzuteilen. Um Land und Besitztum von deutschen Bauern zu erhalten, scheuten diese Bestien wahrscheinlich vor nichts zurück und sannen sich einen teuflischen Plan aus.

Nach Recherchen nimmt man an, daß der Grenzgang bekannt war. Und so kam es, daß nach einem Verwandtenbesuch im nahe liegenden Offleben die beiden, Vater und Tochter, nicht wieder zurückkehrten. Sie waren sonnabends bei Hohnsleben über die Grenze gegangen, verlebten in Offleben (Westen) schöne Stunden bei dem Bruder bzw. Onkel und dann der Aufbruch am Sonntagabend. Zuerst wollte noch gemeinsam mit ihnen ein anderes Ehepaar die Grenze überschreiten, aber durch andere Umstände zerschlug sich dieses Vorhaben. So ist dieses Ehepaar der Katastrophe entgangen. Zu dem Unglück kam es vermutlich, als russische Soldaten die beiden, Vater und Tochter, an der Grenze stellten, sie dann an einen großen Teich (BKB-Teich) schleppten und sie dort erschossen und ins Wasser warfen. Es sollte ein Tod durch Ertrinken vorgetäuscht werden.

Tagelang danach galten sie als vermißt. Man suchte alle Keller ab, denn die aufgegriffenen Grenzgänger wurden von den Russen immer in Kellern festgehalten. Aber nirgends waren sie, sie waren auch nicht im Westen in Offleben geblieben. Nach geraumer Zeit fand man sie angeschwemmt im BKB-Teich. Durch Genickschuß, wie es so in dieser Stalin-Zeit Mode war, hatte man sie niedergestreckt.

Wie mag diesen beiden Menschen wohl zumute gewesen sein, in so einer Stunde hinterrücks ermordet zu werden? Nach diesem tragischen Vorfall wurde der Betrieb enteignet und aufgeteilt.

Die Grenze als Tatort

Den Grenzgängern war bewußt, daß russische Posten, Patrouillen und Militärs überall und jederzeit lauerten, plötzlich »wie aus dem Boden gekrochen« vor ihnen stehen konnten und dann selten etwas von den mühsam herübergeschleppten Dingen übrigblieb, die in Rucksäcken verstaut oder unter Mänteln verborgen waren. Es gab nichts, was in diesen Tagen nicht durch dunkle Waldstücke in die andere Zone gebracht wurde: Silberbestecke und Schreibmaschinen, Strümpfe und Stoffe, Schnaps, Heringe, quiekende Ferkel und Fahrradschläuche. Ein großer Teil der Menschen, die zwischen Ost und West unterwegs waren, kannten sich im Grenzgebiet nicht aus. Unter ihnen waren viele Mütter mit kleinen Kindern bzw. Frauen, die ihr Hab und Gut verloren hatten und auf dem Fußmarsch zu entfernten Verwandten waren, um eine einstweilige Bleibe zu finden.

Im gesamten Grenzgebiet tauchten bald Helfer und Führer auf, Einheimische zumeist, die geländekundig waren und gegen Geld und Gut hilflosen Menschen den Weg auf die andere Seite wiesen. Mancher wird gezögert haben, sich einem dieser Führer anzuvertrauen, aber die Angst vor der einsamen Begegnung mit russischen Bewachern überwog in den meisten Fällen.

Die Motive der professionellen Grenzführer reichten vom bloßen Mitleid bis zur rücksichtslosen Gewinnsucht. Während einige von ihnen sich dem Risiko des Unternehmens auch selbst aussetzten und gelegentlich mitgefangen wurden, ließen andere ihre Klientel – nachdem sie oft beträchtliche Summen kassiert hatten – skrupellos mitten im Wald zurück und brachten sie um ihren wenigen Besitz und um ihre Hoffnung.

Neben solchen falschen Helfern zog es immer wieder auch Gewalttäter in das Grenzgelände. Von einem grausigen Mordfall berichtet die »Herleshausener Stadt- und Landpost« am 14. Oktober 1955:

»Dunkle Nächte im Niemandsland

Vor dem Schwurgericht in Kassel wird in diesen Tagen eine Zeit wieder lebendig, an die sich unzählige Menschen nur mit Grauen erinnern. Es sind jene ersten Tage nach dem Zusammenbruch, in denen ›Befreite‹, Zuchthäusler und andere unsaubere Elemente die Landstraßen unsicher machten. Sie nutzten auch die Angst unglücklicher Menschen aus, die illegal die Zonengrenze überschritten. Manche Mordtat geschah in dunklen Nächten im Niemandsland. Der 32 Jahre alte Josef L., der erneut einer solchen Tat angeklagt ist, hat für einen versuchten Mord an einer Frau bereits eine Zuchthausstrafe von 6 Jahren verbüßt. Beide Taten, die einander ähnlich sind und etwa zur gleichen Zeit geschahen, trugen sich zwischen Berka und Obersuhl am Ufer der Werra zu.

Am 28. April 1947 war in Herleshausen eine Frauenleiche angeschwemmt worden. Sie war entkleidet und völlig ausgeraubt. Die Identifizierung ergab, daß es sich um Frau Lieselotte D. handelte, die ihre Mutter in Halle besucht hatte und sich auf der Rückreise nach dem Westen befand.

In dem Geständnis gibt L. an, daß die Frau sehr vornehm gekleidet war und ein Radio bei sich hatte. Er wollte auch das haben, was sie auf dem Leibe trug.

An einem einsamen Weg bei Berka wollte Lieselotte D. ausruhen. Dabei erhielt sie einen Stoß, durch den sie stürzte. Sie wurde mit ihrem Halstuch geknebelt. L. nahm die Kordel, die um den Radioapparat geschnürt war und schlang sie ihr um den Hals. Die Frau wurde entkleidet und mißbraucht. Der leblose Körper wurde an den Flußrand gerollt, damit er ›absaufen‹ sollte. Mit der Beute ging es nach Osten. Dort wurde sie zu Geld gemacht.«

Lieselotte D. wurde das Opfer eines kaltblütigen Täters, der sein Unwesen ganz gezielt im Grenzgebiet trieb. Wie viele andere Frauen in dieser Zeit war auch sie genötigt, allein dort unterwegs zu sein. Und bereits ihre feine Kleidung sowie der Wertgegenstand, den sie bei sich trug, reichten aus, um die Habgier des Mörders zu erregen. Daß diese Frau ausgerechnet in vornehmer Garderobe über die Grenze ging, muß keineswegs Leichtsinn gewesen sein, und es besagt auch wenig über ihren sonstigen Wohlstand. Nach dem Krieg kursierte auf dem Lande nicht ohne Grund eine Redensart, die auf den ausgebombten Städter gemünzt war, der womöglich nur noch seinen geretteten Sonntagsanzug besaß: »Schlips und Kragen – nichts im Magen«.

Die Ermordete wurde auf der Westseite der Grenze beerdigt. »Etwa 1965 schickte die Mutter eine kleine Steintafel mit den Daten der Toten. Bis zur Einebnung, nach 30jähriger Liegezeit, wurde die Grabstätte von einer Einwohnerin instand gehalten«; das berichtet der Herleshausener Altbürgermeister Ludwig Fehr. Die letzte Spur, die an das Opfer der Gewalttat erinnerte, war damit verschwunden.

Wenn die Rede auf Frauenschicksale an der Grenze kommt, dann fällt noch heute oft der Name eines weiteren Mörders, der in der frühen Nachkriegszeit »im Dschungel des Zonen-Niemandslands«, wie eine Zeitung später schrieb, unter den allein reisenden Frauen seine Opfer suchte und fand: Rudolf Pleil. Die Begegnung mit diesem mordenden Schmuggler und Grenzführer gehörte zum Gefährlichsten und zum Grausigsten, was einer Frau in dem unsicheren Gelände widerfahren konnte.

Die häufigsten Hinweise auf Rudolf Pleil kommen aus dem Harz, aber auch in anderen Regionen weiß man noch von ihm und macht auf seine Person aufmerksam. Eine Einwohnerin aus Hof in Oberfranken, die in den vierziger Jahren eine kleine Pension für Heimkehrer unterhielt und über die Zustände an der Grenze gut unterrichtet war, meinte sich noch eindrücklich an ihn zu erinnern. Und auch ein Zollbeamter aus dem Wendland erzählte von den Untaten des Frauenmörders.

Die teils bruchstückhaften, teils ausführlichen, teils verschwommenen und teils mit – zuweilen fiktiven – Einzelheiten gespickten Berichte ergeben ein uneinheitliches Bild. Pleil scheint wie ein Irrlicht bald hier, bald dort umgegangen zu sein, mal mit Komplizen, mal alleine. Als Motiv für seine vielen Morde wird blanker Sadismus ebenso angeführt wie blinde Raubgier. Die Erinnerungen zeigen ihn einmal im Gewand eines kommunistischen Arbeiters, ein andermal als sächselnden, dummdreisten und durchtriebenen Nazi. War er ein Doppelspion? Kam er aus Österreich, oder war er aus Sachsen? Einige dieser Mutmaßungen kamen erst später hinzu und schmückten die Lücken aus, welche das Vergessen herbeigeführt hatte. Nicht selten wurde dabei auf Klischees zurückgegriffen.

Bei allen Widersprüchen zwischen den verschiedenen Angaben bewahrt das kollektive Gedächtnis mit der Gestalt Rudolf Pleils zugleich eine Symbolfigur auf, die den Alptraum vom Tatort Grenze verkörpert. Der Mörder ließ diesen Alptraum schaurige Wirklichkeit werden. In den Schilderungen finden sich Erinnerungen an vergangene Zeitungslektüre oder auch an Gerüchte, die damals in Umlauf waren. Außerdem meldeten sich Augenzeugen zu Wort, die von den Umständen der Verhaftung oder von einer persönlichen Begegnung mit Pleil zu berichten wußten. Hierbei wird unter anderem die Doppelexistenz dieses Mannes angesprochen, der seine heimtückischen Morde hinter der Fassade des freundlichen Biedermannes begangen habe.

In den diversen Mitteilungen kommt ein offenkundiger Abscheu zum Ausdruck. Die Opfer jedoch sind in ein Schweigen eingehüllt, das auch deren Angehörige weiter pflegen. Eine solche Stille breitet sich auch über viele Opfer anderer Gewalttaten aus, die an der Grenze zu beklagen sind. Zu den Erfahrungen im Niemandsland gehört daher an zentraler Stelle all jener Schmerz, der nicht in Worte gefaßt werden konnte und kaum in Worte zu fassen ist.

Einige, die sich über den Fall Pleil äußerten, taten dies in der Art einer Zeugenaussage, hinter deren scheinbarer Nebensächlichkeit eine gewichtige Bedeutung liegt; andere gingen ihren Erinnerungen auf beinahe kriminalistische Weise nach und befragten Bekannte oder Verwandte nach deren Wissen; noch andere wiederum hatten sogar eigens ein Dossier angelegt, in dem die Zeitungsberichte über die Mordfälle sorgfältig zusammengestellt waren. Allen war die Auffassung gemeinsam, daß unter den Grenzgeschichten die Geschichte des Massenmörders nicht fehlen dürfe. Die folgenden Briefdokumente mögen ausschnittweise die Konturen andeuten, die das heutige Bild des Rudolf Pleil prägen:

»6.3.1988: Bei dem von mir beim Schreiben meines Briefs gewählten Prädikat ›Massenmörder‹ war ich eigentlich, nach so vielen Jahren, etwas unsicher. Als ich neulich bei einer Verwandten in Braunschweig anrief und fragte, ob ihr der Name ›Pleil‹ etwas sage, war die spontane Antwort: ›Ach, der Massenmörder!‹ Ihr noch erhaltenes Wissen über ihn und die seinerzeitigen Vorgänge deckten sich ziemlich mit dem meinen.

Ihr Vater war seinerzeit in Braunschweig auf dem Gericht als Beamter tätig, und so wußte sie nur zusätzlich zu berichten, daß der Prozeß gegen ihn in Braunschweig stattgefunden hat. ›Ja, wenn mein Vater noch lebte, der wüßte darüber viel zu erzählen.‹ Das ›Bild‹, das sie von ihm hatte, deckte sich ebenfalls mit dem meinen, wie seinerzeit in den Zeitungen dargestellt: Ein großer, vierschrötiger, unsympathischer, ja häßlicher Mensch.

Mir selbst ist noch eingefallen, daß er sich selbst stolz als großen ›Totmacher‹ sah. Wenn ich mich nicht irre, hatte er sich sogar als

Scharfrichter im Falle der Wiedereinführung der Todesstrafe angeboten.

Meine Befragung eines früheren Arbeitskollegen ergab folgendes, um dessen Bestätigung ich mich noch bemühe:

Hiernach stand Pleil als Kandidat der KPD mit einer Unterschriftenliste sogar an dessen Arbeitsplatz. Er soll Vorarbeiter hier im VW-Werk gewesen sein.

Was mir zur Zeit nicht klar ist, ist, wie Pleil als Vorarbeiter mit regelmäßiger Arbeitszeit Zeit für die zeitlichen Aufwendungen als ›hauptamtlicher Grenzgänger bzw. -führer‹ haben konnte. Es besteht allerdings die Möglichkeit, daß beide ›Tätigkeiten‹ zeitlich aufeinander folgten.

Seine – bisher – unbestätigte KPD-Kandidatur ist aber wahrscheinlich, weil die seinerzeitigen ›Grenzgängertypen‹ sich drüben rückversicherten oder gar Doppelfunktionen hatten (Spionage etc.).

Jede Zeit bringt ihre zeittypischen Typen hervor. Ein solcher Typ war seinerzeit der vor dem Bahnhof in Helmstedt wartende (herumlungernde), in seiner persönlichen Pflege etwas verwahrloste Mensch. Es gab, ungeachtet ihres Äußeren, auch ehrliche, denen man sich anvertrauen konnte. Doch es blieb ein russisches Roulett. Meist in bezug auf die Habe – manchmal auf das Leben.

Offen ist für mich zur Zeit noch eins: Hat Pleil seine ›Tätigkeit‹ im Harz in der Gegend von Zorge oder hier in der Gegend Helmstedt-Marienborn ausgeübt?

Vermutlich war er doch etwas geistesgestört. Nach den Schilderungen des Kollegen, der von der KPD-Kandidatur zu berichten wußte, soll er Österreicher gewesen sein.« (Gerd Bühler*)

»18.4.1989: Zu der Zeit des obengenannten Geschehens war mein Vater befreundet mit einem Kriminalkommissar namens Dr. W.

Soweit ich mich erinnere, kam eines Tages, während wir bei der Familie W. in der Herzog-Julius-Str. zu Besuch weilten, Herr Dr. W. mit seinem aus Wehrmachtsbeständen stammenden hochbeinigen VW-Käfer auf den Hof gefahren, stieg aus und berichtete: wir haben ihn.

Da mein Vater zu dieser Zeit als Waldarbeiter tätig war, nachdem ihm als Regierungsrat nach dem Krieg ein Berufsverbot erteilt worden war, hatten seine Arbeitskollegen und er großes Interesse daran, daß der unbekannte Mörder gefunden und verhaftet werden würde.

Zwischen Bad Harzburg und Ilsenburg liegt unmittelbar an der Zonengrenze, im Norden der Bundesstraße (früher Reichsstraße) 6 ein Waldgebiet, genannt der Schimmerwald, in dem sich während des Krieges ein ausgedehntes Munitionsnachschublager, im Volksmund ›Muna‹ genannt, befand. Unmittelbar vor dem Einzug der Amerikaner wurde diese Anlage gesprengt.

Da durch die Sprengungen der einzelnen unterirdischen Werke große Mengen von Munition über das gesamte Waldgebiet verstreut wurden, war dieses Gebiet eingezäunt worden und für jedermann das Betreten verboten, da z. B. herausgeschleuderte Minen eine Lebensgefahr darstellten.

In den nach der Sprengung z.T. noch erhaltenen Gebäuden suchten Grenzgänger Unterschlupf, und so hat, soweit ich mich erinnere, auch der dann verhaftete Pleil von hier aus sein Unwesen getrieben.

Zu der Zeit war vor allem die Versorgung mit Lebensmitteln schwierig, und zahlreiche Grenzgänger pendelten zwischen Bad Harzburg und Ilsenburg, um die mit dem sog. Heringszug von der Ostsee in den Harz gebrachten Fischwaren nach Bad Harzburg zu holen.

Außerdem war der Grenzbereich Schimmerwald und Eckertal-Stapelburg durch die damals noch bis zur Bahnstation Eckertal fahrende Reichsbahn, heute Bundesbahn, eine besonders günstige Verkehrsverbindung.

Da meine Mutter zu der Zeit in dem Bemühen, ihre fünf Kinder, ihren Ehemann und sich ausreichend zu ernähren, einen schwunghaften Schwarzhandel mit allen möglichen Dingen – von hochkarätigem Gold-Diamantschmuck bis zu LKW-Ladungen voll 10-Ltr.-Eimern mit Rübensaft – betrieb, stellte die Gefahr durch den Pleil an der Grenze eine besondere Schwierigkeit dar, und so ist viel Schwarzhandelsgut verlorengegangen, was natürlich jedes Mal zu großer Unruhe unter den beteiligten Personen geführt hatte, weshalb wahrscheinlich auch die Nachricht der Verhaftung des Pleil vor allem in meinem Elternhaus mit großer Beruhigung aufgenommen wurde.« (Olaf Eisener*)

»6. 6. 1989: Ich hatte am vergangenen Wochenende, 3./4. 6., das Glück, einen pensionierten Polizeimeister aus dem Polizeirevier Bad Harzburg zu sprechen.

Zur Angelegenheit Pleil kann ich danach folgendes zufügen: Pleil wurde in einem Tanzlokal in Zorge verhaftet.

Einen Teil seiner Mordtaten hat er nicht allein durchgeführt, sondern einen sächsisch sprechenden, brutal aussehenden und wirkenden Kollegen gehabt. Pleil selbst soll ein ebenso brutaler, vierschrötiger Mann mit Stiernacken gewesen sein. Die Opfer, meist Frauen, wurden in den überwiegenden Fällen mit einer Axt erschlagen, die wenigsten wurden erwürgt.

Das ›Arbeitsgebiet‹ des Pleil reichte von einem größeren Waldstück im Süden Helmstedts bis in den Bereich der Wälder in der Nähe des ehemaligen Konzentrationslagers unweit von Ellrich bei Walkenried.

Der Polizeimeister, den ich sprach, ist Augenzeuge gewesen und hat mir in einem längeren Gespräch mehrere Einzelheiten erzählen können. Dazu gehörte z. B., daß der Brunnenschacht am Bahnwärterhäus-

chen an der Grenze zum ›Muna‹ bei Eckertal, Bad Harzburg, entgegen der Meinung vieler Bewohner dieser Gegend keine Leichen enthielt.«
(Olaf Eisener*)

»26. 8. 1988: Ich will mein Versprechen einlösen und Ihnen noch etwas über den Massenmörder Pleil berichten.

Auf der Rückseite finden Sie in Kopie die Hochzeitskarte vom 23. 3. 1947, von der Familie Pleil. Seine Frau und sein ca. 5jähriger Sohn waren in dieser Zeit als Besuch hier. Pleil und Horstmann* wohnten bei einer Frau in der Nachbarschaft von meinen Schwiegereltern. Man suchte ja keinen Mörder in diesen beiden Sachsen.

Im Gespräch gaben sie folgende Schilderung zum besten: Beide waren 1946 als Transportpolizei bei den Russen angestellt. Zuckertransporte waren ihre Hauptaufgabe, da hatten sie mit Hilfe eines Röhrchens die Zuckersäcke durchstochen und pro Sack 5 Pfund Zucker entwendet und zu Geld gemacht. Der Schwindel platzte, und beide sollten von einem russischen Major verhaftet werden. Sie erschossen den Major und flohen über die Grenze nach Zorge. Hier handelten sie mit Fisch, den sie aus Bremen holten, und anderen Schwarzmarktartikeln. Auf einer dieser Reisen lernten sie das letzte Opfer kennen.« (Franz Spatz*) – Der Schreiber legte seinem Brief einen hübschen, von Pleil eigenhändig gezeichneten Hochzeitsgruß bei.

Aufgrund der unübersichtlichen Verhältnisse, die in den ersten Nachkriegsjahren herrschten, hatten die Fahnder schlechte Chancen, flüchtige Täter zu ergreifen. Die vielen Toten, die im Grenzgebiet aufgefunden wurden, blieben häufig unbekannt. Nicht alle waren von fremder Hand getötet worden, manch ein Heimkehrer blieb aus Erschöpfung irgendwo liegen und verstarb. In einsamen Waldstücken, abgelegenen Landstrichen und auch in Brunnenschächten gab es bisweilen besonders grausige Funde, nämlich die Leichen erschlagener, mißbrauchter und zumeist ausgeraubter Frauen. Sie gingen zunächst als ungelöste Fälle in die Akten der Justizbehörden ein. Waren Gewaltverbrechen zwar eine tägliche Bedrohung, so zeigte sich die Öffentlichkeit doch äußerst schockiert von den Morden an der Zonengrenze, deren ganzes Ausmaß durch die umfangreichen Geständnisse zu Bewußtsein kam, die Rudolf Pleil zwischen 1947 und 1950 vor der Braunschweiger Mordkommission ablegte.

Pleil war im April 1947 in Zorge am Harz, seinem damaligen Wohnort, wegen Mordes an dem Hamburger Kaufmann Bennen verhaftet worden. Bennen und er gerieten am Abend des 14. April auf einem Grenzgang, von Hamburg kommend, im Wald nahe Zorge in

Streit, in dessen Folge Pleil den Mann hinterrücks erschlug. Da sie wenige Minuten vor der Tat noch gemeinsam auf der Dorfstraße in Zorge von mehreren Personen, die vom Tanz kamen, gesehen worden waren, fiel der Verdacht sofort auf ihn, und die Fahndung wurde eingeleitet.

Wenige Tage später, am 18. April, suchte ein junges Mädchen auf dem Bahnhof von Benneckenstein, östlich der Grenze, Hilfe für einen Gang auf die westliche Seite in den Harz. Sie stieß auf Pleil, der sich bereit erklärte, sie zu führen. In der Nähe von Hohegeiß wurde er erkannt und von zwei Polizisten, die hinter einer Mauer in Zorge auf die beiden warteten, festgenommen.

Bei der Urteilsverkündung im Dezember 1947 ahnten die Justizbeamten noch nicht, daß Pleil allein oder unter Beteiligung von zwei Komplizen immer wieder Grenzgängerinnen umgebracht hatte. Niemand hätte ihn für einen vielfach schuldigen Sexualmörder gehalten, wenn er nicht im Celler Gefängnis angefangen hätte, unter seinen Mithäftlingen mit seinen Untaten zu prahlen.

Die Aufdeckung der Fälle beginnt mit einem unglaublichen Vorgang: Pleil meldete sich durch einen herausgeschmuggelten Brief beim Bürgermeister von Vienenburg für das Amt des Scharfrichters, das er bekleiden wolle, sobald die Todesstrafe in Deutschland wieder eingeführt würde. Dieses Schreiben blieb zunächst als Äußerung eines Geisteskranken unbeachtet, aber Pleil beharrte weiterhin stolz auf seinem Anspruch, der fähigste »Totmacher« Deutschlands zu sein. Da man ihm jedoch keinen Glauben schenkte, fertigte er schließlich eine genaue Skizze an, auf der ein Brunnenschacht bei Vienenburg unmittelbar an der Grenze eingezeichnet war. Darin, so seine Mitteilung, seien eine Frauenleiche und sein eigener Rucksack zu finden.

Dieser Angabe wurde nachgegangen, und sie bestätigte sich. Bis zu seinem Tod im Jahre 1958 gestand Pleil mehr als vierzig Morde im Grenzgebiet. Neun davon bildeten die Grundlage des zweiten Urteils vom November 1950. Sechs dieser Morde allerdings, die er lediglich aus Rivalität zu seinem Komplizen Karl Horstmann* zugegeben haben wollte, stritt er hartnäckig wieder ab. Hinsichtlich dieser Fälle begann er, »Beweise« für seine angebliche Unschuld zusammenzustellen, zu denen auch Zeichnungen vom Mordschauplatz Grenze gehörten. Gerade in ihrer nüchternen Präzision werden diese Bilder zu Landkarten des Schreckens.

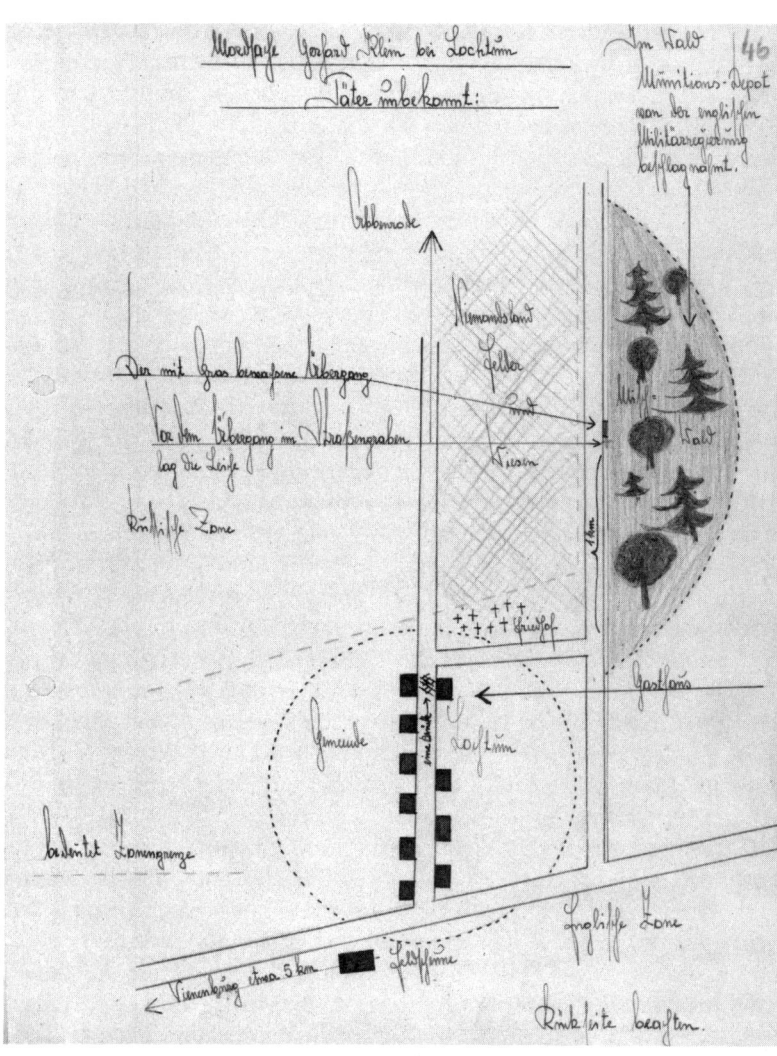

Der Aktenberg zu den Pleilschen Vergehen ist riesig, er besteht aus einer ausführlichen Urteilsschrift, psychiatrischen Gutachten, Recherchen zu den einzelnen Fällen, Fundortbeschreibungen und Fotografien. Hinzu kommen noch die Aufzeichnungen von Pleils Hand. Als Häftling ließ er sich im Celler Gefängnis unterrichten, erlernte die Stenographie und legte in einem umfangreichen Konvolut aus Tagebüchern, autobiographischen Texten, einem Dreiakter mit dem Titel »Rudolf! Eine Komödie«, etwa vierzig Gedichten sowie vielen juristischen und psychologischen Selbstgutachten sein Werden und seine Taten dar.

Im März 1950 interviewt er sich selbst und versucht mit Schlüsselfragen wie »bin ich krank?« oder »bin ich verrückt?«, seine Deformation zu begreifen, zu erklären und zu entschuldigen. Er gutachtet aber auch über die mit ihm befaßten Personen, zeigt einen für ihn zuständigen Kommissar wegen »Sittlichkeitsvergehen im Amt« an und diagnostiziert den Psychiater der Heil- und Pflegeanstalt Königslutter als psychisch krank: »Ist ja auch gar kein Wunder wenn die Ärzte ein Vogel hapen, denn die sint ja täglich mit die Verrückten zusammen.« Behandelt er juristische Fragen, so ähnelt seine Schreibart richterlichen Urteilssprüchen und Justizprotokollen; sinniert er über psychische Defekte, dann verfällt er in die Sprache der Ärzte. Seine Nachdenklichkeit und sein Selbstmitleid kleidet er in Aphorismen und Sinnsprüche ein, die er aus populären Magazinen wie etwa ›Das Beste aus Reader's Digest‹ kennt: »Allein zu sein! Drei Worte leicht zu sagen, so endlos schwer, so endlos schwer zu tragen.«

Geradezu zwanghaft beschreibt er ständig von neuem sein Leben und kommt dabei immer wieder – leitmotivartig – auf die wirren Verhältnisse im Grenzgebiet zu sprechen. In den abgründigsten Textpassagen vollzieht er einzelne seiner Morde detailliert nach und illustriert diese Schilderungen durch Tatortskizzen, auf denen jeder Strauch abgebildet ist. Insgesamt vermitteln die von ihm hinterlassenen Dokumente ein maßlos deformiertes und ichbezogenes Weltbild, welches auf die sexuelle Befriedigung vermittels der Tötung von Frauen zentriert ist.

Rudolf Pleil stammte von der tschechisch-deutschen Grenze, er wurde am 7. Juli 1924 im sächsischen Bärenstein im Erzgebirge geboren. Nach der Machtübernahme 1933 wird die Familie wegen der Mitgliedschaft des Vaters in der KPD des Landes verwiesen. Die Pleils haben vierundzwanzig Stunden Zeit, um mit ihrer gesamten

Habe auf die tschechische Seite hinüberzuwechseln. Die bis dahin schon mageren Einkünfte, welche die Eltern durch Heimarbeit und Taglohn erwarben, fallen von heute auf morgen ganz weg. Man beschließt, den neunjährigen Rudolf nachts über die Grenze zu schikken, um Schokolade zu schmuggeln. Die Geschäfte, die der Junge in der Dunkelheit tätigt, bringen ein paar Kronen Verdienst. Bald gibt die Mutter ihre Arbeit als Näherin auf und eröffnet einen kleinen Laden, in dem sie Schmuggelgut und Hausiererware verkauft, die Rudolf nachts über die Grenze holt. Das bedeutet meist zwanzig Kilometer Fußmarsch allein durch ein bewaldetes Gebiet zwischen dem tschechischen Weipert und dem deutschen Bärenstein.

Das Kind ist der wirtschaftliche Mittelpunkt der Familie. Der Vater schlägt im Rausch oft rücksichtslos auf den Jungen ein, wenn etwas nicht nach seinen Wünschen verlaufen ist. Die Mutter hingegen ist eine bigotte Person, die den Kleinen jedoch nicht in Schutz nimmt, sondern ihn den Nachstellungen und Grausamkeiten ihres Mannes aussetzt. Sie hält seinen Kopf in ihrem Schoß fest, während der Vater ihn verprügelt.

Rudolf handelt bald mit vielerlei Waren. Er legt im Wald ein geheimes Depot an und zieht einen eigenen Vertrieb auf, von dem seine Eltern nichts wissen. Für Zigaretten und für andere Vergnügungen stiehlt er manchmal Bargeld aus dem Laden der Mutter. Der Güterumschlag und die halblegale Betriebsamkeit an der Grenze werden ihm immer vertrauter. 1950 schreibt er in seiner Autobiographie: »Das Schmuggeln war mir im Laufe der Zeit so zur Gewohnheit geworden, daß es mir gar nichts mehr ausmachte, wenn ich mitten in der Nacht durch den Wald ging.«

Er hat Kontakt zu den verschiedensten zwielichtigen Gestalten, die im Grenzgebiet auftauchen. Er spricht früh dem Alkohol zu und verkehrt mit tripperkranken Huren, die zwar den unreifen Schuljungen belächeln, ihm aber für ihre Dienste viel Geld abverlangen. Einmal nimmt er an einer kleinen Orgie teil, die Willi Pasternak, der Feueranzünder herstellt, in einer katakombenartigen Hotelruine, dem Erzgebirgischen Hof, mit arbeitslosen Kellnerinnen und Prostituierten veranstaltet.

Aufgrund seiner Selbständigkeit fühlt er sich als Anführer der Halbwüchsigen. Nach familiären Schwierigkeiten läuft er von zu Hause fort, beginnt in Leipzig eine Metzgerlehre, bricht diese wieder ab und verdingt sich als Schiffsjunge auf einem Kahn, der, mit Zuckersäcken beladen, die Oder befährt. Hier lernt er eine rüde

Männerwelt kennen. Kurz vor Kriegsausbruch heuert der Fünfzehn-
jährige in Stettin bei der Handelsmarine an. Er fährt nach Südame-
rika (»Riodejenero«), nach »Marsee« und über die Nordmeere. Drei
Schiffsuntergänge überlebt er unversehrt.

Die Sitten in den Häfen sind rauh, in Marseille bleibt das Schiff,
ein »Patschegierdampfer«, 1942 eine Weile liegen, die Seeleute
langweilen sich und schleppen den kleinen, dicklichen Jungen mit
in die örtlichen Bordelle. Von der »Buffmutter« bekommt er »son
Munstrum zugewießen« und müht sich unter Alkohol und dem
Gelächter der Heizer ab: »Aber das Schlimmste bei wahr daß das
Luter mier noch den meisten Teil deß Geldes abgenommen hat, daß
hap ich erst gar nich so spitz gekriegt aber durch den Schnaps den
ich soffen hatte da hat se mich eben klein gekriegt naja die Weiber
sint alle gleich schlecht daß ist ganz egal obse nun von Deutschland, Frankreich, England oter sonst woher sint.«

Ein Arzt diagnostiziert bei ihm eine Neigung zu epileptischen
Anfällen, 1943 wird er deshalb ausgemustert. Pleil verdient nun
sein Brot als Kellner in Marienberg (Sachsen), heiratet und hat zwei
Kinder.

Die Anfälle »traten in verschiedener Stärke auf und zeigten nicht immer die Merkmale eines tonischen oder klonischen Krampfes, so daß
sie von der Umgebung des Angeklagten häufig zu Unrecht als unbe-
herrschte Wutausbrüche gedeutet wurden. Durch das Eingreifen eines
Militärarztes, der im Ratskeller Augenzeuge eines Anfalles gewesen
war, diesen jedoch für vorgetäuscht gehalten hatte, wurde das Gesund-
heitsamt im Jahre 1945 auf den Angeklagten aufmerksam. Offenbar
wurde ein Verfahren eingeleitet, das zur Unfruchtbarmachung führen
sollte. Hierzu kam es allerdings nicht, weil die für den Eingriff vorgesehene Anstalt infolge der Kriegsereignisse zerstört wurde. Der Angeklagte wurde aber nicht weiter als Kellner im Ratskeller beschäftigt,
sondern als Koch in ein Waldlager bei Gelobtland (Erzgebirge) verpflichtet.« (Urteil des Schwurgerichts Braunschweig, Aktenzeichen 6 Ks 1/50
vom 17. November 1950)

Dort kann er vor den einrückenden russischen Truppen einen er-
klecklichen Vorrat an Marketenderwaren, Tabak und Spirituosen
verbergen, die er unmittelbar nach Kriegsende zu Geld macht. Wieder verfügt er über ein geheimes Depot im Wald, und erneut eröffnen sich ihm im undurchschaubaren Grenzmilieu alle Möglichkeiten des illegalen Güteraustausches.

Die neuen, sich über Nacht bildenden Zonen mit ihren bewachten Übergängen sind wie geschaffen für die Erfahrungswelt des Rudolf Pleil. Schnell zieht ihn das Grenzland an, er handelt und schmuggelt wie in Kindertagen mit allem, was die Menschen diesseits und jenseits benötigen. Zwischen Hamburg und Leipzig verschiebt er Waren, manchmal zusammen mit dem Nadelsetzer Karl Horstmann. Vielmals passiert er unerkannt die Posten und bewegt sich dabei ohne Angst durch das gefährliche Gelände.

In den letzten Kriegsjahren wurde er bereits gewahr, daß verletzte oder gar tote Menschen eine starke sexuelle Erregung in ihm hervorrufen. Dieses Gefühl übermannt ihn zum ersten Mal beim Anblick eines verwundeten Ostarbeiters und wenig später zum zweiten Mal, als er zufällig einen Transport ermordeter Juden zu Gesicht bekommt, die übereinandergeworfen auf einem offenen Eisenbahnwaggon im Wald liegen.

Längst hatten sich böse innere Bilder und Szenen in ihm aufgestaut, als er im März 1946 seinen ersten Mord plant. Er und Horstmann machen sich vorsätzlich auf die Suche nach ihrem Opfer. Auf einem Feldweg unweit der britisch-russischen Zonengrenze treffen sie auf eine Frau, die in West-Ost-Richtung über die Grenze will und eine ortskundige Führung braucht.

In der Urteilsschrift von 1950 werden die Umstände dieses Verbrechens, das die beiden begehen, im einzelnen geschildert:

Eines Tages hatte Pleil sich »Horstmann gegenüber gesprächsweise darüber beklagt, daß er keine Frau finden könne, die sich freiwillig von ihm ›bearbeiten‹ lasse. Horstmann hatte daraufhin dem Angeklagten Pleil geraten, er solle eine Frau ›bewegungsunfähig‹ machen, um dann an ihr ungestört unzüchtige Handlungen vornehmen zu können. Dieser Gedanke reifte bei Pleil zu einem festen Plan, als er mit Horstmann zusammen im März 1946 auf einer Reise war, um Tauschgeschäfte zu machen, gegebenenfalls auch solche für die Firma F. zu vermitteln. Die Reise führte die beiden Angeklagten nach Leipzig, Halle und Magdeburg. Pleil hielt das Gebiet an der Zonengrenze für sein Vorhaben für besonders geeignet. Er machte daher dem Angeklagten Horstmann den Vorschlag, dort eine Grenzgängerin niederzuschlagen. Horstmann erklärte sich mit den Worten: ›Na schön, dann wird eine umgelegt!‹ sofort einverstanden und fügte hinzu, daß er sich das Gepäck des Opfers aneignen wolle.

Pleil gab hierzu seine Zustimmung. Die beiden Angeklagten begaben sich daraufhin in die britische Zone und machten zunächst in Hamburg einige gemeinsame Schwarzhandelsgeschäfte. Dann traten sie am 23. 3. 1946 die Rückreise in die russische Zone an und wählten zum Grenzübergang die Gegend von Mattierzoll. Da zu jener Zeit ein starker illegaler Personenverkehr über die Grenze herrschte, rechneten die Angeklagten damit, daß sie unterwegs irgendwie die Bekanntschaft einer Frau machen könnten, die ebenfalls die Grenze in ostwärtiger Richtung überschreiten wollte und sich ihrer – der Angeklagten – Führung anvertrauen würde. Diese Frau sollte dann ›umgelegt‹ werden. Die Hoffnung der Angeklagten auf eine solche Reisebekanntschaft erfüllte sich jedoch zunächst nicht. Auch in Mattierzoll, wo sie sich mehrere Stunden lang aufhielten, konnten sie kein geeignetes Opfer entdecken. Als es zu dunkeln begann, erkundigte sich Horstmann bei einem älteren (nicht ermittelten) Bahnbeamten nach der besten Möglichkeit, über die Zonengrenze zu gelangen.

Anschließend entwendete er aus einem Schuppen auf dem nach Börssum führenden Bahngelände ein Beil und gab es dem Angeklagten Pleil. Dieser war sich sofort darüber klar, daß er übernehmen sollte, ein etwa auftauchendes Opfer niederzuschlagen, und sah diese Rollenverteilung als selbstverständlich an. Beide Angeklagten gingen davon aus, daß ein Schlag mit dem von Horstmann zum Tatwerkzeug bestimmten Beil tödlich wirken würde. Sie hielten einen solchen Erfolg für wünschenswert, weil dadurch die Nachforschungen nach den Tätern erschwert wurden. Nachdem Pleil das Beil an sich genommen hatte, machten sich die beiden Angeklagten auf den Weg, alles weitere dem Zufall überlassend.

Pleil trug das Beil zunächst unter seinem Mantel. Da es ihm dort aber hinderlich war, steckte er es schließlich in seine Aktentasche, aus der der Stiel hervorsah. Die Angeklagten gingen anfänglich an der nach Börssum führenden Bahnlinie entlang, dann überquerten sie die Bahnstrecke nach links, um unmittelbare Richtung auf die Zonengrenze zu nehmen. Es war inzwischen völlig dunkel geworden. Auf einem Feldweg im sogenannten Bruch von Roklum, unweit der britisch-russischen Zonengrenze, trafen die Angeklagten auf die 36 Jahre alte Ehefrau Eva M., die ebenfalls die Zonengrenze in östlicher Richtung überschreiten wollte und sich im Grenzgebiet verirrt hatte.

Frau M. wohnte in Blankenburg (Harz) und hatte sich Mitte März mit ihrer sechsjährigen Tochter illegal über die Zonengrenze zu ihren Eltern nach Herdecke im Ruhrgebiet begeben. Dort hatte sie sich bis zum 21. 3. 1946 aufgehalten. Die Rückfahrt trat sie ohne ihre Tochter an, die sie in Herdecke zurückließ. Sie wurde von ihrem Vater nach Goslar begleitet, wo sie ihren als Musiker beschäftigten Ehemann im Hotel zur Münze zu treffen hoffte. Sie verfehlte ihn aber, weil er aus beruflichen Gründen einige Zeit außerhalb Goslars war. Frau M. übernachtete in

Goslar in dem Hotelzimmer ihres abwesenden Ehemannes und fuhr am nächsten Tage nach Braunlage, um dort mit einigen Frauen, mit denen sie zu diesem Zweck verabredet war, die Zonengrenze zu überschreiten. Anscheinend glückte aber der Übergang nicht; denn Frau M. kehrte am selben Abend nach Goslar in das Hotel zurück.

Am Morgen des 23. 3. 1946 ließ sie sich um 4.30 Uhr vom Hausdiener, dem Zeugen Z., wecken und verließ Goslar offenbar mit dem Frühzuge. An Gepäck trug Frau M. einen Rucksack bei sich, in dem sich außer einigen unbekannten Gegenständen ein Kleiderstoff und ein graukariertes Kleid befanden. Außerdem führte sie eine helle Markthandtasche und einige weitere kleine Gepäckstücke bei sich. Auf welche Umstände es zurückzuführen ist, daß Frau M. trotz ihres frühen Aufbruchs die Zonengrenze am Abend des 23. 3. noch nicht überschritten hatte, konnte nicht mehr aufgeklärt werden.

Nachdem die Angeklagten mit Frau M. in der Dunkelheit zufällig zusammengetroffen waren, kamen sie mit ihr in ein Gespräch. Sie schlichen sich in das Vertrauen der Frau ein und spiegelten ihr vor, daß sie sie über die Zonengrenze geleiten würden. Um Frau M. in ihrer Ahnungslosigkeit zu erhalten und sie von dem Angeklagten Pleil, der verabredungsgemäß die Schläge führen sollte, abzulenken, ging Horstmann mit ihr voraus, während Pleil beiden folgte. Im Verlaufe der auf diese Weise angetretenen gemeinsamen Wanderung gab Frau M. Auskunft über ihren Namen, Wohnort, über ihre Familienverhältnisse und über den Zweck ihrer Reise.

Obwohl Pleil vollkommen nüchtern war, da er den ganzen Tag über keinen Alkohol zu sich genommen hatte, bemächtigte sich seiner eine gewisse Erregung. Diese entsprang im wesentlichen einem plötzlich auftauchenden Angstgefühl. Er geriet in Zweifel, ob die seit geraumer Zeit geplante, nun aber unvermittelt in den Bereich der Verwirklichung gerückte Tat auch gut ausgehen werde, andererseits fühlte er sich seinem Ziele, eine Frau ungestört ›bearbeiten‹ zu können, so nahe, daß er unter der Vorstellung des unmittelbar bevorstehenden sexuellen Genusses eine Erektion bekam und aus diesem Grunde die sich ihm bietende Gelegenheit zu geschlechtlicher Entladung nicht ungenutzt vorübergehen lassen wollte. Während er seinem ahnungslos vorausgehenden Opfer folgte, schwankte er noch immer, ob er es wagen könne, zuzuschlagen oder nicht. Er zerstreute dann aber seine Bedenken, weil ihm die Anwesenheit seines Komplizen Horstmann ein Gefühl größerer Sicherheit gab.

Schließlich zog er das Beil aus der Aktentasche hervor und führte mit der stumpfen Seite dieses Instrumentes von hinten mindestens zwei wuchtige Schläge auf den Kopf von Frau M., worauf diese sofort zusammenbrach. Pleil schlug dann noch zweimal zu, wobei er entweder mit der scharfen Kante des stumpfen Teiles oder aber mit der Schneide des Beiles in das Gesicht der bereits am Boden liegenden Frau traf. Frau M. erlitt durch die von Pleil geführten Schläge neben verschiedenen klaffenden Wunden einen mehrfachen Schädelbruch, der ihren sofortigen Tod herbeiführte.

Unmittelbar nachdem Pleil die Frau niedergeschlagen hatte, kniete er sich über sie und betastete ihren Körper mit den Händen unter der Wäsche, ohne diese jedoch in besondere Unordnung zu bringen. Als er ihre Brüste berührte, hatte der Angeklagte Samenerguß, der zu seiner vollen sexuellen Befriedigung führte. Schon beim Austeilen der Schläge, insbesondere aber bei der Vornahme der unzüchtigen Handlungen machte Pleil sich selbst Vorhaltungen darüber, daß er sich die Gelegenheit, auf diese Weise zu einem vollen Orgasmus zu kommen, wegen des damit verbundenen Risikos so lange vorenthalten hatte.

Horstmann riß der am Boden liegenden Frau den Rucksack von der Schulter und eignete sich neben diesem auch die übrigen Gepäckstücke sowie die Schuhe der Frau M. an. Pleil und Horstmann zogen der Toten gemeinsam den Mantel aus. Da dieser aber stark mit Blut und Schmutz besudelt war, warf ihn Horstmann wieder fort. Dann zerrte er die Leiche an den Wegrand und warf sie in den unmittelbar daneben verlaufenden Graben, der mit stillstehendem Wasser von etwa 1 m Tiefe gefüllt war. Anschließend bedeckte er die im Wasser liegende Leiche mit dem bereits erwähnten Mantel. Pleil beteiligte sich an dem Fortschaffen der Leiche nicht. Er beobachtete aber zustimmend und mit Interesse die Tätigkeit Horstmanns und fragte ihn später, warum er die Tote mit dem Mantel zugedeckt habe. Als Horstmann erklärte, er habe das getan, damit die Leiche nicht so schnell gefunden werde, war Pleil von der Umsicht seines Komplizen befriedigt.

Da zwischen den Angeklagten vereinbart war, daß sich Horstmann die Habe eines etwaigen Opfers aneignen sollte, machte Pleil keine Ansprüche in dieser Hinsicht geltend und erhielt auch nichts aus der Beute.

Beim Verlassen des Tatortes nahm Pleil auf Geheiß Horstmanns das Beil wieder an sich, da Horstmann mit der Beute noch nicht zufrieden war und vorschlug, die nächste sich bietende Gelegenheit zu einem gleichen Überfall auszunutzen. Pleil hatte aber, da er geschlechtliche Befriedigung gefunden hatte, vorerst kein Interesse an einer weiteren Tat. Er trug das blutbesudelte Beil noch eine gewisse Zeit hindurch bei sich, warf es dann aber an der nach Börssum führenden Bahnlinie fort. Die beiden Angeklagten versicherten sich durch Handschlag, daß sie unverbrüchliches Stillschweigen bewahren und sich gegenseitig in keiner Lage verraten würden. Noch in der gleichen Nacht überschritten sie die Zonengrenze und kehrten dann in ihre Heimat zurück.«

Unerkannt geblieben, durch Erfolg und Alkohol, aber auch durch die Ermunterung und moralische Entlastung enthemmt, die ihm sein Komplize verschafft, läßt Pleil in der Folgezeit eine Lawine der Gewalt losbrechen, die Opfer auf Opfer fordert. Während er die Frauen tötet und sich an ihnen vergeht, reißt Horstmann ihre Rucksäcke und Taschen an sich und sucht nach Silber, Schmuck und sonstigen Wertsachen, die sich hüben und drüben weiterverschachern lassen. Zu den beiden kommt später noch der Fleischer Kurt Schindler* als Mittäter hinzu. Der sympathisch wirkende, gut aussehende junge Mann hatte Rudolf Pleil bereits in den späten Kriegsjahren kennengelernt. Im Dezember 1946 treffen sie sich durch Zufall wieder und betreiben zunächst verschiedene kleinere Schwarzhandelsgeschäfte. Bei einigen der Gewaltverbrechen betätigt er sich schließlich als Köder, ihm fällt die Aufgabe zu, die Frauen anzulocken. Auf den Bahnhöfen bietet sich der Achtzehnjährige zusammen mit Pleil und Horstmann den Grenzgängerinnen als Führer an. Doch nicht nur beim Einfädeln, auch bei der Ausführung mehrerer Morde ist er beteiligt. In den Augen der Richter gilt Schindler als der Verführte, als Muttersöhnchen mit einer kindischen Bewunderung für die beiden anderen, die sich ihm als hartgesottene Männer der Tat darstellen.

Im Rahmen der Geständnisse, die Pleil im Gefängnis ablegte, gab er auch die Namen seiner Komplizen preis. Zunächst wurde Horstmann verhaftet. Schindler hatte sich 1947 von der französischen Fremdenlegion anwerben lassen, aus der er im August 1950 desertierte. Im September desselben Jahres wurde auch er festgenommen, in Hamburg, wo er als blinder Passagier eines Dampfschiffes an Land gegangen war.

Am 17. November 1950 sprach das Schwurgericht Braunschweig in der Strafsache gegen den Kellner Rudolf Pleil, den Nadelsetzer Karl Horstmann und den Fleischer Kurt Schindler umfangreiche Schuldsprüche aus. Pleil wurde wegen neun Morden und wegen eines weiteren Mordversuches, dessen entkommenes Opfer als einzige Tatzeugin im Prozeß auftrat, verurteilt. Horstmann war nach Ansicht des Gerichts für sechs Morde sowie für die Beihilfe zu einem weiteren Mord verantwortlich. Schindler wurde für zweifachen Mord und für einen gemeinschaftlichen Mordversuch zur Rechenschaft gezogen. In Tateinheit mit diesen Tötungsdelikten wurden alle drei außerdem des besonders schweren Raubes für schuldig befunden. Pleil, Horstmann und Schindler erhielten jeweils eine lebenslängliche Zuchthausstrafe; zudem wurden ihnen die bürgerlichen Ehrenrechte aberkannt. Karl Horstmann und Kurt Schindler kamen auf Gnadengesuch nach über zwanzigjähriger Strafverbüßung zu Beginn der siebziger Jahre frei. Rudolf Pleil erhängte sich 1958 nach einer gescheiterten Selbstkastration an der Zellentür.

In seinen Texten fordert Pleil die Öffentlichkeit auf, zu begründen, warum das Morden allein für ihn verboten sei, wo doch eine ganze Nation kurz zuvor auf Befehl tötete. Er spricht dem Gericht die Berechtigung ab, Urteile zu fällen, weil dessen Vertreter selbst Schuld auf sich geladen hätten. Der Zweite Weltkrieg sei ein Angriffskrieg gegen Zivilbevölkerungen gewesen und keine Vaterlandsverteidigung, wie ihm die Richter glaubhaft machen wollen. Ein Eroberungskrieg, der Menschenleben vernichtet, sei juristisch mit jenen Taten gleichzusetzen, die er als Privatperson begangen habe. Der Kirche wirft er vor, an diesem Sachverhalt vorbeizureden und es zu versäumen, auch denen, die im Krieg getötet haben, moralische Vorhaltungen zu machen. Seine Logik ist makaber und irritierend zugleich: Pleil sucht die Verwerflichkeit seiner Vergehen dadurch zu relativieren, daß er sie mit der in Kriegszeiten sanktionierten Gewalt vergleicht; und indem er diesen Vergleich zu seiner eigenen Entlastung anstellt und ihn in seine menschenverachtende Philosophie einbaut, macht er auf einen Verdrängungsprozeß aufmerksam, der die Gesellschaft der Nachkriegsjahre erfaßt hatte. Während der Ermittlungen im Februar 1950 notiert er in eines seiner Tagebücher:

»Deshalb sperrt man mich ein, verdammt nochmal, was ist denn eigentlich los in Deutschland, sind die Brüder denn ganz verrückt geworden, die Engländer und Amerikaner dürfen das wohl, die Deutschen aber nicht, ich verstehe die Welt nicht mehr, und wieviel haben die Deutschen bei dem Militär auch totgeschossen, und die haben noch Auszeichnungen bekommen, ja und gerade die laufen heute frei rum, und viele davon sind Wachtmeister hier und dieselben sperren andere Deutsche ein weil sie dasselbe gemacht haben, na wo gibt es denn da noch Gerechtigkeit. Wenn ich das mal jemand sage, so gibt man mir zur Antwort, damals war Krieg, und das Vaterland mußte verteidigt werden, ist ja Mist, so ein Blödsinn zu reden Vaterland verteidigen, davon verstehe ich so viel daß man die Grenzen schützt (!), aber was haben die gemacht, ganz Europa haben sie besetzt und wer nicht wollte, der wurde erschossen, und die laufen heute frei rum, es ist ganz egal, tot ist tot, entweder laufen alle frei oder alle einsperren, eins von beiden, aber nur mich einsperren, weil ich dasselbe gemacht habe, als die, die mich einsperren, das versteh ich nicht, wer weiß, was gerade diejenigen gemacht haben, die mich verurteilen, Staatsanwalt, Richter und all die Konsorten. Das widerspricht sich doch alles, und da kommt der alberne Pfaffe und erzählt, daß kein Menschenleben angetastet werden darf, macht mir Vorwürfe und redet allen möglichen Mist daher, Gott hätte es verboten u.s.w. ja warum dürfen es die einen und die anderen nicht, wo bleibt denn da die Gerechtigkeit?«

Mit Pleil, der im Jahre 1950 vor Gericht steht und von dessen Taten eine breite Öffentlichkeit entsetzt Kenntnis nimmt, wird eine verblassende Zeit wieder ins Gedächtnis zurückgerufen. »Wie gern möchte man glauben, daß alles überwunden sei, was uns einmal niedergedrückt hat, und wie weit, weit dahinten liegen auch wirklich schon die ganz und gar von Gott verlassenen Jahre der tränenlosen Qual und Herzenskälte nach all dem Ungeheuerlichen«, schreibt der Reporter Georg Zimmermann am 29. Juli 1950; »was da noch einmal aufsteht aus der Braunschweiger Zuchthauszelle, ist nur ein winziger Ausschnitt aus einem düsteren Zeitgemälde, aber – darf man je vergessen, daß es einmal schaurige Wirklichkeit war?«

»Raubend und mordend ziehen diese drei durch das zertrümmerte Nachkriegsdeutschland«, schreibt der Journalist Oswald Kolle später, Anfang der siebziger Jahre in einer Reportage über Pleil. Und er weist darauf hin, daß sich in der Deformation des Frauenmörders auch die Deformation einer ganzen Gesellschaft ausdrückt: »Die Geschichte Rudolf Pleils ist auch die Geschichte einer gewalttätigen Gesellschaft, die damals Gewalt pries und nun die Saat der Gewalt erntet.« Diese Anklage gegen die Unmenschlichkeiten der Vergangenheit birgt zugleich den Keim einer Utopie, die besagt, daß eine menschlicher gewordene Gegenwart weniger oder keine Verbrecher vom Schlage dieser drei Mörder mehr hervorbringen möge, die ihre Untaten im Dunkel des Niemandslands begingen. In den Kommentaren zum Fall Pleil, welche die damaligen Zeitumstände als die entscheidende Prägestätte des Mörders darstellen, schwingt auch eine Art von Selbstbeschwichtigung mit, eine Beruhigung darüber, in eine bessere Zeit davongekommen zu sein.

Bereits 1948 äußerte der Jurist Paul Reiwald die Hoffnung, daß mit der Ordnung im Sozialen auch eine Stabilisierung der gefährdeten Individuen einhergehen wird: »Die Zahl der Unstabilen und Schwankenden, die asozial werden, ... wächst nach einer Dauerkatastrophe wie dem Zweiten Weltkrieg und der Nachkriegszeit ins Ungemessene. Aber so sicher wie auf die Flut die Ebbe folgt, werden sie wieder ins Lager der Sozialen zurückfinden, wenn nur erst die Grundlagen einer Ordnung sich zeigen.«[1] Doch gerade die extreme Gestalt Rudolf Pleils versetzt einem solchen Optimismus einen gewissen Dämpfer: In den Abgründen, die sich in seinem Inneren auftun, spiegeln sich nicht bloß die Schrecken der Nazizeit. Denn aus diesem »Menschen ohne Gnade«, wie man ihn nannte, bricht eine Gewalt heraus, die ihre Ursachen nicht nur im Gesellschaftlichen hat.

Pleil wurde zum grausamen Nutznießer der Not, der Furcht und des ›Faustrechts‹ im Grenzgebiet. Erbarmungslos zog er aus dem verlorenen Krieg seinen Profit. Die Frauen, die von hüben nach drüben unterwegs waren, wußten zwar zumeist um die Gefahren, um Raub, Vergewaltigung und Mord, von denen sie bedroht waren; aber die Lebensumstände zwangen sie dazu, diese Gefahren auf sich zu nehmen. Als unberechenbar und gewalttätig galten der Fremde, der Russe, der streunende Soldat. Pleil und seine Spießgesellen wurden – in ihren Grenzführer-Larven – nicht zuletzt deshalb zur Inkarnation eines weiblichen Alptraumes, weil sie die Schutzlosigkeit der Frauen und ihr Vertrauen auf unbegreiflich schamlose Weise mißbrauchten. Sie verkörperten und verkörpern in den Erinnerungen noch immer einen Alptraum, der zum Bestandteil der Grenze wurde.

---

1 Paul Reiwald: Die Gesellschaft und ihre Verbrecher. Zürich 1948, S. 158.

Teil 4

Adolf Pardam

Erst erschossen – dann verschleppt!

Vier Jahre waren nach dem Ende des Krieges vergangen. Man schrieb das Jahr 1949. Es war schon Mitte Juli vorbei, die Heuernte war eingebracht und schon so weit beendet, daß nur an der Einfriedigung etwas nachgeputzt wurde. Dies war hauptsächlich auf den Wiesen an der Zonengrenze notwendig, um einen sauberen Eindruck zu hinterlassen.

Der Altenteiler Heinrich Reiche sollte noch mal auf die Wiese gehen, ob alles ordnungsmäßig sei. Der Morgen begann mit einer gewitterträchtigen Luft. Aus der Zone waren Brände beobachtet worden. Der Altenteiler ging zuerst auf die Wiese. Längs der Wiese führte ein Feldweg nach drüben, der durch einen Schlagbaum unterbrochen war. Er ging auf das Ende der Wiese, auf den Schlagbaum zu. Plötzlich zerriß ein Schuß die Stille des Tages, und ein zweiter folgte unmittelbar. Vater Reiche stürzte am Schlagbaum nieder, und eine Russenstreife war kurz danach bei ihm. Die Streife auf der hiesigen Seite rief per Funk sofort einen im Grenzbereich wohnenden Arzt, der alsbald zur Stelle war. Obwohl es den Niedergeschossenen eindeutig auf westdeutscher Seite getroffen hatte, ließen die Russen keine der Personen zu dem wahrscheinlich schon Toten heran.

Erst am nächsten Morgen traf aus Salzwedel eine Kommission ein mit dem russischen Kommandanten. Diese traf Vorkehrungen, um die Lage des Toten nach der Erschießung zu rekonstruieren. Von westdeutscher Seite wurde beobachtet, wie ein Fotograf bemüht war, durch geschickte Fotoeinstellungen den Eindruck zu erwecken, daß der Tote sich schon auf der russischen Seite befand.

Die Uhr ging auf 13 Uhr zu, da kam aus Richtung Mechau auf der anderen Seite ein Gefährt, um den Toten nach dort zu holen. Den Angehörigen wurde mitgeteilt, daß Herr Reiche in Mechau begraben würde. Es wurde der Familie nicht einmal erlaubt, zu seiner Beerdigung zugegen zu sein, obwohl es nur ein paar Kilometer entfernt war, wo man sein Grab schaufelte.

Lieselotte Isecke

Erinnerungen aus der Zeit der russischen Besatzung vom 16. Juli–19. September 1945 in 3430 Witz.-Neuseesen

Hier bei uns auf dem Hof hatten der Offizier, sein Bursche und der Dolmetscher Quartier bezogen, über die Straße rüber lagen die 32 Besatzungssoldaten. Ich hatte den Befehl erhalten, die beiden Zimmer in Ordnung zu halten. Die allmorgendliche Wäsche der Soldaten fand an dem fließenden Bach statt, wo sie in Stiefeln und Hosen – den Oberkörper frei – über ihr sehr kurz geschorenes Haar das Wasser gleiten ließen. Ich schaute aus dem Fenster und hatte die Pistole, die unter dem Kopfkissen des Offiziers lag, zum Abdrücken bereit in der Hand. Ein ganz lautes Hallo, ich in meiner jugendlichen Art zum Spaß aufgelegt – ich war 24 Jahre – alle hoben ihre Hände + der Offizier rief: »njet - njet!« Er kam hochgerannt – entriß mir die Pistole + sagte: »Du Partisane!« Ich lachte fröhlich + laut – nie wieder sah ich die Pistole unter dem Kopfkissen.

Der Dolmetscher – ein sehr freundlicher Russe – er hieß Krasnucki – er warnte alle Tage – wenn seine Kameraden zuviel Wodka getrunken hatten. Dann waren sie in ihrem Zustand wild + unberechenbar. Manch schöne Tochter von vielen Müttern, die hier bei uns über die Grenze wechselten, hat unsere Mutter verborgen gehalten.

Meine Schwester war über die Grenze gegangen, es waren für uns unruhige Stunden. Dieses damals schwerwiegende Vergehen kam dem Offizier zu Ohr. Darauf steckte er kurz + bündig unsern Vater in einen Keller beim Nachbarn. Strafe für die Tochter, die in den Westen gegangen war. 3 Tage saß unser Vater in dem Keller. Wiederum war es der Dolmetscher Krasnucki, der ein gutes Wort an die Obrigkeit vorbrachte. In der Wohnstube der Nachbarn unter dem Sofa war ein viereckiges Loch, wo früher die Kartoffeln runtergeschüttet wurden, da krabbelte ich hinein + brachte Essen + Trinken + warme Decken für unsern Vater. Wieder ist zu erwähnen, daß der Dolmetscher Krasnucki mich schützte vor dem abgeschlossenen Keller.

Es war an einem Morgen so gegen 10 Uhr. Der Bursche hatte ein Tablett, wo 2 Teller mit gebackenen Eiern drauf waren. Es frühstückte der Offizier hier immer auf seinem Zimmer hier im Hause. Da sagte der Bursche zu mir: »Lotzka, 3 Eier für Kommandant – 3 Eier für du!« Ich schätzte diese Frühstückseinladung sofort richtig ein und machte mich schnellstens aus dem Staube. Kurz darauf kam der Offizier + wollte mit mir essen, und ich war spurlos verschwunden. Er raunzte darauf unsere Mutter an und sagte: »Wo ist Lotzka?« »Ich weiß nicht«, sagte unsere Mutter, der Gedanke war natürlich von dem Kommandanten, daß Mutter mich irgendwie versteckt hatte. Und unsere Mutter kriegte Strafe ... sofort – aber sofort – Straße kehren von oben bis unten. Mutter kehrte 3 Stunden Straße, jeder Dorfbewohner staunte über die »Einfältigkeit« der Straßenkehrerin. Sie sagte nur: »Befehl ist Befehl.«

Der Kommandant hatte ein Schifferklavier – konnte aber nicht spielen, er sagte zu mir: »Du Lotzka – du Spezialist von Harmonika?« Ich spielte – er tanzte und viele der Soldaten – er ging in unser Wohnzimmer und holte das Bild mit Rahmen raus, wo ich drauf war – drückte das Bild ans Herz und küßte es.

Im Schlafzimmer standen die Konsolen, wo früher das Nachtgeschirr drin war, darein legten sie ihre Eßwurst und den rohen Speck, den sie gerne mit einer grünen Gurke aßen.

Einer von den Ruskis wollte Fahrrad fahren mit dem meinigen, er staunte, wie ich damit fuhr. Er machte ein Salto und hatte Hände + Knie kaputt.

Schade, wir mußten Fahrräder – Uhren und Fotoapparate abgeben, sonst hätte ich manch schöne Erinnerungen im Bild festgehalten.

An eine humorvolle, aber ebenso ernste Begebenheit erinnere ich mich: Es war kurz vor Mittag, ich stand in der Küche am Herd + machte die Schwitze für das Steckrübengemüse. Plötzlich trat der russ. Kommandant herein. Er betrachtete mich mit fröhlichem Gesicht, und dann sagte er (ich schreibe jetzt so, wie ich es nach unserer deutschen Sprache ausspreche, russisch würde es anders aussehen) folgendes: »Buschalastia attin raz – potzelowat.« »Ich verstehe nicht russisch«, sagte ich, und er sagte: »Ich übersetze in deutsch: Ich dir bitte geben einen Kuß.« Und ehe ich mich versah, hatte er schon meine Taille ergriffen und wollte mich an sich ziehen, Ich zog den heißen Saucenlöffel aus dem Topf und bratete ihm eins über die Nase. Aber da – oh weh – er stieß mich mit der geballten Faust in die Seite und boxte mich ein paarmal erheblich. »Wo ich dich allein kriege – ich mache dich kaputt«, so war seine Aussage. Aber es war zu viel Volk auf dem Hofe, also zu unruhig!

Simon Stolze

Zwei Erlebnisse an der Zonengrenze

Ein herrlicher Sonntagmorgen im Mai des Jahres 1948. Die Frühmesse war besucht, der Kaffee getrunken. Ich ging gegen halb 9 Uhr den Weg zur Holztrift, um die aufgehende Saat zu besichtigen. Den Acker hatte ich überquert und war auf dem ca. 200 m langen Waldweg, der zur Henneken-Lene führt. Zu dem wunderbaren Gesang der Vögel spielte ich meine Mundharmonika, als mir urplötzlich auf etwa 5 m Entfernung 2 bewaffnete russische Grenzposten gegenüberstanden. In gebrochenem Deutsch wurde ich aufgefordert, alle meine persönlichen Sachen, die ich bei mir trug, aus den Taschen zu nehmen und auf die Erde zu legen. Dann wurde ich von einem der Posten am Oberkörper abgetastet, und alle Taschen wurden durchsucht. In der oberen linken Westentasche fand der Posten ein gefaltetes Blättchen in Postkartengröße, worauf mit Schreibmaschine ein Chorlied geschrieben war. Erbost folgte die Frage: »Na, was ist?« Ich machte ihm mit meiner Mundharmonika klar, daß es ein Lied sei! – Dann berieten beide, was ich natürlich nicht verstand. Es kam die Frage: »Du nix Dokument?« Ich mußte verneinen und sagen: »Dokument zu Hause!« –

Die Posten ließen mich vorausgehen, und wir gingen zurück in Richtung Fuhrbach, an dem Acker vorbei, den ich vorher nicht benutzt hatte. Auf einer Länge von ca. 40 m lagen vereinzelt auf dem Wege 1 Tasse mit etwas Schmalz, 1 Messer, 1 Gabel und 1 Handtuch. Schon vorbeigegangen, mußte ich dann umkehren und die Sachen einsammeln. Die Unterhaltung der beiden Posten war sehr lebhaft, ich verstand jedoch nichts. Ich griff zu meiner Mundharmonika und spielte zu meinen Schritten flotte Marschweisen. Im Moment waren beide Posten erfreut, aber dann plötzlich hieß es nicht böse, aber bestimmt: »Nix Musik!« – Dann waren wir am Lindenbaum angekommen, dem Punkt, wo heute der Metallzaun den Weg kreuzt und von wo aus Fuhrbach fast in voller Größe zu überschauen ist.

Ich mußte mich setzen. Es mochte inzwischen 10 Uhr geworden sein. Beide Posten setzten sich in meine Nähe und plauderten ununterbrochen. Nach etwa einer halben Stunde verschwand ein Posten im Walde. Um meine Langeweile zu überbrücken, nahm ich wiederum meine Mundharmonika und fing an zu spielen. Sofort wurde mir dieses von meinem Bewacher verboten. Nach einer Viertelstunde kam der zweite Posten zurück. In einem energischen Ton fuhr er mich an: »Ich sagen nix Musik, warum du Musik machen?« Ich mußte beide Schuhe ausziehen, welche er dann stark nach innen durchbog. Er tastete dann beide Hosenbeine ab, und es folgte eine nochmalige gründliche Leibesvisitation. Ich durfte mich wieder setzen, und beide unterhielten sich wieder sehr lebhaft. So gegen halb 12 Uhr mußte ich Mantel und Hut ablegen und dazu alle Sachen, die ich bei mir trug.

Darauf machte mir der Posten klar, daß ich nach Hause gehen, meinen Ausweis holen und Wodka mitbringen solle. Ich verdeutlichte, daß ich Wodka kaufen müsse und dazu mein Portemonnaie brauche. Der Posten verweigerte und befahl: »Du weg, 20 Minuten zurück!« Ich begab mich auf dem schnellsten Weg nach Hause, nahm meinen Ausweis und eine Bierflasche, zur Hälfte mit echtem Nordhäuser gefüllt, und ging zurück zu den beiden Posten, da mir mein zurückgelassenes Pfand doch zu kostspielig war. Der Grenzposten überprüfte meinen Personalausweis. Vom echten Nordhäuser wurde keine Kostprobe genommen. Ich durfte alle abgelegten Sachen wieder zu mir nehmen. Meine Geldbörse mußte ich erst auf Vollständigkeit überprüfen! Sodann sammelte der Posten seine gesamten Deutschkenntnisse und machte mir klar, daß er in Ausübung seines Grenzdienstes annehmen mußte, daß ich Partisan an Grenze sei! »Ich deine Dokumente sehen. Du gute Mensch! Du nix kann wissen! Du verstehn! Ich nix kann wissen«, wiederholte er immer wieder. Dann bat mich der Posten: »Nun Musik machen!« Ich spielte das Wolgalied, wobei beide eifrig mitsummten. Mit einem Händedruck verabschiedeten sich beide, gingen in Richtung Brehme zurück, während ich nach Hause eilte, froh über den guten Ausgang des Abenteuers.

Daß es auch anders sein kann, beweist das 2. Erlebnis im September desselben Jahres!

Wir fuhren mit dem bespannten Kuhwagen zu denselben Ländereien, um Zwetschgen zu pflücken. Unmittelbar hinter dem späteren Grenzzaun (welcher im Jahre 1952 gezogen wurde) war im Laufe des Sommers in den Tannen eine Blockhütte für etwa 10 Grenzposten errichtet worden. Niemand war draußen, doch plötzlich standen 8 Posten um unseren Wagen. Sie durchstöberten alles und warfen Säcke und Jacken auf die Erde. Meine Mutter hatte einem der Posten belegte Brote übergeben, welche er auch dankbar annahm. Der Anführer verlangte dann Jeika (Eier) und Wodka. Als wir ihm das verneinen mußten, wurde er rabiat! »Du Kapitalist, nix Jeika, nix Wotka? – Nix Rabotti an Granitza. Zurück!«

Wir drehten um (was nicht ganz einfach war) und fuhren heimwärts. Säcke und Jacken mußten liegenbleiben. Mit den Säcken war eine Gummischürze vom Wagen gekommen, welche meine Mutter gern bei großer Wäsche trug. Sie ging nochmals ca. 100 m zurück, um zumindest ihre Gummischürze mitzubekommen, da es in der damaligen Zeit kaum etwas zu kaufen gab. Nach einer kurzen Weile hörte ich den Aufschrei meiner Mutter, einen Schuß – und nochmals einen Aufschrei! Da ich die Stelle des Geschehens nicht überblicken konnte, rannte ich zurück, um nachzusehen.

Was war geschehen? Der Führer dieser Truppe hatte wutentbrannt seinen Karabiner von der Schulter gerissen, meine Mutter mit dem Kolben vor die Brust gestoßen und kurzerhand angelegt und einen Schuß unmittelbar neben ihr in die Erde gesetzt. Ich führte meine Mutter, die vor Schreck ganz bleich und einer Ohnmacht nahe war, zum Wagen zurück. – Derselbe Posten besaß dann die Frechheit, uns rund 400 m im westlichen Gebiet nochmals zu belästigen, indem er mich aufforderte, ein Stück zurückzukommen. Dort warf er mir die Brote ins Gesicht. Ich mußte dann die Brote aufnehmen, während der Posten mit dem wenig schönen russischen Fluch »Jupp pange matsch« wieder zurückging.

Grete Schillings

3.3.1988: Heute mit 82 Jahren weiß ich, welche Werte das Leben haben kann, sofern Feindschaft und Mißtrauen ausgeschaltet werden. Gott geb's! Ich könnte manche Geschehnisse aus dieser Zeit diktieren, aus den Jahren, wo eine Grenze inmitten Deutschlands gehalten wurde.

(Zwei Geschichten)

Erste Geschichte: In der Ortschaft oberhalb Camburg/Saale, wo ich in der Evakuierung 5 Jahre wohnte, war zuerst der Amerikaner als Besatzung stationiert, dann folgte die Übernahme dieses Stückes Land durch den Russen. »Aktion« stand überall angeschlagen. Hinter den Sollablieferungen der landwirtschaftlichen Produkte standen Befehle, die sich nicht erfüllen ließen.

Da ich die einzige Frau in dem Ort war, die nicht in der NSDAP war, mußte ich die schriftlichen Abrechnungen ausführen und Anordnungen weitergeben. Es war 1947 – eine Dürre, den ganzen Sommer kein Regen, Saatgut wurde zur Nahrung und als Futter verwandt, Kartoffelgrün den Kühen zum Kauen gelassen, aber Milch gab das alles nicht.

Ich verstand nichts von Tieraufzuchtplan, Länderveranlagung, Aufforstung. Als der russische Beamte meinen Bericht las, traf ihn bald der Schlag. Nichts war erfüllt von dem Soll. Eine Sau hatte Ende des Jahres 16 Ferkel zu haben laut Papier, es war keines verbucht. Was weiß ich, gestohlen, es hieß sogar, die Schweine würden bei großem Hunger ihre Ferkel selbst fressen. So war es mit allen Pflichterfüllungen.

Der tobende Mann schrie mich an, ich solle sagen, ich sei ein Volksverräter, ein Saboteur usw. Ich blieb ruhig und habe gefragt, ob ich auch mal reden dürfe: Dann erzählte ich ihm, ich sei an der Misere unschuldig, ich habe nicht mehr zu essen als die Leute aus der Stadt, man habe mich dazu gezwungen, Druck und Befehle auszuüben, wo ich doch nichts von Landwirtschaft verstehe. Es gingen noch Fragen hin und her, dann wurde ich entlassen.

Draußen im Flur standen einige Russen und tranken Wodka, und ich sollte mit ihnen trinken. Man muß sich das mal vorstellen, erst brüllen die Hechte einen an, und dann sollte ich Brüderschaft mit ihnen trinken. (Meine Meinung! vielleicht hatte es ihnen imponiert, daß ich nicht klein beigegeben hatte.)

Mir war übel von dem Saft, und ich trank nicht ihnen zum Gefallen, auch das waren sie nicht gewohnt. An Zivilcourage hat es mir nie gefehlt. Es war in diesen Zeiten gefährlich, doch wir hielten uns daran.

Zweite Geschichte: Es war mal wieder so weit. Den Rucksack aufgeschnallt und zum Bruder, der in Hilders/Rhön wohnte, um etwas Geld zu erbitten. Meine Schwägerin nähte mir in eine uralte Turnhose mehrere Geldscheine ein. Den Rucksack voll schöner Äpfel und ein Brot für unterwegs, ließ mich mein Bruder an einem Wege alleine wandern: »In dieser Richtung mußt du weitergehen«, sagte er, und in dieser Richtung – es war Januar und viel Schnee – verlor ich gänzlich die Richtung. Wo ich mich nun befand, wußte ich nicht, bis ein russischer Soldat schrie: »Stoi, stoi!« Na, ich stand, froh, überhaupt einen Menschen in dieser Einöde zu treffen.

Ich hatte ihn in seiner Festtagsstimmung gestört, und er war nicht sehr freundlich. Er schob mich in eine Kommandantur hinein, und ich wartete der Dinge, die da kommen würden. Im Nebenraum wurde gesungen und geschlemmt, denn in kurzen Abständen flogen Knochen aus dem Fenster (ich hatte das Nachsehen). Wenn doch nur jemand käme, dachte ich, es wurde schon dunkel.

Da endlich kam ein Bursche und fragte nach meinem Begehr. Mehrere Stunden lang konnte ich mir vorher die vielen Seifenstücke betrachten, die auf dem Tisch lagen, und ich sagte nur: »Du hast so viel Seife, ich aber kann meine Kinder nicht waschen.« (Es war die reine Wahrheit.) Ich wurde durchleuchtet, kreuz und quer ausgefragt, mein Geld nahm man mir ab, auch das wurde durchleuchtet. (Diese Besatzung hatte ja mehr Angst als Vaterlandsliebe.) Endlich kam ein – wie mir schien – Vorgesetzter. Stellte wiederum viele Fragen, die ich beim besten Willen nicht beantworten konnte. Er merkte schon: Ich war ein harmloses Huhn, und mich als Nachtisch zu verspeisen, war ich wohl zu mager!

Dann fragte er nach meinen Kindern und schrie mich an: »Dokument?!« Es war mein großes Glück, daß ich eine Aufnahme bei mir hatte, wo meine beiden Mädchen auf meinem Schoße saßen. Immer wieder verglich er dieses Bild mit mir und konnte es nicht fassen, daß ich mageres Etwas diese glückliche Mutter sein sollte.

Mein Geld gaben sie mir zurück. »Na«, sagte er, »dann schütten Sie mal ihre schönen Äpfel aus und nehmen so viel Seife, wie Sie tragen können.« – Mein Rucksack war erneut schwer, doch ich ward entlassen und stand nun draußen in der Dunkelheit.

Der Schnee ließ anfangs ein wenig Beleuchtung zu, doch nach den Häusern wagte ich nicht weiter zu stolpern. Also zurück in das Fegefeuer. Ich flehte meinen Schutzengel an, alle guten Geister. So polterte ich wiederum in diese Festtagsstimmung und rief: »Kommandant, bitt.« Das zog immer bei den Soldaten. Er kam, war sehr höflich und nannte einen Soldaten, der mich sicher an den nächsten Bahnhof bringen sollte. So geschah es. Der Bursche sagte dann und zeigte dabei auf viele Lichter im Tal: »Da unten ist Dorf und Bahnhof.« Ich stolperte mehr den Berg hinab, als daß ich ging. Aber einmal kam ich dann doch an einen Bahnhof und saß nun die lange Nacht und wartete auf den ersten Zug.

In dieser Zeit zählte ich bereits 46 Jahre. Ein Bild aus dieser Zeit könnte mich als meine eigene Großmutter ausweisen, so gezeichnet!

Heute als 82jährige freut mich das Leben, und meine drei prächtigen Enkelsöhne sind sehr bescheiden und gescheit und lassen es mich wissen: Es lohnt zu leben!

Jürgen Michelsen

(Eine Geschichte von der Grenze)

Es war im Spätsommer 1945. Mein Vater betrieb ein Sägewerk und hatte Buchen-Rundholz aus der Forst hinter Ratzeburg gekauft, genauer gesagt, hinter Mustin Richtung Gadebusch, in etwa zwischen Lankow und Dechow, jetzt also zur DDR gehörend. Zu der damaligen Zeit gab es noch ein Niemandsland von vielleicht 300–500 m Breite, und dieses Buchen-Rundholz lag nun genau in diesem Bereich. Unsere erfahrenen Rundholz-Fuhrleute waren zu der damaligen Zeit verschwunden, und Ersatzfahrer hatten noch keine Ahnung, wie man diese schweren Stämme mittels Trecker, Seilwinde und Ketten auf die Hänger verlädt.

Deshalb fuhren mein Vater und ich, ich war damals 16 Jahre, mit, um diese Stämme nun aufzuladen. Wir waren gerade mit dem Beladen halb fertig, als von der östlichen Seite eine russische Patrouille ankam und uns unmißverständlich klarmachte, daß unser Treiben denen nicht gefiel, dieses Holz nun Volkseigentum sei und wir wieder abladen sollten. Außerdem hatten alle Erwachsenen, außer mir natürlich, mit zur nächsten Kommandantur zu kommen.

Bei unseren Fahrzeugen blieben nur ein junger russischer Soldat, vielleicht in meinem Alter, und ich zurück. Der Russe war sehr neugierig und untersuchte unsere Fahrzeuge, insbesondere unseren Trecker, setzte sich auf den Fahrersitz und knibbelte an allen Knöpfen herum. Dann hatte er die Hupe entdeckt, und ich werde nie vergessen, wie er, vielleicht 5–10 Minuten lang, ganz verzückt diese Hupe zum Tönen brachte. Etwa eine halbe Stunde später kam mein Vater mit den übrigen unserer Leute zurück, und wir hatten die Stämme wieder abzuladen und zu verschwinden.

Doch so ohne weiteres wollte mein Vater nicht auf sein Eigentum verzichten, und über einige Instanzen gelang es doch ziemlich schnell, den englischen Stadtkommandanten in Mölln hiervon zu unterrichten. Dieser erklärte sich dann bereit, einen Panzerspähwagen zu unserer Sicherheit mitzuschicken.

Einige Tage später fuhren wir also wieder zur gleichen Stelle und fingen mit dem Beladen der Stämme an.

Wenig später sahen wir wieder von der östlichen Seite eine russische Patrouille kommen, die dann aufmerksam Kenntnis vom englischen Panzerspähwagen nahm, sich aber nicht traute, uns wiederum zu behindern.

Ralf Münster*

Schade, daß mein Stiefvater nicht mehr lebt. Er hätte Ihnen Stoff für ein ganzes Buch liefern können.

(Der Russe Mischa)

Im Laufe der Zeit hatte mein zukünftiger Stiefvater auch Beziehungen zu den russischen Soldaten am Straßen-Grenzübergang Walkenried-Ellrich geknüpft. Die jungen Soldaten waren zum Teil Bauernsöhne aus Sibirien und kamen aus ärmlichen Verhältnissen. Viele sahen zum erstenmal ein Fahrrad. Daher waren ihre Bedürfnisse primitiv, und sie hatten Wünsche, die man auch zur damaligen Zeit zufriedenstellen konnte. Jedenfalls ergab es sich oft, wenn die richtigen Posten an der Grenze waren, daß uns der Schlagbaum geöffnet wurde, wenn wir (Stiefvater, Mutter und ich) mit einem großen Leiterwagen voll Gepäck von Ellrich in Richtung Walkenried fuhren. So kam es, daß ich einmal zwischen 2 Fuhren Gepäck im Wachhäuschen bei dem Russen Mischa zurückbleiben konnte. Stolz zeigte er mir seine Alben mit Hitler-Bildern und Autobildern. Ansehen konnte ich diese, durfte aber nichts mitnehmen außer einem Sowjetstern von seinem Käppi. Den habe ich lange Zeit aufbewahrt.

Mischa war sehr freigiebig in anderen Dingen, da ja bei den Kontrollen den Grenzgängern alles mögliche abgenommen wurde. Manche ließen auf der Flucht Hab und Gut im Stich. Kistenweise Bücklinge und Kieler Sprotten hatte er auf Lager und konnte sie nicht verbrauchen. So wartete ich in dem Wachhäuschen, bis ich mit der nächsten Fuhre wieder nach Walkenried zurückgehen konnte. Alle Leiterwagen wurden von Hand gezogen, und es war von Ellrich Richtung Walkenried bei voller Beladung schon eine Schinderei, den Berg zu bewältigen. Die Gutmütigkeit meines Stiefvaters wurde oft ausgenutzt und er um den vereinbarten Lohn betrogen.

Christa Traut

Ein Besuch bei der Großmutter

17.10.1946 – man hatte sich nun schon mit dem Zustand der 2-Teilung von Deutschland abfinden müssen, und trotzdem hatten wir in dem grenznahen Gebiet noch die Möglichkeit, uns mit unseren Angehörigen an der Grenzlinie zu treffen, denn die Großeltern aus dem östlichen Teil hatten an dem Grenzstreifen Ländereien, nur durfte diese Linie nicht überschritten werden. Der Geburtstag der Großmutter sollte aber mal eine Ausnahme bilden, und so wurde mit dem Großvater ein Termin vereinbart, wo er mich an der Grenze abholen sollte, um mit mir zusammen zur Großmutter nach E. zu gehen. »Die Luft war reine«, wie wir immer zu sagen pflegten – aber bald sollten wir eines anderen belehrt werden: Ein Russe kam uns entgegen. Wir wurden angehalten und nach unserem Vorhaben befragt. Ich war mit einer Hacke und einer Einkaufstasche versehen. »Ich habe auf dem Feld gearbeitet«, war meine Antwort. »Warum du lügen, du gar keine Dreck an deine Hacke!« Ich: »Wenn ihr Russen ja ein Herz hättet, brauchte man nicht lügen. Ihr könntet einen ja frei gehen lassen, ich möchte zum Geburtstag meiner Großmutter.« »Du sagen Ruski keine Herz?! Du 5 Urla kommen an Granitza, wir tauschen unsere Herzen!« Da hatte ich aber was angerichtet.

Er nahm uns die Ausweise ab und notierte sich die Anschrift der Großeltern. Ich wollte versuchen, ihm die Schnapsflasche abzunehmen, die er ständig in der Hand hatte, aber das gelang mir nicht. Nun ließ er uns gehen, aber mit zittrigen Knien und mit bösen Ahnungen setzten wir den Weg fort. Wie kann man dieses Treffen nur umgehen?

Bei der Großmutter angekommen, saßen wir vielleicht 10 Minuten am Kaffeetisch, als die Haustür aufging und der Russe erschien. Fluchtartig verließ ich durch einen – gottseidank – vorhandenen zweiten Ausgang das Wohnzimmer und brachte mich in der Nachbarschaft in Sicherheit. Er suchte das ganze Grundstück nach mir ab, fand mich aber zum Glück nicht. Mit dem Bemerken: »Ich, eine Stunde wieder hier, dann Christa da!«

Wütend hatte er meinen Ausweis auf den Tisch geworfen, dann verließ er die Wohnung. Mir gab man Bescheid, ich möge schnell verschwinden, der Russe hätte das Haus verlassen. Rasch begab ich mich nun an einen Grenzpunkt und bat dort einen Volkspolizisten, der gerade einen Treck nach West-Deutschland abfertigte, er möge mich schnell durchgehen lassen, ich würde von einem Russen verfolgt. Er stellte keine weiteren Fragen und ließ mich passieren.

An den Bahnschranken, aber auf östlicher Seite, stand der Russe, in der Annahme, ich würde diesen Übergang wählen – ich war jedoch schon auf westlicher Seite. Ich hatte noch einmal Glück gehabt.

Dieter Großmann

(Eine Grenzkontrolle)

Während des Krieges hatte ich einige persönliche Sachen aus der Großstadt in den Thüringer Wald evakuieren können; erst im Frühjahr 1948 war es mir möglich, diese zu holen. Sie befanden sich in zwei vernagelten Holzkisten, die ich im Zug beim Grenzübergang Gerstungen/Obersuhl öffnen mußte, damit sich der sowjetische Soldat von der Harmlosigkeit meiner Habseligkeiten überzeugen konnte. Es wurde also zunächst die größere Kiste geöffnet (was mich einige Mühe kostete), und der Posten begann, meine Sachen durchzusehen, stieß aber nur auf Bücher, Fotos und vor allem viele Negative – für ihn offenbar etwas völlig Ungewohntes. Zuerst hob er Stück für Stück aus der Kiste, dann, bei den Fotos, ging es immer schneller, schließlich bei den Negativen schöpfte er nur noch mit vollen Händen aus der Kiste und ließ die Dinge langsam niederrieseln. Mir war etwas wehe ums Herz bei diesem Umgang mit den für mich kostbaren Materialien (es ist auch einiges dabei verloren gegangen); aber andererseits war es fast rührend zu beobachten, wie dieser übrigens durchaus freundliche junge Mann Kontakt mit den merkwürdigen Erzeugnissen unserer westlichen Zivilisation aufnahm. Er deutete dann auf die zweite Kiste und fragte, was darin sei; ich zitterte bei dem Gedanken, daß sich der gleiche Ablauf nun noch einmal wiederholen werde; aber bei meiner wahrheitsgemäßen Antwort: »Genau das gleiche: Bücher, Bilder«, schüttelte er nur mit einem sehr mitleidigen Ausdruck den Kopf und ließ die Kiste ohne Kontrolle passieren.

Johann Dietrich Bödeker

Stoj! – Dawaj!
(Szenen aus einer autobiographischen Erzählung)

1. Szene

»Fritz, moak dat Door to, 'n Russ kümmt!« rief der Warnposten an der Hofeinfahrt.

Wir vier Männer, die das Klavier über das Kopfsteinpflaster trugen, beeilten uns keuchend, um noch in der geöffneten Scheune zu verschwinden. Den einen Torflügel hatte Schröders Fritz bereits geschlossen, den andern hielt er angefaßt, nun schlug er ihn hinter uns Trägern ebenfalls zu. Gerade rechtzeitig, so daß der auf benagelten Stiefelsohlen heranpolternde Grenzsoldat die Bewegung nicht mehr wahrnahm.

Zum Scheine lächelnd, ging meine Stiefmutter von der Hofmitte auf ihn zu: »Tag, Nikolaj! Was willst du denn bei uns?«

Breitbeinig stellte er sich vor ihr auf und radebrechte: »Ich groß Weh in Bauch. Du geben Medizina, du wissen, machen weg!« Seine derbe Hand drückte er sich quer auf den Leib und suchte, aller rundbäckigen Gesundheit zum Trotz, ein längliches Schmerzensgesicht zu ziehen.

Die Bäuerin lachte: »Dein Wehweh kenne ich. Aber es kommt reichlich oft. Gestern erst hast du von mir Medizin erhalten. Medizina bald alle. Bald nix mehr Medizina!«

Nikolaj grinste. »Du groß Keller, Medizina viel. Du gutt Doktor, helfen.«

»Also komm!« sagte Mama und faßte ihn am Uniformärmel. »Einmal helfe ich dir noch. Aber dann Schluß für paar Tage. Hast du das verstanden?«

»Da da, Schluuß cheute! Nix Schluuß paar Tage. Cheute Schluuß, cheute, da da.« ...

»Warte, Nikolaj! Setz dich! Ich hole dir die Medizin.« Mama öffnete die Kellertür und ging die Stufen hinunter. »Die wird richtig sein«, sagte sie, als sie wieder in die Küche aufgestiegen kam, »die hat gegoren oder gärt noch«.

Sie spülte die Flasche unter der Pumpe ab, öffnete sie mit einem Korkenzieher über dem Brunnenrand, wobei sie dem Russen den Rücken zukehrte, holte den Schimmelpfropf mit einem Finger heraus, vergoß ein wenig von der Flüssigkeit in den Ablaufrost, bis alles reinlich erschien, tippte ihren nassen Finger gegen die Zunge und reichte lächelnd dem scheinkranken Soldaten seine gewünschte Medizina.

Nikolaj grinste breiter noch als zuvor und nahm einen Probezug. Er spürte den leicht muffigen Prickelgeschmack, den er an diesem Gesöff schätzte; wußte er doch, daß ein angenehmer Alkoholdusel sich ihm bald einstellen würde, kein satter Wodkarausch zwar, wie er für den Abend und die Nacht gut wäre, aber auch ein Schwummerdunst für den Nachmittag täte ihm wohl. Erneut stülpte er die Flasche halsüber, und mit großen glucksenden Schlucken leerte er in kurzer Frist die dunkel das grüne Glas durchschimmernde Flüssigkeit in seinen aufgereckten Leib hinein.

»Ah«, seufzte er auf und rülpste, »Wein gutt. Du gutt Doktor, Frau! Karascho, karascho!«

»Aber wirklich Schluß für heute!« rief Mama ihm nach, als er durch die Küchentür hinaustrat. »Komm du ja nicht wieder! Mehr gibt's nicht. Und sag keinem anderen Russen, was ich dir gegeben habe! Wenn viele hier herkommen, wird Midizina bald alle, und du kannst nix mehr kriegen. Hast du das verstanden?«

Er winkte besänftigend ab, ganz zufrieden mit der harmlosen Verschwörung, die zu seinen Gunsten ging.

Sehr viel lag uns ja heute daran, nicht nochmals durch einen solchen Eindringling gestört zu werden, denn wir waren dabei, das Haus auszuräumen, um alles bewegliche Gut über die nahe Zonengrenze zu schaffen.

Am kommenden Morgen in aller Frühe sollte die Hauptladung hinübergefahren werden. Der Kastenwagen wurde gerade in der Scheune beladen, mit den dunkel gebeizten Eichenmöbeln des Eßzimmers und des Herrenzimmers, der Sofa- und Sesselgruppe, nicht zuletzt dem Klavier, dazu mit allem Kleingerät und Kram, die zu einem alten ländlichen Haushalt gehören. Ich wollte die Ladung hinüberfahren.

2. Szene

Ehe das Fuhrwerk den Hof endgültig verließ, rannte Mama voraus, erst über den ungepflasterten Dorfplatz, dann ein Stück die Hauptstraße entlang nach Süden, bis sie, südwestwärts einbiegend, sogleich die Ohrebrücke erreichte, hinter der rechterhand schon die britisch besetzte Zone anfing. In einem Erdloch an der Brücke saß gewöhnlich ein Posten. Doch hatten wir Dorfbewohner herausgefunden, daß bei den Russen ein Schlendrian eingerissen war: Während der Nacht war ihnen das Postenstehen an dieser Stelle, die sie wohl als zweitrangig ansahen, zu lästig geworden, und so hatte in letzter Zeit ein Soldat das Erdloch erst mit Tagesanbruch besetzt. Mama trat bei der Brücke laut auf den Boden und hustete, dann ging sie bis an das Loch heran, um sich zu vergewissern, daß es leer war. Erleichtert eilte sie zu dem Wagen zurück. Ich fuhr nun an. ...

Ich sah links voraus zwischen den Stämmen der hohen Dorfeichen hindurch, am steinernen Kriegerdenkmal, dessen trauernder Adler mir den Rücken zuwandte, schräg vorbei, Thielmeyers voll erleuchtetes Bauernhaus, das ihnen als Kommandantur diente, und erkannte erdbraune Gestalten darin torkeln und hörte das Brüllen der Radiomusik aus den offenen Fenstern dringen. »Mir zum Glück dient diese Musik«, so dachte ich, »ihr Lärm ist größer als meiner« ...

Am Fuß der rechten Straßenböschung, die sich mehr und mehr zu einem Graben verflachte, lief schon die Zonengrenze; aber die Straße und das Gebiet zur Linken waren noch auf etwa dreihundert Meter russisch besetzt. Das Schwierigste hatte ich jetzt geschafft. Der Rest würde nur wenige Minuten dauern. Ich horchte links rückwärts gegen den Bachlauf und den jenseitigen Friedhofshügel hin, wo ein Postenstand immer bemannt war. Doch da regte sich nichts. Vielleicht schlief der Soldat. ...

»Wie weit bin ich schon gefahren?« fragte ich mich. »An den Bäumen muß ich es erkennen; sonst ist ja hier außer dem Straßenpflaster nichts deutlich genug sichtbar. Bald muß ich rechts hinüberlenken auf das Stoppelfeld, das hinter der sumpfigen Wiese anfängt; so habe ich es vorgestern morgen auch gemacht.«

3. Szene

Jetzt verstand ich vollends, was geschehen war. Zwanzig Meter zu früh war ich rechts abgebogen! Was ich für den Anfang des Feldes gehalten hatte, war erst das Ende der Sumpfwiese gewesen. Nun saß mein Wagen fest, verunglückt! Alle Mühe umsonst! Zwanzig Meter zu wenig geradeaus gefahren. Von der Dunkelheit genarrt. Oder von der eigenen Ungeduld getäuscht. Ich biß mir auf die Lippen. ...

Aus dem Schlamm stieg ich auf die Straße zurück und besah den Zustand des Fahrzeugs. Die Ladung hing noch oben, erstaunlich genug, sie war sehr fest verpackt worden, das hatte sie wohl zusammengehalten. Der Vorderwagen, schief im Graben, hatte Schaden genommen, das war zu erkennen: Der Bolzen, um den sich die Vorderachse im Fahren spielend zu drehen vermag, war verbogen, dazu die Deichsel gebrochen. Hier konnte ich nichts mehr ausrichten. Ich ging zu dem befreiten Tier hin und band es mit der Leine am Wagen fest.

Dann lief ich ins Dorf zurück, den ganzen Weg, den ich fast erfolgsgewiß gefahren war, bis auf den Hof zurück; und ich fand Mama in der Küche und sah sie bei meinem Eintreten erschrecken und bei meiner Nachricht noch mehr. Dennoch mußte uns Rat werden. Beide rannten wir zu Nachbarn, die uns tags zuvor geholfen hatten, holten sie heraus, erklärten ihnen, was vorgefallen war, berieten, was zu tun sei. Mit zwei neu angeschirrten Pferden zogen wir zu sechst hinaus vor das Dorf nach dem verunglückten Wagen. ...

»Es nützt nichts, wir müssen die Möbel abladen«, sagte ich. So geschah es. Binnen kurzem war das sorgfältige Stapelwerk des gestrigen Nachmittags aufgelöst und stand oder lag in wirrer Unordnung auf der Straße und ihrem grasbewachsenen Rand. Das leicht gewordene Fahrzeug zogen die Pferde endlich heraus. ...

Zwei Männer mühten sich, das im Sumpf steckende (zweite)

Pferd frei zu bekommen. Sie mußten erfolglos davon ablassen. Während sie noch erörterten, Strohballen und Stränge zu holen, um das Tier damit zu bergen, rief Mama: »Der Posten zieht auf!« Sie als einzige hatte von Zeit zu Zeit um sich geblickt. In der Tat, hundert Meter hinter uns, gleich jenseits der Ohrebrücke, stand der erdbraune Soldat und beobachtete das erstaunliche Treiben. ...

Unter den Augen des Russen luden wir nun die Möbel und anderen Gegenstände wieder auf den Wagen, sehr schnell dieses Mal, daher weniger ordentlich als zuvor. Immerhin hatten wir den Ladeplan vom Vortag im Gedächtnis; ihn einzuhalten, gelang uns freilich nur notdürftig, am Ende hingen Stühle und einiges Sperrgut schief über die Kastenwand hinaus.

4. Szene

»Ik föhr nu wierer«, sagte ich. »Bliewt man hier un hoalt dat Perd rut!«

So nahm ich die Leine auf und ließ die Tiere anziehen. Das Fuhrwerk schwankte zwar, aber es stürzte nicht, sondern legte zehn, zwanzig Meter zurück. Würde der Russe handeln? Ich ging in der Deckung der Pferdeleiber und des Wagens, so daß der Posten nicht nach mir zielen konnte. Die Rösser, schätzte ich, würde er nicht beschießen, weil er vielleicht ein Bauer war.

Da knallte es. Kein Einschlag war zu hören. Ein Warnschuß also, weit genug drüberweg gefeuert. »Nicht anhalten!« sagte ich mir.

»Hoffentlich hält er nicht doch auf die Pferde.«

Der zweite Schuß kam, wieder ein Warnschuß.

»Er ist stur. Wahrscheinlich wird er wütend. Jetzt muß ich ihm folgen. Darum halt!«

Die Tiere standen still. Ich ließ die Leine in der Hand eines herbeigerufenen Nachbarn und rannte nach der Brücke. »Nikolaj, du?« rief ich, als ich den Soldaten erkannte.

Der aber trat mir mit hartem Gesicht entgegen und stieß einen Schwall russischer Wörter hervor, zu denen ich nur die Achseln zucken konnte.

Doch zog ich nun die für den eingetretenen Fall mitgebrachte Flasche gegorenen Saftes aus der Tasche und hielt sie dem Russen hin. »Nikolaj«, sagte ich eindringlich, »nimm die Flasche und laß mich den Wagen weiterfahren!«

Der Soldat verstaute das zu seiner Bestechung bestimmte Geschenk ruhig in seiner Manteltasche und erwiderte lautstark wie zuvor: »Kammandantura! Kammandant! Kammandantura!« Dabei wies er mit der freien Hand immerfort zunächst auf das Fuhrwerk und beschrieb dann einen Bogen bis gegen die Mitte des Dorfes.

Ihn umzustimmen mißlang mir. Da Gewehrschüsse gefallen waren und russische Verstärkung alarmiert haben könnten, durfte ich keine Zeit verlieren. So ging ich zum Schein auf die Forderung des Grenzwächters ein, indem ich ihm radebrechend klarmachte und dem Verständnis durch Gesten nachhalf, daß das Fahrzeug in abgewandter Richtung stehe, erst müsse ich eine kleine Strecke weiterfahren, weil ich ja auf der schmalen Straße nicht wenden könne, der Wagen sei zudem etwas kaputt, also ein bißchen weiterfahren, geradeaus, die Straße entlang, dann würde ich rechts abbiegen auf das Stoppelfeld, dort einen Wendekreis schlagen – ich zeichnete ihn deutlich mit der Hand und dem Oberkörper in die Luft – und zurückkommen zu Nikolaj. »Da da, alles zurück und nach Kammandantura!« beschloß ich meine Erklärungen.

Er nickte zustimmend. Was fahrtechnisch nötig war, sah er ein. Ich rannte wieder nach meinem Wagen. Dort ließ ich die Pferde anziehen. Kein Schuß fiel mehr. Alles verlief nach Plan. Als ich jedoch die Reihe der Apfelbäume rechts der Straße durchholpert hatte und zurückblickend erkannte, daß ich so Sichtschutz gegen die Brückenposten gewann, schnalzte ich den Gäulen zu, klatschte ihnen die Leine über die Rücken, bis sie auf dem Acker lostrabten, der fest genug war, weiter trabten auf eine Bodenwelle zu, schon rollte das Gefährt über sie weg und in die jenseitige flache Mulde hinein, an ein Wenden verschwendete ich keinen Gedanken mehr, der Straßenabschnitt russischer Zone zur Linken hörte bereits auf, wir konnten wieder auf Pflaster einbiegen, waren nun schon vollends in dem britisch besetzten Gebiet, waren im Westen. ...

Vor der Bromer Mühle, die ich als mein Ziel nach einiger Zeit erreichte, hielt ich an und begrüßte meinen dorthin geflüchteten Vater. Mit Hilfe einiger Männer und Frauen lud ich das gerettete Gut ab. Das Wohnhaus der Mühle füllte sich in beiden Stockwerken eng und enger damit. Den leeren Wagen fuhr ich nach der Schmiede. ...

Gegen Einbruch der Dämmerung langte ich mit dem wieder hergerichteten Fahrzeug und den geliehenen Tieren bei dem Grenzstein an, wo ich morgens von dem Stoppelacker heruntergefahren war. Diesmal blieb ich auf der gepflasterten Straße und rollte allmählich über die Geländewelle auf Wendischbrome zu. Wie verabredet, kam Fritz Schröder rechterhand aus dem Rübenfeld an meinen Wagen. Ich hielt und besprach mich mit ihm. Die Russen hätten unser Haus durchsucht und dabei die geschlossenen Türen mit Stiefeltritten aufgesplittert, aber weil sie es leer gefunden hätten, nichts entwenden können; den Rest des Tages seien sie für sich geblieben.

Von dem Acker, bei dem wir standen, luden Fritz und ich nun mehrere Arme voll Zuckerrübenblatt auf den Kastenwagen, bis dessen Boden damit bedeckt war. Wir meinten, so eine der gewöhnlichen Futterholfahrten vortäuschen zu können. Danach lenkte ich das Fuhrwerk auf die Ohrebrücke zu. Keine Gestalt war dahinter auszumachen. Mit der Dämmerung schien der Posten wiederum eingezogen zu sein. Würde ich unsern Hof unbehelligt erreichen?

Als ich die Brücke eben überfahren hatte, tauchte in dem halben Licht ein erdbrauner Soldat aus seinem Loch auf, schlug das Gewehr an und brüllte: »Stoj!« Vollends dem Boden entstieg der Gefreite Nikolaj und befahl mich barsch nun endgültig nach der Kommandantur. Auch Fritz Schröder mußte mitkommen. Nikolaj selber ging, das Gewehr über der Hüfte, hinter uns und erfüllte offenbar seinen Auftrag, uns beim Kommandanten abzuliefern.

5. Szene

Das Wort riß lauthals der Spieß an sich, wohl weil man meinte, daß er am besten Deutsch sprechen könne. »Du fahren über Grenze«, brüllte er mich an, »mit Wagen und Sache – verbotten, verbotten! Warum du machen?« Vor meinen Augen entsicherte er seine Pistole und zielte dann mit ihr auf meine Brust.

Ich schwieg fürs erste, blickte nach dem dickköpfigen Kommandanten hinüber und machte ihm eine Geste der Beschwerde.

Er rief dem Spieß einige russische Worte zu, die ihn wohl zur Ordnung mahnten. Aber dieser Kraft-Iwan ließ sich nicht mäßigen. Er fuchtelte mir jetzt mit dem Schießeisen vor dem Gesicht herum und wiederholte mit rauh donnernder Stimme seine Vorwürfe.

»Verboten?« erwiderte ich ihm nun und hob unter gespieltem Erstaunen die Schultern. »Ich weiß von keinem solchen Verbot.«

»Du fahren Sache aus diese Land in andere Land! Verbotten! Sache bleiben chier!«

»Ich habe nur meine Sachen weggebracht, meine Sachen!« rief ich und schlug, lauter sprechend, mir dabei an die Brust. Der monatelange Umgang mit diesen robusten Soldaten hatte mich gelehrt, daß ich nur durch furchtloses Auftreten mich würde vor ihnen behaupten können. Überdies spürte ich, eine solche Berufung auf das privateste Eigentum müßte selbst einem Kommunisten sowjetischer Prägung Eindruck machen. Tatsächlich richtete er den Lauf seiner Pistole jetzt gegen den Fußboden.

Aber der Spieß setzte mir weiter mit Worten zu: »Du gehen über Grenze. Verbotten! Nix Mann über Grenze! Mann bleiben chier!«

Also eine Wendung von der Sache zur Person, zugleich die Absicht, den Fall schärfer zu zeichnen.

»Ich nix wissen, Grenze zu!« erwiderte ich nur ein wenig leiser, als ich angeschrien worden war. »Weißt du denn nicht, daß die Grenze seit heute morgen offen ist? Befehl von Kreiskommandantur aus Salzwedel: Grenze drei Tage offen für alle Deutschen, die rübergehen wollen, das weißt du ganz genau!«

Dies war freilich eine keineswegs stichhaltige Behauptung, sondern sie verdichtete nur eines der Gerüchte, die umliefen.

»Ich nix wissen, Grenze offen!« tönte der Spieß.

»Aber ja, Grenze offen, drei Tage lang. Kreiskommandantur hat es befohlen. Alle Deutschen können rüber, bloß Russen nicht, Russen bleiben hier! Wenn du das nicht weißt, hast du Befehl von Kreiskommandantur nicht gelesen!«

»Ich nix lesen Befehl. Nix Grenze offen. Grenze zu. Sowjetski Soldat aufpassen Grenze.«

»Nein, nein, Grenze offen drei Tage! Alle Deutschen können rübergehen, wenn sie wollen. Darum ich auch rübergehen heute morgen.«

Die hartnäckig wiederholte Behauptung über die Öffnung der Grenze begann sich dem Gemüt des Spießes einzudrücken. Sollte wirklich die hiesige Ortskommandantur nicht unterrichtet worden sein? Er übersetzte seinen Offizieren den bisherigen Verlauf des Verhörs und fragte beim Kommandanten zurück.

6. Szene

Durch die Küche des Hauses schoben sie mich voran, auf den Hof hinaus und von dort durch eine Außentür die Holzstiege hinab in das Verlies. Auf den Zementboden, der mit Stroh beschüttet war, legte ich mich hin. Einer der Soldaten blieb als Posten außen an der Tür stehen, das Gewehr geschultert.

Im Laufe des Abends wurden weitere Gefangene eingeliefert, Männer und Frauen jeden Alters, die aus dem Hinterland die Grenze während der Dunkelheit hatten überwinden wollen. Einzelne erzählten ihre Geschichte, zumal wie sie kurz vor dem Übertritt noch gefaßt worden waren. Es zeigte sich, daß die Russen nach der Flucht der Möbelfuhre nun schärfer aufpaßten und zugriffen. Ihre Beute an Menschen vermehrte sich so sehr, daß am folgenden Abend unser Keller voll wurde. Nun müßten sie sich wohl bald entschließen, einen Transport in das rückwärtige Land loszuschicken; das aber würde für die Betroffenen erst eigentlich gefährlich werden, weil man sie dann unter willkürlichster Aburteilung vielleicht in Lager verschleppte.

Am Nachmittag lieferten die Russen ein Mädchen ein. Noch als es die Kellertreppe hinabgenötigt wurde, widersetzte es sich der Handgreiflichkeit eines Soldaten. Trotz der Stiefel und der wohl absichtlich plump gehaltenen Kleidung, die es trug, war seine Schönheit und Lebhaftigkeit zu erkennen.

7. Szene

Am Morgen riefen die Russen alle Insassen außer mir auf den Hof empor und ließen sie abmarschieren. Ob in ein Lager oder in irgendeine Halbfreiheit, erfuhr ich nicht.

Einen weiteren Tag und eine weitere Nacht verbrachte ich mit neuen Genossen auf dem Stroh. Dann hörte ich morgens meine Stiefmutter oben vor der Tür mit dem Spieß verhandeln, und ebendieser Gewalttätigste von allen rief mich nun polterfreundlich herauf und teilte mir mit: »Du fahren über Grenze cheute!«

Ich meinte nicht recht zu hören. »Über die Grenze? Ich?« suchte ich mich zu vergewissern.

»Da da, du fahren über Grenze. Du bringen Motorrad nach Reparatur. Motorrad kaputt. Du machen gutt bei Ingenieur über Grenze! Chier nix Ingenieur.«

In der Tat lagen alle Kaufläden und Handwerksbetriebe außer dem kleinen Kramladen unseres Dorfgastwirts jenseits der Trennlinie nur zwei Kilometer entfernt.

Mama und ich kehrten auf unseren Hof zurück. Unterwegs erklärte sie mir: »Kaum hat er mir von seiner Motorradpanne erzählt, da biete ich ihm an, das Rad drüben reparieren zu lassen. Aber hinfahren müßtest es du, sonst werde nichts daraus; Franz Ammer sei dein Freund, und nur dir zuliebe werde er es machen. Auf das Rad ist der Russe ja ganz versessen, seit er es sich irgendwo genommen hat. Sofort ist er bereit gewesen, dich freizulassen. Er hat mir fest versprochen, dich nicht wieder einzusperren, wenn du zurück bist. Ich glaube, er wird sein Versprechen halten. Wegen der im Haus zerbrochenen Türen habe ich ihm Vorwürfe gemacht: Das sei eines guten Russen nicht würdig. Da war er doch betroffen, oder er hat wenigstens so getan, als sei ihm das nun nicht mehr recht. Die Möbelfuhre hat er verwunden. Daß du hast sitzen müssen, genügt ihm. Jetzt braucht er dich.«

Noch vor Mittag erschien ich auf dem Bock des Kastenwagens vor der Kommandantur und rief den Spieß heraus. Das bereitgestellte beschädigte Motorrad verluden einige seiner Soldaten unter Gelächter und Geschrei. Persönlich überzeugte er sich, daß es oben auf dem Wagen gut befestigt war. Ich fuhr freilich nicht leer hinüber, sondern nahm eine Ladung Brennholz mit, unter der eine Menge von Lebensmitteln, zumeist Schlachtewaren, verborgen lag. Kein Russe erwog irgendeine Kontrolle.

»Dawaj!« rief der Spieß, und bis an die Grenze begleitete er, von einem Trupp lebhafter Soldaten-Towarischtschi gefolgt, das auf dem Pflaster dahinratternde Fuhrwerk. Ohne Aufenthalt gelangte es unter seiner Obhut an dem Posten vorbei, und lange winkten und schrien die Russen mir hinterdrein.

Am Abend, in großer Montur und reich mit allen seinen Blechorden geschmückt, knatterte der Spieß, massig auf dem Sattel des ächzenden Mopeds, stundenlang die Straße hinauf und hinab durch unser sonst ruhig liegendes Dorf.

Russen und Vopos

»Am Morgen um 6 Uhr hatten wir die Bescherung, Besoffene Russen mit Pferdegespannen galoppierten durch die Straßen. Der wahnsinnige Krieg war vorbei, und wir sahen einer ungewissen Zukunft entgegen.« So erinnert sich Alfred Krug* an den 1. Juli 1945, als die Sowjetsoldaten in seinem Heimatort Einzug hielten.

Meldungen und Gerüchte über die zu erwartende Schreckensherrschaft der Roten Armee kursierten landauf, landab: »Von den Russen«, so schreibt ein Zeitzeuge in seinen Erinnerungen an die Nachkriegszeit, »hörte ich schon als Fünfjähriger Greuelgeschichten, die die Grausamkeit der Grimmschen Märchen bei weitem übertrafen. Daß die Russen deutsche Bauern an Scheunentüren nagelten, deutschen Müttern den Bauch aufschlitzten und deutsche Kinder mit der Zunge an Tische und Stühle festnagelten – solche und ähnliche Schauergeschichten verband ich als Kind ganz organisch mit der Vorstellung der ›Hölle‹, an die meine religiöse Großmutter auch glaubte und die nach meiner Vorstellung ausschließlich mit deutschen Sündern und russischen Teufeln bevölkert sein mußte.«[1]

Aus Angst vor Ausschreitungen verkrochen sich viele Menschen in den Häusern und bangten um ihr Schicksal. Nachdem die Sowjets ihre Standorte bezogen hatten, richteten sie Kommandanturen ein, etwa in landwirtschaftlichen Betrieben, in Mühlengebäuden, im Hause des Pfarrers oder des Arztes. Das Leben im Dorf wurde von nun an durch die Anwesenheit der fremden Soldaten und ihres ›kleinen‹ oder ›großen‹ Kommandanten mitgeprägt. Die Bevölkerung beargwöhnte die Vorgänge rund um die russischen Kommandanturen. »Geheizt wurde die Wachstube von einer Kochplatte, die beim Verhören unter dem Schreibtisch stand«, schreibt der ehemalige Grenzgänger Dieter Lohse* über eine Kommandantur, und

1 Michael Schneider: Nicht alle sind tot, die begraben sind. Versuch über meine Nachkriegs-Kindheit. In: Ders.: Nur tote Fische schwimmen mit dem Strom. Essays, Aphorismen, Polemiken. Köln 1984, S. 9–33, hier S. 28.

er weist damit, wie viele andere auch, auf den eigenartigen Umgang der Russen »mit den merkwürdigen Erzeugnissen unserer westlichen Zivilisation« (Dieter Großmann) hin. Mit Unverständnis und Mißbilligung reagierte man vor allem darauf, daß Grenzgänger in ›übelriechende‹ Keller eingesperrt wurden, aus denen man sie gegen Arbeitsleistung nach einigen Tagen wieder freiließ. Mancherorts dauerte diese Praxis jahrelang an.

Die Eindrücke, die die Bevölkerung in jenen Tagen vom Russen gewann, wurden mit überlieferten, älteren Anschauungen vermischt. Dabei formten sich lustige oder traurige Geschichten aus, die noch heute einen festen Bestand innerhalb des Erzählguts an der Grenze bilden. Oft spielt in ihnen ein einfacher Soldat die Rolle des Tolpatsches, der in der Toilettenschüssel Kartoffeln wäscht und schier aus dem Staunen nicht herauskommt über ›Licht aus Decke‹ und ›Wasser aus Wand‹. Akteur vieler Episoden bis ins Jahr 1948 ist ein bauernschlauer, meist bestechlicher und obrigkeitshöriger Sibirier, Mongole, Ukrainer oder Georgier. Sein Name wird mit Nicolai, Mischa oder Iwan angegeben. Er gilt als kinderlieb und musikalisch und steht in dem Ruf, eine tiefe Verehrung für die Mutter zu hegen. Durch diese eher gemütvollen Eigenschaften erscheint er durchaus in einem positiven Licht. Hans Joachim Gieseler schreibt über diesen unberechenbaren, aber doch gutherzigen Fremden: »Der Russe, ein Mensch wie unsereiner. Es gibt bei ihnen auch gute und schlechte. Bei ihnen war weniger die Kultur, mehr die Technik seinerzeit noch sehr unterentwickelt.«

Ab dem Jahr 1948 kommt mit der Stationierung einer neuen Generation von Wachsoldaten ein anders gefärbtes Russenbild hinzu. Manfred Rost spricht vom Typus des »Stalinschülers«, einem kalten Vollzugsgehilfen, der streng nach Order über die Schicksale der Menschen im Grenzgebiet entscheidet. Mit diesen Patrouillen funktionierten jene kleinen Geschäfte und Abkommen nicht mehr, die bis zu diesem Zeitpunkt das soziale Leben erleichtert hatten. Verwandte und Freunde durften sich nicht mehr treffen, Wodka und Zigaretten hatten als Zahlungsmittel für einen unerlaubten Grenzübertritt ausgedient. Erste Anzeichen einer Zukunft wurden sichtbar, in der das Gelände zwischen den Zonen unüberwindbar sein würde. Mit dem veränderten Verhalten der Bewacher begann sich die durchlässige Grenze zur Barriere zu wandeln.

Entlang der Demarkationslinie kam bald auch deutsches Grenzpersonal zum Einsatz, das die russischen Mannschaften Schritt für

Schritt ablöste. Am 20. September 1955 wurde schließlich durch die »Vereinbarung über Bewachung und Grenzkontrolle zwischen der DDR und der UdSSR« der DDR die Kontrolle »an den Grenzen der Deutschen Demokratischen Republik, an der Demarkationslinie zwischen der Deutschen Demokratischen Republik und der Deutschen Bundesrepublik«[2] endgültig übertragen.

Mit diesem Wechsel wurde der Umgang noch härter. Gab es zwar in der Anfangszeit auch mit den deutschen Grenzern manchmal noch Tauschgeschäfte, augenzwinkernde Verständigung, Kulanz und Mitleid – vor allem mit getrennten Familien –, so herrschte doch zunehmend ein eisiges, unmenschliches Klima. Wohl hatten bereits vor dem Krieg Grenzen in Deutschland bestanden, die mundartlicher, konfessioneller oder verwaltungsmäßiger Natur waren. Diese besondere Grenze jedoch und vor allem das Verhalten der »Vopos«, wie man die neuen Bewacher landläufig nannte, bedeuteten aus westdeutscher Sicht einen Verrat an der gemeinsamen Kultur. Zum Symbol von Feindschaft und Abschottung wurde im Laufe der Jahre die Verweigerung des Tagesgrußes durch die Soldaten der Nationalen Volksarmee und durch die Volkspolizei. Dieses abweisende Verhalten wurde geradezu zum Barometer der politischen Großwetterlage: »In den frühen sechziger Jahren erhielten die Grenzsoldaten Anweisung, jeglichen Kontakt mit Angehörigen der Grenzorgane der Bundesrepublik zu vermeiden, sich außerdem ›schroff‹ und ›abweisend‹ zu verhalten. Während im Tätigkeitsbericht des Bundesgrenzschutzes von 1971 noch vermerkt ist, ›keine Kontakte‹, konnte für den Tätigkeitsbericht des Jahres 1972 – es war das Jahr der Unterzeichnung des Grundlagenvertrages – erstmals ›in einzelnen Fällen ein freundlicheres Verhalten‹ registriert werden, auch kam es erstmals zu ›einer Kontaktaufnahme‹, daneben wurden ›weitere belanglose Gespräche‹ geführt.«[3]

1976 meldete der Bundesgrenzschutz wieder »mehrfaches aggressives Verhalten der Volkspolizei an der Grenze«. Die Zivilbevölkerung registrierte diesen Ausdruck einer angespannten Stimmung ebenso wie der Bundesgrenzschutz. Den Berichten zufolge riefen Bauern, die an der Grenze ihre Äcker bestellten, oder auch Spaziergänger, die dort unterwegs waren, den Grenzsoldaten verärgert und hilflos zu: »Und ihr wollt Deutsche sein?« Weder durch solche per-

2 SBZ von 1955 bis 1956. Herausgegeben vom Bundesministerium für gesamtdeutsche Fragen. Bonn 1958, S. 79.
3 Margit Roth: Zwei Staaten in Deutschland. Opladen 1981, S. 75.

sönlichen Appelle an das nationale Gewissen noch durch harmlose Gesprächsangebote war jedoch bei dem Wachpersonal ein Kontakt herzustellen: »Oh, ihr habt aber einen schönen Hund!« Beim Heu rechen, erzählte Frau Anna-Maria Spielmann aus dem fränkischen Zimmerau, habe sie die beiden Grenzer in dieser Weise angesprochen: »Sie haben mir keine Antwort gegeben, da hab ich eine Wut gekriegt ... ›Schämt ihr euch denn net?‹«

Derartige Erfahrungen förderten die Auffassung von der unüberbrückbaren Kluft zwischen der Staatsgewalt auf der einen und dem Volk der DDR auf der anderen Seite. In den Macht- und Kontrollorganen des ›anderen‹ Deutschlands sahen die Grenzbewohner eine Verkörperung preußischen Untertanengeistes, der sich mit dem Kommunismus, einer rohen und herzlosen Ideologie, verbunden hätte.

Das Gefühl einer nationalen Bedrohung entstand durch das unmittelbare Zusammentreffen mit den als pflichtbesessen verrufenen Staatsdienern. Die anderen Menschen hingegen, die jenseits des Zaunes lebten, wurden als Opfer bedauert. Doch nicht nur auf der Ostseite wurden die Lebensumstände als niederdrückend wahrgenommen. Auch auf westlicher Seite gaben die Verhältnisse wenig Anlaß zum Optimismus. Mit dem Schwinden der wirtschaftlichen Möglichkeiten und mit der Abwanderung einer großen Anzahl junger Menschen machte sich vielerorts eine lähmende Stimmung breit.

Nicht allein die wenigen Eindrücke, die man an der Grenze durch eigene Anschauung gewonnen hatte, prägten das Feindbild. Dieses wurde auch in öffentlichen Parolen und auf Wahlkampfplakaten verbreitet, die hartnäckig die Gefahr einer ›Roten Flut‹ beschworen: »Bereits im Bundestagswahlkampf 1949 taucht zum ersten Mal der Bildtopos eines Rotarmisten mit asiatischen Gesichtszügen auf, der eine ›Russenmütze‹ mit Ohrenklappen trägt und seine Hand drohend auf die Weltkugel legt.« Diese Plakate »schürten nach dem Koreakrieg, dem 17. Juni 1953 und dem Ungarnaufstand 1956 kollektive Angst. In der graphischen Gestaltung und Symbolik knüpfen sie auch an Stilelemente der zwanziger und dreißiger Jahre an.«[4]

Die Soldaten der Nationalen Volksarmee wurden als Vorhut der Aggressoren angesehen, die ihren Einflußbereich von Asien her

4 Klaus Wasmund: Die »Rote Flut« – Zur politischen Ikonographie der fünfziger Jahre. In: Sozialwissenschaftliche Informationen für Unterricht und Studium 15, 2 (1986), S. 12f.

nach Europa auszudehnen schienen. Den ›Vopo‹ stattete man in diesem Zusammenhang mit den Zügen eines Abtrünnigen aus, der gegen das eigene Volk operiert und sich einer bösen, fremden Macht verschrieben hat. Auch in den Geschichten spielt er häufig den Part des gesteuerten Handlangers, der mit Gewalt eine widersinnige Grenze zwischen Deutschen und Deutschen verteidigt, ohne selbst eine rechte Heimat zu haben. Zumeist tritt er als Namenloser auf. Im Gegensatz zum Russen bietet er sich nicht als Hauptperson von witzigen oder grausamen Episoden an, sondern die Schilderungen lassen ihn zum stummen Diener eines menschenunwürdigen Systems erstarren. Die wenigen flüchtigen und unerlaubten Gespräche über den Straßengraben hinweg, von denen berichtet wird, handeln vorwiegend von dem Versuch, den anderen zur Einsicht und Umkehr zu bewegen. Mit den radebrechenden russischen Soldaten hingegen gab es den Erinnerungen zufolge so gut wie keine Dialoge über politische Grundfragen.

In den Äußerungen über den Volkspolizisten kommt zugleich eine Anklage seines Verhaltens zur Sprache. Außerdem wird immer wieder die ratlose Frage aufgeworfen, worin eigentlich der Beweggrund für sein feindseliges Handeln bestünde. An diese Frage knüpfen sich oft nachdenkliche Betrachtungen über Ost und West, über den Menschen an sich, über die Vergangenheit, die Gegenwart und die Zukunft, über Heimat und Vaterland.

»Was der Deutsche nicht ist, ist der Russe und umgekehrt.«[5] Mit dieser knappen Feststellung weist Peter Hofstätter darauf hin, daß die Bilder, welche die Angehörigen dieser beiden Nationalitäten voneinander entwerfen, jeweils das Negativ der eigenen Selbstbilder darstellen. Die Textpassagen über die ersten Kontakte mit russischem Wachpersonal bestätigen diese Wechselbeziehung durch vielerlei Beispiele. Während zum Beispiel das ordnende Prinzip von Rechtsgrundsätzen als eine europäische Kulturleistung Hochschätzung erfährt, unterstellt man dem ›Mongolen‹ oder ›Sibirier‹ gerne, daß er ohne verbindlichen Rechtshintergrund dem Diktat momentaner Stimmungen und Bedürfnisse folge. So steht dieser Fremde etwa in dem Ruf, sich am Eigentum der einheimischen Bevölkerung wahllos zu vergehen; da wird eine Scheune zu Brennholz gemacht, oder es wird Vieh geschlachtet, das man zuvor bei Bauern gestohlen hatte.

5 Peter R. Hofstätter: Sozialpsychologie. 5. Aufl. Berlin 1973, S. 85.

Die Darstellung von Zivilisationsunterschieden wird auch in die Schilderung von Tätigkeiten eingewoben, die auf den ersten Blick nicht mit Unterschieden im Nationalcharakter in Verbindung zu stehen scheinen. Hans Joachim Gieseler beschreibt die Errichtung eines Schlagbaumes, zunächst durch Engländer, dann durch Russen: »Die Engländer ... bauten genau an der Grenze einen Schlagbaum auf. Sie ließen aber jeden, der hier passieren wollte, ohne besondere Kontrolle durch. Ja, sie lachten sogar, sie konnten keinem erklären, weshalb sie an dem Schlagbaum Posten stehen sollten ... Plötzlich, über Nacht, waren die Russen da. Sie hatten einen primitiven Schlagbaum aufgestellt. An einem rohen Baum, der wohl irgendwo in der Nachbarschaft gestanden hatte, der auf zwei eingegrabenen Kanthölzern lag, standen 2 sowjetische Posten.« Unter den Händen der Sowjetsoldaten scheinen selbst die Gegenstände deren ›Kulturmerkmale‹ anzunehmen. Als primitiv und erdnah galten nämlich auch die östlichen Bewacher, die an dem Schlagbaum Aufstellung bezogen. Immer wieder wird auf die Gefährlichkeit des »erdbraunen« Russen hingewiesen, der im Wald in Löchern hockte, um plötzlich vor dem Grenzgänger zu stehen. »Zuerst knackte es im Dickicht, eine Gestalt sprang hervor, rief ›Stoi‹ – und hielt ein Gewehr auf uns gerichtet. Kein Zweifel – ein Russe.« So heißt es in einer Episode aus dem Jahr 1947. Folgt man einer Meldung des SPIEGEL aus dem Jahre 1955, so hatte die ›Gewohnheit‹ der Russen, aus dem Nichts hervorzuspringen, bereits auf die Volkspolizisten abgefärbt: »Der Major bat noch, ... einen Volkspolizisten heranzuholen, da standen schon zwei, wie aus dem Boden gewachsen, mit entsicherten Maschinenpistolen in Rufweite vor den Westdeutschen.«[6]

Die ungebändigte Natur der Russen wird vor allem in jenen Episoden ausgemalt, die vom Umgang mit Wodka handeln. Schreiend, fluchend, grölend sowie ungehemmt nach Frauen verlangend, offenbarten sich im Rausch vermeintlich unzivilisierbare Gemüter: »Die Rolle, die der Alkohol in diesem Drama gespielt hat, ist nicht hoch genug einzuschätzen. Alkohol war offenbar Stimulanz und Betäubungsmittel. Die häufigen Brandstiftungen und die brutalste Form der Vergewaltigung gehen zu einem guten Teil auf dieses Konto.«[7]

6 Der Spiegel 9 (33), 10. August 1955, S. 15.
7 Frank Grube; Gerhard Richter: Flucht und Vertreibung. Deutschland zwischen 1945–47. Hamburg 1980, S. 68.

Wasserglasweise tranken die Soldaten den Wodka und anderes Gesöff mit einem »leicht muffigen Prickelgeschmack«. Dazu wurden Brot, Speck und Eier verzehrt. Diese Gewohnheit ging mit einem ausgeprägten Bedürfnis nach Geselligkeit einher, auf das die Einheimischen eher eingeschüchtert reagierten. Anneliese Boike schildert zum Beispiel, wie Männer in das Wohnhaus eindrangen, sich an den Tisch setzten und die Bewohner zum Mittrinken nötigten. Blankes Entsetzen habe in ihrem Hause »Urahne, Großmutter, Mutter und Kind« ergriffen vor diesem Anliegen der Fremden, die ihrerseits nicht verstehen konnten, warum die Deutschen so ungemütlich waren. Mochte man mit der Zeit wohl eine gewisse Routine im Umgang mit den ungebetenen Bewachern erlangt haben, so kam es doch ständig von neuem zu Mißverständnissen.

Gemütlichkeit auf russisch, das heißt in der Erinnerung der Grenzanwohner nicht nur Wodka und Frauen, sondern vor allem auch Musik: »Zu dem wunderbaren Gesang der Vögel spielte ich meine Mundharmonika, als mir urplötzlich auf etwa 5 m Entfernung 2 bewaffnete russische Grenzposten gegenüberstanden ... Darauf machte mir der Posten klar, daß ich nach Hause gehen, meine Ausweise holen und Wodka mitbringen solle ... ich spielte das Wolgalied, wobei beide eifrig mitsummten.« Simon Stolze, der diese gemütvolle Begebenheit aus dem Sommer 1948 berichtet, teilt aus dem gleichen Jahr eine weitere Episode mit, die den Russen als unbeherrschten Wüterich zeichnet. Dieser Doppelcharakter wird des öfteren auch in der Literatur beschrieben: »Wenn man am Russen kratzt, kommt der Tartar zum Vorschein. Der Verbrecher metzelt sein Opfer kaltblütig nieder und füttert anschließend liebevoll seinen Kanarienvogel ... Dr. Jekyll und Mr. Hyde.«[8]

Der Russe galt auch dort als undiszipliniert, wo es um seine Pflichten ging. Eine Bäuerin aus dem Wendland erzählte: In einem landwirtschaftlichen Betrieb, der als Kommandantur eingerichtet war, habe die Großmutter jeden Morgen um fünf Uhr, bevor sie die Kühe molk, die russischen Soldaten, die in der Scheune schliefen, geweckt und sie auf Posten geschickt. Eine solche Dienstauffassung zu verstehen, fiel den Deutschen besonders schwer.

Die Anwesenheit und die Handlungsbefugnis der fremden Macht bedeuteten auch, daß eine Zivilisationsgrenze in Gefahr war. Die Vision vom grausamen Steppenmenschen im Pelzgewand, der in

8 Manfred Koch-Hillebrecht: Der Stoff, aus dem die Dummheit ist. Eine Sozialpsychologie der Vorurteile. München 1978, S. 242.

Zukunft einen Teil Europas für sich beanspruchen würde, mutete unerträglich an. Ängste dieser Art haben ihre historischen Grundlagen. Sie sind etwa durch mündliches Erzählen, durch Schulbücher oder durch Reiseliteratur bis in die Gegenwart gedrungen und werden dabei nicht als geschichtlich vorgeprägte Übernahme bewußt, sondern auf unmittelbare, ganz und gar individuelle Erfahrung zurückgeführt. Manchmal geht auf diesem Weg die Urheberschaft solcher Urteile ganz verloren, und diese wirken dann zeitlos oder sogar natürlich.

Aus einem fernen Land kamen Soldaten, die dem Anschein nach weder Uhren noch Fahrräder, weder elektrisches Licht noch Fotografien kannten. Viele Geschichten kreisen um die Naivität der Russen in technischen Dingen und um ihren kindischen Umgang mit chromglänzenden Geräten. Ein junger Soldat spielte minutenlang verzückt mit der Hupe eines Holztransporters, ein anderer hatte an seinem Arm bereits mehrere defekte Uhren aufgereiht und verlangte von den Grenzgängern unbeirrt »dawai Uri«. Auf diesem Hintergrund bilden sich groteske Versionen von ›Iwans‹ Glauben an das Fahrrad aus, das man nicht zu lenken braucht, oder an die Laus, die im Uhrwerk als Maschinist tätig ist. »Maschinist kaputt«, rief dieser allseits bekannte Russe zufrieden, als der Uhrmacher einen toten Käfer aus dem Uhrwerk fingerte, und: »Du mir Fahrrad geben«, befahl er forsch dem Jungen, der freihändig die Dorfstraße herunterrollte, weil er in den Besitz eines solchen Zaubergefährtes kommen wollte. Solche Schwänke sind so konzipiert, daß der ungleiche Tausch für den Erzähler beziehungsweise für den Angehörigen seiner Kultur immer günstig ausgeht: Im einen Falle bekommt er eine großzügige Belohnung für die Reparatur der Uhr, im anderen erhält der Junge ein neues Rad für sein altes. Diese Motive werden durch Lokalkolorit zu authentischen Begebenheiten ausgeformt. Sie gehören fest zum Repertoire der Erzählungen in den Dörfern entlang der Grenze.

Wirkliches und in der Phantasie ausgeschmücktes Geschehen vermischen sich auch in den Dialogen zwischen Russen und Deutschen. Die Erzähler kleiden ihre Schilderungen, in denen der Russe auftritt, immer wieder in wörtliche Rede, die man in bezug auf den ›Vopo‹ zum Beispiel so gut wie nie findet. In dieser eigentümlichen Sprache, mit deren Hilfe man sich verständigte, vermitteln sich besonders lebensnahe und plastische Erinnerungsbilder.

Indem man die Russen durchweg in einem gebrochenen und nai-

Grenzrussisch

Wo Mann? – Frau, komm! – Kak wasch sowut? – Kascha – Krepki – Jeikas – Klebba – Maßla – Uri kaputt – Dos wie danija – Dei sakurit – Machorkaa – Davei Uri – Stoj-Stoj – Sonst Dawarisch mit zur Kommandantur – Pa Probe – Nikuda Nitschewo – Iwan – Kommandantura – Kammandantur! – Kammandant! – Kammandantura! – Verbotten – Sache bleibe chier! – Ich nix wissen – Sowjetski Soldat aufpassen Grenze – Granate machen kapuut sowjetski Soldat – Du schießen tot viele sowjetski Soldat – Dawaj – Soldaten-Towarischtschi – Du Arbeiten, gut, hier viel Schäf gesehen – Nix Musik! – Ich sagen nix Musik machen, warum du Musik machen? – Du weg, 20 Minuten zurück! – Du gute Mensch! – Ich kann nix wissen – Du verstehen! – Nun Musik machen! – Du Kapitalist! – nix jeika, nix wotka – nix rabotti an Granitza – Jupp pange matsch – Ich groß Weh in Bauch – Du geben Medizina, du wissen, machen weg! – Du groß Keller, Medizina viel – Du gutt Doktor, helfen – Da, da, Schluß cheute! – Nix Schluuß paar Tage – Cheute Schluß, cheute, da, da – Ah, Wein gutt. Du gutt Doktor, Frau! – Karascho, Karascho – Njet jewo. Njet polima – Du Lotzka, du Spezialist von Harmonika – Buschalastia attin raz, potzelowatz – Wo ich dich allein kriege, ich mache dich kaputt – Du sagen Ruski keine Herz? Du 5 Urla kommen an Granitza, wir tauschen unsere Herzen!

ven Deutsch sprechen läßt, das zudem meist als »Schwall« oder »Palaver« daherkommt, wird ihnen unterschwellig auch ein geringer geistiger Horizont unterstellt. Manche ›Russenzitate‹ erwecken den Anschein, als tauge diese unfertige Sprache gerade zu einem blöden Gestammel: »Nix suruck, warnt er. Nix Villa. Nix nix gut. Totgefahr. Gleich knallen. Aus – baden – schlafen.«[9]

In Wahrheit führten wohl weder die vermeintliche Dummheit noch das vermutete kindische Wesen der russischen Soldaten zu einer solchen Deformation des Deutschen. Vielmehr war die einheimische Bevölkerung an der Vermittlung beteiligt, indem sie den

9 Jochen Ziem: Der Junge. München 1980, S. 162.

Fremden die Sprache lehrte, die sie von ihm hören wollte, genauso, wie dies später im Umgang mit den Gastarbeitern der Fall war.

Die vielen Ängste und Bedrohungsvisionen entstanden aus krassen kulturellen Gegensätzen. Noch heute wird von deutscher Seite aus insgeheim eine asiatische Gefahr als Inbegriff des Unkultivierten beschworen, die sich gegen die europäische Zivilisation als Ganzes richtet. Zivilisation – damit verbindet sich die Vorstellung von einem funktionierenden, allgemeingültigen Rechts- und Wertesystem, das Bewußtsein von der Überlegenheit der eigenen technischen Standards sowie die Auffassung, man besitze in exklusiver Weise Kultur und Lebensart. Wie eine Schreckensvision leitet sich dabei das Fremdbild vom Russen aus dem Eigenbild des Deutschen ab. ›Wein, Weib und Gesang‹ als positive Charakteristika des deutschen Naturells verzerren sich zu Wodka, Vergewaltigung und Sentimentalität als Ausdruck eines barbarischen Kulturzustands. Ohne jede weitere Reflexion auf die Verbrechen, die während der Zeit des Nationalsozialismus von deutscher Seite ausgingen, werden ›gesunder Menschenverstand‹ sowie moralische Integrität ganz selbstverständlich als Vorzüge der eigenen Kultur und des eigenen Handelns herausgestellt.

Hinter einer Reihe von Russengeschichten verbirgt sich ein massiver Antikommunismus, der durch die Propaganda im Dritten Reich heftig geschürt wurde. Er äußert sich in der Furcht vor der »radikalen Revolution« und der »monolithischen Verschwörung«, vor der »Diktatur« und dem »Expansionismus«. Kontraste zu den eigenen Werten und Tugenden sind die »Gottlosigkeit«, die »Falschheit«, die »Grausamkeit«, der »Verrat« und die »Unterwanderung«.[10]

Diese Grenze, die – mitten in Deutschland – Ost und West immer schärfer voneinander trennte, galt zugleich auch als eine Frontlinie des Atheismus, die sich bedrohlich weit nach Westen vorgeschoben hatte. Man vermutete die Gottlosen vor der eigenen Haustüre. Während der Jahrzehnte, als Angehörige der Nationalen Volksarmee – aus offizieller DDR-Sicht – am »Antifaschistischen Schutzwall« für den Sozialismus Wache hielten, wurden auch auf der Westseite des Zaunes die Menschen zu einer Art von Wachposten stilisiert, die demonstrativ am äußersten Rande einer freien und kultivierten

10 Peace Education Division (Hrsg.): Anatomie des Antikommunismus. Mit einem Vorwort von Eugen Kogon. Freiburg i.Br. 1970.

236

Welt ausharrten. Der Duderstädter Oberkreisdirektor bekundete im Jahr 1963 gegenüber dem Bundesminister für gesamtdeutsche Fragen, Rainer Barzel: »Wir sind die letzte Stufe des Ost-West-Gefälles.«[11] Die Grenze wird als »Schaufenster zum Osten hin« und als »Nahtstelle zur Unfreiheit«[12] eingeordnet.

Winston Churchill prägte bereits 1946 die Metapher vom »Eisernen Vorhang«. Dieses Wort markiert wohl bis heute am deutlichsten, wie massiv die innerdeutsche Grenze zwei unvereinbare Systeme voneinander schied. Auch in der Diktion der DDR-Ideologie war von einer Scheidelinie zweier, einander feindlich gesonnener Welten die Rede: »Aber Grenze ist nicht gleich Grenze für dieses Land. Entscheidend ist, wer auf der anderen Seite steht, das politische System, das der Mann hinter dem Schlagbaum, auf dem Beobachtungsturm oder Postenweg repräsentiert. Davon hängt ab, ob die Grenze eine Scheidelinie zweier Welten oder ob sie eine völkerverbindende Klammer ist. Eine Stätte, an der man sich als Feind oder Freund gegenübersteht.«[13]

Die ›Vopos‹ sind in den Geschichten zumeist als anonyme Befehlsempfänger ohne individuelles Profil dargestellt. Stur und jeden Kontakt verweigernd gehen sie ihre Streife, sie liegen unsichtbar auf der Lauer, oder sie sitzen in Wachtürmen, oftmals hinter verspiegelten Scheiben, um in fortwährender, dreister Präsenz harmlose Bürger zu beobachten. Ihre Requisiten sind Fernglas, Richtmikrophon und Fotoapparat.

Manches absurde Foto entstand in den vergangenen zwanzig Jahren, wenn Sonntagsspaziergänger am sogenannten Niemandslandstreifen Soldaten der Nationalen Volksarmee ablichteten, die ihrerseits Fotos machten, während zwischen ihnen ein Abstand von gerade zwei Metern lag. Gelegentlich wird auch erzählt, daß man in den Türmen Schaufensterpuppen in Uniformen identifiziert habe, Attrappen, die sich kaum von den oft reglos und ungerührt dasitzenden Grenzern abgehoben hätten.

In den geteilten Dörfern – wie in Mödlareuth – konnte sich aus dem Verhalten der Volksarmisten ein unerträglicher Druck auf die Bevölkerung entwickeln. Nur wenige Meter entfernt von der westdeutschen Seite stand ein Wachturm, dessen Besatzung laut und

11 Eichsfelder Heimatblatt 7, 6 (1963), S. 187.
12 Eichsfelder Heimatstimmen 12, 6 (1968), S. 249.
13 Manfred Paul und Horst Liebig: Grenzsoldaten. 1. Auflage. Berlin (Ost) 1981, S. 14.

hörbar Kennzeichen von fremden Fahrzeugen aufnahm, die im Ort zu sehen waren. Wirklich gewaltsame Eingriffe von seiten des Wachpersonals erlebten die Grenzanwohner auf der Westseite jedoch selten mit. Die Anwendung von Schußwaffen oder die Festnahme von Flüchtlingen spielten sich oft im Dunkeln oder in einsamen Gegenden ab, so daß man kaum etwas davon sehen oder hören konnte.

Den Erzählern der Grenzgeschichten fällt es schwer, sich die als bedrohlich empfundene Tätigkeit dieser Bewacher, die man vor Augen hatte, begreiflich zu machen. In dem eher hilflosen Umgang mit den Verhaltensweisen der Volkspolizisten offenbart sich ein grundlegendes Problem: Für diesen Deutschen gibt es kein passendes, kein überkommenes Feindbild, das einen gänzlich Fremden charakterisieren würde. Immer wäre auch ein Stück der eigenen Identität davon berührt.

Hinzu kommt eine fast paradoxe Erfahrung. Die Überwachung der Grenze durch die Russen war gegenüber der hyperkorrekten Art der ›neuen‹ Deutschen vergleichsweise nachlässig. Als die Sowjetsoldaten an der Demarkationslinie standen, spottete man gerne über deren lasche Auffassungen von Pflicht und Ordnung. Später dann, als die ›ordentliche‹ und ›zuverlässige‹ Sicherung der Grenze durch die eigenen Landsleute einsetzte, wurde für jeden sichtbar, welche Abgründe sich hinter diesen so hoch geschätzten Qualitäten der eigenen Kultur auftaten. Ein ›häßlicher Deutscher‹ übernahm das Geschäft, die Trennung als eine Endgültigkeit zu inszenieren, und plötzlich breitete sich Betroffenheit und Entsetzen über die Wirkungen gerade derjenigen Eigenschaften aus, die man am Russen vermißt hatte.

Dieser Grenzsoldat wird den Anwohnern erst dadurch begreiflich, daß man in ihm einen Unterdrückten erblickt, der durch ein unmenschliches Regime zu seinem Verhalten genötigt wird. Die deutschen Tugenden wenden sich – so die Überzeugung, die dem Stereotyp des ›Vopo‹ zugrunde liegt – ins Furchterregende, sobald eine ›gottlose‹ Macht sie vereinnahmt und pervertiert. Die Rigidität der Grenze, die durch einen zum Roboter stilisierten Deutschen repräsentiert wird, bestand durchaus nicht von Beginn an. Ein Kontinuum aus staatlicher Gewalt und Gegengewalt, aus Unversöhnlichkeit und Härten hatte zu immer schärferen Maßnahmen geführt. Die Bevölkerung im Grenzgebiet konnte nicht fassen, warum sie an vorderster Stelle an den verschärften Zuständen tragen mußte. Deshalb wurde immer wieder gefragt: »Warum gerade hier, warum gerade wir?«

Wenngleich auch ein Rest von Mißtrauen bleibt, so verliert am Tag der Grenzöffnung der ›Vopo‹ doch seine ganze lebensbedrohende Gefährlichkeit. Er wird zu einer der Hauptfiguren eines kollektiven Happenings; man überschüttet ihn mit Blumen und Schokolade. Der Stumme, der plötzlich sprechen kann, ist eine Sensation. Er lächelt, ist freundlich, und im Verlauf der folgenden Tage und Wochen wird es immer schwieriger, sich vorzustellen, daß jener zuvorkommende Dienstmann ein Wolf im Schafspelz sein soll. – Der Deutsche, ein Mensch wie unsereiner?

Teil 5

Frauke E. Schoeler-Tannenberg*

Zu meiner Person: Ich, in den Vierzigern, Großhandels- und Bankkauffrau, wurde in Magdeburg geboren.

Im Juni 1957 bin erst ich alleine zu Verwandten nach Rühen (BRD) übergesiedelt. Ein Jahr später konnte die Mutti unter großen Schwierigkeiten zu mir ziehen (wegen Familienzusammenführung).

Es war sehr schwierig für uns, in Rühen zu bleiben, da mein Vater enger Mitarbeiter des Regierungspräsidenten gewesen war und viel von A. Hitler bearbeiten mußte.

1964 verzogen wir dann nach Wolfsburg. Mutti blieb hier wohnen, ich verbrachte die Ehejahre in der Nähe von Peine. Seit 1982 war ich wieder wohnhaft in Wolfsburg bei der Mutti, die dann Ende 1985 verstarb.

Wir hatten ein außergewöhnlich erlebnisreiches Leben gehabt, und Mutti sagte sehr oft, man könnte einen Roman schreiben, soviel haben wir doch erlebt durch den Krieg und nachher. Wir haben immer sehr, sehr viel von den vielen Erlebnissen gesprochen, erst noch mit Muttis Eltern und dann wir beide. Die Mutti konnte es aber auch so wunderbar schildern, man mochte es immerzu hören. Es wäre schön, wenn ich nun einen kleinen Teil davon weitergeben könnte.

(Zwei Schilderungen)

Im Jahre 1951 machten wir an einem schönen Sommertag einen Klassenausflug zu Fuß von Klötze aus zur Zonengrenze nahe von Oebisfelde. Es war um die Mittagszeit, wir wanderten eine ganz gerade, schattige Chaussee entlang. Links direkt daneben zog sich ein kleiner Graben lang, und unmittelbar dahinter die Wiesen, das war die Grenze. Da sahen wir auf einmal nicht weit von uns entfernt einen Mann mit einem ziemlich großen Koffer durch den Graben gehen, und auf der Wiese duckte er sich dann etwas hinter Schilf, welches in den Entwässerungsgräben des Drömlings wuchs. Aber wir hatten schon gesehen, daß uns auf der Chaussee zwei DDR-Grenzposten entgegen kamen. Als sie dann ran waren, war der Mann längst im Westen verschwunden. Wir fragten sie dann, ob sie den Mann denn nicht gesehen hätten, der zum Westen rüberging. Ja, meinten sie, hier gehen viele, da hätten wir viel zu tun, wenn wir da immer hinterher rennen würden, und außerdem, wenn wir, wie jetzt, unsere Mittagszeit machen, lassen wir uns durch nichts stören. Heute klingt es wie im Märchen: »Es war einmal...«

Nun zur zweiten Geschichte: Seit 1957 lebe ich nun selbst in der BRD in Rühen am Mittellandkanal. Es muß um das Jahr 1961 gewesen sein, als ich mit einer Freundin einen Sonntagsausflug mit dem Rad an die nahe gelegene Grenze nach Kaiserwinkel machte. Wir befanden uns auf der Straße von Kaiserwinkel nach Zicherie (ist ja sehr bekannt), als zwei DDR-Grenzsoldaten ihre Streife dort machten. Man war ganz dicht dran, da neben der Straße nur ein kleiner Graben verläuft, und daneben gingen damals schon die Posten. Wir wollten mal sehen, wie sie reagieren, und sagten »guten Tag«. Erst bekamen wir keine Antwort, sie gingen stur dahin. Wir gingen auch mit und sagten »schönes Wetter heute, nicht wahr?« Da sagten sie schon »ja«. Und so langsam kamen wir dann ins Gespräch. Sie fragten, wo wir herkämen und was wir machen. Dann sagten sie, wir sollten lieber in die DDR kommen, da würde es uns noch besser gehen. Wir antworteten, wir wären ja extra von dort weggegangen, weil wir ein besseres, freieres Leben wollten. Sie wollten versuchen, uns einzureden, was wir in der DDR alles für Vorteile hätten. Als wir ihnen ordentlich kontra gaben und sie merkten, wir glaubten ihnen nicht, da zeigten sie plötzlich ihre wahre Gesinnung und fingen vom Westen an zu schwärmen und hörten gar nicht auf zu fragen. Unter anderem auch, ob wir den »Schwarzen Adler« in Brome kennen (damals ein Tanzlokal), dort wären sie auch schon gewesen, es wäre herrlich dort. (Brome liegt ja auch sehr nahe der Grenze, und dort waren sie in der dienstfreien Zeit gewesen.) Einfach mal so zum Tanzen dorthin gehen, sowas war damals alles noch möglich, es waren ja noch keine Minen und Mauern vorhanden. Ebenfalls schwärmten sie vom weit bekannten »Mückenfest« in Kaiserwinkel, was ja direkt an der Grenze stattfand. Wir gingen dann noch die ganze lange Straße mit und haben uns noch nett unterhalten. Sie waren richtig traurig, als wir uns dann verabschiedeten, und wünschten uns alles Gute, mit dem Schlußsatz: So gut wie wir möchten sie es auch haben.

Nebenbei sei noch erwähnt. Da fällt mir noch eine kleine andere Geschichte ein. Ich fuhr damals von Rühen mit Bekannten bloß so in der Gegend um Brome herum mit dem Auto. Der Fahrer kannte sich dort sehr gut aus und fuhr so kreuz und quer in der Feldmark herum. Auf einmal sah ich eine Straße, links und rechts Wald, die in den Osten hineinführte. Man kam von uns aus sehr dicht ran, und ich erkannte drüben das Ortsschild »Mellin«. Da war es nun die Straße, die meine Großmutter und meine Mutter so oft gegangen waren, wenn sie nach meiner Urgroßmutter wollten, die dort ihr Haus hatte. Ich habe sie leider nicht mehr kennengelernt, aber es wurde immer wieder erzählt, wie sie dann schon ihnen im Wald entgegen kam und bei Dunkelheit und im Winter und zur Weihnachtszeit im Schnee mit der Laterne leuchtete. Es war so ca. 1 km bis zum Ort.

Im Geist sah ich förmlich alles so vor mir und wäre so gerne den gleichen Weg gegangen. Es war so nah ran und doch so unendlich fern. Nach etlichen Jahren wollte ich dann auch Mutti so gerne die Stelle zeigen, sie hing so an ihrer Großmutter, aber soviel ich auch gesucht habe, ich habe es leider nicht wiederfinden können.

rak (Künstlername)

Weihnachten oder Stille Nacht, heilige Nacht

An der Straßensperre zwischen Neustadt bei Coburg in Oberfranken und der Spielzeugstadt Sonneberg in Thüringen treffe ich mit meinem Kameraden auf drei Soldaten der DDR-Grenztruppe – zwei ältere und ein junger Soldat.

Zwischen uns befindet sich lediglich eine Holzbarriere mit einem Durchfahrtsverbotsschild. Mein Gruß bleibt unerwidert. Einer der Soldaten holt einen Fotoapparat heraus und macht Bilder von uns. Minutenlang stehen wir so, sehen uns gegenseitig an – es fällt kein Wort. Dann wenden sie sich zum Gehen.

Wir bleiben noch – 30, höchstens 50 Meter von uns entfernt der 3 Meter hohe Streckmetallzaun, Selbstschußanlagen daran und dahinter der Kraftfahrzeugsperrgraben, Spurensicherungsstreifen, teilweise spanische Reiter, um die alte Ortsverbindungsstraße auch wirklich nachhaltig zu sperren, Lichtsperren und etwas weiter zurück der Wachturm – eigentlich ein gewohntes Bild für uns, auch dann noch, wenn die hereinbrechende Nacht es bald scheinbar verwischt haben wird.

Die DDR-Grenzsoldaten haben jetzt das Tor im Streckmetallzaun erreicht, sie gehen hindurch, verschließen es sorgfältig – fast umständlich – und auch erst, nachdem sie mit einem Zweig die Spuren, die sie selbst gemacht haben, wieder verwischt haben.

Es ist still geworden hier draußen, stiller als sonst – so meint man zumindest.

»Stille Nacht, heilige Nacht, alles schläft, einsam wacht...« Es ist nicht das erste Mal, daß ich mich freiwillig am Heiligen Abend zum Streifendienst gemeldet habe. Und stille Nacht? Ich bin sicher, es wird eine stille Nacht geben. Auch für die Menschen, die hier leben, diesseits und auch jenseits der Grenze, von denen ich viele gesehen und kennen gelernt habe. Menschen, die mit dieser Grenze auskommen müssen, ohne sie zu akzeptieren, aber auch solche, die gezwungen sind, diese Grenze zu befestigen und zu bewachen, weil das System so und nicht anders will oder kann. Einmal mehr werde ich hier an die so augenscheinliche Kontaktlosigkeit erinnert. Sowohl die durch das Gesetz über die Staatsgrenze West ersetzte Grenzordnung der DDR als auch dieses seit Dezember 1981 geltende Gesetz selbst läßt eben Kontakte[1] für die Grenztruppenangehörigen der DDR nicht zu und ist damit eine der Hauptstützen der Ost-Berliner Politik unter der großen Überschrift »Abgrenzung«. Wozu Menschen doch fähig sind! Bescheiden sind wir geworden: Die Kopfbedeckung abzunehmen, sich mit der Hand durch das Haar zu fahren, um die Mütze dann mit absichtlich zu groß geratenem Schwung wieder aufzusetzen, wenn es die Genossen nicht merken, empfinden wir schon als freundlich entbotenen Gruß – man kann auch mit dem kleinen Finger wackeln, während man sich gegenseitig mit dem Fernglas beobachtet!

Ein schüchternes, selten gewordenes Winken registrieren wir nicht nur, weil es uns berührt, sondern weil wir es vielleicht als so etwas wie eine zum Gruß dargebotene Hand empfinden, die wir nicht ergreifen können, auch wenn wir es noch so gerne wollten.

1 Bereits 1961 wird das Kontaktverbot durchgesetzt (vgl. die ›Kleine Grenzchronik‹ unter 15. 9. 1961).

Es ist schon lange her, daß mich jemand von ihnen angesprochen hat – streng dienstlich, versteht sich, und natürlich nicht allein. Vier weitere Offiziere standen damals – im Winter 1972/73 – um den jungen Major herum, daß er es ja nicht wagt, ein Wort mehr als notwendig zu sagen! Ein Automat ohne menschliche Züge! Damals wie heute werden solche Begebenheiten von uns als etwas Besonderes registriert, und dabei wäre doch eigentlich das das Selbstverständlichste der Welt. Aber Westkontakte sind nun mal untersagt – besonders sie!

Auch den Tagesgruß zu erwidern, wäre Westkontakt. Wenigstens war das bisher so. Und dabei ist es auch in der DDR üblich, sich gegenseitig zu grüßen. Ich versuche mir vorzustellen, wie es mir wohl ergehen würde, sollte ich nur in einer Situation auf den mir selbstverständlichen Gruß verzichten müssen. Ich gehörte sicherlich nicht zu den Zuverlässigsten.

Ich habe mich auch schon bei dem Gedanken ertappt: sollte ich vielleicht nicht mehr grüßen, vor allem dann, wenn sie sich vor dem Zaun und unmittelbar an der Grenze aufhalten, wo wir uns nur auf wenige Meter gegenüberstehen? Ist es Rücksichtnahme auf den einzelnen Soldaten, der dort mit seinen oder seinem Genossen steht? Will ich ihn nicht in Schwierigkeiten bringen – ist er doch als einzelner für das Ganze nicht verantwortlich zu machen? Vielleicht! –

Die Frage: »Wird sich das jemals wieder ändern?« löst in mir Hilflosigkeit, gepaart mit einem Stück Resignation aus. Würden meine Kinder ihre Kinder wohl noch verstehen? Mir bleibt die Hoffnung!

»... alles schläft, einsam wacht ...« Drüben sind sie inzwischen verschwunden – wir fahren weiter.

Otto Fest*

Begebenheiten an der innerdeutschen Grenze bei Hohegeiß

Auf heutigem DDR-Gebiet befand sich eine Lungenheilstätte in Sichtweite von Hohegeiß, die ihr Trinkwasser vom Ebers-Berg nördlich vom Ort bezog. Nach der Teilung Deutschlands wurde dieses Sanatorium zunächst weiterbetrieben und konnte auch das Trinkwasser aus dem Westen noch nutzen. Für die Wartung der Rohrlei-

tungen und Pumpstationen war ein Herr Adam aus der DDR verantwortlich. Zu dieser Zeit (fünfziger Jahre) war das Überqueren der
Grenze bei Nacht und abseits der alten Straßen und Wege noch
problemlos möglich. Für Herrn Adam, der in offizieller Funktion
unterwegs war, gab es diese Möglichkeit nicht: Zur Kontrolle der
Leitungen und Pumpstationen auf einer Länge von wenigen hundert
Metern mußte er über Helmstedt in die BRD einreisen, von dort in
den Harz, um in Sichtweite der Lungenheilstätte die erforderlichen
Arbeiten auszuführen. Vor der Rückreise war eine Übernachtung
im Westen erforderlich.

Anfang der sechziger Jahre machte die »schwarze Moni« Schlag-
zeilen. Sie war ein gutaussehendes, dunkelhaariges Mädchen um
die zwanzig, die mit ihren Eltern und einem jüngeren Bruder in
Hohegeiß lebte.

Informationen, die andere Ost-Agenten im Westen sammelten,
warf sie in mit Steinen beschwerten Zigarettenschachteln über die
Grenze. Die Sache flog auf, und Monika und ihre Mutter verschwanden aus Hohegeiß. Sie saßen wohl eine Gefängnisstrafe ab.

Nach der Abriegelung der Grenze ab 1961 versammelten sich an
den neuerbauten Parkplätzen und Aussichtstürmen bei Hohegeiß
viele Schaulustige, vor allem an Feiertagen wie Ostern, Pfingsten
usw. Auf DDR-Seite wurden dann eilig Lautsprecheranlagen instal-
liert und anti-westliche Parolen ausgestrahlt, die man sich gezwungenermaßen in ganz Hohegeiß anhören mußte.

Am 17. Juni wurden auch Raketen mit Propaganda-Material in
Richtung Hohegeiß abgeschossen. Für diese Flugblätter zahlten
manche Touristen kleine Summen an Kinder, die sie heranschaff-
ten. Und so wurde von den Kindern mit Spannung der Abschuß
dieser Raketen erwartet, ihre Flugbahn verfolgt und dann eiligst in
die Gegend gerannt, wohin der Wind die Flugblätter trieb.

An einem heißen Sommertag Ende der siebziger Jahre stand das sog.
»Niemandsland« zwischen Metallgitterzaun und eigentlicher
Staatsgrenze der DDR genau gegenüber dem großen Parkplatz am
Eingang von Hohegeiß in Flammen. Eine Menge Schaulustiger hatte
sich schnell versammelt, und auch die Hohegeißer Feuerwehr mit
ihrem Tanklöschfahrzeug war bald zur Stelle. Über Megaphon
wurde Hilfe angeboten, die aber vom gegenüber liegenden Wachturm aus abgelehnt wurde. Und so sah man teils kopfschüttelnd,
teils amüsiert zu, wie eine Handvoll Volksarmisten mit ihren Uni-

formjacken, Schaufeln und Handfeuerlöschern dem Brand auf der verfilzten und ausgetrockneten Wiese zu Leibe rückten.

Vor wenigen Jahren wollte ein ehemaliger DDR-Bürger auf das Schicksal seiner Familie aufmerksam machen, der man die Ausreise verweigerte. Direkt gegenüber dem »Brockenblick« (höchster Punkt in Hohegeiß) knüpfte er eine Zeltplane am Metallgitterzaun an und kampierte fortan dort. Der Mann wurde allerdings von der NVA und auch von den Hohegeißer Zöllnern völlig ignoriert. Da auch die Zeitungen nicht berichteten und auch sonst die Angelegenheit sich nicht herumsprach, fanden sich auch keine Schaulustigen ein. Nach 3 Tagen brach der Mann die Aktion ergebnislos ab.

Dagmar Ring*

Als Finanzbuchhalterin sitze ich in einem kleinen Zimmer in W. (DDR), und seit ein paar Tagen erlaube ich mir, ein kleines Radio mit Batterie laufen zu lassen. Mein Sohn Hartmut Ring* (31) wohnt in U. (DDR), den Grenzzaun am Haus, verheiratet mit Erna Ring* (40). Von den unzähligen Geschichten, größtenteils traurige, könnte sie ein ganzes Buch schreiben, – aber ihr fehlt die Zeit. Sie ist voll berufstätig, betreibt eine große Landwirtschaft und im Winter Kranzbinderei. Einige Stichpunkte schreibe ich aber jetzt schon auf.

Betrifft: Geschichten aus dem Grenzgebiet

- Ostereiersuchen im Garten, am Grenzzaun ein Fasan, Fotos durch meinen Mann. Abnahme des Filmes 30 Min. später durch die Grenzer.
- Tagelange Stromabschaltungen durch die Grenzer. Tiefkühltruhen mit Erdbeeren und Schlachtfleisch liefen aus.
- Elektroschock meines Sohnes durch ein Notstromaggregat, das er während des Schlachtens besorgt hatte, um den Fleischwolf und die Beleuchtung im Waschhaus zu gewährleisten.
- »Grenzprovokation« meines Enkels Hartmut* jun. mit 14 Jahren. Aus Schabernack sprach er russisches Kauderwelsch in das Grenzertelefon am Zaun. Die Folge: Aussprachen mit Schuldirektor, VP und weiter nach oben.
- Strengstes Verbot von Silvesterknallern oder gar Raketen.

– Erlebnis meiner Schwiegertochter Erna* auf dem Güterbahnhof
G. (ihrem Arbeitsplatz), als in einem Waggon 2 Russen entdeckt
wurden, die in die BRD wollten. Sie wurden vor ihren Augen fast
zu Tode getreten und geschlagen. Mehrere Frauen waren Zeuge
dieser Züchtigung, ihre Schreie, aufzuhören, waren umsonst.
Wahrscheinlich wurden die beiden Russen erschossen.
Diese Schilderungen sind nur ganz kleine Stücke der Geschichte
vom Zaun. Vieles hätten Erna* und ihre Mutter hinzuzufügen.
Auch lustige Begebenheiten sind dabei. Diese Familie war wirklich
jahrzehntelang abgeschnitten von der Welt. Doch seit voriger Woche herrscht lebhafter Verkehr nach O. (BRD) direkt vor ihrer Haustür.
Daß ich das noch erleben darf – so sagen wir alle.

Adolf Pardam

Was brachte den Landwirten die Zonengrenzziehung auf ihren Feldmarken im Lemgow?

Der Landgraben ist ein zu einem Kanal ausgebauter Wasserlauf, der
durch den südlichen Teil des geographischen Gebietes »Lemgow«
fließt und später in die Jeetzel mündet. Die Jeetzel ist ein Nebenfluß
der Elbe und durchfließt den Landkreis Lüchow-Dannenberg. Der
Landgraben sollte das Niederungsgebiet im Süden des Lemgows
entwässern. Durch die Zonengrenzziehung ergab sich aber ein Exi-
stenzproblem für die Landwirte.
Seit etlichen Jahren waren auf der anderen Seite die gesamten
Grabensysteme ausgebaut worden und schafften aus dem riesigen
Einzugsgebiet große Wassermassen, die die hiesigen Flächen über-
fluteten, weil das hiesige, unzureichende Grabensystem das Wasser
nicht wegschaffen konnte. Man ließ die über 2 000 ha einfach absaufen. Das geschah mehrmals im Jahr, da das gut ausgebaute System
jenseits der Grenze bei etwas stärkerem Regen oder bei Gewitter in
kürzester Zeit soviel Wasser herschickte, daß es wieder »Land unter« hieß.
Ein 1969 erlebter Osterspaziergang sah so aus: Es ist ein besonderes Erlebnis, zu Fuß durch eine so veränderte Feldmark zu wandern.
Schmal zieht sich die etwas höher gelegene Fahrbahn durch eine
silbern glitzernde Wasserfläche. Das Sonnenlicht läßt diese endlos

erscheinende Wasserwüste aufleuchten, zu der die Koppelpfähle als schwarze Stangen den Kontrast bieten. Dunkel dämmern hier und da verlassen einige Weidehütten vor sich hin und spiegeln sich in den Fluten, die an dem Damm nagen und ihn zu zerstören drohen. Auf ihm stehen Landwirte, deren Blicke über ihre Wiesen schweifen, die jetzt Tummelplatz für Tausende von Wasservögeln sind, die dort nach Nahrung suchen oder sich in Liebesspielen üben. So blickt jeder auf seinen vom Koppeldraht eingefaßten eigenen See. Ratlos stehen die Landwirte in dieser so friedvoll erscheinenden Umgebung, wo sogar noch landwirtschaftliche Maschinen im Wasser stehen geblieben sind, weil die im Herbst urplötzlich auftretenden Wassermassen ihre Bergung samt der Ernte nicht mehr zuließen. Sie sehen auch nicht die Schönheit der Natur, als in der Abenddämmerung noch weitere Schwärme von Enten einfallen. Denn ihre Existenz ist bedroht, eine wirkliche Gefahr ist im Verzuge.

Der Zorn der Landwirte war nun 1969 wirklich ins Uferlose gestiegen, und man sann auf spektakuläre Maßnahmen, um ein großes Augenmerk auf sich zu lenken. Die fast 10 Jahre andauernden Überschwemmungen zehrten an der Substanz der Höfe. Es wurden Pläne geschmiedet und auch wieder verworfen. Eines Tages hatten sie es – etwas, was wohl nicht übersehbar wäre. In aller Stille wurden Vorbereitungen getroffen, um den »Flötgraben« abzuschotten. Dieser Graben kommt aus der Altmark jenseits der Grenze und bringt Unmengen von Wasser ins hiesige Gebiet.

Der damalige Bürgermeister aus Schmarsau übernahm die Leitung und ließ landwirtschaftliche Plattformwagen mit großen Feldsteinen beladen. Weiter mußten Balken und anderes Abschottmaterial gefunden werden. Eines Morgens war es soweit. Landwirte aus Schmarsau, Großwitzeetze und Bockleben versammelten sich mit ihren Fahrzeugen. Im Treck ging es bis zur etwa 20 Minuten entfernten Grenze. Dort mündete der aus der Altmark kommende »Flötgraben« in hiesiges Gewässer. Mit vereinter Kraft, denn schnell mußte es gehen, wurden die Wagenladungen vor den Zufluß gebracht, die das Wasser abstauten, so daß es weit in die Altmark hineinreichte. In Eile wurden auch noch mehrere schwarze Fahnen am Brückengeländer auf westdeutscher Seite befestigt. Dann verschwand der Spuk, so schnell wie er gekommen war.

Diese Überschwemmung hat gewirkt. Aus der Presse wurde es in die Bundesrepublik verbreitet, und auch die Behörden jenseits des Zaunes waren nicht ruhig. Schnell wurde von hiesigen Stellen eine

Aktivität entwickelt, und heute kann man sagen, daß nach der voll-
zogenen Flurbereinigung und der Vorflutregulierung viel Ackerland
entstand, auf dem die Frösche wirklich dursten müssen.

Ein Streich, wie derzeit in Schilda

Eine nach Kriegsschluß immer noch kursierende Gerüchte-Küche
hielt die Bevölkerung noch einige Jahre in Atem und versetzte sie in
Angst. Es kam nämlich von Zeit zu Zeit die Parole in Umlauf, daß
der Russe dieses wie eine Nase in die russische Besatzungszone
hineinragende Gebiet für sich begradigen wolle. Reiche Nahrung
wurde der Angst vor den Russen zuteil, als auf einmal ein russisches
Militärfahrzeug im Lemgow auftauchte mit mehreren russischen
Soldaten. Einige Leute hatten ihre Koffer immer gepackt und griff-
bereit stehen, um das Nötigste zur Hand zu haben, wenn sie flüchten müßten. Nun dauert es sicher nicht mehr lange, so die nächste
Parole, die sich fast mit Schallgeschwindigkeit durch alle 12 Lem-
gow-Orte verbreitete. Die Spekulationen wucherten von da ab ins
Uferlose, und die Lemgower lebten noch mehr in Spannung, die bei
manchen jungen Familien sogar die Familienplanung stark beein-
flußte. Mit mehreren Kindern würde eine schnelle Flucht kaum
gelingen, war die Meinung.

Ein Geburtstag von einem Einwohner aus Simander bot den Anlaß, einmal Freunde aus dem Dorf und auch aus dem Nachbardorf
einzuladen, wo dann der Selbstgebrannte die Stimmung nicht un-
tergehen ließ. Als dann aber die Sperrstunde um Mitternacht heran-
rückte, machten die Gäste sich auf den Weg, um noch rechtzeitig
nach Hause zu kommen. Den weitesten Weg hatten die aus dem
Nachbardorf Großwitzeetze.

Noch beschwingt von der Feier, näherten sie sich der Grenze.
Nach einer Straßenschleife sahen sie plötzlich etwas Sonderbares
im Mondlicht. War das nun die Wirkung von dem Selbstgebrannten,
oder war es eine Halluzination? Aber nein – es stand dort ganz klar
und deutlich »Britische Besatzungszone«, und dasselbe auch in Eng-
lisch. Ein Wachhäuschen war auch da, und die Straße war durch
Balken gesperrt. In panischer Angst liefen sie zurück. Das hatten die
Russen gemacht. In Schweiß gebadet kamen sie wieder bei ihrem
Gastgeber an. Der lief nun seinerseits zu dem im Ort stationierten
Polizisten und trommelte ihn aus dem Bett, denn damals hatte

nicht jeder ein Telefon. Als dieser schnell in seine Uniform gesprungen war, nahm man gemeinsam wieder Kurs auf die »neue Grenze«. Der Polizist war auch bestürzt darüber, daß man ihn nicht vorher informiert hatte, aber mit den Russen hatte man schon vieles erlebt – so traute er diesen die Nacht-und-Nebel-Aktion auch zu. Im gebührenden Abstand näherte man sich dem neuen Grenzverlauf, quasi mitten im Ort. Man vermochte aber keinen Wachposten aus dem Häuschen hervorzulocken. Es war zu der Zeit auch nicht besetzt, denn ursprünglich diente es einem anderen Zweck. Sein eigentlicher Standort wurde auf dem benachbarten Sägewerk ermittelt, wo man am andern Tag auch die dazugehörige Tür mit dem Herzchen fand. Aber das Schild war echt. Die polizeiliche Spürnase fand bald heraus, daß die britische Militärverwaltung dieses Schild einem Stellmacher aus Simander in Auftrag gegeben hatte, um einen neuen Pfosten dafür anzufertigen.

Die britischen Militärbehörden forderten nun eine Aufklärung, die aber auf sich warten ließ. Die damals noch kostbaren Schuhsohlen des Ortspolizisten wurden immer dünner, aber ein Hinweis auf die Täter fand sich nicht. Für die war es ein köstlicher Spaß gewesen. Sie tranken auf diesen Streich auch öfter ein paar Gläser mehr von dem damals noch dünnen Bier, aber auch das reichte für einen Beweis nicht aus. Was die Russen damals auf dem Kleinbahnhof wollten, es hat auch keiner erfahren – waren sie aus Neugierde mal kurz über die Demarkationslinie, oder hatten sie sich verfahren? Jedenfalls steckte gar nichts dahinter.

Als nachher alles wieder an seinen Platz gebracht worden war, hatte keiner einen Schaden erlitten – außer, daß die Polizeigewalt im Ort ihrem Prestige etwas nachtrauerte. Dieser Streich wird noch heute belacht und ist hier allerorts bekannt. Der Polizist ist nicht mehr am Leben. Damals war fast in jedem Dorf im Grenzbezirk ein Polizist stationiert.

Heinrich Schmidt

(Ferkelbeschaffung)

Ich, Heinrich Schmidt aus Wommen, möchte eine Begebenheit schildern, die sich im Herbst 1948 zugetragen hatte.

Die Nachkriegszeit, wie ihr wißt, stellte die Menschen vor erheb-

251

liche Probleme. Deutschland war durch die Siegermächte geteilt, Nahrungsmittel waren selbst auf dem Lande sehr knapp, das Geld hatte an Wert verloren.

Es blühte der Schwarzhandel.

Nun meine Geschichte:

Meine Schwiegereltern, die jenseits der Werra – die die amerikanische Zone von der sowjetisch besetzten Zone trennte – wohnten, suchten 2 Ferkel zur späteren Hausschlachtung.

Mit dem Fahrrad fuhr ich in das ca. 10 km entfernte Ulfen, wo ich nach Ferkel fragte. Ulfen gehörte, wie auch mein Heimatort Wommen, zur amerikanischen Zone.

Die Bauersfrau aus Ulfen, die ich nach Ferkel fragte, sagte mir, daß die 50,– DM und 5 Pfund Zucker pro Ferkel kosten würden. Zucker war hier Mangelware, aber in der sow. Zone (Ostzone) reichlich vorhanden.

In 2 Wochen könne ich die Ferkel abholen, sagte mir die Bäuerin.

Nach 2 Wochen fuhr ich erneut mit dem Fahrrad nach Ulfen, um die Ferkel abzuholen. Die gewünschten 100 DM und die 10 Pfund Zucker hatte ich ebenfalls dabei.

An diesem Tag backte die Bäuerin gerade Brot. Mehrere Interessenten, die von dem Bauer Ferkel beziehen wollten, fanden sich an diesem Tag auf dem Bauernhof ein. Jeder von uns bekam eine Scheibe frischgebackenes Brot. Spaßhalber fragte ich: »Wie, Brot und keine Wurst?« Darauf die Bäuerin antwortete: »Der Speck des Schweines soll so hoch werden wie das Brot ist.«

Mit den Ferkeln im Sack fuhr ich zurück nach Wommen.

Jetzt tauchte ein Problem auf.

Wie sollte ich unbemerkt die Ferkel über die Werra nach Sallmannshausen bringen, ohne vom Zoll und den sowjetischen Grenzstreifen erwischt zu werden? Dies hätte mindestens eine Freiheitsstrafe zur Folge gehabt.

Am Abend hielten sich Zollstreifen an der Werra auf, und somit war dieses Unternehmen für diesen Tag gescheitert. Zu Hause hatten wir einen Untermieter, der von dieser Aktion nichts wissen durfte. Die Not macht erfinderisch, wie man sagt. Also nahm ich die Ferkel mit in unser Schlafzimmer. Heute wäre dieses nicht vorstellbar. So verbrachte ich die Nacht mit meiner Frau und den 2 Ferkel. Aus 1 Nacht wurden 2 Nächte. Am 3. Abend war alles klar, und so wurden die Schweine bei einer Nacht-und-Nebel-Aktion mit einem Kieskahn über die Werra gebracht. Alles lief bestens. Nur als ich an dem diesseitigen Werraufer mit dem Kahn anlegte, empfing mich eine Zollstreife, die mich fragte, wohin ich denn mit dem Kahn wollte. Spontan antwortete ich den Zöllnern: »Nicht fort«, und fuhr mit dem Fahrrad zufrieden nach Hause.

Marianne Kamphausen*

Erfurt, 16. 12. 1989

(Der Vater)

Der beste Erzähler wäre unser Vater, verst., Jahrgang 1897, der 1945 unser Dorf (Vorort von Erfurt) kampflos unter Einsatz des Lebens übergab, dafür vom Amerikaner bedroht und vom Pfarrer aus der Gefahr gesetzt wurde. Unser Vater, eine patriarchalische Persönlichkeit von gütiger Ausstrahlungskraft, erwog, vor der LPG-Bildung den Ort zu verlassen, erbat sich »Bedenkzeit«, um angeblich mit den Söhnen »drüben« zu beraten, fuhr aber zum Karneval nach Mainz, um abzuschalten! Endresultat: Er ging zurück, übernahm den Vorsitz, um das Beste für sein Dorf zu erreichen. *Er* bestimmte den Gründungstag, die Funktionäre wollten 3 Tage zuvor den Akt vollziehen mit Ferkel- und Hühnerspenden, die Bauern kamen nicht, und die Tiere rumorten im »Saal« der Dorfkneipe, wo sie feierlich »übergeben« werden sollten. Der Gründungstag der LPG war der 100. Geburtstag seines Vaters, unseres Großvaters. Darauf bezugnehmend hielt Vater seine »Antrittsrede«, die Funktionäre und Bauern zum Weinen brachte!

Oder: Vater war unterwegs zum ältesten Sohn (49) 1950, im Smoking über die Grenze zum Familienfest. Ein russ. Soldat »erwischte« ihn beim illegalen Grenzübergang. Befragt nach seinem Aussehen: Er wolle zum Pferdehandel, das sei die ortsübliche Kleidung! (Vorübergehend wurde dieser Anlaß zum Grenzübergang toleriert.) Mutter mußte 1 Tag Kartoffeln schälen für Grenzer, als sie 1 Deckbett für den Sohn über die Grenze zu Fuß schmuggeln wollte.

Conrad Winterstein*

Grenzbeamter. Bei dem folgenden Text handelt es sich um die Abschrift einer Tonbandaufzeichnung. Sie enthält ein Dienstgespräch, das zwischen den Grenzbehörden West und den Grenzbehörden Ost über Telephon geführt wurde.

(Rotes Telefon)

»Grenzinformationspunkt Nummer 8 der Deutschen Demokratischen Republik und der Bundesrepublik Deutschland. Ich habe eine Information für Sie. Ich habe Sie darüber zu informieren« ... »ja« ... »daß im Grenzabschnitt 27« ... »ja« ... »Grenzzug E wie Emil« ... »ja« ... »Grenzpunkt 30« ... »ja« ... »auf ihrem Gebiet« ... »ja« ... »Rinder aus einer Koppel ausgebrochen sind« ... »ja« ... »Diese überschritten wiederholt die Staatsgrenze« ... »ja« ... »und verletzten das Territorium der DDR« ... »ja« ... »um 15 Uhr 40 bis 16 Uhr 35 13 Rinder und seit 20 Null 5 4 Rinder« ... »ja« ... »Sie werden ersucht« ... »ja« ... »Maßnahmen einzuleiten« ... »ja« ... »um Verletzungen des Territoriums der DDR «... »ja« ... »auszuschließen« ... »ja« ... »Ende des Textes. Ich bitte Sie, diese Information unverzüglich weiterzuleiten.« »Ich habe Ihren Text entgegengenommen und werde ihn unverzüglich weiterleiten.«

Herbert Küstner*

(Die treue Susanne)
Aus einem Interview

Ich habe eine ganz nette persönliche Story erlebt mit meiner eigenen Viehherde. Ich bin ja Landwirt von Beruf, fünf Rinder auf der Jungviehweide sind ausgebrochen und hatten jedesmal den Drang Richtung Grenze. Also wenigstens vier Kilometer mußten sie laufen, bis sie an der Grenze waren. Wir wohnen an der Grenze und haben mit dem Fernglas geschaut gehabt und noch einige Beamte vom Bundesgrenzschutz dazu, rein zufällig habe ich gesehen, daß eine Kuh aufgestiegen ist, und die fünf Rinder laufen direkt ins Niemandsland.
Ich bin natürlich mit den Grenzern hin und wollte sie raus-

holen aus dem Niemandsland. Die Beamten haben mich abgehalten; ich dürfe da nicht rein. Und auf der Gegenseite waren auch bereits die Herren vom Osten mit zwei LKWs und einem Jeep und haben diese Rinder beobachtet. Die Gefahr war groß, daß sie denen ein Tor im Zaun öffnen und meine fünf Rinder in den Osten rüberschaffen. Ein Glück, daß das eine Rind dabei war, das von frühester Jugend auf immer von meiner Tochter ausgeführt worden ist und auf den Namen Susanne gehört hat. Die Kuh steht heute noch bei mir im Stall, und die war recht zutraulich. Also ich stand nur da, die Rinder waren ungefähr so vierzig Meter von mir entfernt, und da habe ich »Susanne« gerufen. Die hat mich gehört, ist sofort aufgestiegen, ist mit einer Begeisterung sofort zu mir gekommen, ich habe angefangen zu laufen und habe immer »Susanne« gerufen. Die ist auf, die anderen vier sind auch aufgestiegen und sind alle nachgekommen.

Wie sie halt so schön über die Grenze waren, über das Niemandsland bei uns in Bayern waren, habe ich den Herren vom LKW drüben zugewunken und gesagt: »Wieder dem Osten entrissen.« Und die fünf Rinder sind dann ganz allein mit mir die vier Kilometer wieder zurückgelaufen in die Koppel, sind mir einfach nachgelaufen. Die Grenzer, die haben nur mit dem Kopf geschüttelt, daß das alles so glimpflich verlaufen ist; weil ich mit aller Gewalt rein in das Niemandsland wollte, und die haben mich mit aller Gewalt abgehalten, daß ich nicht rein sollte.

Die Susanne hat jetzt sieben, acht Kälber, das macht also acht Jahre, und dann noch zwei Jahre zurückgerechnet: Vor zehn Jahren war das ungefähr. Also 1978/79, in diesem Zeitraum war das. Das war furchtbar, wenn die ausgebrochen sind, sind die jedesmal an die Grenze gegangen. Die waren immer im Niemandsland gewesen, einmal wollte sie sogar ein Jäger erschießen, weil er gedacht hatte, es wäre ein Hirsch.

Hans Dietrich von Berg

3.3.1988. Ich wurde 1937 in Duderstadt geboren.
Kindheit und Schulzeit bis 1953 verbrachte ich in Duderstadt,
und seit 1965 bin ich wieder hier als Automobilverkäufer.
Als Freizeitreiter habe ich Weiden direkt an der Grenze, werde
täglich mit dieser konfrontiert und habe gute Kontakte zu vielen
Grenzanliegern.

Verletzung des Luftraumes der DDR

Moderne Ackerschlepper haben heute eine heizbare Fahrerkabine
mit bequemem Sitz. Recht gut geräuschisoliert, sind viele Schlepper auch mit einem Radio ausgerüstet. Zum Pflügen werden diesen
PS-starken Maschinen ca. 3 Meter lange Wendepflüge angehängt.

Der Hauptakteur unserer Geschichte, ein im Dienst der grenznahen Landwirtschaft ergrauter Schlepperfahrer, pflügte an einem
sonnigen Herbsttag ein unmittelbar an der Grenze gelegenes Feld
im sogenannten »Wehnder Bachtal« bei Duderstadt.

Stetig zog er seine Furchen und genoß die Segnungen der modernen Technik, von Musik und Tagespolitik berieselt. Plötzlich
schreckte lautes Getöse unseren Landmann fast vom Sitz. Im ersten
Moment eine schlimme Panne seiner Maschine vermutend, brem-
ste er sofort ab. Doch der Lärm wurde noch lauter, und dicht neben
ihm landete ein Hubschrauber auf dem Acker. Diesem entstieg ein
höherer BGS-Offizier, der gestikulierend auf den Schlepperfahrer
zulief.

Was war geschehen?

Die Besatzung eines DDR-Wachturmes hatte beobachtet, daß der
Schlepper beim Wenden an der Grenze seinen hochgehobenen Pflug
etwa 2 Meter über DDR-Gebiet schwenkte.

Somit drang der Pflug laut der offiziellen Aussage »widerrechtlich
in den Luftraum der DDR ein und beging in provozierender Weise
fortgehend Grenzverletzungen.«

Pflichtgemäß erstattete man auf östlicher Seite Meldung. Via
Ost-Berlin kam die Beschwerde nach Bonn, von dort lief die Meldung zum BGS nach Duderstadt. Hier startete wegen der hohen
Dringlichkeit der Sache sofort der Hubschrauber, und nach weniger
als 2 Stunden konnte das frevelhafte Tun an der Grenze endlich
gestoppt werden.

Preiswerte Grundnahrungsmittel

Die hermetische Abschottung der Grenze vollzog sich relativ langsam. Die letzte, mir bekannte, offene Stelle wurde erst etwa 1975 geschlossen.

Ganz löcherig war es in den ersten Nachkriegsjahren. »Grenzgänger« marschierten hinüber und herüber. Flüchtlinge kamen bei Nacht und Nebel, und viele Bürger der grenznahen Dörfer der »Ostzone« verdienten sich hier ein Zubrot.

So ist es nicht verwunderlich, daß auch wir damals 10–12jährigen Pennäler bald eine Quelle entdeckten, um unser Taschengeld aufzubessern. Wir schmuggelten Brot.

An der Grenze wohnend, war uns das Wechselkursgefälle von West zu Ost selbstverständlich geläufig. Ein findiger Klassenkamerad hatte herausgefunden, der Bäcker Soundso im östlichen Ecklingerode verkaufte uns, natürlich auch nicht offiziell, ein großes Brot für 0,50 DM West. Das Brot, unter Preis in Duderstadt für ca. 1,– DM verkauft, brachte bei damaligen Stundenlöhnen von 0,75 DM einen schönen Gewinn. Und so zogen wir 1 bis 2 mal wöchentlich unter allerlei Vorwänden, wie kranke Tante besuchen usw., über die Grenze nach Ecklingerode. Nach Einbruch der Dämmerung drückten wir uns dann, durchschnittlich mit 3–4 Broten beladen, an den Wachen vorbei Richtung Westen. Erst die strengeren Kontrollen der NVA beraubten uns dann unseres schönen Nebenverdienstes.

Dressur oder Ideologie?

Die Straße vor Ecklingerode, östlich von Duderstadt, bietet eine gute Aussicht auf die Grenzbefestigungen, den neuen Metallgitterzaun und das Dorf Ecklingerode selbst.

Auf westlicher Seite stellte man eine künstlerisch gestaltete Erläuterungstafel auf und begrenzte die Straße mit einigen soliden Holzstangen.

Gegenüber im östlichen Metallgitterzaun befindet sich ein zweiflügeliges Tor. Gelegentlich kommen »Vopos« oder Arbeitskommandos durch dieses Tor und führen irgendwelche Aufträge auf dem vorgelagerten Streifen aus.

An einem geruhsamen Sonntagnachmittag spazierten meine Frau

und ich auf diesen vielbesuchten Ausflugspunkt zu. Uns entgegen kam sichtlich erschüttert unser amtierender Stadtdirektor nebst Gattin. »Sehen Sie sich das an! Es ist unfaßbar, nicht einmal die Hunde sehen sich an!« Und so war es.

An der schon genannten Holzstange, die den wahren Grenzverlauf markiert, lehnte gemütlich ein bundesrepublikanischer Zollbeamter und gab den westlichen Besuchern geduldig Auskünfte, sein Diensthund saß neben ihm und schaute gelangweilt Richtung Westen. Auf östlicher Seite der Stange lehnte, Rücken an Rücken mit unserem Zollbeamten, ein DDR-Grenzer und blickte stumm und starr Richtung Osten. Unter der Stange, Rücken an Rücken mit unserem westlichen Zollhund, saß ein strammer DDR-Schäferhund, und auch er hatte, wie sein Herr, Augen und Ohren fest nach Osten gerichtet.

Vielleicht erlauben die neuen Machthaber wenigstens ein Schweifwedeln.

Manfred Harder-Otto

(An der Dückerschleuse in Witzeeze)
Aus einem Interview

Wir konnten die ersten Jahre immer in die DDR und unser dortiges Land bewirtschaften. Bis 48 ganz regelmäßig und dann nur so sporadisch, im Frühjahr das Vieh dahin getrieben, dann so alle vierzehn Tage mal geguckt. Nachher als die Grenzsicherheitsmaßnahmen immer intensiver wurden, haben wir das nicht mehr gemacht. Und 1954 wurde ich dann Polizeibeamter, nachdem ich auch Landwirtschaft gelernt hatte, und da hat meine Dienststelle mir gesagt: »Okay, Sie dürfen da nicht mehr rübergehen.« Und so ist die Grenze hier immer dichter geworden.

Die ersten Jahre, da stand diesseits der kleinen Brücke ein Schilderhäuschen der britischen Zone, das war ja britische Besatzungszone, und jenseits der Brücke, also nur drei Meter auseinander, hatten die Russen ihr Häuschen. Und die einen haben in Englisch, die anderen in Russisch gesprochen, eher mit Händen und Füßen haben sie sich unterhalten. Das führte dann oft dazu, daß abends hier gemeinsam Grog getrunken wurde, die Russen und die Engländer zusammen. Als die Grenze dann sehr dicht wurde und die Russen nicht mehr her durften, da haben wir dann Erkennungszeichen gegeben, da kann ich mich noch erinnern, da war ich so 12, 13, 14 Jahre alt, das hat man ja noch gut in Erinnerung. Da haben wir hier immer ins Fenster, was zum Osten zeigte, 'ne Kerze reingestellt, wenn die Gäste weg waren. Denn die Engländer, die durften hier sitzen. Dann kamen die Russen und tranken hier mit uns zusammen einen.

Und als die Grenze dann völlig dicht wurde, da kamen die ostzonalen Grenzsoldaten zwar noch hier ran, haben sich mit uns noch unterhalten. Wir hatten immer so einen Treffpunkt, hier hinten haben wir eine Familiengrabstätte. Immer, wenn ich dort war, brauchte ich nur mit der Taschenlampe zu leuchten, dann kamen die fünf Minuten später und freuten sich, wenn sie dann eine Stange Zigaretten oder mal eine Flasche Whisky bekamen.

Und als wir 250jähriges Jubiläum hatten, das war 1970, da kamen die sogar noch hier ran und brachten uns ein Schild: »Herzlichen Glückwunsch. Deutsche Demokratische Republik.« In Blei gegossen. Das brachten sie uns mit einem Blumenstrauß. Sie haben immer wieder einen sehr guten Kontakt noch gehabt, aber ohne irgendeinen politischen Einfluß, sondern wirklich nur aus Nebeneinanderherleben.

So 1956 war das, da bin ich einfach rübergegangen, weil eine von unseren Kühen, die weideten zum Teil noch da, die kalbte, und die Geburt war unter sehr schwierigen Umständen, und kein Mensch wollte hin. Da bin ich rübergegangen, und dann kamen die Grenzsoldaten natürlich von drüben sofort an, haben mir noch geholfen dabei und haben mich dann anschließend mitgenommen, nachdem das Kalb auf die Welt gekommen war.

Aber nach ungefähr acht Stunden haben sie mich über Lauenburg wieder zurückgeschickt. Sie wollten nur detailliert wissen, ob ich die Grenzverletzung aus Boshaftigkeit oder aus irgendwelchen politischen Motiven begangen habe oder ob es wirklich nur zum Schutze des neugeborenen Kalbes war, zur Hilfe. Und das haben die auch voll akzeptiert.

Einen interessanten Zwischenfall gab es 1976, wir hatten hier einen relativ kleinen Zoo, aber mit Exoten, mit Affen, mit Känguruhs, mit Nandus. Nandu ist eine südamerikanische Straußenart, und einer dieser sehr wertvollen Vögel, die ungefähr 3 000 Mark kosten, ist aus dem Gehege ausgebrochen und über die Brücke rein in die DDR. Und meine Vorfahren, die waren natürlich bitter traurig, weil das also deren Lebensinhalt war, der kleine Zoo hier. ›Was machst du? Rübergehen‹ – habe ich überlegt – ›kannst du nicht. Da nehmen sie dich wohl fest.‹

Da bin ich auf einen ganz dollen Trick gekommen. Der damalige Hauptmann der DDR-Grenzsoldaten hatte mir mal für Notfälle die Telefonnummer seiner Dienststelle in Boizenburg gegeben. Und dann habe ich im Direktwähldienst die Nummer dort angewählt, es meldete sich auch die Standortkommandantur. Und da habe ich das vorgetragen, daß hier mein Nandu in die DDR gegangen ist. Und da sagten die: »Da können wir nix machen, also das geht nur über die auswärtige, über die Ständige Vertretung der DDR in Bonn.«

Und ich beim Fernamt angerufen. Ich sage: »Ich möchte die Telefonnummer der Ständigen Vertretung.« Die haben die mir auch gegeben. Ich rufe an, und da sagt jemand so im sächsischen Dialekt: »Also das geht nicht. Das kann nur der Bürgermeister entscheiden.« Ich sag: »Mensch, hier ist also wirklich in punkto Eigentumssicherung Gefahr im Verzug. Sie müssen da Verständnis für haben.« »Nein, das geht nicht.« Und sagt: »Tut mir leid. Ich muß das Gespräch beenden.« Und dann hat er aufgelegt. Und da habe ich fünf Minuten später wieder angerufen und gesagt: »Hier ist der Bürgermeister von Witzeeze. Ein Mitbewohner hat mir eben mitgeteilt, daß ein sehr wertvolles Tier in die DDR gegangen ist.«

Das zog sofort. Bereits 25 oder 30 Minuten später rückte ein Trupp von 15 Leuten drüben an, und die scheuchten zwei Tage lang, zwei Tage lang, das Tier, Tag und Nacht. Nachts haben sie beobachtet, wo es sitzt, damit sie es wissen, weil das ja hoch bewachsen war alles. Und nach zwei Tagen ist es ihnen dann gelungen, das Tier hier wieder rüberzuscheuchen.

Leider ist bis heute der Dank meinerseits noch nicht dort angekommen, weil ich habe denen dann Bier angeboten und habe denen sonstige Dinge angeboten, aber das haben sie nicht angenommen. Und von dem Tage an auch ist mir bewußt geworden, daß die dort doch sehr eigenartige Dienstvorschriften haben, denn selbst ein Dank wurde nicht angenommen, ein Gruß, ein Guten-Morgen-Gruß wurde nicht mehr angenommen.

Auch kleine Zwischenfälle passierten hier mal, zum Beispiel wenn angetrunkene Gäste abends meinen: »Ich pinkele jetzt mal in die DDR.« Vergesse ich nie. Und einer, der brachte es auch fertig, der ging in die DDR rein und urinierte da, und die Grenzsoldaten kamen an und haben ihn nur drum gebeten, daß er sich zumindestens umdrehen möchte, wenn er das schon machte. Da kann ich mich noch dran erinnern.

Zuerst hat sich die Schließung der Grenze auf den Gastbetrieb hier an der Schleuse ganz stark negativ ausgewirkt, nämlich dadurch bedingt, daß jeder Angst hatte vor Zwischenfällen im Grenznahbereich. Die meisten hatten wohl Angst, hier zu übernachten oder auch nur hier Kaffee zu trinken. Wir haben ja hier diesen großen Kaffeegarten. Da haben also alle sehr sehr viel Angst vor gehabt. Im Laufe der Zeit hat man aber gemerkt, daß hier also überhaupt gar nichts los ist, und daß es doch auch so ein bißchen attraktiv ist, hier bei herrlichem Wetter und Sonnenschein unten im Kaffeegarten zu sitzen und nach drüben in die DDR zu gucken. Störend ist nur die Tatsache, daß die DDR-Grenzsoldaten alles, was sich auf unserer Seite bewegt, fotografieren.

Als Besonderheit kommt noch hinzu, ich bin ja so ein Naturschutzfan und habe das ganze Gebiet gesperrt für die Öffentlichkeit, daß wir Eisvögel hier haben, schwarze und rote Milane haben, daß wir Schwäne haben, daß wir alle möglichen Enten hier haben. Ich habe das Gefühl, daß das also heute kein Nachteil mehr für uns ist, die Grenznähe; wobei ich immer der Meinung bin, daß spätestens in 10 Jahren die Grenze nicht mehr da ist.

Ich habe immer so über die Grenze gesagt: »Das kann doch nicht angehen, daß ihr plötzlich alle abhaut, die ihr da wohnt mit dreißig Leuten und habt 600 Kopf Rindvieh, und das Vieh muß morgens und abends gefüttert und gemolken werden. Da muß der Staat doch für sorgen, daß ihr nicht abhauen könnt, damit das Vieh nicht verendet.« Da ist durchaus verständlich, wenn man mal den Hintergrund sieht, warum die die Grenze dichtgemacht haben.

Natürlich hoffe ich als Eigentümer der Dückerschleuse und nicht nur als solcher, daß wir eines guten Tages unseren Privatweg nach drüben in der Form nutzen können, daß wir über das rechts von uns befindliche Dorf Zweedorf weiter nach Boizenburg fahren können.

Werner Lorenz

(Pilzblick und Uniform)

Es war in den 70er Jahren, ich war Eisenbahner in Neustadt b. Coburg. Jeden Donnerstag war Begehen angesagt, und da hatte ich das Auto dabei wegen der Heimfahrt nach Coburg. Das Auto war auch nützlich, um am Nachmittag nach Dienstschluß schnell an die Grenze zum Pilzesuchen zu fahren. Ich war in voller Uniform, d.h. Dienstmütze mit Goldkordel für gehobenen Dienst, blauer Blazer mit Goldknöpfen und DB-Abzeichen, goldgestickt auf der linken Brustseite. Diese Sache war der neueste, modernste Uniformteil und drüben noch nicht bekannt, wie sich zeigen sollte.

Ich spazierte also mit Pilzblick und Körbchen durch den Wald und kam an die ehemalige Straße nach Sonneberg. Sie war gesperrt mit einem dicken Balken in Brusthöhe. Dort traf ich auf 2 Zollbeamte, und wir kamen ins Gespräch. Es dauerte nicht lange, und drüben tauchte eine Doppelstreife auf. Sie musterten uns mit dem Fernglas und konnten mich offensichtlich nicht unterbringen, weil das DB-Zeichen verdeckt war. Für sie muß ich wie ein Kapitän z.S. ausgesehen haben.

Dann wurde es interessant: Ein Soldat ging zum nächsten Telefon, und nach kurzer Zeit war eine Offiziersstreife mit dem Jeep da. Wieder der Blick durch das Fernglas, Blättern in einem Buch (wahrscheinlich westliche Uniformen) und Ratlosigkeit... Ich habe die Herren erlöst, bin um den Balken herumgegangen, habe auf mein DB-Emblem gezeigt und konnte mir nicht verkneifen, den Zeigefinger auch an die Stirn zu führen. Die beiden Streifen verschwanden blitzartig von der Bildfläche, und wir 3 Westler haben ihnen fröhlich nachgelacht.

Michael Gröner*

(Bautz!)
Aus einem Interview

Ich hab als Zollbeamter folgendes erlebt bei Grabenreinigungsarbeiten. Die Grenze selbst bildete einen Graben, und der wurde von drüben von Grenzsoldaten gereinigt. Und wir mußten dann auf der

262

anderen Seite stehen aus dem einfachen Grunde, es hätte ja immer
mal passieren können, daß jemand von denen da drüben weglaufen
will, und dann hätte er eben durch uns gleich den Schutz gehabt.
Die hätten uns sicherlich nichts getan, möchte ich jedenfalls heute
sagen, ich glaube es jedenfalls nicht.

Na ja, so in der Bewegung fiel mir dann – bautz! – die Mütze vom
Kopf, rein in den Graben, und nun lag das Ding da mitten im Graben. ›Wat machsde nun? – Na ja, irgendwie mußde ja wieder ran-
kommen.‹ Und die standen nun direkt gegenüber, also wir hätten
uns die Hand geben können. War höchstens einen Meter breit. Und
die grienten nun übers ganze Gesicht und freuten sich nun, ha, ha,
ha, ha. ›Na ja‹, denk ich, ›dann bück dich mal‹, und dann hab ich
mich gebückt und hab dann meine Mütze wieder rausgeholt aus
dem Graben, feucht wie sie war.

Ulrike Tüchner*
Kaufmännische Angestellte, 44 Jahre alt, verheiratet, 2 Kinder
19 + 20 Jahre alt. In N. geboren und seitdem hier wohnhaft.

Der schwierige Heimgang einer DDR-Verwandten!

Im November 1986 besuchte uns eine Tante aus Steinbach-Hallen-
berg. Im Jahr zuvor hatte sie im Krankenhaus gelegen, sich aber
soweit wieder ganz gut erholt.

Am Samstag früh stand sie sehr bald auf und war ganz aufgeregt,
da es sehr geschneit hatte und sie weiterfahren wollte zu Verwandten nach Neukirchen (im Coburger Land).

Sie aß noch mit zu Mittag, danach verschwand sie auf die Toilette
und kam nicht mehr wieder, wir öffneten das Türchen zum Örtchen
gewaltsam und fanden sie auf dem Boden liegend, sie hatte einen
Schlaganfall erlitten und war sofort tot.

Unser Leichenbestatter hatte an diesem Nachmittag drei Beerdi-
gungen und kam erst am späten Nachmittag und holte endlich nach
3 Stunden die Verblichene ab.

Bis Montag mußten wir nun warten, bis wir auf dem Standesamt
die Sache melden konnten. Der Standesbeamte fiel aus allen Wolken und schimpfte auf das unflätigste auf mich ein, ich hatte lediglich den Ausweis der Verstorbenen zur Hand und sollte Fragen wie

den Beruf ihres Gatten (verstorben) beantworten usw. usw. Die viele Arbeit! Man käme nach drüben telefonisch nicht durch!

Die Verbindung mit ihren Angehörigen in der DDR war unmöglich! Da der Sohn und die Tochter kein eigenes Telefon hatten, wurden die Fragen um die Verstorbene nur über Nachbarn und Freunde geführt.

Unser Leichenbestatter wollte die Verstorbene verbrennen, das wäre die bequemste Art gewesen. Dazu benötigten wir aber die Einwilligung der Kinder der Verst., diese wollten jedoch lieber eine Erdbest. Unser Leichenbestatter wollte aber das Leichenauto nicht zur Verfügung stellen, er hatte schlechte Erfahrungen gesammelt, daß das Auto an der Grenze zu lange festgehalten wird, und wenn das Auto in N. benötigt würde, dann keines zur Verfügung stünde.

Zum Schluß wurde die ganze Beerdigung über ein Beerdigungsinstitut in Berlin abgewickelt, ein Leichenauto kam aus der DDR, wir legten noch ein großes Bukett gelber Chrysanthemen bei, die aber nie in der DDR angekommen sind. Der Schluß von der Geschichte war noch, daß die Tante dann in der DDR verbrannt wurde!!!!

Gottfried Senkenheim*

Diakon, geboren 1948

»Mit meinem Gott kann ich über Mauern springen«

Es war am Buß- und Bettag 1970. Ich fuhr mit meinem Wagen zu einem Evangelistenkongreß nach West-Berlin. Da zu dieser Zeit noch nicht der Grundlagenvertrag zwischen der DDR und BRD geschlossen war, der die problemlose Transitfahrt durch die DDR regelt, mußte ich mich wie jeder andere Reisende nach West-Berlin einer sehr intensiven Zollkontrolle unterziehen. Nach der Einsicht meiner Reisepapiere wurde ich gefragt: »Was wollen Sie in Berlin West?« »Ich will einen Evangelistenkongreß besuchen«, bekam der Zöllner wahrheitsgemäß zur Antwort. »Welche Briefmarken führen Sie mit sich?« lautete die zweite Frage. Ich entgegnete: »Was soll ich denn mit Briefmarken?« Der Zöllner wurde energischer: »Wenn Sie zu einem Philatelistenkongreß fahren wollen, so werden Sie doch sicherlich auch Briefmarken mit sich führen.«

Erst da wurde mir klar, daß der Mann einen Evangelistenkongreß mit einem Philatelistenkongreß verwechselt hatte. Da er sich unter einem Evangelisten nichts vorstellen konnte, erzählte ich, daß es sich um Prediger handelt, die nicht nur in Gottesdiensten, sondern auch bei sogenannten »Evangelisationen« das Wort Gottes verkündigen. Auf die Frage: »Wer kommt denn alles zu diesem Kongreß?« sagte ich ihm, daß viele weltbekannte Prediger sich dort treffen würden, um gemeinsam ihre Erfahrungen und Erlebnisse auszutauschen.

Jetzt wurde die Miene des Zöllners ernster. »Wird dort auch der Amerikaner Billy Graham sein?« fragte er interessiert. »Ja«, antwortete ich, »dieser Prediger kann doch bei einer solchen Zusammenkunft nicht fehlen.« Was ich dann zu hören bekam, versetzte mich anfangs in ein mitleidiges Lächeln, welches mir aber bald vergehen sollte. Der Zöllner warnte mich eindringlich vor diesem »militaristischen Graham«, der ein Kriegshetzer der schlimmsten Sorte sei.

Die Ausführungen des Uniformierten, der inzwischen Verstärkung geholt hatte, endeten mit der Spitze: »Wissen Sie denn nicht, daß Graham immer ein Maschinengewehr in seinem Gepäck hat und es unter Umständen auch einsetzt?« Nun konnte ich mein Lachen nicht mehr an mich halten. Ich erklärte den verdutzten Zöllnern, daß Billy Graham zwar von seinen Gegnern als das »Maschinengewehr Gottes« bezeichnet wird, er aber überhaupt nicht im Besitz eines solchen Mordinstrumentes sei. Mein Gegenüber wollte meiner Aussage kein Gehör schenken und überschüttete mich mit einem gut geschulten Redeschwall, der damit endete, daß ich mich einer sehr intensiven Durchsuchung meines Autos unterziehen mußte.

Zur Freude der sich mit Eifer an diese Arbeit gebenden zwei Zöllner wurden sie auch tatsächlich fündig: Sie entdeckten meine Bibel und in einer Ritze des Kofferraumes ein altes verknittertes und ölverschmiertes Foto, auf welchem ich in Bundeswehruniform zu sehen war. Als sie meine Bibel durchstöberten und Seite um Seite durchblätterten, entdeckten sie eine Spruchkarte mit einem Bibelvers aus Psalm 18 Vers 30, welcher lautete: »Mit meinem Gott kann ich über Mauern springen.« Unglücklicherweise befand sich in meiner Bibel noch ein schriftliches Konzept eines Referates, welches ich einmal über Jona gehalten hatte. In dieser Ausarbeitung, die das Thema »Fluchtwege« hatte, war aufgezeigt, wie ein Mensch versucht, von Gott zu fliehen, aber doch wieder von ihm eingeholt wird.

Diese schriftlichen Notizen, verbunden mit dem Aufruf, über »die Mauer zu springen«, waren für die emsig suchenden Zöllner wohl Grund genug zur Annahme, daß sie einen dicken Fisch gefangen hatten. Jetzt lachte ich nicht mehr, denn nun mußte ich nachweisen, daß ich kein Fluchthelfer war, der im Begriff war, eine Republikflucht vorzubereiten. Das sich anschließende Verhör dauerte ca. drei Stunden. In dieser Zeit mußte ich vor etlichen Personen mit und ohne Uniform ausführlich meine Predigt über Jona halten. Immer wieder wurde ich von meinen »Zuhörern« mit Fragen zum Bibeltext unterbrochen. Es war wohl der erste »Gottesdienst« für die Grenzorgane der NVA. Als ich sie dann von meiner Unschuld überzeugt hatte, erhielt ich die mir abgenommenen »Tatgegenstände« wieder zurück und konnte erleichtert meine Reise fortsetzen.

Bei der Kontrollstelle Babelsberg zur Einreise nach West-Berlin, inzwischen waren die Zöllner schon informiert worden, dauerte die intensive Kontrolle »lediglich« nur ca. 40 Minuten. Seit dieser Zeit muß ich immer wieder an meine »Grenzpredigt« denken, wenn ich nach Berlin fahre, auch wenn die Baracke, in der ich »predigen« durfte, schon längst abgerissen ist. Dann wünsche ich mir auch zuhause in den Bibelstunden und Gottesdiensten, die ich halten muß, solch wißbegierige Zuhörer.

Eine Bibel und div. Spruchkarten mit Bibelstellen habe ich seit dieser Zeit nicht mehr auf Reisen nach West Berlin und in die DDR mitgenommen. Eigentlich schade, denn es gibt sicherlich noch viele Zöllner, die auch wie Jona »von Gott weggelaufen sind« und für die es an der Zeit wäre, wieder umzukehren.

Harry Winarske

2.5.1988. Den Erlebnisbericht über unsere Fahrt nach Stendal habe ich des öfteren, vor allen Dingen auch Besuchern aus der DDR erzählen dürfen. Inwieweit es sich lohnt, diesen Bericht festzuhalten, müssen Sie selbst entscheiden. Herr Liebert findet es jedenfalls immer wieder köstlich, wenn wir auf diese Fahrt zu sprechen kommen. Ich diktiere diesen Brief auf ein Tonbandgerät und werde dabei versuchen, in erzählhafter Form die Erlebnisse darzustellen. Ich bitte dabei um Nachsicht, wenn sich dadurch Fehler oder Überschneidungen einschleichen. Bei den Namen werde ich mich auf die Vornamen beschränken, so daß Sie daraus die Zusammensetzung unserer Bläsergruppe ersehen können.

Die Geschichte vom Posaunenchor

Von Herrn Liebert, unserem Leiter der Posaunenchöre St. Nikolai Gifhorn und Isenbüttel, war die Fahrt nach Stendal zu einem Blasen im Gottesdienst in den Stendaler Dom lange vorbereitet worden. Es bestand sogar ein Stück Papier vom Domkantor, daß wir am Totensonntag um 10.00 Uhr im Gottesdienst musizieren könnten. Dieses Schreiben hatten wir an dem Tage dabei.

Die Besetzung der Fahrzeuge wurde in einer Übungsstunde vorher festgelegt, die Abfahrt auf Sonntagmorgen 5.30 Uhr angesetzt.

Es war ein kalter Morgen, ungemütlich und nicht sehr einladend für eine derartige Fahrt. Herr Liebert und ein anderer PKW mit einigen Bläsern waren bereits noch früher abgefahren. Wir fuhren mit 2 PKWs . Wir, in dem ersten PKW waren Albrecht, der Posaune bläst, und ich, der ebenfalls Posaune bläst, und eine Trompete, die Martin blies, und seine Frau. Im zweiten Wagen waren Horst, unser erster Trompeter, Christhardt, unser zweiter Trompeter, und Herbert, der auch Posaune bläst.

Der Gifhorner Posaunen-Chor hatte sich den Grenzübergang Bergen-Dumme ausgesucht, während der Isenbütteler Posaunen-Chor über Helmstedt-Marienborn fahren wollte.

Die Fahrt ging gut, wir kamen gegen 6.30 – 6.45 Uhr in Bergen an, und es erschien so, als ob wir zügig über die Grenzkontrollstelle kommen sollten. Wir fuhren wie üblich an die erste Stelle, und es wurde gefragt: »Wo wollen Sie hin?« »Wir wollen nach Stendal!« Dann an die zweite Stelle, dort dauerte es schon etwas länger. Zu unserem Pech, muß ich sagen, war wohl gerade Wechsel des Personals.

Es ging dann auf 7.00 Uhr zu, so daß wir auch deshalb noch etwas länger stehen mußten. Als wir an einer der nächsten Haltestellen waren, bemerkte Albrecht und sagte: »Du, da vorne steht Herr Liebert, und der ist aber rechts rangefahren, das sieht nicht gut aus!« Wir bemerkten dann auch den zweiten Wagen mit einer weiteren Trompete, Willi und Wilfried, Trompete. Inzwischen war der Personalwechsel erfolgt, und wir konnten auch bis zum Zoll vorfahren. Dort wurden wir, weil wir das gleiche Gifhorner Kennzeichen hatten, auch gleich rechts rangewinkt und standen dann hinter Liebert. Wir stiegen aus und fragten, was los wäre, da hieß es: »Ja, es ist etwas unklar!« Mit einem Male kam jemand heraus und sagte: »Sie können die Instrumente nicht mitnehmen.« Wir waren völlig platt und sagten: »Wir haben doch hier die Einladung, daß wir in einem Gottesdienst blasen und in keinem Konzert auftreten.« Wir haben dann den entsprechenden Schein vorgezeigt; man verschwand wieder, es tat sich eine Weile wieder nichts! Plötzlich kam ein höherer Offizier und stellte ganz kategorisch fest: »Die Instrumente müssen hier bleiben!« Die anderen Wachhabenden dort waren wohl etwas skeptisch und fragten auch wieder, wie das zustande gekommen sei und was wir dort wollten, aber es ließ sich nichts ändern, die Instrumente mußten wir ausladen.

Wir haben dann noch gesagt: »Was sollen wir denn dort? Sollen wir dort als Männerchor auftreten?« Um uns in scherzhafter Weise die Zeit zu vertreiben! Nun waren wir schon mal soweit rüber, das Geld war auch schon gewechselt worden, also haben wir gesagt: »Gut, dann fahren wir eben hin.«

Die Instrumente wurden ausgeladen, es hieß, einer muß hierbleiben und die Instrumente zurück zum westdeutschen Zoll fahren. Wir haben dann H. Liebert dafür ausgeguckt, weil er den größeren Wagen hatte, wo alle Instrumente von uns dort reinpaßten. Wir fuhren dann weiter zum Intershop und überlegten, was jetzt zu tun wäre. Es war empfindlich kalt, wir gingen auch in den Intershop rein, haben dort geguckt, was man wohl kaufen könnte. Obwohl wir sonst keine Kostverächter sind, hatten wir dort aber auf Bier oder dergleichen noch keinen Appetit morgens um 7.00 Uhr, ich glaube, wir tranken dann Fanta oder Cola, die Zeit ging auf 7.30 Uhr – 7.45 Uhr, wir warteten, wann H. Liebert wohl nachkommen würde. Gegen 8.00 Uhr entschlossen wir uns, Albrecht und ich, mit unserem

Wagen vorzufahren. Horst und Christhardt und Herbert sagten: »Wir warten auf H. Liebert.«

Wir fuhren los. Unterwegs fiel uns ein, vielleicht sollten wir in Stendal anrufen und H. Lehmann fragen, ob dort vielleicht Instrumente geliehen werden können. Aber mangels Telefonhäuschen bzw. auch dem nötigen Kleingeld haben wir es dann doch unterlassen. Um 9.20 Uhr kamen wir in Stendal an.

Wir wurden freundlich begrüßt, man sagte uns: »H. Lehmann ist schon unterwegs und besorgt Instrumente.« Wir haben gedacht, dann blasen wir halt auf fremden Instrumenten, mal sehen, wie es geht. Es wurde dann eine Tasse Kaffee in einem der dort vorhandenen Säle gereicht.

Wir erzählten von unserem Erlebnis und warteten auf die Instrumente. Etwa um 9.40 Uhr kam H. Lehmann und hatte 2 Trompeten und 3 Posaunen auftreiben können. Nun, wir gingen gleich in den Saal, um die Instrumente zu erproben. Willi und Wilfried, zwei unserer schwächeren Bläser, Albrecht, Martin und ich und Herbert waren als Bläser da, so daß wir sagten: »Nun, mit fremden Instrumenten können wir höchstens Choräle spielen.« Als wir die Instrumente auspackten, sahen wir, daß die offensichtlich sehr lange nicht mehr benutzt waren. Speziell die Posaunen sind da sehr empfindlich, da die Züge dann sehr schwergängig sind, und wir mußten einige Anstrengungen vornehmen, um sie überhaupt nahezu flüssig zu bekommen. Als Bläser weiß man, was das bedeutet. Die Posaune, die Herbert blies, sprach überhaupt nicht richtig an oder klemmte: Die Töne klangen auch nicht so, wie wir es auf unseren eigenen Instrumenten gewohnt waren, aber wir meinten, vielleicht geht es gut.

Inzwischen war es 9.52 Uhr, und wir gingen in den Dom. H. Lehmann wurde gesagt, er müßte das Vorspiel machen, wir wären so nicht blasfähig. Nun gut, er war damit einverstanden und suchte schnell ein Vorspiel heraus. Wir stellten uns auf der Empore auf und schlugen den ersten Choral auf. Inzwischen war es 9.57 Uhr, plötzlich Bewegung auf der Treppe der Empore, und es kamen Horst, Christhardt und Herbert. Da Horst und Christhardt die ersten Trompeter sind, haben wir blitzschnell überlegt: ›Da können wir ja doch noch ein Vorspiel machen.‹ Willi und Wilfried gaben Horst und Christhardt die Trompeten – inzwischen war es kurz vor zehn – vielleicht schon Punkt zehn, ich schlug schnell ein Stück vor, was wir immer so drauf haben, Lob-II-279 in F-Dur, zum besseren Einstimmen! Während Albrecht und ich wenigstens Töne auf den Instrumenten versucht hatten, nahmen Horst und Christhardt das Instrument in die Hand, wischten das Mundstück frei und setzten an. Ich höre heute noch den ersten F-Dur Akkord. Jeder suchte die Töne, bei Posaunen sind die Positionen öfter unterschiedlich, wir spielten ein kleines Stück von Scheidt als Vorspiel.

Der dort zuständige Superintendent oder Probst begrüßte uns, sagte, daß den Bläsern in Gifhorn die Instrumente an der Grenze weggenommen waren und sie deshalb nicht spielen können, daß das hier Ersatzinstrumente sind und ein Großteil der Bläser auch noch nicht da sei; er freute sich aber dennoch, daß wir mit einer kleinen Gruppe trotzdem da waren. Nach dem Eingangslied kam dann eine Lesung oder erst die Ankündigung des Superintendenten, jedenfalls war das zweite Lied dran und wie üblich am Totensonntag das Graduallied »Wachet auf, ruft uns die Stimme«.

Inzwischen war es wohl 10.08 Uhr; plötzlich wieder Bewegung auf der Empore. H. Liebert kommt angestürzt und sagt: »Die Instrumente sind da.« Wir, völlig verblüfft, die alten Instrumente abgelegt, sagten zu H. Lehmann: »Spielen Sie das Vorspiel für ›Wachet auf, ruft uns die Stimme‹«; er hat dann ganz schnell überlegt und das Vorspiel von Bach genommen mit der Melodie im Pedal, das er dann wohl öfter wiederholte; wir rannten runter und holten unsere eigenen Instrumente. Was war das für ein Unterschied, als wir die Instrumente wieder ansetzten. Wir spielten dann »Wachet auf, ruft uns die Stimme« im Wechsel mit der Orgel. Dann kam die Predigt, plötzlich wieder Unruhe auf der Empore, und die Isenbütteler Bläser kamen mit ihren Instrumenten. Dann wurde ausgepackt und aufgebaut, und nach der Predigt kam dann noch das vorgesehene Programm zum Tragen. Wir spielten einige Stücke aus der Feuerwerksmusik von G. F. Händel und M. Schlenker, der im Dom früher Kantor war.

Interessant war dabei, wie sich plötzlich der Klangkörper veränderte und vergrößerte. Es war dann so, daß auch der Tiefbaßbläser noch etwas später nachkam und somit der Klang sich wieder veränderte. Für Besucher unten im Kirchenschiff muß es also musikalisch ein Erlebnis gewesen sein, wie aus den zunächst verstimmten Instrumenten dann plötzlich so ein doch wohlgeformter Klangkörper entstand.

Der Superintendent ging dann abschließend nochmal auf die Begebenheit ein und freute sich dann, daß sich nun doch noch alles zum Guten gefunden hat. Nach der üblichen Dombesichtigung danach und nach dem Mittagessen haben wir noch in einem Altenheim etwas volkstümliche Musik gespielt und dann einen weiteren Besuch nach Tangermünde an der Elbe vorgenommen und dort Kaffee getrunken. Um ca. 17.00 Uhr haben wir uns dann wieder auf den Heimweg gemacht.

Als wir an der Grenze ankamen, waren die gleichen Beamten noch im Dienst, haben uns sofort wiedererkannt und fragten: »Na, hat es denn noch geklappt? Sind doch zeitig dagewesen?« Als wir das bejahten, waren auch sie sichtlich erfreut!

So ist es nun zu dieser Instrumentübergabe gekommen: H. Liebert nahm unsere Instrumente und fuhr sie zum Westzoll; der Westzoll war natürlich völlig überrascht, was das denn wieder wäre, das hat es ja noch nie gegeben, und lachte über diesen Zustand. H. Liebert fuhr dann wieder zurück an den Ostzoll und wurde wieder an die Seite gebeten. Ihm wurde gesagt: »Warten Sie noch mal ein bißchen, es sieht nicht schlecht aus für Sie!« In der Zwischenzeit ging die Zeit natürlich hin, und es wurde herumtelefoniert, offensichtlich auch mit Marienborn, wo die Isenbütteler Bläser standen. Wir haben hinterher erfahren, daß da mit Berlin telefoniert werden mußte. Plötzlich kam dann ein Beamter und sagte: »Sie können die Instrumente mitnehmen, fahren Sie schnell hin, und holen Sie sie ab.« H. Liebert drehte um und – wie er sagte – fuhr mit überhöhtem Tempo dort zum Westzoll, wo die wiederum überrascht waren und aus vollem Hals lachten, daß er nun doch die Instrumente wieder mitnehmen könnte.

Die Abfertigung ging dann völlig problemlos; er fuhr durch alle Sperren durch und kam dann an die Paßstelle bzw. Zollstelle, man sagte ihm: »So, nun fahren Sie aber trotzdem nicht so schnell auf der Landstraße, auch wenn es jetzt schon etwas später ist, achten Sie auf die Geschwindigkeitsbegrenzung.« Inwieweit er die dann immer eingehalten hat, müßte er selber beantworten.

Als wir gegen 19.00 Uhr wieder in Wittingen waren, waren wir froh, kehrten in eine Gaststätte ein und tranken erst mal ein frisches Bier.

Die absurde Grenze

In ihrer Spätphase war es an der ›sensibelsten Grenze der Welt‹ betäubend still geworden. Durch ein dicht geknüpftes Netz von Sperreinrichtungen entstand im Laufe der Jahre ein lebensfeindlicher Geländegürtel, in den sich niemand mehr hineinwagen konnte. Im weitesten Umkreis der Anlagen warnten Markierungen, Vorschriften und Regeln den potentiellen ›Grenzverletzer‹ vor Übertritten. Wer sich in Sichtweite der Wachtürme aufhielt, wurde argwöhnisch beobachtet und fotografiert. Die zumeist kargen Informationen über jedes noch so nichtige Vorkommnis schienen in mysteriösen und unermeßlichen Archiven zu verschwinden, um dort penibel dokumentiert zu werden. Versteinerte Bewachungsrituale und die einschüchternde Symbolkraft der Grenzarchitektur sorgten zudem dafür, daß es in der Nähe des Zaunes immer menschenleerer wurde. Ein gigantischer Apparat war damit befaßt, dieses Vakuum perfekt zu verwalten. Gnadenlos griff eine unheimliche Ordnung Platz.

Mit viel Aufwand wurde ein schmaler Streifen Land säuberlich wie ein Vorgartenweg gepflegt, damit kein Lebewesen unbemerkt seinen Fuß darauf setzen konnte. Und Tag für Tag, Monat für Monat, Jahr für Jahr saßen in unzähligen Wachtürmen entlang des gesamten Grenzverlaufes die Soldaten der Nationalen Volksarmee und beobachteten das über weite Strecken ausgestorbene Gebiet. Wo auch immer nur sich etwas bewegte, reagierte ein empfindliches und erstarrtes System in überreizter Weise darauf.

Die Maschinerie verkam nicht zuletzt aufgrund ihrer Unbeweglichkeit, ihrer hermetischen Organisation und ihrer Sensibilität zur Karikatur ihrer selbst. Ausgebrochene Rinder wurden wie Invasoren behandelt, und eine Pflugschar, die über den Ackerrain schwenkte, wurde zum Flugobjekt, das den Luftraum der DDR verletzte. Jenseits der Grenzmarkierungen galten Dummejungenstreiche oder die harmlosen Mutproben Betrunkener als schwere Delikte, die streng geahndet wurden. Eine einzige Regelwidrigkeit konnte im schlimmsten Falle auch tödliche Folgen nach sich ziehen.

272

Die Berichte, in denen kuriose oder makabre Begebenheiten mitgeteilt werden, beschreiben die Grenze als Wahnsinn, der allerdings Methode hat. Diese Geschichten machen die Auswüchse der Sicherungspraxis für jedermann sinnlich nachvollziehbar. Hinter den geschilderten Auseinandersetzungen wird eine bis zum Exzeß pedantische und bis zur Absurdität getriebene bürokratische Logik sichtbar. Die Agierenden sind auf tragikomische Weise miteinander verstrickt, und auffällig häufig sind es dabei Tiere, die keine Vorschriften kennen und durch ihr anarchisches Wesen den Stein ins Rollen bringen.

Als im hohen Maße widersinnig wird das Verhalten der Grenzer gewertet, deren Handlungsspielraum völlig beschnitten war und deren Sprache sich auf einen minimalen Satz vorgeschriebener Formeln beschränkte. Die Vopos erweisen sich als Gefangene oder sogar als Marionetten ihrer eigenen Dienstanweisungen. Ein Kennzeichen ihrer Unselbständigkeit bestand darin, daß auch die banalsten Zwischenfälle an übergeordnete Stellen gemeldet und die weiteren Schritte dort entschieden wurden.

So konnte jede Bagatelle zu einem Politikum avancieren, wie zum Beispiel der entlaufene Nandu, von dem Manfred Harder-Otto erzählt. Während der Abfertigung an einem beliebigen Übergang konnte die Falle unerfindlicher Dienstvorschriften ebenso zuschnappen wie anläßlich der Begegnung mit Grenzern, die den Tagesgruß stur verweigerten, aber statt dessen ihre Kamera zückten. Immer wieder illustrieren die Berichte eine gestörte Kommunikation, die den Alltag an der Grenze begleitete, etwa wenn zwei Grenzer mitsamt ihren Diensthunden Rücken an Rücken an einem Pfosten lehnen und sich gegenseitig demonstrativ ignorieren.

Die empfindliche ›Staatsgrenze West‹ entwickelte sich zum offiziellen Schauplatz einer deutschen Realsatire, in der Kleinbürgerlichkeit, Humorlosigkeit, Untertanengeist und übergenaue Paragraphentreue üppig ins Kraut schossen. Diese Satire wurde indessen mit einem solchen Ernst aufgeführt, daß ihre finstere Komik auf den ersten Blick kaum zu bemerken war. Das weltpolitisch so bedeutende Niemandsland bot ein Szenarium von Gewaltsamkeiten und von Zwanghaftigkeiten dar, die sich immer wieder in ihrer eigenen Lächerlichkeit verfingen. Darüber hielten sich die Betroffenen mit einem Lachen schadlos, welches die Perversion von Prinzipien offenlegte, die mit großer Verbissenheit angewendet wurden. Dieses Lachen allerdings war kein unbeschwertes, denn vor Ort

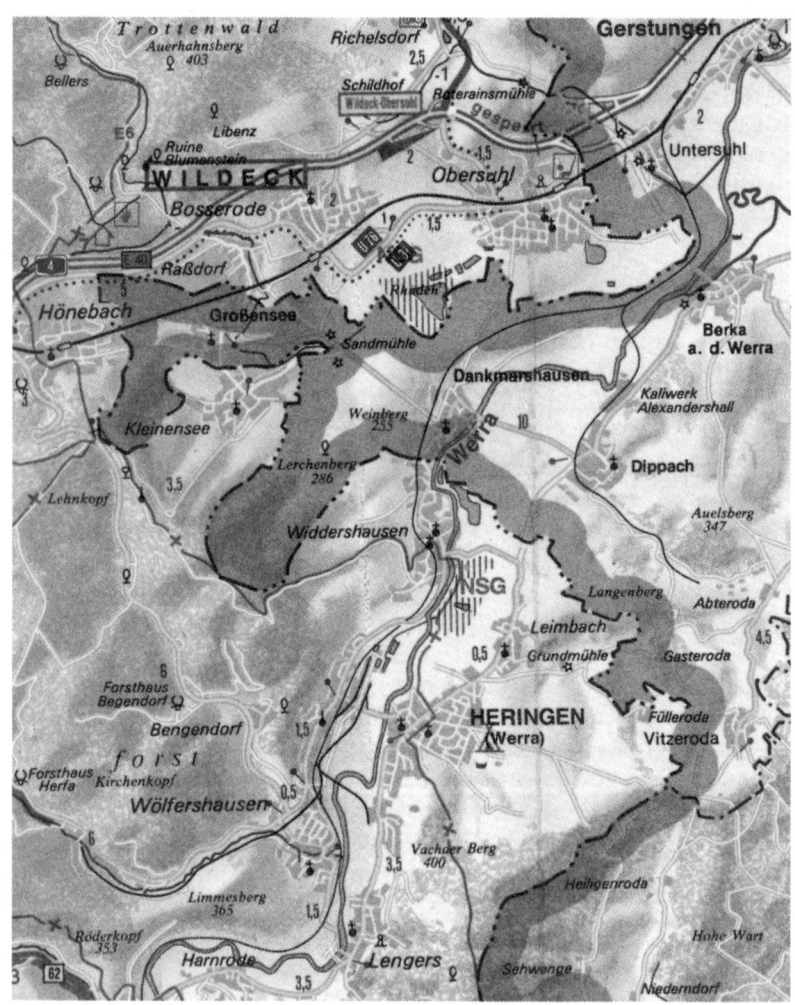

manifestierten sich im gespenstischen Gewande ›typisch deutsche‹ Eigenschaften.

Hunderte von benachbarten Dörfern wurden durch die hochtechnisierte Barriere in einer Weise voneinander getrennt, als ob ausgerechnet an dieser Stelle die natürliche Bruchlinie zweier unvereinbarer Welten verliefe. Diese Grenze, die auf dem Parkett der politischen Debatten in ein ständiges Für und Wider von Begründungen und Gegenbegründungen eingebunden wurde, entpuppte sich im Alltag als eine jegliche Vernunft entbehrende Monstergeburt voller Spießbürgerlichkeiten.

Die offenkundige Widersinnigkeit des Befestigungswerkes wirkte sich geradezu subversiv auf jeden Versuch aus, ihm Glaubwürdigkeit zu verleihen. Den Parolen, die der Grenze ihren Sinn als ›Antifaschistischer Schutzwall‹ geben sollten, wurde täglich aufs neue der Boden entzogen. Die aberwitzige, in zumeist verschlafenen Landstrichen gelegene Kulisse bot den sichtbaren Beweis, daß die Sinnstiftungsprogramme eine einzige große Täuschung darstellten. In ihrer Menschenfeindlichkeit leistete die Grenze einen bedeutsamen Beitrag dazu, daß die Ideologie, die sie hervorbrachte, nicht überzeugen konnte.

In den geschilderten Absurditäten wird faßbar, daß es dieselben Mechanismen waren, welche die Grenze zu einer perfiden und gleichzeitig lächerlichen Einrichtung machten. Vor allem ihre grotesken Züge dekuvrierten – für jedermann sichtbar – auch ihre Sinnlosigkeit. Zugleich jedoch wurde wieder und wieder ein Sinn propagiert, der die Kriterien einer immer weltfremderen Politik sowie einer zunehmend diabolischen Anordnung lieferte, deren einzelne Elemente immer perfekter zusammenspielten. Der Schrecken der Grenze konnte dabei in ein Lachen umschlagen, dessen Gegenstand der ›150prozentige Deutsche‹ war.

Teil 6

Willy Hohfeld

(An der Grenze leben)
Aus einem Interview

Wir hatten ja damals hier ein Kraftwerk in Alt Garge. Es bestand ein Verbundnetz mit der DDR, das heißt, wir haben nach drüben Strom geliefert. Und diese Leute drüben, die hatten ja ihre bestimmten Stromabschaltzeiten. Ohne uns Bescheid zu sagen, haben die dann den Strom abgeschaltet drüben. Das wirkt sich dann so aus, daß bei uns, wo alles auf Vollast läuft, Turbinen und Maschinen und alles – auf einmal klemmt da einer ab –, alles in die Luft geht, Kesseldeckel und alles und und und. Turbinen kaputt, das ist mehrmals passiert.

Da war ein Telefon, direkte Verbindung nach drüben. Also ein menschliches Gefühl bei den ganzen dienstlichen Besprechungen oder was sie da hatten, war überhaupt nicht. Das geht nur »ja« und »nein«, und: »Wir haben das und haben das gemacht«, Punkt, fertig. Da war überhaupt kein Kontakt mit denen zu machen.

Inzwischen sind die ganzen Leitungen weg, und auch das Kraftwerk ist abgerissen worden. Es wurde während des Krieges gebaut und war einmal das modernste Europas. Zuvor war Alt Garge ein Fischerdorf und hat mehr oder weniger vom Fischfang und nebenbei vom Fremdenverkehr gelebt. Die haben Beeren gesammelt. Wälder haben wir hier ja – noch – genug. Und dann kam das Kraftwerk und hat Arbeit und Brot gebracht für die ganze Umgebung. Es wurde gebaut, abgerissen und gebaut. Davon lebte die ganze Umgebung, ob das Maler, Maurer oder Klempner waren. Und genauso, wie das Kraftwerk Alt Garge aus dem Dornröschenschlaf erweckt hat, ist es nachher auch wieder zurückgefallen. Jetzt sind wir ein anerkannter Luftkurort, die Hamburger und Berliner haben hier ihre Bungalows gebaut, inzwischen ist ein großer Teil wieder abgezogen.

Ältere Leute sind zwar noch hier, aber die Jungen haben hier keine Verdienstmöglichkeiten, die müssen sehen, daß sie woanders was kriegen.

Ich hab hier in diesem Kraftwerk gearbeitet. Eines Morgens kam einer in der Badehose rübergeschwommen, ein Tierarzt, der hatte drüben in den Wiesen zu tun, ist dann rübergekommen und stand plötzlich im Büro unten im Kraftwerk vor dem Kollegen. Und der hat ihn erstmal gefragt: »Gott wieso? Haben Sie keine Papiere und nichts mit?« »Nö wieso, die hab ich drüben bei meinen Sachen.« »Na, das ist aber wichtig«, hat der Kollege darauf gemeint, und dann ist der wieder zurückgeschwommen, hat seine Papiere geholt und kam dann wieder. Inzwischen hat der Kollege den Zoll angerufen, und die haben ihn erstmal mit Decken versorgt.

Es gibt ja immer auch Leute, die sich wer weiß wie stark fühlen, da kenne ich zwei Fälle. Der eine aus Bleckede ist bei Eisgang mit besoffenem Kopf rübergegangen in die DDR und wollte da Soldat werden. Und der andere vom Ort hier, der hatte gewettet, der ist rübergeschwommen. Beide sind natürlich wochenlang drüben festgehalten worden. Da spricht keiner mehr von.

Die verwandtschaftlichen Beziehungen nach drüben sehen so aus: Da haben wir hier in Alt Garge einen Fährkrug, so nennt sich das, und da kommen die älteren Leute, die hier früher gewohnt haben, ab und zu mal und treffen sich hier.

Und auch Gräber haben wir noch von denen da drüben, aber das wird auch immer kritischer, weil die Zeit ja lange abgelaufen ist. Und da ist es für den Pastor nicht einfach, noch Angehörige zu finden. Eventuell haben sie hier Verwandte oder Bekannte, die das Grab pflegen, die haben das dann meist mit Efeu zugepflanzt, was kann man da anderes machen?

Wenn nun keiner mehr hier ist, wie es bei vielen jetzt der Fall ist, die drüben wohnen, wenn hier keine Verwandten sind, dann weiß das ja der Küster, das steht ja auch manchmal auf den Grabsteinen, daß die von drüben sind: Dann wird schon mal mit saubergemacht oder aufgepaßt, daß der Stein nicht umfällt. Irgendwie wird das schon von hier mit geregelt. Wenn natürlich keine Angehörigen da sind, und dann ist irgendwann die Zeit abgelaufen, dann wird es eingeebnet. Einige wissen ja noch, wer mit wem verwandt war, aber...

Drüben hat man das Gefühl, überall beobachtet zu werden, die Leute sprechen leise, als wenn sie Angst haben, daß ein anderer sie noch hören könnte. Was einem da außerdem besonders auffällt, das

sind die Russen, die Soldaten, daß die da auch am Sonntag durch die
Wälder marschieren, zum größten Teil Mongolen. Ich bin selber seit
39 Soldat gewesen von Anfang an in Rußland, ich kenne die Brüder.
Dann läuft's einem doch so ein bißchen kalt den Rücken runter.
Aber wenn man dann bedenkt, daß wir ja genausogut, die einen
sagen, Besatzung haben, die andern sagen, freundschaftlich verbunden sind, das kann man halten wie man will: Ich hab schon genug
Zeitungsartikel gesammelt über die Übergriffe der Engländer hier in
der Heide, daß sie da Kartoffeläcker und Spargelfelder durchwalzen
und über Holzbrücken innerhalb der Ortschaften fahren und dann
noch ihre Schießübungen im Dorf veranstalten, wie weit das sein
muß und auf Freundschaftlichkeit beruht, da sollen andere drüber
entscheiden. Das gehört auch irgendwie zu unserer Situation hier
an der Grenze.

Marina Obert*

(Erinnerung)

Ich kann Ihnen zwei Begegnungen an der deutsch-deutschen Grenze
– eine aus Berichten meines Mannes, eine eigene – berichten. Mein
Mann war etwa fünf Jahre als Zollbeamter im mittleren Dienst im
Grenzdienst in Niedersachsen um G. herum eingesetzt, er ging also
täglich eine Streife mehrere Kilometer direkt an der Grenzbefestigung entlang und erlebte dabei, wie immer wieder Maßnahmen zur
Verschärfung der Sicherheitsvorrichtungen getroffen wurden. Aber
er hatte auch sehr viele persönliche Begegnungen in der Einsamkeit.
    So bat einmal ein junger DDR-Soldat um politisches Asyl, und
weil mein Mann genau in die Uniform paßte, wurde er immer,
wenn Schulklassen die Grenze besuchten, zu Demonstrations- und
Informationszwecken gebeten, die Bekleidung und Ausrüstung des
Soldaten vorzuführen. Wie er mir immer erzählte, tat er es jedesmal
mit einem flauen Gefühl in der Magengegend und mit sehr viel
Achtung vor den jungen Männern, die gezwungen werden, dies zu
tragen. Ich habe ein Foto von ihm als Zöllner auf Streife und ein
Foto als »DDR-Soldat«. Ich liebe diese Bilder sehr, weil mein Mann
inzwischen einen schrecklichen Krebstod gestorben ist – mit 43
Jahren!
    Mein eigenes Erlebnis geht zurück ins Jahr 1959, als ich mit mei-

ner Schulklasse eine Reise in den Harz machte. Wir hatten gar nicht bemerkt, daß wir die Grenze überquert hatten, weil es nur ein Bächlein dort gab und ein bißchen heruntergetretenen Stacheldraht, als wir plötzlich zwei Uniformierten gegenüberstanden. Wir Schülerinnen waren sehr unsicher und still und wußten nicht, wie wir uns verhalten sollten. Unsere Lehrerin aber, immer lustig und schlagfertig, zauberte plötzlich als Nichtraucherin Zigaretten aus der Tasche und bot sie an. Die Vopos, wie wir sie nannten, rauchten und wurden freundlich. Wir setzten uns alle ins Gras und plauderten recht unbefangen eine ganze Weile mit ihnen und verabschiedeten uns dann von ihnen wie von alten Freunden. Davon habe ich natürlich kein Foto, aber dies Erlebnis hat mich lange Jahre sehr beeindruckt.

Später verlief bei meinem Mann und mir keine Reise an die Ostsee oder in den Harz oder sonstwo in Niedersachsen, ohne daß wir die Grenze besucht hätten. Wahrscheinlich lag sie meinem Mann durch seine Tätigkeit als junger Mann so sehr am Herzen, daß wir sogar noch während seiner Krankheit einen Ausflug dahin machten, als es eben möglich war. Er wollte die Grenze gerne noch einmal sehen.

Gerold Kleinert*

Ich bin weder Intellektueller noch schriftstellerisch begabt, ich bin nur ein ganz gewöhnlicher Mensch, der nicht einmal exakt die deutsche Sprache beherrscht, aber sich doch gezwungenermaßen über Grenzen Gedanken macht. Ich habe alles gedanklich nur so schnell hingeschrieben, denn jetzt bei dem schönen Sommerwetter (im Winter habe ich mich gelangweilt) habe ich keine Zeit, etwas in eine verständliche Form zu bringen.

(Der Untertan)

Es war gerade wieder einmal ein Krieg (der Erste Weltkrieg) zu Ende, die Inflation machte die Reichen reicher und die Armen ärmer, es gab keine Arbeit, wenig zu essen, aber viele Kinder. In dieser Misere wurde ich als letztes und schwächstes Kind in einem Notstandsgebirgsdorf geboren. Trotz allem gelang es mir, mit Ziegenmilch, Quark und grünen Stachelbeeren zu überleben. Ich tat wohl immer, was mir geheißen wurde, lernte frühzeitig mich vor allen Autoritäten zu ducken und konnte dann 7 Jahre lang eine mehrklassige Dorfschule besuchen. Hier etwas zu lernen, hatte ich keine Zeit (Freizeit gab es damals noch nicht), denn schon als Kind mußte ich zum Sattwerden und zum Erhalt der Familie beitragen. Ich war immer der Kleinste, Schwächste, Letzte, durfte nie aufmucken oder einen eigenen Willen haben, denn rundherum und über mir waren nur Stärkere, die mir geboten, befahlen. Unter mir war nichts. So wurde ich zum folgsamen Staatsbürger erzogen, der immer seine Pflicht zu erfüllen hat, mit einem heidnischen Respekt vor der Macht und Obrigkeit. Dies war wohl das einzige, was ich in der Schule gelernt habe.

Doch mit dem Lernen hatte ich weiterhin meine Schwierigkeiten. Es gab weder Lehrstellen noch Arbeit. So mußte ich einen Beruf erlernen, den ich gar nicht wollte. Darum wurde ich wie immer auch nicht gefragt. Mit drei weiteren Leidensgenossen war ich eingeschlossen auf einem Heuboden mit vergitterten Fenstern. (Heute sieht ein Internat doch wesentlich anders aus.) Es gab außer viel Arbeit mehr Prügel als Essen, aber ich mußte meine Pflicht tun, von Rechten war nie die Rede.

Zu einem Ende der Lehrzeit oder einer Abschlußprüfung kam es erst gar nicht, denn die großkopfeten Oberen hatten wieder einmal beschlossen, die Welt zu erobern. Ob ich sie wollte, diese Welt, wurde ich wiederum nicht gefragt, ich mußte Soldat werden. Ich habe sie zwar nicht erobert, aber dabei doch etwas von ihr gesehen und überlebte den Krieg, denn ich war gar kein Held, tat nicht mehr und nicht weniger, als von mir verlangt wurde, meine Pflicht.

Wie bei den meisten endete dies auch bei mir schwerverwundet in Gefangenschaft. In Lazaretten, in Lagern hungerte ich hin- und hergeschoben bis Cherbourg. Als die tapferen Welteroberer bereits in der Heimat wieder in Amt und Würden saßen und die übriggebliebenen Befehlsempfänger schickanierten, mußte ich Wiedergutmachung leisten für etwas, das ich nicht verbrochen hatte. So durfte ich ausnahmsweise noch etliche Jahre bei der »Gesellschaft für Demenage et Reconstruction« die Kampfgebiete und Atlantikwall entminen, Blindgänger entschärfen, hungern und anderes mehr. Dabei verloren noch viele junge Menschen ihre Glieder, Gesundheit und Leben. Sie wurden irgendwo begraben und vergessen. Es waren ja keine Helden, man hat nie etwas darüber gehört. Auch mich erwischte es noch. Mit zerschmettertem Arm, mit Splittern in Lunge und Rücken nicht mehr wiedergutmachungsfähig, wurde ich dann als »Muster ohne Wert« in die Heimat abgeschoben. Ich hatte doch nur meine Pflicht getan.

Diese alte, neue Heimat war zerstückelt, von Grenzen durchzogen, und ich befand mich hinter einer neuen Grenze in der SBZ. Nun war ich ein alter Kriegsverbrecher, der heilige Eide schwören mußte, nie wieder eine Waffe in die Hand zu nehmen. Ich tat wiederum, wie mir geheißen wurde, nahm teil am Aufbau des Sozialismus und war plötzlich ein »glühender Patriot«. Aber nicht lange, schon wurde von mir gefordert, meine Erfahrung zur Verfügung zu stellen und nun als Staatsbürger der »deuschen demokraaschen Republik«, zu dem man mich inzwischen, ohne mich zu fragen, gemacht hatte, mit der Waffe in der Hand die sozialistischen Errungenschaften zu verteidigen. Nein, nein, ich verweigerte mich nicht, gab nur zu bedenken, daß es gar nichts zu verteidigen gibt. Mit Waffen und Wiederaufrüstung ebenfalls nicht. Nun war ich ein Verräter an der Arbeiterklasse und wurde wieder einmal eingesperrt. Erstaunlich, zu was man in so relativ kurzer Zeit alles gemacht werden kann. Welteroberer, Gefangener, Wiedergutmacher, Kriegsverbrecher, Staatsbürger, Patriot, Verräter, dabei wollte ich eigentlich nur ein gewöhnlicher Mensch sein, aber darüber wurde ich nie befragt.

So blieb mir wiederum nichts anderes übrig, als mich zu engagieren, strammzustehen und meine Zeit mit Anstehen nach dem Nötigsten zu verbringen. Schon ein kleines Ladenmädchen im ersten Lehrjahr ist eine Königin, die Mangelwaren nach Nase verteilen kann. Ich hatte aber weder die richtige Nase noch wichtige Beziehungen und ging deshalb in der Verteilergesellschaft in jeder Beziehung leer aus, ob ich auch meine Pflicht nur erfüllt oder übererfüllt hatte. Darüber alleine könnte man schon Bücher schreiben, aber über das Leben und die Zustände hinter der Friedensgrenze wissen ja alle Bundesbürger sowieso besser Bescheid als ich.

So eingesperrt hinter Mauern und Stacheldraht ohne Perspektiven, verging die Zeit. Ich wurde alt und grau, berufsunfähig und arbeitsunfähig, mußte mir von jungen Ärztinnen, kaum aus dem Studium, sagen lassen, ich wolle mir bloß die Rente erschleichen, hätte erst einmal was zu leisten und bis zum gesetzlichen Rentenalter zu arbeiten, egal was. Leider war ich aber nicht mehr zum halbtauben Nachtpförtner tauglich, darum speiste man mich zuletzt für fast 50 Jahre Arbeit gnädiglich mit 398 DM Ost ab. Darauf traute ich mich das erstemal, einen Antrag zu stellen auf Ausreise in die BRD.

Einen Antrag stellen darf man noch, ich aber durfte nicht. Aus einem geheimen Grund war ich nicht berechtigt, einen solchen zu stellen. Noch zwei Jahre lang mußte ich mich im ehemaligen Betrieb und von anderen Organen verhören lassen und verteidigen, mich von jungen Majoristinnen und Oberstleutnantistinnen mit ordensübervollen Brüsten anbrüllen und beleidigen lassen. Wie gesagt, ich hatte ja einen Heidenrespekt vor der Obrigkeit. Als wir dann doch für würdig befunden wurden und das gesetzliche Alter erreicht hatten, wurden meine Frau und ich huldvoll aus der aufgezwungenen Staatsbürgerschaft entlassen.

Nun lebe ich diesseits oder jenseits direkt an der Grenze des Friedens, tue weiterhin meine Pflicht (soweit man als Rentner welche hat) und habe zum ersten Mal sogar Rechte. So darf ich wann, wie und so nah ich immer will, an der Grenze vorbeigehen und das größte und scheußlichste Bauwerk des 20. Jahrhunderts bewundern. Das tat ich dann auch gleich und gehe immer wieder gern auf der Panoramastraße spazieren, schon wegen der herrlichen Gegend.

Als ich so das zweite oder dritte Mal an einem trüben nebligen Märztag meines Weges fürbaß ging, kamen mir angesichts von Mauern elektrisch geladener Metallgitterzäune, die sich in geschlagenen Schneisen an nackten Felsen hoch hinaufschwingen, bestückt mit mörderischen Selbstschußanlagen und gesichert durch Minenfelder (wie es aussieht, wenn jemand auf eine Mine tritt, weiß ich ja zur Genüge), angesichts gesprengter Häuser, stacheldrahtumzäunter Gärten, Fabriken und Brücken, auch triste Gedanken.

Da haben sich doch die Sieger, große gescheite Staatsmänner und Generalissimüsse mal kurz zusammengesetzt, die Welt unter sich aufgeteilt und anhand einer alten Landkarte neue Grenzen, Karten und das Staatsvolk der DDR geschaffen. Die Menschen hat man dabei wie immer in der Geschichte glatt vergessen. Ob man dabei Familien, Verwandtschaften, Bäche, Flüsse, Fluren, ja Dörfer oder sogar Häuser trennte und damit unendliches Leid für die betroffenen Menschen schuf, war ihnen wohl nicht bewußt oder egal, denn dieses war ja das Ergebnis eines Krieges, und bezahlen müssen es sowieso nur die kleinen unschuldigen Menschen. Ob damit der Frieden besser wird, ist Ansichtssache. Nun gab es wohl schon immer Grenzen als gewaltige Bauwerke. Die Chinesische Mauer, der Limes, die Maginot-Siegfriedline, West- und Atlantikwall u.a., die man zum Schutz gegen äußere Feinde gebaut hat. Nur im 20. Jahrhundert, in dem man in die ganze Welt über Grenzen, ja auch in den Weltraum und auf den Mond gelangen kann, blieb es wiederum den Deutschen vorbehalten, mit einem Antifaschistischen Schutzwall die eigenen Millionen Menschen einzumauern.

Als ich mit diesen Gedanken über Sinn oder Unsinn von Grenzen, die eine Handvoll verkalkter, fanatischer, ideologisch verkrusteter Wackelgreise zum Schutz ihrer eigenen Machtverteidigung geschaffen hatten, so dahinging, kam mir plötzlich eine Gruppe amerikanischer Soldaten entgegen. Jedoch nicht, wie unsereins gewohnt, im Gleichschritt, in preußischem Drill, pflichtbewußt im Kadavergehorsam, mit ordenbestückter Brust nach dem bösen Feind spähend, sondern lässig wie es jedem genehm, den Stahlhelm im Genick oder am Koppel, die MP auf der Schulter oder irgendwo hängend, kaugummikauend, die Zigarette im Mundwinkel: So latschten sie wie bei einem Vatertagsausflug daher.

Doch urplötzlich ging es wie ein Ruck durch ihre Reihen, der Helm wurde in die Stirne geschmissen, mit infernalischem Grinsen, grimassenschneidend kamen sie mit auf mich gerichteter MP auf mich zu. Ich blieb wie erstarrt stehen und dachte wohl ›was geht denn nun los, was wollen die von mir?‹ Als der erste, ein baumlanger schwarzer Sergeant, ganz dicht vor mir war, riß er den Helm vom Kopf, schwenkte ihn elegant wie einen Tirolerhut durch die Luft und röhrte mit einem rollenden Baß: »Grrüats die Good«. Ich muß wohl sehr saudumm aus der Wäsche geguckt haben, denn alle wollten sich schier totlachen. Auch aus mir kam ein befreiendes Lachen. Nicht nur, weil mir vor Schreck und Angst (ich hatte ja, wie dargestellt, immer einen unheimlichen Respekt vor der Obrigkeit) das Herz in die Hose gerutscht war, sondern weil ich schlagartig zu der Erkenntnis kam, daß diesseits der Grenze auch unter Uniform und dickster Kriegsbemalung keine unfehlbaren Götter, sondern auch nur Menschen, Menschen wie du und ich sind, die selbst im Angesicht dichtester Grenzen und höchster Postentürme noch ulken und lachen können. Wir lachten uns alle noch lange an. Seitdem hat diese Grenze für mich allen Schrecken verloren. Die Mauern sind viel niedriger geworden. Der Respekt vor der Obrigkeit ist dahin. Ich bin ein freier Mensch geworden.

Die großen Politiker und Staatsmänner, für die sie gehalten werden oder für die sie sich selber halten, streiten und verhandeln nun seit Jahrzehnten über Beschaffenheit und Verlauf der Grenze, ob diese an diesem oder jenem Ufer oder in der Flußmitte verläuft. Sie forschen in alten Urkunden, stellen Ultimaten, und die Massenmedien überschütten uns mit ge- oder nichtgeglückten Fluchtstories und Statistiken über Reiseverkehr oder Geldumtausch. Das ist schon auch wichtig, aber über Leid und Schicksale der Menschen durch die willkürliche Grenzziehung hört man wenig. Mir kommen Einzelschicksale in den Sinn, die mir meine Schwester erzählte.

Mein Schwager stammte aus dem Nebendorf. Niemand kann sich daran erinnern oder weiß, daß zwischen beiden Dörfern je eine Grenze war. Plötzlich war eine. Plötzlich war er getrennt von Eltern, Geschwistern, Verwandten, Freunden und Bekannten. Plötzlich war er für sie ein kapitalistischer Erzfeind. Sein Elternhaus lag ganz dicht am Grenzfluß. In den ersten Jahren konnte man auf die Gefahr hin, von den sowjetischen Bewachern erschossen oder im Fluß ertränkt zu werden, noch hinüber- oder herüberhuschen. Mit der Zeit wurde der Friede kälter, die Grenze undurchlässiger, denn die perfekten Deutschen hatten die Bewachung übernommen. Als die Nahrungsmittelunterstützung von hier ausblieb, starb die Mutter, die Geschwister verzogen sich in das Innere des Arbeiter- und Bauernstaates, denn die Felder lagen auf der anderen Seite der Grenze. Nun lebte nur noch der alte Vater einsam im Häuschen an der Grenze.

Mein Schwager und seine Familie hatten nun nur ein Ziel für den Sonntagsspaziergang. Der Vater wartete immer auf sie. Am Anfang sprachen sie noch miteinander über die Grenze hinweg. Als ihm dies untersagt wurde, winkte er aus dem Fenster, bis diese zugemauert wurden. Nun machte er sich einen Holzhaufen auf dem Hof. Wenn sie kamen, schichtete er immer wieder Holz auf, mit dem Rücken ihnen zugewandt winkte er durch die gegrätschten Beine. 1961 wurde das Haus abgerissen, man brauchte ja Platz für die Mauer, auch er wurde in das Innere verfrachtet. Er überlebte es nicht, kurz darauf starb er. Mein Schwager mit Familie durften natürlich nicht das letzte Geleit geben, sie waren ja kapitalistische Feinde.

Eine Verwandte, Mathilde, heiratete vor dem Krieg einen Bäckermeister in A. Als Bäcker buk er Brot und kleine Semmeln, die Mathilde im Laden verkaufte. Nebenbei war er Ortsgruppenleiter, ein fanatischer Nazi, und backte hier große Brötchen bei der Bevölkerung. Es kam der Krieg, den er als SS-Offizier überlebte. Als es im Laden keine Semmeln mehr zu verkaufen gab, zog Mathilde vorübergehend mit ihrem Buben nach B. zu ihren Eltern. Der Krieg ging zu Ende, zwischen A. und B. war der Fluß und die Grenze. Nun wollte Mathilde vorübergehend warten, bis ihr Mann aus der Gefangenschaft käme, um dann wieder nach A. zurückzukehren. Es vergingen noch 5 Jahre, bis er kam, da war die Grenze nicht mehr überwindbar, außerdem war die Mutter krank und der Vater pflegebedürftig, es war ihm ein Bein amputiert worden.

Ihr Mann begann in A. wieder kleinere Semmeln ohne sie zu backen. Als alter Nazi konnte er ja nicht nach B. So ging er vorübergehend jeden Sonntagvormittag, ob gutes oder schlechtes Wetter war, an die Grenze. Man konnte sich aus dem Fenster zuwinken und den Buben zeigen. Als ihr Vater starb, war der Bub schon auf der Oberschule, später studierte er Chemie. Die Mutter war zu pflegen, sie war bettlägerig. Es vergingen Jahre. Jeden Sonntag pünktlich 11.00 Uhr, fast schon eine Zeremonie, – zweimal winken beim Vorübergehen und zurückwandern, wenn er auch kein Gesicht mehr sehen, sondern nur eine große und eine kleine Hand verstohlen hinter der Gardine sich bewegen sah. So wurden aus dem ›Vorübergehend‹ 35 Jahre, die Mutter starb, Mathilde kam mit 60 in das gesetzliche Alter, um zu ihrem Mann zurücksiedeln zu dürfen, doch es war zu spät. Sie war unheilbar krank, ans Bett gefesselt, und nicht einmal mehr winken konnte sie. Als sie gestorben war, kam er aus dem Rhythmus, fing an zu trinken und schied ein Jahr später freiwillig aus dem Leben. Viele junge Leute lassen sich heute scheiden wegen fast nichts. Sie dagegen haben nie eine Ehe führen dürfen, aber sich bis zum Tod die Treue gehalten.

Hilde Sieland

6. 10. 1986

Verlorene Heimat

Rings summt ein leiser Chor.
Alte Heimat, Land das man verlor.
Hinter Stacheldrähten seh ich Wald und Feld.
Wie liegst du so nah, vertraute, unerreichbare Welt.
Alte Erinnerungen sind mir im Sinn.
Die Stätten, die ich liebte, sind längst dahin.
Nur einmal noch wandern auf Jugendpfaden.
Noch einmal stehen an Heimatgestaden.

286

Mit den Vögeln mich in die Lüfte schwingen.
Und so diese schreckliche Grenze bezwingen.
Weiter ziehen nur die Wolken und der Wind.
Sie kennen nicht Grenzen, sie eilen geschwind.

Hannelore Pilch

Eine Reise in die Vergangenheit

Ist es eigentlich möglich, so eine Reise anzutreten? Ich möchte
meine Eindrücke schildern, die ich bei einer Fahrt nach Mitteldeutschland hatte.

Als junges Mädchen wurde ich im Dezember 1945 nach Hamburg
verschlagen. Zwei Jahre später, Frühjahr 1947, besuchte ich das
letzte Mal das kleine Dorf, in dem ich aufwuchs. Es liegt 2 1/2
Kilometer hinter der Grenze, die Deutschland teilt. Nach Jahrzehnten wurde mein Heimweh so groß, daß ich die Landschaft einmal
wiedersehen wollte.

An einem kalten Vorfrühlingstag 1982 fuhr ich mit dem Auto
nach Mitteldeutschland. Nachdem ich in Helmstedt die Autobahn
verlassen hatte, wurde mir die Gegend vertrauter und heimatlicher.
Die Fahrt ging durch Schöningen. An den Wegweisern suchte ich
den Namen »Jerxheim«. Ich durchquerte das Dorf, fuhr außerhalb
des Ortes die Straße bergauf und sah von oben die weite Landschaft
des »Großen Bruchs« vor mir liegen. In Serpentinen ging die Straße
zum Bahnhof Jerxheim hinunter. Ich achtete auf Hinweisschilder,
die die Nähe der Zonengrenze anzeigten. Nichts, absolut nichts
deutete darauf hin.

Unten angekommen, überquerte ich die Gleise und bog in eine
schnurgerade Pappelallee ein. Die Bäume waren in den vergangenen
Jahrzehnten so gewachsen, daß die Kronen ineinander übergriffen.
Das Straßenpflaster war holperig und hatte große Schlaglöcher. Ich
verlangsamte die Fahrgeschwindigkeit noch mehr, weil ich um die
Sicherheit des Wagens bangte.

Zwei Kilometer lang war die Pappelallee. Mir kam sie endlos vor.
Und plötzlich war die Welt zu Ende. Ich hielt vor einer rotweißen,
stark beschädigten Straßenbarriere.

Die Zonengrenze!!

Ich stieg aus dem Auto und ging vorsichtig an den großen Bruchgraben heran. Auf der anderen Seite am Uferrand standen in 200 Meter Abstand schwarzrotgold gestreifte Grenzpfähle, die das Emblem der DDR trugen. Auf diesem Uferstreifen war ein Schild mit der Aufschrift: »Achtung! In der Mitte des Flusses ist die Zonengrenze!«

Früher stand ein Gasthaus an dieser Stelle. Es hieß »Der Kiebitzdamm«. Eine Brücke führte damals über den Bruchgraben. Jetzt waren auf der anderen Seite verwachsene Apfelbäume, völlig verholzt und verwildert. Dazwischen wuchs meterhohes Gras, das im Laufe der Jahre ganz ausgetrocknet und verfilzt war.

Mir kamen unwillkürlich die Tränen. Es war nicht mehr das Bild der Heimat, an die ich mich so gern erinnerte. Die Landschaft sah so öde und trostlos aus, daß sich niemand mehr vorstellen konnte, wie schön sie einmal war.

Hinter den verkrüppelten Apfelbäumen stand ein klotziger Wachturm. Ich bemerkte, daß die Besatzung mich durch Ferngläser beobachtete. Trotzdem fotografierte ich diese Einöde. Über das Bruch pfiff ein eisiger Wind. Sonst war nichts zu hören. Nicht einmal die Krähen waren da.

Ich verließ die unwirtliche Gegend und fuhr auf einen nahen Aussichtsberg am Bahnhof. Vor Jahrzehnten ließen von hier aus die Jungen ihre selbstgebastelten Flugzeuge steigen. Leider war der Ausblick, bedingt durch das schlechte Wetter, nicht gut. Ich konnte die im Tal liegenden Dörfer nicht erkennen.

Nur der hohe Schornstein der früheren Zuckerfabrik war durch den Schneeregen undeutlich zu sehen.

Sehr niedergeschlagen trat ich die Heimfahrt an.

Erst als ich in Helmstedt wieder auf die Autobahn in Richtung Hamburg fuhr und die Sonne die Regenwolken durchbrach, atmete ich allmählich auf.

Ich brauchte sehr lange Zeit, um diese Reise in die Vergangenheit zu bewältigen.

Gerlinde Lenz

Ich bin 1933 geboren, habe drei erwachsene Kinder und bin Lehrerin an der Grundschule 1 in Duderstadt. Ich male und schreibe gerne und bin Mitglied in einigen Literaturkreisen.

Blicke über die Grenze

Zwischen 1963 und 1968 wohnten wir in Osterhagen am Südharz, ca. 1 km von der Grenze zur DDR entfernt. Wir gingen oft spazieren auf dem Weg entlang der Grenze, der streckenweise durch Wald führte, im Winter wanderten wir dort auch mit Skiern. Es war immer sehr still an dem gepflügten Streifen. Man konnte die Vögel belauschen oder Wild beobachten. Hinter dem Wald sah man manchmal Rauch aufsteigen, oder man vernahm Hundegebell. Dort lagen die Dörfer Weilrode und Bockelnhagen.

In unserer Nachbarschaft wohnte eine Frau, die aus Mackenrode bei Tettenborn stammte. Sie hatte im Krieg nach Osterhagen geheiratet. Ihre Geschwister und weitere Verwandte lebten noch in Makkenrode. Früher hatten sie sich sonntags gegenseitig besucht, aber seit dem 13. 8. 1961 war die Grenze völlig abgeriegelt. Das bekümmerte die Frau, und sie beklagte oft, daß sie so ganz von ihrer Verwandtschaft getrennt war.

An Sonn- und Feiertagen ging sie mit ihrer Familie auf der alten Reichsstraße 243 in Richtung Nordhausen, die hinter Nüxei durch die Grenze versperrt ist. Links biegt dort die Landstraße nach Tettenborn ab. Kurz vor Tettenborn stellte sich die Frau zur brieflich festgesetzten Zeit mit ihrem Mann und den zwei Kindern an die Straße. Dort senkt sich die Landschaft nach Süden ab, und man sieht in etwa 1 km Entfernung das Dorf Mackenrode liegen. Die Frau konnte ihr Elternhaus gut erkennen. Mit dem Fernglas wurde dann eine genaue Beobachtung vorgenommen.

Aber auch schon mit bloßem Auge konnte sie wahrnehmen, wie an einem Fenster die Gardine aufgezogen und gewinkt wurde. Bruder und Schwester, ebenfalls mit einem Fernglas versehen, grüßten herüber. Alles mußte jedoch möglichst vorsichtig und unauffällig geschehen, damit dieser einzige Kontakt nicht verhindert werden würde.

Seit 1968 wohnen wir in Duderstadt. Man lebt mit der Grenze, aber man gewöhnt sich nicht daran, vor allem, wenn man wie wir gerne wandert, wird sie einem immer wieder schmerzlich bewußt.

Bei unserem Rundgang um den Pferdeberg im Süden Duderstadts schauen wir auf die Ortschaften Bösekendorf, Bleckenrode und Teistungen. Von Berlingerode sieht man die Kirchturmspitze und aufsteigenden Rauch, es wird vom Mühlenberg und vom Mäuseberg verdeckt. Die Dörfer liegen greifbar nahe, ebenfalls der Lindenberg und das herrliche große Waldgebiet des Ohmgebirges. Man möchte eben mal hinüberwandern, aber es geht nicht.

Der Grenzübersichtspunkt »Rote Warte« gewährt einen guten Einblick in das Gebiet südöstlich von Duderstadt. Zwischen Lindenberg und Ohmgebirge liegt das Dorf Wehnde mit der alten Warte und ganz nahe unter uns Ecklingerode. Man hört von dort die Kirchenglocken, Motorengeräusche und Tierstimmen.

Linkerhand erhebt sich lockend der Sonnenstein mit der kleinen Ortschaft Holungen. Immer stehen dahinter die grauen Rauchfahnen eines Betriebes von Bleicherode.

Ein lohnender Wanderweg entlang der Grenze verläuft östlich, oberhalb des Dorfes Brochthausen. Dort befindet sich auch ein Übersichtspunkt mit guter Sicht auf den Ort Zwinge mit dem alten Bahnhof und der Ziegelei.

Immer wieder, wenn wir mit Gästen aus anderen Gegenden der Bundesrepublik eine Grenzwanderung unternehmen, erstaunt es uns, wie wenig sie doch von dieser Grenze wissen. Manche sind zutiefst erschüttert, haben sich die Teilung Deutschlands so nicht vorgestellt. Aber wie sie sich auswirkt, spürt man eigentlich erst richtig, wenn man längere Zeit hier wohnt. Duderstadt, im März 1988.

P.S.: Man bedenke, alle Ortschaften, die wir jenseits des Grenzstreifens sehen, liegen in dem 5 km-Sperrgebiet. Wie müssen sich die Bewohner dort einsam fühlen!

Sie dürfen keinen Besuch aus Westdeutschland und aus der DDR nur mit Sondergenehmigung empfangen und müssen weite Wege zurücklegen, um in ihre Kreisstadt zu gelangen. Dabei hätten sie es so nah nach Duderstadt.

Margarete Nolte

Geboren 1914; früherer Beruf: Lehrerin/Rektorin an einer Hauptschule.
Daß ein Wächter vom jenseitigen Beobachtungsturm winkt, noch dazu zuerst, war schon viele Jahre nicht mehr vorgekommen.

Grenze im Fluß

das Höllental durchwandern
haselnüsse zu füßen
doppelt und dreifach gebündelt
im kelchspitzensitz

bei Blechschmiedenhammer
in der Mitte der Muschwitz
fließende linie
wo ist sie

die pfähle am ufer blauweiß
diesseits blühn astern und phlox
im winkel der bäume
jenseits der turm

der wächter von drüben
er winkt
gab es das je
wir haben nur wenige zeichen

Andreas Reucher

Zivildienstleistender

Geschichten von der Grenze

Seit meiner Geburt am 8. Mai 1969 lebe ich in Brome, einem Ort mit knapp 3 000 Einwohnern, der von drei Seiten unmittelbar von der Grenze der DDR umgeben ist.

Mein Leben an und mit der Grenze war von frühester Kindheit an durch eine große Normalität bestimmt. Mahnungen wie »geh nicht zu dicht an die Grenze« sind mir überhaupt nicht erinnerlich, obwohl es sie mit Sicherheit gab. Doch sie waren für mich bedeutungslos, weil selbstverständlich.

Ich kann mich nicht entsinnen, daß ich als Kind einmal darüber nachgedacht habe, warum es die Grenze eigentlich gibt. Wenn wir in den Marschwiesen neben der Burg Drachen steigen ließen, war mir zumindest immer klar, daß ein Drachen unwiederbringlich verloren wäre, wenn er von der Schnur losgerissen über die Grenze flöge. Das war dann sozusagen ein Schlag des Schicksals, der aber nicht hinterfragt wurde.

Ein Ereignis, das großen Eindruck auf mich gemacht hat, war die Unterhaltung meiner vier Jahre älteren Schwester und ihrer Freundin mit zwei Grenzsoldaten. Sie hat es mir nur erzählt, ich war etwa acht Jahre, aber es hat mich doch sehr erstaunt, daß »man mit denen reden kann«. Die ganze Sache war zudem noch an einem Teil der Grenze geschehen, der mir immer als besonders gefährlich erschien, weil dort neben den Selbstschußanlagen, den vermuteten Minen und dem hohen Zaun auch noch dauernd kläffende Hunde an langen Laufleinen patrouillierten.

In der vierten Klasse, mit etwa neun Jahren, hatte ich einen guten Freund im Nachbardorf Zicherie, weithin bekannt (fälschlicherweise) als das »geteilte Dorf«. Als wir eines Nachmittags wieder einmal durch das Dorf streiften, drehte gerade ein Fernsehteam an der Grenze. Wir hielten uns eine lange Zeit neugierig dort auf und wurden auch gefilmt, z. B. als wir auf dem großen Gedenkstein saßen, die Arme mit nach oben gedrehten Handflächen ausgestreckt, um zu prüfen, ob es regnet. Später waren wir dann im Fernsehen zu sehen. Was mir von diesem Nachmittag noch hängengeblieben ist, ist einmal, daß die Fernsehleute andere Besucher an der Grenze immer fragten, wie ihre Meinung dazu sei, daß der erste Deutsche im Weltall einer aus der DDR sei (das war zur Zeit aktuell). Die zweite Sache ist, daß die Fernsehleute irgendwann ihren VW-Bulli mit dem Hinterteil in Richtung Grenze drehten, die Heckklappe öffneten und laut Musik aufdrehten. Ich weiß noch, daß ich sehr gespannt war, ob irgend etwas passieren würde. Doch es geschah nichts.

Mit einem älteren Freund und dessen Cousin aus Berlin war ich mit etwa 15 Jahren eines Nachmittags an der Grenze unterwegs. Plötzlich begann der Cousin aus Berlin, mit Steinen auf den Zaun zu werfen, um einen Drahtauslöser für die Selbstschußanlagen zu treffen. Ich ging gleich in Deckung, weil ich gehört hatte, wie gefährlich herumfliegende Splitter waren. Doch ich war auch sehr neugierig und hoffte, er würde einen Selbstschußapparat auslösen können, weil ich das unbedingt mal sehen wollte. Es gelang ihm jedoch nicht.

Die meisten und schönsten Erfahrungen und Erlebnisse mit der Grenze machte ich, als ich, seit ich etwa 14 war, regelmäßig mit meinem Cousin Martin vogelkundliche Exkursionen entlang der Grenze machte. Wir gingen meistens an der Grenze entlang, weil die interessantesten Beobachtungsgebiete daran lagen und wir den Grenzzaun und den davor liegenden sogenannten Todesstreifen schon bald als hervorragend für Beobachtungen entdeckten. Ein Grund dafür war, daß die Grenze immer durch abgelegenes Gebiet führte und sehr oft der einzige grüne Streifen innerhalb einer mehr oder weniger ausgeräumten Landschaft war. Eine Menge Vogelarten wählte die Grenzpfeiler als Ansitz und Warte, so konnten wir sie gut beobachten. Besonders im Drömling, einem großen Feuchtgebiet beiderseits der Grenze südlich von Brome, waren immer wieder auch seltene Vögel auf dem Zaun zu sehen: Bekassinen, Uferschnepfen und Raubwürger, um nur einige wenige zu nennen. Ein Bekannter fing vor zwei Jahren vom Aussterben bedrohte Wachtelkönige im Drömling, um sie zu beringen. Eine Kastenfalle stellte er nachts unmittelbar vor dem Grenzzaun auf, weil dort in der Nähe ein Männchen über mehrere Wochen hinweg gebalzt hatte.

Einer unserer Hauptstreifzüge war der Ohreverlauf, der gleichzeitig Grenzverlauf ist, von Brome aus in Richtung Norden nach Ohrdorf zum Ursprung der Ohre. Die ganze Gegend übt immer wieder eine starke Faszination auf mich aus. Es ist einmal die vorhandene Ruhe, dann die sich auf Westseite ausbreitenden Wiesen, Weiden und Wälder und schließlich der Grenzstreifen als ganz eigener und eigenartiger Lebensraum. Dazwischen fließt die Ohre, zwar schon lange in das Zwangskorsett eines weitgehend unnatürlichen Flußbettes gesteckt, doch noch lebendig und am Ostufer sogar schön.

Auf unseren Exkursionen und auch sonst haben wir uns oft über den ständig irgendwo rumfahrenden Zoll und Bundesgrenzschutz amüsiert. Mit welchem Ernst sie ihren für uns unsinnigen Job verrichteten, war genauso wie ihre fast sprichwörtliche Langsamkeit, wenn sie mit ihren Bullis durch den Ort oder an der Grenze entlang fuhren, immer wieder Anlaß für einen Witz und einen Lacher, und ist es immer noch. Ein derart gewaltiger Beamtenstab, der für hundertprozentiges Nichtstun bezahlt wird, kann im Grunde nur belacht werden.

Als vor einigen Jahren im Gespräch war, das Bromer Zollkommissariat aufzulösen, kam es zu einem großen Aufschrei seitens der einheimischen Bevölkerung, daß das nicht geschehen dürfe. Die Erregung gründete sich mit Sicherheit nicht nur auf die Tatsache, daß es ohne den Zoll auch keinen Zollsportverein und keine Zollbälle mehr gäbe. Nein, es waren teilweise echte Bedrohungsängste von Leuten, die ernsthaft glaubten, der Zoll würde für die Sicherheit an der Grenze sorgen und uns gegebenenfalls vor einer Invasion »des Russen« schützen. Bemerkenswert, welchen beruhigenden Einfluß die Institution Zoll auf die Bevölkerung ausübt. Ich habe die Grenze und die Ost-Grenzer nie als Bedrohung empfunden, sie schieben ihren Dienst wahrscheinlich mit der gleichen nicht vorhandenen Energie wie die Zöllner hier.

Manchmal denke ich, es wäre schön, wenn die Grenze nicht da wäre und man könnte ohne weiteres in die ganze Altmark fahren. Doch meistens ist mir die Grenze so vertraut, daß ich gar nicht über sie nachdenke.

Noch eine Story vom Hörensagen:

Angeblich war vor etwa eineinhalb Jahren ein älterer Mann aus der Altmark in Brome zu Besuch bei Verwandten. An einem Tag unternahm man einen Spaziergang zur Grenze, dorthin, wo die Straße nach Wendischbrome von ihr durchschnitten wird. Der Mann aus der DDR schimpfte heftig auf »seinen« Staat, die Grenze usw. Als er wieder zuhause in der DDR war, brachte man ihn sehr bald zum Sicherheitsdienst und spielte ihm Tonbandaufnahmen seiner Grenzbeschimpfungen vor. Durch starke Richtmikrofone war alles mitgeschnitten worden.

Günter Schüttauf

Lübeck, den 24. März 1988: Ich bin Zollbeamter (46) und war 16 Jahre, von 1970–1986, als Grenzaufsichtsbeamter an der Grenze zur DDR tätig.

(Beim Zoll)

Mein Einsatzort war 15 Jahre das Gebiet um den Ort Groß Grönau im Lauenburgischen. Groß Grönau liegt südlich von Lübeck an der

B 207, die nach Ratzeburg führt. In diesem Gebiet bildet die östliche Seite des Flusses Wakenitz die Grenze. Ebenso ist bereits das Ostufer des Ratzeburger Sees Gebiet der DDR.

An dieser Grenze habe ich Dienst verrichtet. An vielen markanten Punkten gab es Besucherinformationspunkte. Einer davon war ein unterbrochener Brückenübergang an der Nordspitze des Ratzeburger Sees. An dieser Stelle liegt die Gaststätte »Fährhaus Rothenhusen«, ein beliebtes Ausflugsziel in der Region. Außerdem konnte ich vielen Gruppen und Einzelpersonen aus aller Welt Wissenswertes über die Grenze erzählen.

Über das, was ich so gefragt wurde, habe ich ein Gedicht gemacht. Die in dem Gedicht wiedergegebenen Redensarten sind identisch mit den Fragen der Besucher. Ich habe sie nur in eine Gedichtform gebracht.

Geschichten von der Grenze gibt es viele. Es wäre zuviel Mühe, sie alle zu Papier zu bringen. Nur noch eine: Eine Schulklasse (9. Klasse) aus Tornesch bei Hamburg besucht die Grenze (Rothenhusen). Im Verlauf des Gesprächs fragt mich ein 15jähriges Mädchen, »Herr Zöllner, können Sie mir sagen, warum der König aus der DDR seine Leute nicht ausreisen läßt?« Ich habe mich mit dem Lehrer unterhalten, und er hat nur die Schultern gezuckt – was soll man da noch machen.

Hier mein Gedicht:

Zöllner an der Wakenitz

Wird die Natur so richtig grün,
dann sieht man die Touristen zieh'n
die Wakenitz lang und um den See,
mir wird ganz schlecht, wenn ich das seh'.

Und wenn die Angler sich wie Wanzen
dann überall an's Ufer pflanzen,
entleeren sie dort ihre Taschen,
zurück bleibt nur ein Berg von Flaschen.

Mit Bussen wer'n sie rangekarrt,
zur sogenannten Kaffeefahrt,
sie hau'n sich voll mit Sahnetorte,
ich finde dafür keine Worte.

Und ist der Bauch so richtig voll,
»belästigt« man den Mann vom Zoll.
»Ein Leben hat der« – wie man sieht –,
weil hier ja doch nie was geschieht.

In Massen stür'm sie dann die Brücke,
reißen die Zöllner fast in Stücke.
»Darf ick mal durch Ihr Fernjlas seh'n,
mein's zu Haus', det is zu kleen.«

Und wenn sie dann mit Fragen bohren,
gibt sich ein Zöllner nicht verloren.
Und was für Fragen kommen dann,
na bitte hör'n Sie sich das an.

Warum muß denn der Zoll hier steh'n,
ich kann gar keinen Vopo seh'n.
Und wo befindet sich der Zaun?
Wir müßten auch mal einen bau'n.

Ist auch ein Hund in Ihrer Hütte,
ich hab' noch Chips in meiner Tüte.
Die kann er gerne hab'n zum Fressen,
wir machen Urlaub hier aus Hessen.

Was ich noch fragen wollt, da drüben,
pflanzen die auch Kohl und Rüben?
Oder haben die keine Saat
im Arbeiter- und Bauernstaat?

Die schlimmste Grenze auf der Welt,
und die bau'n sie von unserem Geld.
Das sind die Sprüche, die man hört,
sie sind entrüstet und empört.

Hab'n Sie noch Prospekte da
für nen Freund aus Kanada?
Gibt es die Prospekte so,
ist hier irgendwo ein Klo?

Darf ich auch mal Bilder machen,
wenn Sie in die Linse lachen,
stell'n Sie sich da vor das Schild,
darauf sind Verwandte wild.

Da hinten seh' ich einen Turm,
hält der auch bei Sturm?
Streichen Sie auch mal den Zaun,
wieviel woll'n die denn noch bau'n?

Ist das Ufer wirklich Osten?
Der Zaun, der muß doch mal verrosten.
Ich steh' hier jetzt schon eine Stunde,
aber ich seh' keine Hunde.

Die Politik, die ist es eben,
wir sind doch die, die immer geben.
Nieder mit dem ganzen Schmutz,
haut doch endlich auf den Putz.

Hier vorne ist das Niemandsland.
Fritz, nimm die Kinder an der Hand,
geh' nicht so dicht zum Schlagbaum da,
die ballern sonst, man kennt das ja.

Da hinten hab' ich was geseh'n.
Ich glaub, da müßten Menschen steh'n.
Das stimmt nicht, so wie ich das seh',
ist das ein Hase und ein Reh.

Wird denn auch von den Genossen
so richtig scharf geschossen?
oder gibt's an dieser Stelle
keine großen Zwischenfälle?

Haben Sie schon mal geseh'n,
wenn so einer flieht von denen?
Machen Sie das hier schon lange,
sind Sie nachts denn gar nicht bange?

Dürfen Sie, wenn welche flieh'n,
so einfach Ihre Waffe zieh'n?
Was ist denn hier so Ihre Pflicht,
ich begreif das alles nicht.

Müssen Sie hier immer steh'n,
oder dürfen Sie auch geh'n.
Wie weit reicht Ihr Funkgerät?
Bis dort, wo der Kollege steht?

Geh'n die denn bis vorne ran,
sprechen die Sie auch mal an,
grüßen Sie dann auch zurück
oder hab'n Sie da kein Glück?

Kann ich einfach rüber geh'n,
woll'n Sie meinen Ausweis seh'n?
Der Zaun ist doch mit Strom geladen,
obwohl die selber wenig haben.

Sie könnten doch im Dienst auch fischen,
man darf Sie dann nur nicht erwischen.
Sie kennen alles wie ein Blinder,
stehen Sie hier denn auch im Winter?

Haben die auch Minen liegen,
seh'n Sie mal die Fetzen fliegen?
Oder sag'n Sie mal diskret,
ist am Zaun ein Schußgerät?

Haben die nur Telefon
oder funken die auch schon?
Da, jetzt seh' ich einen Wagen,
Mann, was die für Kisten haben.

Ich kenn' das drüben ganz genau.
War schon da mit meiner Frau,
hab' Verwandte noch in Halle,
ein Cousin vom Onkel Kalle.

Immer wieder neue Fragen,
die dann die Besucher haben.
Zum Schluß bekommst du dann den Rest:
»Sag' schönen Dank dem BGS«.

Sabine Steiner

Fahrradtour

Eigentlich wollte ich nur mal eine Runde mit dem Fahrrad drehen. Es war ein herrlicher Spätsommerabend, der Himmel hoch, die Luft ein wenig dunstig und schwer. Irgendwie kam ich dann auf die Idee, an die Grenze zu fahren. Ich wohnte nun schon ein Jahr in ihrer unmittelbaren Nähe und hatte es doch bisher noch nicht getan. Ein holpriger Sandweg führte zwischen abgeernteten Feldern schnurgerade auf sie zu. Etwa 100 Meter vorher stieg ich vom Rad. Ich wollte den Eindruck ganz in Ruhe und bewußt in mich aufnehmen.

Bis auf das Summen zahlloser Insekten in der warmen Luft und die Schreie eines Raubvogelpaares, das weit über mir seine Kreise zog, war es vollkommen still. Um mich herum die Weite der Stoppelfelder; und da war er nun, dieser unglaubliche, unfaßbare Zaun – mitten durch die friedvolle Stille des Sommerabends – mitten durch *eine* Landschaft. Plötzlich merkte ich, wie etwas in mir hochstieg, ganz von mir Besitz erfaßte, alles Denken ausschaltete. Es war ein gewaltiges Gemisch aus Wut, Trauer und entsetzlicher Hilflosigkeit, und ich weinte, wie ich schon lange nicht geweint hatte. Laut und hemmungslos. Woher nahmen sie das Recht? Wie konnten sie das tun?

Und die Hummeln brummten unbeirrt ihren Weg von Deutschland nach Deutschland, und die Raubvögel zogen großzügig ihre Kreise.

Barbara Steinebach

Die Brücke von Deutschland nach Deutschland

Auf einer Fahrradtour durch Holstein. Immer wieder diese Grenze! Ein See – durchgeschnitten, geteilt! Als ob man Seen teilen kann! Eine Straße – endend im Niemandsland!

Wegweiser nach Berlin, Stettin und Danzig!

Und dann diese schneeweiße Holzbrücke über ein träge dahinfließendes Flüßchen! Sie sieht so hilflos aus und macht betroffen. Sie möchte verbinden, doch man hat es ihr verboten. Genau auf ihrer Mitte steht ein Zaun!

Eigenartig – eine Brücke mit einem Zaun in der Mitte ...

Eine Brücke, die seit über 40 Jahren immer wieder weiß gestrichen wird. Sie kann eigentlich gar nicht so alt sein. Das Holz sieht noch so gut aus. Ob man sie ab und zu erneuert, die Brücke, die nur vom Anstreicher alle paar Jahre begangen wird?! Ja, sie verbindet zwei Flußufer, aber wozu, wenn das eine Ufer eine Grenze ist?

Vor langer Zeit – beginnen so nicht Märchen? – befanden sich das Flüßchen und die Brücke mitten in Deutschland.

Heute ist der Fluß die Grenze, und die Brücke führt von Deutschland nach Deutschland, von West nach Ost, von hüben nach drüben – oder von der Bundesrepublik in die DDR – und umgekehrt.

Aber die Brücke darf nicht vereinen. Sie kann natürliche Hindernisse, wie das Flußbett, überbrücken, aber keine künstlichen Grenzen.

Es ist nicht recht, mitten auf eine Brücke einen Zaun zu stellen! Man hätte sie lieber abreißen sollen!

Die Brücke macht nachdenklich, und ich komme ins Träumen...

Wie, wenn es eines Tages diese Grenze nicht mehr gibt! Ich will dann wieder hier stehen, will sehen, wie der Zaun entfernt wird. Langsam werde ich über die Brücke gehen und durch einen Vorhang von Freudentränen mir unbekannte Menschen von der anderen Seite umarmen, dann, wenn die Brücke wieder verbinden darf. – Wird diese Illusion jemals Wahrheit werden und wann?

»Mama, laß uns weiter fahren!«

Mein Sohn holt meine Gedanken zurück, und verstohlen wische ich mir über die Augen. Ich habe auch einmal auf der anderen Seite der Brücke gelebt, damals, als ich so alt war wie er. Für ihn ist es nur eine Brücke wie jede andere. Ihn stört der Zaun in der Mitte nicht. Deutschland ist für ihn nur hier. Es würde nicht genügen, nur den Zaun zu entfernen!

Hannelore Sachsenröder

Jahrgang 1924, bis 1953 Bürgerin der DDR, bis 1970 Einwohnerin von Duderstadt, also im grenznahen Bereich. Erst dann siedelte ich nach Göttingen um, da ich eine Wohnung bekam und mich zum Fernmeldeamt Göttingen versetzen lassen konnte. Seit 1981 bin ich pensioniert und gehe einigen »Seniorentätigkeiten« nach, z. B. arbeite ich in der Literaturgruppe Geismar.

Stimmungsbild von der Grenze

Deutsches Land, sanfte Hänge schmiegen sich an die Täler, die fruchtbar und grün neben dem träge fließenden Flüßchen unter dem mitteldeutschen Himmel liegen, der sich über der Landschaft wölbt.

Deutsches Land, dunkle Wälder, dazwischen Obstbäume, frühlingshaft blühend oder von Früchten schwer. Häuser und Dörfer zu beiden Seiten des Flusses. Straßen, die auf Brücken zulaufen, die nichts mehr verbinden, kein Land, keine Menschen, keine Wohnungen.

Straßen diesseits und jenseits des Flusses, die nicht mehr zueinander führen. Zwei Burgen, die vielleicht einstmals feindlich waren, es aber jetzt gewiß sind. Einst konnte man wandern von einem Burghügel auf den anderen. Die Blicke konnten die Landschaft trinken, die der Sonnenschein vergoldet. Heute fliegen sie sehnsuchtsvoll in das fremd gewordene Land, suchen die Freunde dicht hinter dem gepflügten Streifen, der Trennung bedeutet, Freunde, die man nah weiß und die doch so fern sind. Man kann sich fast sehen in den heimeligen Behausungen, die hier wie dort ähnlich und im Fachwerkstil gebaut sind, ein wenig überholungsbedürftiger vielleicht am anderen Ort.

Ahnen nur kann man sich, wenn zum verabredeten Zeitpunkt fern ein Tüchlein winkt. Dann weiß ich, du stehst dort, suchst mich in deinen Gedanken, überlegend, wie wohl mein Alltag aussieht. Fern von festgesetzten Plänen und organisiertem Tagesablauf, sicher anders als der deine. Aber unsere Sprache ist noch eins, nein, wohl nicht mehr ganz eins, nicht mehr so gleich wie vor vierzig Jahren. Auf der einen Seite der Grenze haben sich Amerikanismen eingeschlichen, die ein fester Bestandteil der deutschen Sprache geworden sind; auf der anderen Seite gibt es Ausdrücke, die wir uns erklären lassen müssen.

Werden sich deutsche Menschen in hundert Jahren noch verständigen können oder redet man noch mehr aneinander vorbei – wenn
es uns noch gibt? Vielleicht ist aber dann auch die Gemeinsamkeit
des Ursprungs und der Vergangenheit stärker als das, was uns
trennt. Vielleicht.

Vergangenheit sind sicher die Wachtürme, die wie graue Unge-
heuer die Grenzstreifen bewachen. Sie sind dann wohl Anachronis-
men wie die Burgen für den kleinen Mann, der höchstens in krisen-
haften Kriegszeiten Unterschlupf suchte und Schutz fand. Wo
würde der kleine Mann von heute im Schrecken eines Krieges
Schutz suchen können oder etwa gar finden? Im Wachturm nicht, in
der Burg nicht, in seiner Heimat nicht.

Wird die deutsche zweigeteilte Heimat zweigeteilt bleiben?

Deutsches Land, vielleicht schmiegen sich in hundert Jahren
noch sanfte Hänge an die Täler. Vielleicht verbinden Straßen, die
auf Brücken zulaufen, wieder Menschen, die mit gleicher Zunge
reden. Vielleicht kann man von einer Burg wieder zur anderen wandern über den Fluß, der nicht mehr wie ein trennendes Band durch
die Lande fließt. Vielleicht, vielleicht ...

Anna-Maria Spielmann

(Die Jodlerin vom Bayernturm)
Aus einem Interview

Wie ich hierher gekommen bin, da war alles Handel und Wandel,
war alles nach nüber orientiert. Das habe ich noch gemerkt. Die
Oma hat immer erzählt, daß sie mit dem Schubkarren junge
Schweine nach Rieth gefahren haben, Rieth ist das Nachbardorf
gewesen. Und irgendwelche Schnitzsachen, Rechen und so Zeug,
das sie im Thüringer Wald geschnitzt haben, das haben sie hier
rübergeschafft und dann verkauft, getauscht. Ja, bis es halt zu war.

Bevor die Grenze richtig zugemacht worden ist, mein Mann erzählt das immer, da sind sie schon noch nüber, und dann sind ihnen
als die Russen nach, wenn sie es gemerkt haben. Die waren beritten
die Russen damals und sind ihnen hinterher, wenn sie zu den Mädle
sind. Drüben gibt es ja viel diese Lichtstuben, also bei uns in der
Rhön hieß das Spinnstube. Dann sind die Burschen zum Fenster
raus. Da war mal ein junger Mann aus dem kleinen Dorf da unten,

302

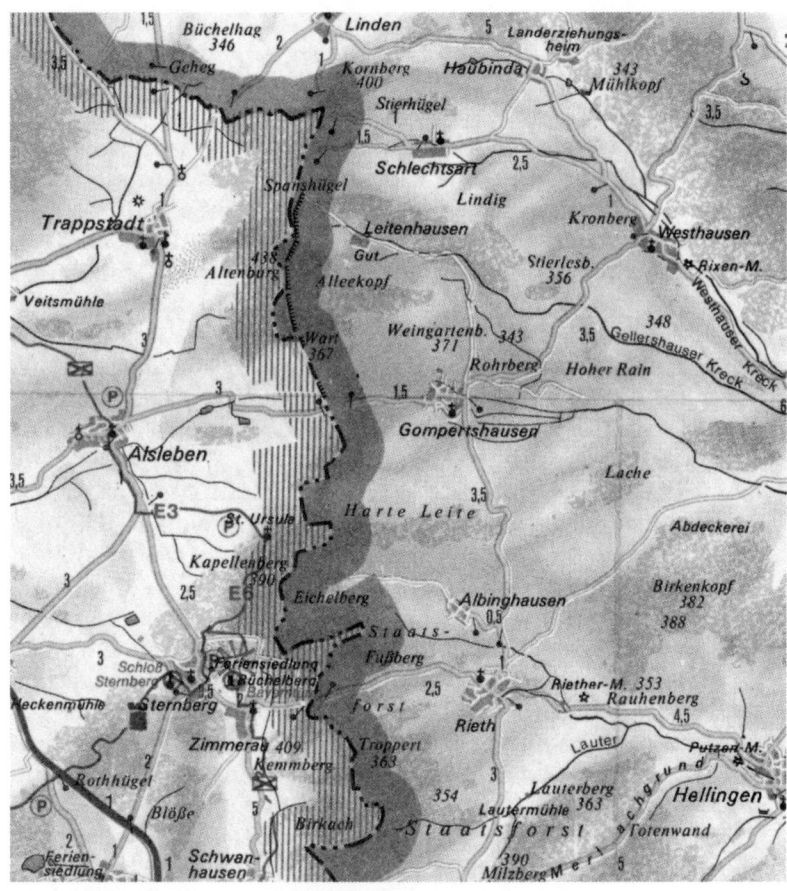

der hat geschrien: »Laßt mich zuerst raus, ich bin der einzige Sohn meiner Mutter!« Gekriegt haben sie sie net, weil die einheimischen Buben, die wußten ja die Schleichwegle, die die Russen net gekannt haben.

Mal sind auch welche mit ihrem Pferd rüber. Die haben sich dann oben in die Hecke gesetzt und das Pferd war linientreu, das ist wieder nüber. Das ist klar, ein Gaul geht auf seinen Stall.

Ich weiß noch, als die Minen gelegt worden sind, da hat der Jagdpächter große Verluste gehabt. Der hat bald geweint. Da hatte das Wild seinen Wechsel nüber und rüber, drüben sind die Wälder, herüben sind die Felder. Hier herüben ästen sie, das waren die eben gewohnt. Und da waren etliche Rehbeine und Hasenköpfe im Zaun gehängt, die die Minen zersprengt haben. Die Tiere haben sich jetzt aber auch danach gerichtet, es geht nix mehr nüber und rüber. Die sind jetzt auch getrennt.

Einmal wollte einer komischerweise mit dem Fahrrad nüber. Da war ja der ganz neue Zaun noch net. Der ist ja so dicht, daß man nicht rüber kann. Da war noch der schadhafte Zaun. Da ist er nüber, ist drinnen ein Stück entlang gegangen, dann hat es natürlich gebatscht, denn die Minen waren ja damals noch. Die eine Mine hat ihn wahrscheins umgeworfen, so daß er zu Fall gekommen ist, mit der Brust auf die andere Mine, und die hat ihn natürlich ganz schön demoliert. Da wars aus. Aber dann ist er von drüben abtransportiert worden, da hat man nix mehr von herüben gehört. Weil die drüben in den Dörfern, die wissen das auch net, wenn was ist, das wird heimlich gehalten.

Da unten hatten wir diese Wiese in Pacht. Das ist die Bullen- und die Eberwiese von drüben. Die Grenze geht da ganz furchtbar zickzack. Das kommt von früher, da haben die Fürsten, Bischöfe und die Obrigkeiten zusammen gesessen und getrunken, um net zu sagen gesoffen miteinander und haben dann manches verkartelt: »Du kriegst das Stück, du kriegst das Stück.« Deshalb ist das so zickzack.

Das ist also eine Waldwiese, da wächst net viel, da war ich mal einen ganzen Vormittag hinten und hab Gras zusammengerecht, bis ich eine Fuhre zusammen hatte, hier ist ja Stallfütterung. Da hatte ich meinen Sohn dabei, da war der vielleicht drei Jahre alt, und bis ich mich versah, war der Fratz natürlich rübergerennt. Da war noch dieser Zehnmeterstreifen. Und die haben ihre Bunker drüben im Wald, man kann ja nie wissen, ob sie einen sehen oder was tun.

Aber sie haben nix getan, ich bin rübergerennt. Allerdings unter fürchterlicher Angst, muß ich schon sagen. Bin rüber, hab ihn geschnappt und hab ihn wieder hergeholt.

Zwischen Breitensee und Trappstadt, da denkt man wirklich, man könnte grad so drüber steigen. Da ist der Straßengraben schon thüringisch. Das ist schon unheimlich, aber der Mensch ist ein Gewohnheitstier. Man gewöhnt sich dran, aber ich weiß noch, wie es mir gegangen ist, als ich hergekommen bin.

Wir haben unten im Dorf gewohnt ursprünglich. Wenn ich dann rüber ins Nachbardorf in die Kirche gegangen bin abends, wenn Rosenkranz war im Oktober oder wenn Muttergottes-Andachten waren im Mai, dann habe ich immer gedacht, wenn es raschelt, oh, die Russen kommen. Durch das Wäldle zu gehen, da hatte ich Angst, bis man sich dran gewöhnt hat, daß eben nix passiert, gar nix. Ich habe da an der Grenze noch nie einen Russ gesehen und bin schon dreißig Jahr da.

Da hinten ist eine Zunge, die geht zwei Kilometer rein. Unten ist sie nur zehn Meter breit, da hört man dann vom Nachbardorf die Hunde bellen. Bevor ich meine Kassette mit Jodelmusik gemacht habe, bin ich da nunter und habe geprobt, da sing und schrei ich, ha ha, wenn niemand da ist, kann man das da auch.

Vor ein paar Jahren gingen grad da hinten, wo ich das Heu gerecht hab, mal zwei Vopos vorbei. Die hatten einen schönen dicken Wolfshund gehabt. Und da habe ich gesagt: »Oh, ihr habt aber einen schönen Hund.« Sie haben mir keine Antwort gegeben, da habe ich eine Wut gekriegt und gesagt: »Zum Donnerwetter noch einmal, könnt ihr keine Antwort geben, ihr versteht doch Deutsch!« War ja gewagt von mir, ich war ja ganz allein da hinten. Und als sich einer umdrehte, hab ich gesagt: »Schämt ihr euch denn net? Könnt ihr mir net Antwort geben?« Da hat sich noch der andere umgedreht und gesagt: »Nein. Wir schämen uns nicht.« Das war ähnlich, wie wenn ich mich schämen müßt!

Ja und dann war mal ein Netter da, da bin ich auch hinten auf dem Acker gewesen und habe gejodelt, und da hat er zurückgejodelt und sogar ziemlich gut. Ja, er hat schön gejodelt. Ansonsten stehen die immer nur da und gucken mit den Ferngläsern rüber. Die können sich auch gar net trauen, weil es dem anderen Vopo, den sie dabei haben, vielleicht gar net recht ist, sonst täten sie vielleicht mehr solchen Spaß mitmachen an der Grenz.

Wir haben das Wirtshaus jetzt fast 21 Jahre, vom ersten Stein an aufgebaut. Und wenn mir die Arbeit zu viel wird, und ich sage, »Herrschaft, jetzt hör ich mal auf«, sagen die Leut vom Dorf immer: »Ja, aber wenn die Grenz aufgeht und die Thüringer kommen wieder rüber, so lange mußt du noch warten...« Denn das muß früher unheimlich schön gewesen sein. Die Thüringer sind ja sehr viel wirtshausfreudigere und lustigere Leut als wie die Franken.

Das Dorf hier ist halb evangelisch, halb katholisch. Die linke Kirche ist die katholische, die rechte ist die evangelische, es ist aber nicht oft Kirch. Früher haben die Evangelischen ihre Partner von drüben geholt, weil Thüringen ist ja ganz evangelisch, und die Katholischen haben sie von der fränkischen Seite hergeholt, und den Unterschied sieht man an den Leuten in dem kleinen Dorf. Die, wo von Thüringen stammen, sind viel aufgeschlossener und lustiger und wirtshausfreudig, die gehen zu ihrem Frühschoppen sonntags, und zwar regelmäßig, aber die echten Fränkischen, die net. Die komme mol, dann komme sie mol net. An Kirchweih muß das unheimlich schön gewesen sein, wie mein Mann immer erzählt hat. Montags, glaube ich, war der Tag für die Thüringer. Da mußten die Einheimischen daheim bleiben oder sich e bißle zurückhalten, weil früher war ja nur eine Bank um den Tanzsaal herum, da wurde Platz gelassen für die Thüringer, und dann ging es ganz rund, aber lustig, net boshaft wie im Bayerischen, daß sie da viel geschlägert haben oder so.

Die Leute, die jetzt von drüben rüberkommen, die kommen immer mit einem Schwung Verwandtschaft. Die Art, die Sprache, die ganze Art und Redensweise von den Leuten ist kein bißle anders wie die von denen hier. Ich konnte es manchmal gar nicht glauben, die sind doch nun vierzig Jahre getrennt, die haben noch nie was voneinander gesehen, aber die gleichen sich wie ein Ei dem andern, ja. Also hat der Kapitalismus oder der Sozialismus an denen Menschen an deren Mentalität überhaupt nix verändert. Von Politik reden die net und wir auch net, denn das bringt ja nix. Wir können nix ändern. Wir reden von früher, wer lebt da noch. Das ist unwahrscheinlich, wie gleich die Sprache ist, total gleich noch, total ähnlich.

Rechts an der Ecke, wo es nach Sternberg geht, war ein riesengroßes altes Haus, und das war das Wirtshaus früher. Und gegenüber stand ein ganz langes Haus, das waren die Stallungen, wo die Gäule immer umgespannt wurden. Da dran habe ich das eigentlich gesehen, daß es früher wirklich ein Durchgangspunkt war, und dann war ich total abgeschnitten. Erst war ich am Grünen Herzen Deutschlands und dann war ich am Arsch der Welt, ha ha ha. Ist es net so?

Na ja, wir haben jetzt 110 Betten und viel Omnibusbetrieb von der ganzen Bundesrepublik bis nach Holland: Also durch das Gasthaus hier und durch den Bayernturm direkt daneben ist die Ecke doch nicht mehr so hinten dran und so einsam wie früher, als ich hergeheiratet habe. Das war doch hier richtig abgeschnitten, kein Durchgang, nix, das war sehr einsam. Und da haben wir halt geschaut, daß es wieder ein bißl Leben gibt mit meiner Jodlerei. Jetzt ziehe ich viel Leut her.

In letzter Zeit kommen viele ihre Tanten und Onkel besuchen, egal ob die Geburtstag haben oder irgendein Jubiläum. Von drüben sehen die den Turm hier neben der Gastwirtschaft. Dann steigen sie auf den Turm.

Das folgende hat es auch schon gegeben, daß die Leute direkt in der Fünfkilometerzone Hochzeit haben, und die Verwandten von hier haben net rein gedurft. Dann sind die Verwandten zur abgemachten Uhrzeit auf den Turm, und die Hochzeitsgesellschaft war drüben, und dann haben sie zueinander gewunken und umgekehrt.

Und ich mache meine eigenen Kontakte, ich habe da oben am Oberboden von dem Turm ein Licht, und da mache ich immer Blinkzeichen. Und da sind drüben viele, die mitmachen. Neulich dachte ich: ›Na, es ist ganz ruhig drüben‹, da war ich oben, blinke einmal, und plötzlich waren es drei Stück, die mitgeblinkt haben. Die wissen das jetzt schon ein bissel, da sagen sie, »ach, die Wirtin blinkt, aha, die Wirtin blinkt, ha ha.«

Das mit den Lichtzeichen mache ich einfach so aus Jux. Ich bin ein bißchen ein abenteuerlicher Mensch, ich mach so Zeug gern. Ich probiere immer aus, wie viele zurückblinken und wie viele net. Es gibt welche, die blinken net zurück. Vielleicht habe ich dann irgendeinen Vopo erwischt, aber die meisten blinken zurück. Es ist ja nichts Gefährliches und auch net bös gemeint.

Ich will gerne schreiben. Und zwar schreibe ich meine Jugend auf, meine Jugend war interessant, und dann diese ganze Kriegsgeschichte. Mein Vater war Ortsgruppenleiter, da möchte ich dann das auch einmal erklären, daß das net immer so furchtbar negativ ist. Der große Sohn, der war jetzt vorgestern wieder drüben. Unsere Kinder fahren immer wieder mal rüber. Ich selber war nie drüben. Und da hat er jetzt einen Vopo getroffen, der hat alles rausgepackt aus dem Auto und alles durchgeguckt. Und ein andermal hat er einen Vopo getroffen, der war ganz nett. Der hat gefragt »so so, na, wann kommen Sie wieder« und hat ganz menschlich geredet. Und da habe ich gesagt: »Siehst du Harry, so war es in der Nazizeit. Einer, der hat seinen persönlichen Schweinehund mit eingebracht und richtig ausgelebt wie zum Beispiel der, den sie im Fernsehfilm ›Holocaust‹ gezeigt haben. Hätt' der müssen dem Maler seine Händ müssen zerhauen? Nein, das hätt' er net gemußt. Und so war es in der Nazizeit immer. Und ein anderer, zum Beispiel mein Vater, der hat immer durch sein Amt vielen Leut helfen können.«

Als Kind hatte ich auf der Wiese Zeit und Raum. Irgendein Onkel hatte sämtliche Anzengruber, Ganghofer, Luis Trenker und Ludwig-Thoma-Bücher auf dem Boden, und die habe ich alle durchgelesen. Daher kam dann mein Jodelfimmel, und da habe ich halt Zeit und Raum gehabt zu singen und ganz laut zu üben, zu üben, bis ich das dann tatsächlich konnte. Und das kommt mir ja noch heut noch zugute. Da habe ich also aus der Not eine Tugend gemacht. Ich mußte ja das Vieh besorgen vom achten Lebensjahr an, bis ich geheiratet habe. Im ganzen habe ich so zwölf, fünfzehn Jahre das Vieh besorgt. Da habe ich das Jodeln bei gelernt. Dann habe ich geheiratet.

Dann war ich zehn Jahre auf der Landwirtschaft. Doch ich habe gesagt: »Ich will raus, und wenn es nur am Wochenende ist.« Und da ist nun das Gasthaus gebaut worden. Mir hat vorgeschwebt, ich baue es mir so, wie in der Rhön die Berghäuser sind.

Halb so groß, wie der Saal jetzt ist, hatte ich es geplant, aber der Baumeister hat gesagt: »Ich tu es nur in der vollen Größe, das gibt einen Ausflugsort.« Wir haben noch zwei Jahre die Landwirtschaft nebenher gemacht und sie dann verkauft.

In der Gastwirtschaft habe ich die Küche selber gemacht, bis zu 555 Mittagessen am Tag. An manchen Tagen hatte ich bis zweitausend Sachen gemeldet, Abendessen, Kaffee, Mittagessen, das habe ich gern gemacht, das war richtig so. Und wenn irgendwann die Thüringer kommen sollten, das tät jetzt noch fehlen.[1]

1 »Die sind jetzt alle da, die Thüringer.« So hieß es am Telephon, als wir in den Tagen nach der Grenzöffnung danach fragten, was nun los sei in der Gastwirtschaft zum »Bayernturm«. Im Hintergrund war die Geräuschkulisse ausgelassenen Trubels zu vernehmen.

Die erzählte Grenze

Die Geschichte der Grenze beschränkt sich nicht auf eine Abfolge ihrer markanten historischen oder technischen Daten, auf die Fakten zum Ausbau der Sperranlagen und der Überwachungssysteme, auf den Wortlaut von Verordnungen und vertraglichen Regelungen. Die politischen Gegebenheiten sind mit den Lebensverläufen, den Plänen, Wünschen und Gefühlen der Menschen verbunden, die sich mit der Grenze auseinandersetzen und arrangieren mußten. Die Grenzgeschichten verknüpfen das Biographische mit dem Historischen. Sie handeln von Kollisionen und Konflikten, die sich an diesem Schnittpunkt zwischen den privaten Belangen und den von außen aufgezwungenen Verhältnissen ereignet haben, und sie äußern sich über die persönlichen Strategien ihrer ›Schadensbegrenzung‹, ihrer lebenspraktischen Bewältigung, weltanschaulichen Deutung und emotionalen Verarbeitung. Hierbei werden immer wieder Enttäuschung, Schmerz, Verbitterung und Wut zum Ausdruck gebracht, genauso aber werden die Verschlagenheit, die Courage und der Witz herausgestellt, mit denen man einem zumeist als feindselig empfundenen Milieu entgegentrat.

Die mündlichen Schilderungen erhalten ihre Färbung durch die persönlichen, oft spontan geführten Gespräche, in deren Verlauf sie zustande kamen. Trotz der Unmittelbarkeit ihrer Entstehung hatten die Erzähler doch das eine oder andere bereits vorher parat. Häufig sind die Ausführungen bis in die Einzelheiten hinein im Gedächtnis vorrätig und werden, zugeschnitten auf die aktuelle Gesprächssituation, reproduziert. So hatte zum Beispiel der pensionierte Grenzpolizist Friedrich Schütz* die grausigen wie auch die unterhaltsamen Episoden, die er zum besten gab, bei vielen Reisegruppen über Jahre hinweg auf ihre Wirkung getestet und diese immer wieder bestätigt gefunden. Und auch die Geschichte vom entlaufenen Nandu, die Manfred Harder-Otto so lebendig erzählte, lag im wahrsten Sinne schon auf Abruf bereit. Im Anschluß an das Interview spielte er uns eine Kassette vor, auf welcher er einige Zeit zuvor Erinnernswertes aus der Geschichte der Dückerschleuse im Wort festgehalten hatte, darunter in fast identischer Formulierung die Nandu-Episode. Neben diesem Repertoire an jederzeit verfügbaren Erzählstoffen kann in den mündlichen Berichten aber auch eine verschüttete Vergangenheit zum Vorschein kommen, die, während sich der Erzähler ihrer entsinnt, manches Mal geradezu übermächtige Gefühlsregungen auslöst.

Im Gegensatz zu den mündlichen Äußerungen richten sich die verschiedenartig beschaffenen schriftlichen Aufzeichnungen an nicht persönlich bekannte Adressaten. Bereits der Umfang der Texte, welche auf die Schreibaufrufe hin mitgeteilt wurden, variiert enorm. Er reicht von der knappen Briefnotiz bis hin zum Romanmanuskript von mehreren hundert Seiten Länge. Die meisten Darstellungen jedoch bewegen sich zwischen zwei und fünfzehn Seiten. Auch das Verfahren der Abfassung differiert von Bericht zu Bericht erheblich. Zum Teil brachten die Autoren ihre Beiträge in einem einzigen, geschlossenen Schreibakt zu Papier, zum Teil aber auch – mit Unterbrechungen – über einen längeren Zeitraum hinweg. Einige Autoren, die in unterschiedlich großen Abständen immer wieder neue Schilderungen verfaßten, gaben zu verstehen, daß die verschiedenen Grenzerlebnisse nicht auf einen Schlag, sondern nach und nach in ihrem Gedächtnis aufgetaucht waren. Bei anderen, die von der Fülle ihrer Erinnerungen und Gedanken überwältigt wurden, kam hingegen kein Text zustande. Ihre Geschichte zog sich hinter einen einzigen, verstummenden Satz zurück: »Mit meinen Erlebnissen könnte ich ein ganzes Buch füllen.«

Einige schrieben ihren Bericht mit der Schreibmaschine auf feinstes Papier oder arbeiteten ihn am Heimcomputer aus, andere faßten ihren Text handschriftlich ab. Viele reichten ein Manuskript von makelloser Gestaltung ein und gaben damit indirekt zu verstehen, daß sie den Schreibaufruf als etwas quasi Offizielles betrachtet hatten. Auch wurde mit Hilfe eines perfekten Schriftbildes betont, daß es sich bei der Darstellung um eine Endfassung, um etwas Geschlossenes, Rundes handelt. Anderen Berichten war der Prozeß ihrer Entstehung weit mehr anzusehen. Sie enthielten Verbesserungen, Durchstreichungen oder Abkürzungen. In diesen Fällen wurde des öfteren zum Ausdruck gebracht, daß man den Text als offen, in Bewegung befindlich und als vorläufig betrachtet, oder auch, daß man ihn so, wie er nun auf dem Papier steht, bloß flüchtig skizziert hat.

Die Texte, die hier in ihrer Vielstimmigkeit und Mitteilsamkeit dicht zusammengedrängt beieinander stehen, sind von dem Schweigen all jener Erfahrungen umgeben, die, aus welchen Gründen auch immer, nicht den Weg zum dokumentierten Wort fanden. Insofern repräsentieren die Grenzgeschichten das Außergewöhnliche, das Seltene, und nicht etwa den Regelfall; wie verstreute Inseln ragen sie aus dem Schweigen an der Grenze heraus. Jeder der Berichte stellt ein Ergebnis von Selektion und Komposition dar. Bewußt oder unbewußt treffen die Autoren aus der Fülle der Erinnerungen und Gedanken eine Auswahl und formen diese zu ihrer Geschichte. Dabei kommen autobiographische Notizen, chronistische Darstellungen, schwankartige Geschichten, Schriften, in denen eine Klage vorgetragen wird, literarische Erzählungen, Gedichte und anderes mehr zustande. Jede dieser Aufzeichnungen, wie kompakt und beredt sie auch sein mag, stellt einen stilisierten, in bezug auf das Selbstbild ihres Verfassers jedoch authentischen Ausschnitt aus einem breiteren Erfahrungsschatz vor. Auch im Hinblick auf den einzelnen also sind die Texte meist als die kurze Unterbrechung eines Schweigens anzusehen.

Etliche Autoren äußern sich über die Motive ihres Schreibens. Besonders für die Älteren markieren die Grenzgänge, die sie in den Nachkriegsjahren unternahmen, eine wichtige Zeit in ihrem Leben. Der Krieg war vorbei, und man hatte ihn überlebt. Oftmals begannen die Menschen unter enormer Anstrengung damit, ihren Lebensumständen wieder Normalität zu verleihen. Vielfach mußte erst ein Auskommen gefunden werden und ein Platz, an dem man zuhause sein konnte.

In der Rückschau, aus der Sicht eines vergleichsweise stabilisierten Alltags, erweist sich diese Zeit der Unsicherheit und der Gefährdung als eine Zeit des Übergangs, als ein kritischer Schwebezustand. Das gilt auch für diejenigen, die damals noch im Kindesalter waren. Der riskante Weg über die Grenze wird für viele zum Symbol ihrer Befindlichkeit während dieser wichtigen Lebensphase. Der Bedrohlichkeit und Unberechenbarkeit des Grenzmilieus begegnete man mit Improvisationsvermögen, Initiative, Schläue und Mut, mit Eigenschaften also, die ganz allgemein in den Jahren des Wiederaufbaus überlebenswichtig wurden. Die Schilderung von Grenzüberschreitungen, in denen diese Qualitäten auf eine Bewährungsprobe gestellt wurden, bildet einen Bestandteil so mancher, ins Heroische spielenden Familiensaga.

Doch was die Gemüter der Betroffenen noch heute heftig bewegt und was sie als einen Markstein ihres Lebens im Gedächtnis bewahren, das ist der Generation ihrer Kinder und Enkel häufig fremd. Immer wieder geben die Schreiber ihr Bedauern darüber zu erkennen, daß ihre Erinnerungen kein Interesse finden. Die schriftliche Aufzeichnung der Erfahrungen vermag zumindest teilweise von dem Druck zu entlasten, sich mit seiner Geschichte allein gelassen zu fühlen. »Zu den Grenzbewohnern gehören wir zwar nicht«, schreibt eine Autorin, »aber mit der Grenze hat es doch zu tun und ist mir in tiefer Erinnerung geblieben. Die Kinder wollen unsere Erinnerungen nicht hören, doch mir hat es gut getan, mal darüber zu schreiben.«

Etliche Verfasser von Grenzgeschichten verbinden das persönliche Bedürfnis, ihre Erinnerungen niederzulegen, mit einem allgemein gehaltenen Appell, das Thema Grenze in Form von Erlebnisberichten zu dokumentieren. In ihrem autobiographisch orientierten Schreiben begreifen sie sich zugleich als Zeitzeugen, die ein historisches Dokument erstellen. Andere lassen das Private beinahe gänzlich aus und treten statt dessen nur noch als Chronisten auf. Während die Ich-Form aus den Texten schwindet, nehmen ihre Autoren einen Beobachterstatus ein, der die eigene Person mit einem Distanzschutz zu den beschriebenen Ereignissen versieht. Dementsprechend zieht sich Subjektivität hinter den Sprachduktus der Berichterstattung zurück. Im Gegensatz dazu gibt einigen Schreibern das Stichwort Grenze den Impuls zu einer Reise ins eigene Innere oder zu meditativen Betrachtungen über die Fremdheit zwischen den Menschen, den Lauf der Dinge oder den Umgang mit der Natur.

Bei manchen, die zur Feder griffen, spielte die Lust am launigen Erzählen eine Rolle, bei anderen die Ambition, sich literarisch zu betätigen. Unter den Verfassern befinden sich mehr oder weniger routinierte Laienschriftsteller, die sich in Literaturkursen geschult hatten, es gab aber auch Autoren, die, von dem Thema angerührt, ohne jegliche Übung ins Schreiben verfielen. Für den einen oder anderen bedeutete dies eine derartig überwältigende oder auch eruptive Erfahrung der Selbstbegegnung, daß ihr Text den Charakter einer Lebensbilanz, eines Vermächtnisses annehmen konnte.

Die Berichte stammen von Angehörigen unterschiedlichster Altersgruppen. Unter ihnen sind Jugendliche wie Cornelia Stegner oder Thorsten Höbbel, dann Menschen in mittleren Jahren, Berufstätige oder Hausfrauen, und schließlich Personen älteren Jahrganges. Diese letzte Gruppe ist bei weitem am stärksten vertreten. Von seiten der Erzähler fiel des öfteren der Hinweis: »Wenn mein Onkel, meine Nachbarin, meine Mutter noch leben würde, die könnten was erzählen!« Dadurch wurde der Eindruck bestärkt, das intime Wissen um die Grenze werde in erster Linie von der älteren Generation gehütet und vergehe auch eines Tages mit ihr. Bereits 1988, als man die Grenze noch für unvergänglich hielt, hörten wir denn auch immer wieder, für die Sammlung von Grenzgeschichten sei es »fünf vor zwölf«.

Die Verfasser der Berichte haben einen unterschiedlichen sozialen Hintergrund. Wir finden Bauern, Hausfrauen, Angestellte, Arbeiter, Rentner, Lehrerinnen und andere mehr. Die Tatsache, daß viele einfache Leute ihre Erinnerungen und Überlegungen auf eindrucksvolle und unmißverständliche Weise aufzeichneten, dekuvriert zugleich den überheblichen und abschätzigen Jargon der Maßgeblichkeit, den sich jene in Politik, Kultur und Verwaltung herausnahmen, welche die Geschichte und die Ausdeutung der Grenze exklusiv als ihre Domäne beanspruchten.

Die Grenzgeschichten sind vielfältig in verschiedener Hinsicht: in ihrem Umfang, in der Art ihrer Abfassung, in ihrem Genre, in ihren Erzählmotivationen und ihren Erzählhaltungen sowie in den jeweils angesprochenen Themen. Außerdem unterscheiden sie sich durch die Zeit, von der sie – zwischen 1945 und 1989 – handeln, sodann durch die Deutungen, die sie vornehmen, und die Schlüsse, die sie ziehen. Nicht zuletzt weichen sie im Hinblick auf das Lebensalter, die Ausbildung, den Beruf und die soziale Herkunft ihrer Autoren voneinander ab. Dennoch gehören die Geschichten zusammen, bilden sie ein kohärentes Korpus, ja, sie vermögen sich gerade aufgrund ihrer Uneinheitlichkeit gegenseitig zu erhellen.

Von einer jeweils ›versetzten‹ Warte aus schreibend, benennen die Erzähler immer wieder die gleichen Punkte, beziehen sie zu der gleichen Problematik Stellung. Neben den Themen ›Rübergehen‹, Gefährdung sowie ›Russen und Vopos‹ werden häufig Fragen nach dem Verhältnis zwischen Politik und Einzelschicksal aufgeworfen, es wird über Willkür und über Trennung nachgedacht, es wird nach Gleichnissen für die Situation an der Grenze gesucht, und die Grenze ihrerseits wird zum Gleichnis für eine Verhärtung im Zwischenmenschlichen sowie für das Wesen der Unfreiheit. Die Autoren sinnieren über Ost und West, Krieg und Frieden, Heimat und Fremde, aber auch über Familie, Beruf, Älterwerden, Krankheit und seelische Krisen. Dabei kommt es oft zu emotionsgeladenen Äußerungen, die manchmal jedoch – inmitten eines eher nüchtern gehaltenen Textes – auf die Kürze eines Stoßseufzers zusammengedrängt sind. Das Feld der Gefühle, das – unausgesprochen – mit solchen Einsprengseln assoziiert ist, läßt sich zumindest annähernd aus anderen Texten erschließen, aus Gedichten etwa oder nachdenklichen Sentenzen, die ganz im Zeichen des Emotionalen stehen.

Die großen, übergreifenden Themen, die weltanschaulichen Bekenntnisse und politischen Stellungnahmen füllen sich in den Erlebnisberichten mit biographischem Sinn, und die eigene Geschichte erfährt ihrerseits durch ihre Verknüpfung mit diesen Themen einen Bedeutungszuwachs. Hierbei kommen Interpretationsmuster zur Geltung, die durch Geschichte und Gesellschaft vorgegeben und über die Medien vermittelt sind. Indem sie vom einzelnen anverwandelt wurden, prägen sie seine Sicht der Dinge mit. Insofern sprechen in den Erzählungen über die Grenze, selbst wenn sie als Darstellung des eigenen Erlebens präsentiert werden, immer noch andere mit. Es sind dies die Instanzen der Gesellschaft wie Politik, Schule, Kirche, öffentliche Meinung, nachbarschaftlicher und familiärer Konsens, Instanzen, die neben Wissen, Moral oder Gemeinschaftsgefühl auch Ideologie transportieren.

Die Erfahrungen, Erinnerungen und subjektiven Anschauungen der einzelnen Autoren stehen nicht zusammenhanglos oder willkürlich da. Vielmehr sind sie mit denen der anderen Autoren verbunden, indem sie dazu in Gegensatz treten, sie bestätigen, ergänzen oder variieren. Die einzelne Geschichte erweist sich als Element eines Netzes von Texten; die Subjektivität der Grenzerfahrung weitet sich in diesem Kontext zum Bestandteil eines intersubjektiv gültigen Bildes von der Grenze. Dieses Bild weist Konturen auf, die es als eine komplexe Sinneinheit verstehbar machen. An der Grenze bildete sich ein eigenständiger Erfahrungsraum heraus, der von der übrigen Lebenswelt freilich nicht völlig isoliert war. Die Geschichten, in denen diese Erfahrungen zur Sprache gebracht werden, formieren sich zu einem nicht minder eigenständigen Erzählraum.

Teil 7

rak (Künstlername)

13. 11. 1989: Spontanes ist oft gar nicht so negativ. Ich hoffe es und habe die Zeit, in der ich in diesen Tagen nur sehr langam zur Ruhe komme, genutzt.

Einfach unglaublich ...

Menschen und abermals Menschen ...

Eine endlose »Wallfahrt« zur Grenze von Neustadt bei Coburg in Richtung Sonneberg, dem »Tor zum Thüringer Wald«. An diesem 12. November 1989 ist es trocken und kalt bei strahlendem Sonnenschein.

In der Nacht zuvor reißen Grenztruppenangehörige der DDR ein Stück des Zaunes ab...

Gegen 8.00 Uhr reichen sich die verantwortlichen Offiziere des Bundesgrenzschutzes und der Grenztruppen der DDR die Hand...

Sie sprechen miteinander ...

Und dann strömen die Menschen aus der DDR und vermischen sich mit dem Strom der Menschen aus der Bundesrepublik.

Einfach unglaublich!

Da geht eine junge Familie aus der DDR durch die kleine Stadt Neustadt bei Coburg. Es ist kalt, und sie sind nicht gerade warm gekleidet. Dennoch spürt die Kälte keiner von ihnen. Viel zu sehr beschäftigt sie alles, was sie sehen: Schaufenster, offene Geschäfte, Spielsachen, Südfrüchte – einfach alles – für sie einfach unglaublich!

Eine ältere Dame kommt zu Fuß durch das soeben geöffnete »Loch« im Zaun.

Endlich kann sie ihren Geburtsort wiedersehen, und schon wird sie von alten Nachbarn erkannt, umarmt und nach Hause mitgenommen.

Sie waren nicht verabredet – sie wußten schon gar nichts mehr voneinander...

Einfach unglaublich!

Die Nachrichten in den Zeitungen, im Rundfunk und im Fernsehen an diesem Tage ...
Einfach unglaublich!
Da hat man nun all die Jahre geglaubt, man kenne sich einigermaßen aus mit »denen da drüben«.
Und nun sind sie auf einmal da ... und sie grüßen ... und sie sprechen ... manchmal noch ein wenig reserviert, fast steif, aber sie tun es ...
Einfach unglaublich!

Carola Muth

(Die Zeichen der Zeit)

20. 11. 89: Vor ca. 4 Wochen war ein Astrologe in einer Illustrierten abgebildet, ein ehemaliger Assessor, der dann umsattelte. Der sagte voraus, daß um den 15. November sensationelle Ereignisse passieren würden, nachdem er schon das große Erdbeben in Amerika u. die Explosion des Kraftwerks Tschernobyl voraussagte. Man muß tatsächlich daran glauben.

Heute waren wir an der Elbe. Dort steht noch ein kleines Fährhaus, darin ein Lokal. Autos von der Ost-Zone ebensoviel, wie die von der West. Man kennt keinen Menschen, ist aber in der Hoffnung, doch noch jemanden zu treffen, der unmittelbar drüben wohnt. In dieser langen Zeit sind diese Nachbarn aber viel älter geworden, wie man selbst auch. Deswegen kann man sich wohl nicht erkennen. Es könnte sein, daß der Fährbetrieb hier eröffnet wird.

Bis sich das Regierungssystem drüben geändert hat, wird es den Menschen wohl zu lange dauern. – Im Fernsehen schalte ich von Sender zu Sender, um bloß keine Nachrichten zu verpassen.

Werner Herpel

(Die Jahre verblassen)

Lübeck, den 22. 12. 89: Der Eiserne Vorhang ist gefallen, die Grenze, die Deutschland trennte, offen. Erinnerungen werden wach aus den Jahren 45 bis 47... Winter, Schnee, in Lübeck-Eichholz auf den Weg, nachts über die Grenze nach Herrnburg. Im Dorf gefaßt von den Russen, eingesperrt im Keller eines Gasthauses mit vielen anderen Grenzgängern, die ihre Familien in den Westen holen oder besuchen wollten oder suchten.

Am 17. 12. 89 stehe ich in Eichholz, die Grenze wird geöffnet, die Jahre verblassen, noch sehe ich mich mit Rucksack durch den tiefen Schnee 1946 lautlos über diese Grenze schleichen, um doch gefaßt und eingesperrt zu werden. Ein Freudenschrei jetzt bei der Eröffnung der Grenze hier, man kann es noch gar nicht fassen nach all den langen Jahren. Ehemalige Nachbarn liegen sich in den Armen, entfernte Verwandte sehen sich erstmals wieder, man kann wieder frei miteinander reden und sich besuchen. Noch im Oktober waren Verwandte von drüben hier, verzweifelt wegen der Situation drüben, sahen keine Hoffnung mehr, ihr Leben zu verbessern, keine Sicherung des Lebens ihrer Kinder, wirtschaftlich, beruflich, fühlten sich abgeschnitten von allem, was das Leben erträglich, frei macht. Die Flüchtlinge strömten schon über Ungarn in die Bundesrepublik. Die Verwandten stellten nun hier Überlegungen an, zumindest für die Kinder ein Übersiedeln zu ermöglichen: aber wie – der Besuch belastete auch uns –, wie helfen, raten, diskutieren?

Über die Nöte konnten auch die Einkaufsmöglichkeiten, die kurze Zeit des Besuches hier nicht hinweghelfen, noch ahnte ja keiner, daß die Ereignisse sich überstürzen würden, daß alles sich in so kurzer Zeit ändern würde. Verzweiflung und Ängste schlugen in Hoffnung um, und sie schrieben freudestrahlend, daß sie sich ihrer Tränen nicht schämten, als die Ereignisse eintraten und ein neuer Anfang sichtbar wurde.

Nun finden Freunde, Verwandte, Nachbarn wieder die Möglichkeiten, sich zu besuchen, frei zu reden, eine Jahrzehnte dauernde Wand ist eingestürzt, wollen wir alle das Beste daraus machen und wieder zueinander finden, was zum Teil doch schon etwas verschüttet war.

Fritz Boldhaus

Drogist und Initiator des Heimatmuseums in Brome

Nach vierundvierzig Jahren öffnet sich die Zonengrenze

Brome am 18. November 1989. Das Unfaßbare geschieht, die Grenze ist offen! Nicht nur das deutsche Volk verfolgt staunend und mit heißem Herzen die sich zuspitzenden Ereignisse in der DDR: nicht endender Flüchtlingsstrom über »sozialistische Bruderländer«, verzweifelte, zusammengeknüppelte Demonstrationen, jahrzehntelange Unterdrücker, bestenfalls Systemdulder werden zu Wendehälsen, genehmigte Demos mit schonungslosen Anklagen von hohem geistigen Niveau. Das ist das politische Umfeld in diesen Novembertagen 1989.

Doch nicht die hochbrisanten Ereignisse dieser dann letztlich unblutigen Revolution sollen Inhalt dieser kleinen Betrachtung sein, sondern die Stunden dieser Novembertage an der deutsch-deutschen Grenze in Niedersachsen, genau genommen am sogenannten Bromer Bogen.

Über einige neu eröffnete Grenzübergänge strömten unsere Landsleute in den Westen, mit den unverkennbaren und unüberhörbaren Trabis, mit dem Rad oder gar zu Fuß. So wurde dann der weitere Grenzübergang zwischen Bergen an der Dumme und Helmstedt zum Hauptgesprächsstoff in Brome. Es steigerten sich Hoffnungen zu Vermutungen, diese wie Lauffeuer zu erstauntem Halbwissen: ›Zwischen Zicherie und Böckwitz in der Altmark, dem ehemaligen hannoversch-preußischen Doppeldorf, wird die Grenze aufgemacht!‹

Immer wieder standen wir tags und auch nachts vor der rotweißen Sperre, um eine erste Bewegung jenseits der Mauer aus Beton mitzubekommen. Dann am Freitag, dem 17. November, ist es soweit: Schaufelbagger arbeiten sich drüben vor, an der Grenze in Gruppen stehende Vopos, es ist 11.30 Uhr. Da packt von jenseits ein Greifer zu, reißt fast ungeduldig die Abdeckplatte der Mauer herunter und dann Stück für Stück Platten aus dieser kommunistischen Errungenschaft. Jubel und Applaus bei den Westzuschauern, dann nur noch ungläubiges Staunen, Tränen der Freude.

Bald wird der Blick frei auf das Bruderdorf Böckwitz; hinter dem Zaun stehen sie und schwenken Tücher. Schon ist eine volle Straßenbreite in die Mauer gerissen, Schieber planieren und befestigen den ehemaligen Todesstreifen. Eine junge Frau geht mit einem Brötchenkorb zu den Vopos; heute noch lehnen sie diese Freundschaftsgeste dankend aber bestimmt ab: »Bitte verlassen Sie das militärische Gebiet!« – Jahrzehnte der Erziehung zu Haß und Schießbefehl sitzen wohl noch zu tief in den Knochen.

Gegen 13 Uhr kommt ein Mann unseres Bundesgrenzschutzes mit einer Motorkettensäge. Wieder Beifall, als die ersten Späne fliegen, die rotweißen Eichenhölzer fallen. Bereitwillig werden Scheiben geschnitten; so wird ein Symbol der jahrzehntelangen Trennung aufgeteilt zu Andenken an diesen denkwürdigen Novembertag 1989. Zwei längere Stücke werden von Mitarbeitern des Museums Burg Brome ergattert. – Dann werden von beiden Seiten fieberhaft die Straßenbauarbeiten vorangetrieben, bis zur Nahtstelle, der Straßenwiedervereinigung.

Samstags, am 18. November, um 6 Uhr früh soll die offizielle Öffnung sein. Doch schon in der Nacht versammelt sich in Böckwitz hinter dem Zaun die Jugend der Dörfer der ehemaligen Sperrzone. Sie haben in den Jahren der zusätzlichen Isolation die größte Last getragen. Wie ungebändigt der Freiheitsdrang erhalten blieb, zeigt sich, als sie jubelnd schon jetzt einen viertelstündigen Aufenthalt »im Westen« erzwingen und es zwischen Lachen und Weinen nicht fassen können, daß sie in diesem Abschnitt als erste die Wiedervereinigung probten, wo sie gestern noch gegen Honeckers Jahrhundertbauwerk guckten.

Zwischenzeitlich geht ein weiteres Lauffeuer durch Brome: Auch die alte Reichsstraße 248 nach Salzwedel über Mellin und Rohrberg wird geöffnet! Schon in den frühesten Morgenstunden dieses kalten, klaren 18. November kommen Menschen von nah und fern an die Grenze, mit Geschenken und Blumen – Hilfsorganisationen mit Getränken und Hilfeleistungen. Als sich dann um sechs Uhr die Grenzen öffnen, strömen Menschen »von drüben« – unsere altmärkischen Schwestern und Brüder – zu uns, werden jubelnd empfangen, umarmt, beschenkt. Ein Volk feiert seine Wiedervereinigung, während Politiker in West und Ost diesen Begriff auf höchsten Ebenen zerreden und zu einem Politikum machen.

Diese ergreifenden, menschlichen Szenen spielen sich überall an der langen Grenze und in Berlin ab. Wir, die Zeitzeugen, sind zutiefst aufgewühlt, diese Ereignisse sind aus unserem Leben nicht mehr fortzudenken.

Im kleinen Flecken Brome, einst kultureller und wirtschaftlicher

Mittelpunkt des Bromer Landes (dazu gehörten selbstverständlich die nahen Orte in der Altmark), ist ein ungewohnter Betrieb, Trabis und Wartburgs beherrschen das Straßenbild. Tausende von Besuchern bevölkern unseren eher verträumten Ort, stehen nach Empfang des Begrüßungsgeldes von 100,– DM »in harter Währung« staunend vor den Schaufenstern und den Regalen, können die Warenfülle, das gepflegte Sortiment nicht verkraften. Die meisten Bromer Familienbetriebe nutzen diese Tage nicht für Umsätze mit Gewinn. Auf Preise werden Rabatte gegeben, nach jahrelanger Trennung werden alte Freundschaften erneuert, neue geschlossen. Ein Schlachtermeister spendiert spontan heiße Würste, kleine Fachgeschäfte bieten auf einem Ladentisch an diesem ersten Wochenende je über fünfhundert Tassen Kaffee und Kakao an.

Sicher wird nach diesen Tagen im Freudenrausch der Alltag wieder einkehren, für manche Menschen auch eine Ernüchterung. Das Währungsgefälle ist grausam: 1:20!

Doch wir Nachbarn sind wieder eine Gemeinschaft, schnell werden Verbindungen auf allen Gebieten geknüpft sein. Auch wirtschaftlich wird Brome wieder ein attraktiver und zuverlässiger Partner werden.

Da kommt noch ein Museumsfreund, er hat ein Stück des verzinkten starken Metallgitterzauns mitgebracht, abgebrochen unter den Augen der Vopos. Zusammen mit dem rotweißen Sperrbalken und einem Großfoto vom 17. November wird es ein Symbol von starker Kraft sein über der Vitrine zur Heimatgeschichte: »Die 2. Hälfte des 20. Jahrhunderts. Die Zeit, in der wir leben!«

Dieter Junge

Handwerker

Zeilen zur Öffnung der Grenze bei Brome

24. 12. 89. Kein anderer Ort war so von der innerdeutschen Grenze umschlossen wie mein Heimatort Brome an der Ohre. Kein anderer Ort war so direkt durchschnitten von dieser menschenunwürdigen Trennlinie wie das Doppeldorf Zicherie-Böckwitz. Aber die vielen Jahre und Jahrzehnte des Leides, besonders der Menschen aus der DDR, welche durch Fluchtversuche oder politische Verfolgung körperlich und geistig gefoltert wurden, schien zumindest ein Stück

beiseite gedrängt zu sein, als das für alle Unglaubliche durchsikkerte: »Die Todesgrenze wird geöffnet!!«

Wie ein Lauffeuer hatte sich diese Nachricht ab dem 09. 11. 89 hüben und drüben verbreitet. Vorangegangen war aufgrund der politischen und wirtschaftlichen Fehlentwicklungen eine von den DDR-Bürgern erzwungene Reisefreiheit. Schon die Tatsache, mit der ganzen Familie frei reisen zu können, war für die so lange Eingesperrten ein wunderbares Geschenk.

Die Meldungen der Presse und Politiker wechselten ständig: »Zicherie erhält einen Übergang, nein, Brome erhält einen Übergang!« Aber keiner hatte recht, denn es wurden sogar beide Übergänge parallel für eine Öffnung freigegeben. Anwohner und Auswärtige strömten in Scharen zu den erwähnten Grenzstellen, und tatsächlich, es schien sich etwas zu bewegen, Bauarbeiter und Fahrzeuge der DDR begannen die Sperren zu beseitigen.

Am 18. 11. 1989 sollten nun beide Übergänge um 6.00 Uhr früh geöffnet werden. Vorsorglich wurde der Wecker gestellt, denn wir wollten unbedingt dabei sein. Wie oft waren wir an der Grenze nach »Mellin« im Waldgebiet »Schwarzer Berg« spazierengegangen, kannten noch das alte Straßenschild nach Mellin am Ortsausgang von Brome. Jetzt war es so weit, meine Frau Ilse, unser ältester Sohn Dirk und ich gingen durch den kalten, sternklaren Morgen dieses so wichtigen Tages und merkten kaum den langen Fußmarsch, denn schon beim letzten Gehöft hatte man den Pkw-Verkehr sperren müssen. Doch wir nahmen lange Schritte, und diese kamen uns leichter als sonst vor.

Eine große Menschenmenge stand bereits am Grenzrand, schwache Lichter drüben wurden sichtbar, und um Punkt 6.00 Uhr fuhr der erste »Trabi« durch ein langes Spalier von Bromer Bürgern. Begeistertes Winken, unbeschreibliche Freude für alle, die Feuerwehrkapelle spielte, und manche Träne konnte nun nicht mehr angehalten werden.

Wir konnten nicht ahnen, daß Freude und Leid so dicht beieinander sein können. Was an diesem so wichtigen 18. 11. 89 weiter geschah, schlug für meine Familie wie ein Blitz ein, denn am gleichen Tage, noch in der großen Freude der Öffnung, verstarb mein Vater, Louis Junge, der diesen seinen sehnlichsten Tag noch in bester Gesundheit miterlebt hatte.

Er, der alte Ehrenbürger und Handwerksmeister, begann schon im Jahre 1974, die Politiker im Lande anzuschreiben, um einen Übergang von Mellin nach Brome zu fordern. Nie hatte er die große Hoffnung aufgegeben, immer war er uns ein Vorbild gewesen im Aufrechterhalten der Beziehungen zu Verwandten und Bekannten in der DDR.

Die neue, am 18.11.1989 dem Männergesangverein von 1860 Brome übergebene Vereinsfahne bekam der Ehrenpräsident Louis Junge nicht mehr zu Gesicht, sie begleitete ihn zur letzten Ruhestätte. Erstmalig am Tage der Beerdigung, dem 23.11.89, kamen nun auch Bürger und Freunde der DDR sowie Mitglieder des Männergesangvereins Beetzendorf als Sangesbrüder ohne Schwierigkeiten über die Grenze zu einer Beerdigung und gaben ihrem geachteten Freund das letzte Geleit.

Eben diesen Gesangverein Beetzendorf hatten die Bromer Sänger noch im Jahre 1988 nach langer Zeit unter größten Schwierigkeiten besucht, obwohl sie öffentlich als Verein nicht ein einziges Lied singen durften. Erst zu dieser Fahrt waren auch Vertreter der Gemeinde Brome mit dabei und konnten zaghafte Kontakte knüpfen. Seither hat sich nun viel schneller, als man zu hoffen wagte, Grundlegendes geändert, und die knatternden Ostautos sind zum gewohnten Straßenbild Bromes geworden.

Schon freut man sich hier und da auch vermehrt über geschäftliche Möglichkeiten, die Ortspolitiker klopfen sich gegenseitig auf die Schultern und rücken sich ohne Scham ins rechte Licht zur nächsten Wahl, obwohl sie so gut wie nichts an der großen Änderung und Grenzöffnung bewirkt haben, ja höchstens die gute Regelung der Auszahlung des Besuchergeldes auf ihr Konto schreiben könnten.

Wir sollten den Bürgern der DDR die Daumen drücken für freie Wahlen, langsam angemessenen wirtschaftlichen Aufschwung unterstützen und uns nicht davor scheuen, in der Zukunft ein Angleichen und – wenn von der Mehrheit gewünscht – auch eine Wiedervereinigung zu sehen.

Das Weihnachtsfest 1989 aber, welches durch Wegfall der Visa- und Zwangsumtauschgebühren nun auch allen Bundesbürgern die Fahrt in die DDR leichter macht als je zuvor, wird uns allen im Grenzgebiet in tiefer Freude in Erinnerung bleiben. Doch ehrlich zugegeben, so mancher Bürger kann es auch heute noch immer nicht glauben und bangt ein wenig um den Fortbestand dieser so menschlichen Entwicklung, die man fast als ein kleines Weltwunder bezeichnen darf.

Darum sollte man gerade in unserer Wohlstandsgesellschaft nur nicht vergessen, immer wieder dem zu danken, der dieses alles bewirkt hat, unserem Gott und Vater.

Otto Fest*

(Öffnung im Südharz)

20.11.89. Mit den Ereignissen des Wochenendes vom 11. und 12. November allein im Harz könnte man wahrscheinlich ein Buch füllen. In Hohegeiß wurde die Öffnung der Grenze freudig begrüßt, eine Euphorie wie in Berlin gab es aber nicht. Sehr schnell standen schon wieder praktische Probleme im Vordergrund, z. B. die Abgasbelastung durch »Trabis« in einem heilklimatischen Luftkurort.

Ort des Geschehens ist der Jägerfleck, ca. 3 km südöstlich von Hohegeiß. Hier endet die Bundesstraße 4 an der Grenze zur DDR. Es ist Sonntag, der 12.11.89. Um 14.00 Uhr haben sich am Jägerfleck eine Handvoll Hohegeißer Einwohner und einige Besucher aus der DDR eingefunden. Die letzteren sind am gleichen Tag über andere Grenzübergänge eingereist, darunter auch einige junge Leute aus Benneckenstein. Dieser Ort liegt auf der anderen Seite, in Sichtweite von Hohegeiß. Gesprächsthema an diesem sommerlichen Tag sind die Ereignisse der vergangenen Stunden, vor allem die Öffnung der Grenze zwischen Walkenried/Ellrich, Zorge/Ellrich und Eckertal/Stapelburg.

Die Anwesenden hat die Hoffnung zum Jägerfleck geführt, daß auch diese ehemals bedeutende Fernstraße wieder geöffnet werden könnte. Aber jenseits der Grenze ist kein Mensch zu sehen. Auch der Wachturm scheint nicht besetzt zu sein. Einige Bundesbürger, darunter der Berichterstatter und DDR-Besucher, umgehen die rot-weiße Absperrung auf westlicher Seite und begeben sich zu einem kleinen Wall auf DDR-Territorium, um sich die Sperranlagen aus der Nähe anzusehen. Auf dem planierten Streifen hinter dem Metallgitterzaun fährt ein Motorrad vorbei, der Fahrer blickt kurz herüber, setzt aber seine Fahrt fort.

Wenige Minuten später wird es unruhig im Waldstück auf östlicher Seite. Lastkraftwagen fahren heran, Uniformierte springen von der Ladefläche und laufen auf den Zaun zu. »Kommen die wegen uns?« fragt eine junge Frau. Von drüben kommt eine kaum verständliche Durchsage über Megaphon, sinngemäß: »Bitte verlassen Sie das Territorium der DDR und behindern Sie nicht unsere Arbeiten.« »Die machen auf!« ruft einer der Nebenstehenden. Die sich nach vorne gewagt haben, gehen wieder auf Bundesgebiet zurück.

Als der erste Soldat den Zaun erklimmt und die oberen Bolzen löst, kommt Jubel auf westlicher Seite auf. Vor allem die jungen Benneckensteiner sind außer Rand und Band. Weitere Hohegeißer Einwohner sind mittlerweile hinzugekommen. Von Polizei, Zoll oder Grenzschutz ist nichts zu sehen.

Auf östlicher Seite sind Geräusche zu hören, zunächst nicht deutbar. »Ruhe, Ruhe«, rufen einige unter uns. Jetzt ist deutlich das Johlen einer nicht sichtbaren Menschenmenge zu hören. Das obere Metallgitter zwischen zwei Zaunpfosten ist demontiert. Plötzlich taucht ein junger Mann in Jeans zwischen den Grenzsoldaten auf, läuft durch die Lücke im Zaun und hält nicht an, bis er mit triumphierend erhobenen Armen vor uns steht. Im Waldstück hinter dem Zaun ist eine große Menschenmenge zu sehen. Nun gibt es auf westlicher Seite kein Halten mehr. Viele laufen auf DDR-Gebiet und begrüßen die Ankommenden. Zwei Grenzposten stehen rechts und links von der Lücke zwischen den Betonpfosten und lassen sich die Ausweise der Ostdeutschen zeigen. Einer hat kein Visum.

»Egal«, sagt der Grenzer, »weitergehen«. Niemand stört sich daran, daß einige von uns nun direkt am Metallgitterzaun stehen. Ein Mann dreht einen gelösten Bolzen aus dem Betonpfahl, »ein Andenken an den heutigen Tag«. Ein Offizier der Grenztruppe steht entspannt zwischen uns, beantwortet bereitwillig alle Fragen. »Wann können hier Autos fahren?« »Nicht vor Dienstag, unsere Technik schafft es nicht früher.« Er kennt viele von denen, die durch den Zaun kommen, begrüßt einige mit Handschlag und fragt nach, wo andere Bekannte bleiben.

Der Hohegeißer Ortsbürgermeister ist eingetroffen und läßt sich an der Zaunlücke fotografieren. Der Menschenstrom durch den Zaun hat etwas nachgelassen, es müssen viele Hunderte gewesen sein. Ein Mann sagt zu mir: »Wollen wir mal rübergehen?« Wir probieren es, keiner hält uns auf.

Hinter dem Zaun durchschneidet ein tiefer Graben die ehemalige Fernstraße. Grenzer helfen ihren Landsleuten über diese Hürde. Einer der Ankömmlinge klettert mit einem Moped auf der Schulter durch den Graben. Ich mache Fotos im »Todesstreifen« und gehe durch die Öffnung im Zaun zurück.

Mittlerweile sind auch Polizisten, Grenzschützer und Zöllner eingetroffen. Der Revierförster aus Hohegeiß in Uniform wird von einem Ostdeutschen angesprochen: »Bist du hier der Förster? Ich habe das Revier gegenüber.« Sie begrüßen sich herzlich. Großes Erstaunen allgemein, als ein Afrikaner die Lücke im Zaun passiert.

Der Besucherstrom über die Grenze ist inzwischen fast versiegt. Die DDR-Grenzer bitten uns, wieder auf westdeutsches Gebiet zurückzugehen. Alle kommen der Aufforderung ohne Murren nach.

Auf der Rückfahrt nach Hohegeiß nehme ich ein junges Paar mit. Sie kommen aus Prenzlau in der Uckermark und hielten sich zur Weiterbildung drüben im Ostharz auf. Wir fahren zunächst nach Zorge zum Postamt, weil in Hohegeiß noch kein Begrüßungsgeld ausgezahlt wird. Sie stellen sich an das Ende einer langen Schlange. Die 3 Kilometer nach Hohegeiß können wir dann wegen der Menschenmassen auf der Straße nur im Schrittempo zurücklegen. Die Straßen in Hohegeiß sind durch Autos aus Ost und West verstopft. Feuerwehrleute regeln den Verkehr. Die Bürgersteige sind dicht bevölkert, Hohegeißer staunen über das, was sich im sonst ruhigen Ort abspielt. Inzwischen stellt ein Geschäftsmann seine Wochenendeinnahmen zur Verfügung, und die Auszahlung des Begrüßungsgeldes beginnt im Hohegeißer Rathaus. In Goslar wird ein Streifenwagen mit 300 000,– DM Bargeld in Marsch gesetzt.

Vor den Schaufenstern der Geschäfte herrscht der größte Andrang, die Drogerie, der Lebensmittelhändler, das Elektrogeschäft und ein Geschenkartikelladen öffnen und sind sofort überfüllt.

Das Deutsche Rote Kreuz errichtet ein Zelt für die Betreuung der Besucher vor dem Rathaus, der Ortsbürgermeister ruft über Lautsprecher zu Kaffeespenden und belegten Broten auf. Es verhallt nicht ungehört. Mittlerweile zahlen auch die beiden Banken Begrüßungsgeld aus.

Im Café in der Ortsmitte ist der Kuchen bald ausverkauft. Dort erfahre ich von zwei Leuten, was sich auf östlicher Seite kurz vor Öffnung der Grenze abgespielt hatte. Es hatte sich auf der anderen Seite eine Menschenmenge versammelt, die sich nicht mehr abweisen lassen wollte. Sie bewegte sich auf den Zaun zu, und nach Rücksprache mit ihren Vorgesetzten wurde von den Grenzern ein provisorischer Übergang geschaffen. Den Jubel darüber hatten wir im Westen gehört.

Es ist bereits dunkel geworden. Der Betrieb auf den Straßen ist immer noch lebhaft. Im Café treffen sich zufällig Besucher aus der

DDR, die sich seit 20 Jahren nicht mehr gesehen haben, obwohl ihre Orte nur 3 km voneinander entfernt sind. Aber der eine liegt im Sperrgebiet, der andere außerhalb.

Nach 18.00 Uhr wird es merklich ruhiger in Hohegeiß. Etwas später wird über Lautsprecher bekanntgegeben, daß um 20.30 Uhr der letzte Pendelbus zum Jägerfleck zurückfährt. Über die Funkgeräte des DRK erfahren wir von der für 23.00 Uhr geplanten Schließung des Grenzüberganges, auch daß er vorerst nicht wieder geöffnet wird.

Um 21.00 Uhr ist das Versorgungszelt bereits abgebaut, die Straßen sind wie leergefegt. Nur einige am Straßenrand abgestellte Autos der Marken Trabant und Wartburg erinnern noch daran, daß dieser 12. November 1989 auch für Hohegeiß ein besonderer Tag war.

Willy Walendczus

Augenzeugenbericht zur Öffnung der Grenze bei Obersuhl/Hessen und Untersuhl/Thüringen

Wir sollten ja so schreiben, wie uns der Schnabel gewachsen ist! – Es war am 12. 11. 89, Sonntagmorgen 9 Uhr 30, als ich gerade zum Kirchgang wegging. Mein Nachbar reißt das Fenster auf: »Hast du schon gehört, heute wird bei uns die Grenze geöffnet, ich habe es eben in den Nachrichten gehört.« Ungläubig gehe ich weiter zur Kirche. Aber ich habe keine Ruhe mehr. Sollte es Wahrheit werden, daß sich das eiserne Tor auf unserer Autobahn zwischen Ober- u. Untersuhl öffnet?

Nach dem Gottesdienst gehe ich gleich in Richtung Autobahn, um mich von dem sensationellen Ereignis zu überzeugen. Ich biege in einen Feldweg ein nahe am Friedhof und sehe Autos, alle Feldwege sind schon auf beiden Seiten beparkt. Menschen, überall Menschen, die sich mitfreuen wollen, die dabei sein wollen bei diesem einmaligen Schauspiel.

Ich sehe schon von weitem, wie die kleinen Trabis sich den Weg ganz langsam nach dem Westen bahnen durch eine große Menschenmenge. Der BGS hat seine Mühe, die Menschen zurückzuhalten. Es ist nicht zu beschreiben, die Menschen winken, sie klatschen, Hände werden geschüttelt, wildfremde Deutsche liegen sich in den Armen, sie drücken sich vor Freude, sie haben Tränen in den Augen – es sind Freudentränen – sie schämen sich nicht ihrer Tränen – Männer weinen. Ich hätte nie gedacht, daß es so etwas gibt. Wer nur irgend kann aus der näheren Umgebung, ist auf den Beinen, dieses mitzuerleben.

Alle Menschenschichten sehe ich, Arbeiter, Bauern, Lehrer, Beamte, Sparkassendirektoren, Frauen, Männer, Kinder, alle wollen es miterleben. Man will sich mit den eigenen Augen überzeugen, daß es wahr ist. Und auf der Autobahn hat sich ein Menschenstrom von Thüringen nach Hessen, nach Obersuhl in Bewegung gesetzt. Alle Wege sind überfüllt, man ruft sich gegenseitig zu, grüßt u. wird gegrüßt, es freuen sich alle dieses herrlichen Tages der Wiedervereinigung der Menschen aus beiden Teilen Dtschlds. Es wird gejubelt, getanzt u. gesungen. Wildfremde Menschen liegen sich in den Armen, es wird gefeiert, getrunken u. zugeprostet. Das Rote Kreuz hat Tee u. Kaffee zur Begrüßung bereitgestellt.

In Untersuhl, Gerstungen u. den Nachbarorten ist keiner mehr zu Hause, alle wollen durch die offene Grenze in den Westen, zu Bekannten, zu Freunden. Ja, endlich nach 30 Jahren Gefängnis sind die Tore offen. Man kann sich wieder sehen, man kann sich fühlen, man kann seiner Freude Ausdruck verleihen! An diesem Tag ist Obersuhl voller fröhlicher Menschen. Ich gehe nach Hause, um schnell meinen Foto zu holen, um für später einige Bilder dieses herrlichen Tages festzuhalten. Als ich zurückkomme, sind es noch mehr Menschen geworden. Der BGS muß Absperrungen aufstellen, damit die Trabis noch durchfahren können, sie kommen aber auch mit Fahrrädern, Kinderwagen, zu Fuß – alle, die nur irgend können, sind auf den Beinen, um dabei zu sein.

Am Nachmittag fahre ich zu meiner Verlobten nach Unhausen, einem Nachbarort. Was sehe ich auf dem Hof? – Mehrere Trabis sind schon da, Besuch aus der DDR, aus dem Sperrgebiet. Verwandte treffen sich, die sich untereinander Jahre lang nicht besuchen durften, sie sind im Westen vereint, endlich ist es wahr.

Wir liegen uns in den Armen vor Freude. Sie wollten als erste hier sein. Ein Cousin mit Frau und Sohn aus Sallmannshausen und noch mehrere Familien sind zusammen, um diesen schönen Tag gemeinsam bei Kaffee und Kuchen zu erleben.

Wir freuen uns zu sehr. Es sind an diesem Tag mehr als 20 Personen aus der DDR zu Besuch. Es wird erzählt, sich gefreut u. ausgedehnt unterhalten, alte Beziehungen werden wieder ange-

knüpft, Einladungen ausgesprochen. Es ist wie früher in Friedens-
zeiten.

Es freuen sich alle, die Freude ist groß, übergroß...

Rudolf Arnecke

(Heimat ist Heimat)

Fallersleben, 28. 11. 89: Was soll man dazu noch schreiben? Erstmal
große Freude wie überall. Als die ersten Grenzpfähle und Mauern
fielen, hat meine Mutter (77 Jahre) angerufen und vor Freude geweint. Sie sagte, »nun erlebe ich es doch noch, daß die Mauer fällt«.
Meine Mutter ist in den fünfziger Jahren noch in den Westen gekommen. Meine Geschwister leben bei Goslar und haben bei Eckertal im Harz den Mauerdurchbruch miterlebt. Sie sagten, »es war
einmalig, und alle, die sich um den Hals fielen, ob Ost oder West,
waren glücklich«.

Alle Menschen leben auf. Auch ich hatte schon Besuch aus der
Heimat DDR. Alle sagen dasselbe: »Man hat uns jahrelang einge-
sperrt, und nun können wir so einfach gen Westen fahren.« Von
meiner Tochter die Brieffreundin war auch schon hier. Sie hatte ihre
Kinder mit (7 Jahre und 11 Jahre). Der 7jährige Sohn hat bei der
Fahrt in den Westen (Trabi) gesagt: »Papa, wir sind bestimmt schon
im Westen.« Der Vater fragte seinen Sohn, woran er das merke.
»Papa, die weißen Streifen auf der Straße sind so gerade und sauber.
Bei uns gibt es manchmal gar keine.« Wenn solche kleinen Kinder
das schon merken, braucht man wohl nichts mehr zu sagen. Meine
Familie und ich, wir sind glücklich, daß es so gekommen ist. Denn
Heimat ist Heimat.

Hilde Fritzsche

(Volksfest)

Hof, d. 16. 11. 89: Man kann diese Stimmung nicht wiedergeben, die
nun schon 8 Tage hier stattfindet, es ist wie ein Volksfest. Heute
traf ich ein junges Bürschchen, das vor 8 Tagen noch mit der Knarre,
wie er sagt, an der Grenze Blitz stand, u. heute ist er in Hof. In

328

diesen Augen zu sehen, wie er strahlte: es ist irre schön u. fast wie ein Märchen so schön, nicht nur wegen dem Geld, einfach so, daß man hin und her kann, wie man will u. möchte, meinte er. Nicht nur die Alten suchen ihre Nachbarn hüben u. drüben auf, um die Kontakte wieder zu festigen. Es ist ein Kommen u. Gehen. In den Zeitungen von Hof stehen Wirklichkeiten, wie man es nicht besser schreiben kann.

Christa Traut

DDR – ganz weit und doch so nah!
»Wie ich die Öffnung der Grenze erlebte«

Walkenried, 17. 2. 1990: Nach jedem Besuch in Ellrich gibt es noch immer für mich eine schlaflose Nacht, und ich will von weiteren Besuchen Abstand nehmen, aber nach einigen Tagen dann kommt wieder Sehnsucht auf. Es scheint mir nicht so, als wäre ich schon 45 Jahre von dort weg, eher, als hätte ich vor wenigen Wochen diese Stadt erst verlassen, so vertraut ist mir noch alles, und ich hoffe, daß ich es noch erlebe, daß diese Stadt wieder in ihrem alten Glanz erscheint. Vielleicht gelingt es mir.

Es war ein Tag wie fast jeder andere, abgesehen von den Ereignissen, die Ausreise (sprich: Flucht) der vielen jungen Leute aus der DDR über Ungarn, Polen und die Tschechei betreffend, wenn nicht am Abend gegen 19.00 Uhr, während der internationalen Pressekonferenz vom Politbüromitglied Schabowski verlesen worden wäre, daß ab sofort die ausreisewilligen Bürger der DDR ungehindert über die Zollstellen zur BRD u. West-Berlin ausreisen können und ebenso alle Bürger der DDR frei reisen können, in Orte und Länder ihrer Wahl. Es verschlug uns die Sprache, wie auch dem, der es verkünden mußte, und das Denkvermögen war noch nicht in der Lage, sich über die Reichweite klare Gedanken machen zu können. Erst im Laufe des Abends drang diese Nachricht in unser Schaltzentrum Gehirn ein, und uns wurde erst allmählich die Tragweite dieser Nachricht klar. Den ganzen Abend saßen wir nun am Fernseher, schalteten von Kanal zu Kanal, um neueste Berichte gleich zu empfangen. Es war sensationell!

In Berlin strömten die Menschen an die Mauer und bestiegen diese am Brandenburger Tor von beiden Seiten. Es gab kein Zurück

329

mehr von dem nun eingeschlagenen Weg. Wie ein schwerer Steinbrocken lag es mir auf der Brust, und den Tränen mußte ich freie Bahn geben. Sollte nun vielleicht die Grenze doch bald fallen? Würde man sich ungehindert besuchen können? Würde die Mauer in Berlin fallen? Und wenn, mit oder ohne Blutvergießen? Alles war offen. Aber alles verlief einigermaßen ohne Zwischenfälle, nur als man von unserer Seite versuchte, die Mauer abzubrechen, bekam ich Angst, aber Wasserwerfer von seiten der DDR verhinderten Schlimmeres, und unsere Polizei versuchte von drüben aus, die Gemüter zu beruhigen, was auch gelang.

Gegen 1.00 Uhr nachts wollte ich meiner Freude über diese plötzliche Wende Luft machen und unsere Freunde in Dresden anrufen, bekam tatsächlich nach dem dritten Versuch das Freizeichen, und auf der anderen Seite meldete sich meine Freundin. Auch sie waren dort erst kaum zu Bett gegangen, und sie nahm meine frohe Botschaft, daß sie nun ohne triftige Gründe und Winkelzüge mit dem Auto zu uns reisen könnten, gelassen und mit Skepsis entgegen, und wir sprachen dann über belanglosere Dinge. Um 2.00 Uhr stellten wir den Fernseher ab, und es wurde für mich eine fast schlaflose Nacht.

Am nächsten Tag, dem 10. November 89, wieder ein strahlender Sonnenschein, trieb es einen morgens um 8.00 Uhr aus dem Bett, wir mußten die neuesten Nachrichten hören. Laufend kamen neue Meldungen, und um die Post abzuholen, mußten wir unterbrechen. Unterwegs hörte ich, man sei dabei, in Ellrich Kies an die Straße nach Walkenried zu transportieren, man wolle dort vermutlich den Übergang öffnen, denn die offiziellen Übergänge waren bereits überfüllt. Die Grenze sollte nun doch tatsächlich an mehreren Stellen geöffnet werden? Die innere Unruhe verstärkte sich, und wir überzeugten uns an der Rotbuche (Grenze Walkenried-Ellrich) selbst, mußten aber enttäuscht heimkehren, man sah nichts, man hörte nichts, und der Zoll hatte auch keinerlei Ahnung. Von Vopos keine Spur. Nun saßen wir wieder laufend am Fernseher. Am Nachmittag um 14.00 Uhr fuhr ich mit meiner Schwester nochmals an den Grenzpunkt, gleiches Ergebnis wie am Morgen.

Am Abend dann gegen 19.00 Uhr kam unser Sohn und berichtete, daß sich wohl heute abend an der Grenze noch etwas tun würde. Ein schwerer Felsblock lag erneut auf meiner Brust. Ich beschloß, mit ihm an die Grenze zu fahren. Mein Mann glaubte nicht daran und schon gar nicht, am Abend würde das geschehen. Es ließ mir aber

keine Ruhe, und wir fuhren los. In unserer Wohnlage hört und sieht man nicht, was unten im Ort geschieht. An der Abzweigung nach Ellrich wurden wir schon an der Durchfahrt gehindert. So beschloß ich, allein und zu Fuß an die Grenze zu gehen. Unterwegs kamen mir dann PKWs und Bürger unseres Ortes entgegen mit den Worten: »Da tut sich heute noch nichts.« Das konnte mich von meinem Vorhaben nicht abhalten, ich marschierte weiter. Plötzlich, es war 19.30 Uhr, drang eine Woge von Jubelgeschrei an mein Ohr, und ich kam gerade noch rechtzeitig an unsere bescheidene Absperrung, als drüben ein Feld des Sperrzaunes frei gemacht wurde und kurz darauf eine kleine Kette von 5–6 Kindern langsam und abwartend uns entgegenkam, es sah gespenstisch aus, keine Beleuchtung, nur der Vollmond schien am sternenklaren Himmel. Es gab auf unserer Seite nun kein Halten mehr, die Absperrung wurde herausgehoben, und der Jubel brach los, und in den Menschen löste sich die aufgestaute Ungewißheit, wir stürmten über das Niemandsland den Bürgern aus Ellrich und Umgebung entgegen. Es gab Tränen der Freude und der Erleichterung. Ich war sogar hinter den Zaun getreten, auf Ellricher Boden, vorsichtig und abwartend, es war, als würde er unter mir entweichen. In meiner Freude nahm ich einen Volkspolizisten in den Arm mit den Worten: »Mensch, Junge, komm, ihr gehört doch auch dazu.«

Wir wurden dann über Megaphon gebeten, uns hinter die Grenzlinie wieder zurückzubegeben. Die Ströme von Menschen wollten nicht abreißen. Es kamen ältere Menschen, junge Menschen – in großer Fülle – und junge Familien mit kleinen Kindern auf den Schultern – man lag sich in den Armen, und alle wurden herzlichst empfangen.

Als eine kleine Atempause eintrat, wurde uns über Megaphon, von östlicher Seite, verkündet, daß der Übergang Ellrich–Walkenried ständiger Übergang werden soll. – Ich glaube, diesen Jubelschrei hat man bis Nordhausen gehört.

Pausenlos strömten die Menschen weiter, und eine Frau meines Alters fragte ich nach ihrem Namen: Eine kurze Umarmung, wir hatten zusammen die Schulbank gedrückt, aber der Strom drängte weiter, und ich traue meinen Augen kaum, als ich eine Frau in den Arm nehme und feststellen muß, daß es die älteste Spiel- und Schulkameradin war, sie war mit ihrer Tochter gekommen. Es war Zufall, daß gerade wir uns in den Armen lagen. Ich holte sie jeden Morgen – von 1934 bis 1938 – zum gemeinsamen Schulgang ab, sie wohnte zwei Häuser neben uns, ich mußte oft auf sie warten, die Mutter flocht ihr dann noch die langen blonden Zöpfe.

Wir gingen nun gemeinsam in Richtung Walkenried. Inzwischen waren ein Notaggregat und zwei DRK-Zelte aufgebaut worden. Es mußte auch etliche Male der Notarztwagen eingesetzt werden, da von einigen Menschen der unverhoffte Wandel nicht verkraftbar war. Am Ortseingang angekommen, wollten wir beim Sohn Station machen, dieser hatte aber auf der Straße (vor meinem Geburtshaus, dem Geschäft meiner Schwester und meines Schwagers) Tische und Bänke für die erste Rast aufgestellt. Dort herrschte schon Volksfeststimmung. Spontan wurde bei unseren Bürgern um eine Spende gebeten und Getränke besorgt.

Alle Anwesenden schienen sich schon lange zu kennen.

Inzwischen war es 22.00 Uhr geworden, es war kalt, aber der Strom der Menschen riß noch immer nicht ab. Wir beschlossen, zu uns nach Hause zu fahren, denn unterdessen war nun auch mein Mann gekommen.

In Ellrich feierte man gerade Karneval und in Walkenried Sängerfest. Die Karnevalsfeier wurde abgebrochen, als es durchgesickert war, daß die Grenze geöffnet ist, und so kam man in Abendkleidern über die Grenze.

Schon trafen dann auch die ersten Bewohner beim Sängerfest, im Freizeitzentrum, ein, um dort ihre Angehörigen aufzusuchen, vollkommene Verblüffung soll im Saal geherrscht haben, man spielte die Nationalhymne – kein Auge blieb trocken. Unter den Ankommenden war auch der Ellricher Pastor. Nachdem wieder einigermaßen Ruhe und Ordnung eingekehrt waren, hielten der Gast-Pastor und unser Pfarrer eine gemeinsame Andacht – um 22.00 Uhr läuteten die Glocken.

Bei uns angekommen, wurden bei einem Glas Sekt alte Erinnerungen ausgetauscht, Bilder hervorgeholt und über die vergangenen 44 Jahre berichtet. Inzwischen war dann auch die Karnevalskapelle aus Ellrich eingetroffen und spielte in der Ortsmitte auf. Leider haben wir so etliche Begebenheiten verpaßt, aber man konnte nicht gleichzeitig an mehreren Brennpunkten des Geschehens sein.

Nach 24.00 Uhr brachten wir unsere Gäste wieder über die Grenze zurück. Inzwischen waren fünf Busse eingesetzt worden, die den Rücktransport gewährleisteten, für ältere Menschen war der Weg weit, und es war eine Menge Alkohol verkonsumiert worden. Es klappte alles reibungslos. Aber noch immer kam man von Ost

nach West, jetzt sogar schon aus der Gegend von Magdeburg. Die
Feiern gingen bis zum frühen Morgen. – 2.30 Uhr traf ich wieder zu
Hause ein. Ich mußte das Treiben auf der Straße noch voll aus-
kosten, mein Mann war nach Hause gefahren. Es wurde eine kurze,
fast schlaflose Nacht.

Nun schreiben wir schon den 12. 11. 1989, wieder ein strahlender
Novembertag. Haare mußten gewaschen werden, eine Bekannte be-
sucht werden und dann um 11.00 Uhr zu meiner Schwester in den
Laden. Aus Walkenried war eine Trab(bi)antenstadt geworden.

– Unvorstellbar. –

Seit dem frühen Morgen kamen die PKWs aus der DDR über
Zorge angereist und haben ganz Walkenried eingenommen, ab 9.00
Uhr hatte auch schon der Bahn-Verkehr eingesetzt. Alle Einreisen-
den bekamen, auch schon am Samstag bis in die späte Nacht, DM
100,– als Begrüßungsgeld, und das wurde schon fleißig in Konsum-
ware umgesetzt. Im Geschäft meiner Schwester und meines Schwagers, vormals unser elterliches Geschäft, das in Ellrich seinen Sitz
hatte, wurde gekauft, vom Fernseher bis zur Filtertüte. Vorwiegend
waren 40 bis 50 Personen zur gleichen Zeit im Laden, den Besuchern wurden Kaffee und Bier spendiert. So ging es pausenlos bis
abends gegen 20.30 Uhr. Aber nicht nur PKWs aus der DDR, nein,
aus dem gesamten westlichen Bundesgebiet waren sie angereist, um
diese Einmaligkeit mitzuerleben. In Walkenried gab es in keiner
Straße mehr einen freien Parkplatz, und die Fahrzeugschlangen waren bis zu 25 km lang.

Am Montag, den 13. 11. 1989, wieder strahlender Sonnenschein.

Eine kurze Fahrt zur Ellricher Straße, der Zaun war inzwischen
geschlossen worden für Fußgänger, man richtet die Straße von der
Seite der DDR her, und so lange rollt der Verkehr über Zorge.

Eine Schaulustige berichtet, sie sei am Sonntag mit dem Zug nach
Ellrich-Bahnhof und zurück ohne Visa gefahren. In mir brannte es
auch danach. Wir fuhren aber erst einmal zur Abfertigung Zorger
Straße, treffen dort den Vopo, den ich am Abend in den Arm genom-
men hatte, wir begrüßen uns und fragen ihn nach seinem Namen.
Mein Mann durfte ein Foto von uns machen.

– Unvorstellbar!

Damit gab ich mich aber noch nicht zufrieden, ich wollte auch in
Ellrich gewesen sein (besaß aber auch noch kein Visa), und wenn es
nur bis zum Bahnhof war. Also beschloß ich 12.30 Uhr, mit dem
jetzt schon fahrplanmäßigen Zug nach Ellrich zu fahren. Unterwegs

stoße ich auf ein mir bekanntes Gesicht, und es stellt sich heraus, daß es ein Polsterer-Geselle meines Großvaters aus Ellrich war. Alte Erinnerungen wurden wach.

Ich steige in den Zug ein und mit mir ein weiterer Bürger aus Walkenried. In Ellrich auf dem Bahnhof steigen wir aus und melden uns bei der Volkspolizei, die uns nun eröffnen mußte, daß wir nicht mit der Bahn zurück können, da man für die drei Std., bis der Zug wieder nach Walkenried fährt, keine Aufenthaltsmöglichkeit hätte und der Zug nach Nordhausen weiterfahren würde.

So bestellte man einen PKW der Volkspolizei und brachte uns an den Grenzübergang Zorger Straße – also eine Fahrt durch ganz Ellrich! – Ich hatte mehr erreicht, als ich mir erträumt hatte.

– Der Anblick war erschütternd. –

Ich bat den Vopo, in der ehem. Nordhäuser Straße doch bitte mal ganz langsam zu fahren, es stünde dort unser ehemaliges Wohnhaus. Er tat es, hielt sogar am Hause an, ich durfte aussteigen und ein Foto machen. Danach war ich so erregt, daß ich kaum noch die anderen Häuser wahrnahm, es war wie ein Traum, aber mehr ein Alptraum, geisterhaft erschienen mir die Häuser, wie eine tote Stadt mutete es an, kein Mensch auf der Straße, ebenso kein Auto, alles schien in der BRD zu sein.

Weiter ging nun die Fahrt bis zum Grenzpunkt Zorge, ich konnte auch wieder mir bekannte Häuser und Geschäfte wahrnehmen und an ihnen alte Firmenbezeichnungen feststellen, obwohl diese Firmen seit Jahrzehnten nicht mehr bestehen, so zum Beispiel auch die »Ellricher Zeitung«.

Am Kontrollpunkt ließ man uns aussteigen, und wir passierten die Grenze, kein Huhn und kein Hahn krähte nach uns.

– Ein unvergeßliches Erlebnis –!

Das Kapitel Grenze ist noch nicht abgeschlossen, aber alles weitere kann man den Tageszeitungen entnehmen.

16.12.1989. Voller Bangen und Spannung wartet man auf den Abriß der Mauer am »Brandenburger Tor«.

Alfred Krug*

Mein erstes Wiedersehen mit meiner Heimatstadt Boizenburg-Elbe nach 38 Jahren

Geesthacht, d. 15.5.90:

Obgleich ich in Geesthacht nur 25 klm von Boi. entfernt wohne, war ich diese vielen Jahre nicht dort, denn ich wollte ein nicht gewähltes Regime nicht um Erlaubnis fragen.

Die ersten Besuche in meiner geliebten Heimat Anfang Januar 90, also 38 Jahre nachdem man uns rausgeschmissen hatte, schwankten gefühlsmäßig zwischen Freude u. Wehmut. Zuerst hatte ich die Gräber meiner Eltern besucht, deren Beerdigung ich nicht mitmachen konnte, denn mein Vater hatte mir kurz vor seinem Tode 1961 geschrieben, er würde bald aus dem Leben gehen, ich dürfe aber nicht zur Beerdigung kommen, sondern an der linken Elbseite stehen u. die Glocken hören, den Turm der Friedhofskapelle im Auge. So war es später auch beim Tode meiner Mutter. Erst beim 10. Besuch in Boi. überwand ich mich, zum Elternhaus zu gehen, in dem ich 20 Jahre gewirkt hatte, das, wie ich wußte, total in Trümmern liegt. Vor Jahren war auf dem Boden ein Wasserrohr geplatzt. Das Wasser war nachts stundenlang durch das ganze Haus gelaufen, so daß es unbewohnbar wurde. In den Folgejahren war das Haus dann völlig zerfallen. Der Staat, der mich enteignet hatte, führte keinerlei Instandsetzungen durch.

Bei meinen Gängen durch die altvertrauten Straßen blieb ich vor manch einem Haus stehen u. dachte an die früher dort lebenden Bekannten oder Freunde. Manch einen von ihnen traf ich dort noch an. Auf dem Friedhof sah ich viele Gräber von inzwischen gestorbenen Nachbarn u. Bekannten. Ich übertreibe nicht, wenn ich sage, daß ich nach 38 Jahren in Boi. viel mehr Menschen kenne als heute in Geesthacht nach fast der gleichen Zeit. Wo man die 1. Hälfte seines Lebens verbringt, ist man eben zuhause.

Heute bin ich sehr glücklich, mit 75 Jahren ohne Schwierigkeiten 2 mal die Woche in 1/2 Std. die Heimat per Pkw erreichen zu können, u. hoffe, den Aufbau meines Hauses noch zu erleben.

Christina Scheler

(Der Besuch in der Frühe)

Neustadt, 15.11.89:
Um meine Bekannte in der Nachbarstadt Sonneberg in Thüringen besuchen zu können, mußte ich immer den Grenzübergang Rottenbach-Eisfeld benutzen, der ca. 15 km von uns entfernt ist; Sonneberg selbst ist ja nur 2 km weg und auch gut sichtbar von Neustadt aus. Dies vorneweg.

Und nun meine Geschichte: Samstag morgen, einen Tag nach der Öffnung der Grenzen (kein anderes Thema gibt es hier im Zonenrandgebiet als: Werden auch unsere Grenzen hier bald offen sein? Dürfen auch wir dann unsere nächste Umgebung besuchen? usw. usw.). Ich erwache davon, daß es an der Haustür läutet. Ein Blick auf die Uhr: 4 Uhr 40. Das hab' ich wohl geträumt. Es läutet noch mal. Inzwischen ist auch mein Mann wach. Ich sage: »Das sind wohl Jugendliche, die friedlich Schlafende aus den Betten klingeln wollen.« Mein Mann meint: »Ich glaube eher, daß deine Bekannte aus Sonneberg vor der Tür steht!« »Quatsch, die hat doch gar kein Auto, und dann – um diese Zeit!?« Er geht nachschauen, kommt zurück und meldet, nicht ohne Triumph in der Stimme: »Und wer hat wieder mal recht gehabt?« Ich eile zur Tür, und da steht sie, zusammen mit einem jungen Ehepaar, vor einem himmelblauen Trabi: Beate, 29 Jahre jung, Erzieherin in einem evangelischen Kindergarten in Sonneberg, DDR, mit Tränen in den Augen. »Das gibt es doch gar nicht!« »Wahnsinn!« Viel anderes können wir zunächst gar nicht herausbringen.

Alle drei ziehen schon im Hausplatz ihre Schuhe aus, um nur ja nicht unseren Teppichboden zu beschmutzen. Die Damen tragen hochhackige Pumps – es ist sehr sehr kalt draußen, ich hole erst mal warme Hausschuhe. Dann koche ich Kaffee.

»Wo kommt ihr denn jetzt her?« Alle duzen sich, das junge Ehepaar – nie vorher gesehen, gehört einfach dazu, ist nicht unwillkommen oder fremd.

Sie haben in Sonneberg im Kirchenkonzert gesungen, waren anschließend essen, die Damen haben sich eine Flasche Sekt genehmigt (der junge Mann war der Fahrer, er darf keinen Alkohol trinken). Thema: Öffnung der Grenzen. Ob's wirklich wahr ist? Kann man einfach über Eisfeld-Rottenbach nach Coburg? Sollen wir uns

Visa holen und es jetzt gleich ausprobieren? Das Kind des Ehepaares ist bei der Oma und gut versorgt – also los! Der junge Mann, nicht durch Sekt in Schwung gebracht, will abblocken, aber gegen zwei Frauen kommt er nicht an. Sie stehen an (wie so oft), diesmal nicht für Südfrüchte, sondern für einen Ausflug in die Freiheit, reihen sich in die Trabi-Schlange gen Westen und sind endlich – mitten in der Nacht – in der Veste-Stadt Coburg. Sie fahren zur Veste, fassen sie an (träumen wir's nur?), schlendern durch die Stadt – »Wahnsinn!«, frieren in den dünnen Konzert-Klamotten. Egal, wir sind jetzt drüben! Was jetzt? Beate möchte mich besuchen: »Die glaubt's sonst nicht, daß wir hier waren!« Aber um diese Zeit? Sollen wir oder nicht? Also erst mal in Richtung Neustadt (15 km). Ein Polizist weist ihnen den Weg zu unserem kleinen Vorort-Dorf. Dann stehen sie vor der Tür. Die Zeitungsfrau kommt, schenkt ihnen eine Tageszeitung »als Beweis für die zu Hause«.

Endlich klingeln sie doch. Die Tür geht auf. Eine andere Welt tut sich auf, doch – sie sind willkommen, werden aufgenommen, es ist warm und gemütlich. Es gibt Kaffee, Frühstück, Zigaretten. Die Kinder holen Spielsachen und Süßigkeiten für die fünfjährige Katharina in Sonneberg. Als es hell wird, frage ich, ob sie ihre Stadt mal aus der diesseitigen Perspektive sehen wollen. Natürlich wollen sie.

Unterwegs zur Grenze staunen sie über all die schönen, neuen gepflegten Häuser, Gärten, Straßen, Geschäfte. Und dann, am »Ende der Welt« Tränen. Tränen der Wut, der Trauer, der Enttäuschung. Vorwurf: »Was haben die mit uns gemacht?« »Die haben uns nicht nur eingesperrt – die haben uns durch und durch bevormundet!« »Was haben die uns alles vorenthalten!?« Michael, der junge Mann, hat seine Armeezeit vorwiegend auf der anderen Seite der Grenze zugebracht und ist ein kundiger Informant. Er kennt jeden Weg dort drüben, jeden Beobachtungsturm, jedes Dorf, und auch alles Einsehbare auf BRD-Seite hat er schon durch sein Fernglas gesehen. »Und jetzt steh' ich hier – auf der anderen Seite vom Zaun – Wahnsinn!!« Die beiden Frauen durften ja nie in die sog. Sperrzone und haben die »Grenze« noch nie gesehen. Und jetzt können sie sie zum 1. Mal sehen – von der anderen Seite! Wunschziel von jeher! So plötzlich wahr geworden!

Nach und nach kommen ein paar Neugierige, schauen, ob schon geöffnet ist. »Komm, wir räumen den Schlagbaum weg, und die Grenzer drüben machen die zwei Tore auf, und dann laufen wir mal schnell rüber zu euch!« sagt einer, der sich mit uns freut.

Dann drehen wir noch eine Runde durch unser Städtchen. Ich kaufe schnell zwei rote Weihnachtssterne, als »Mitnehmsel«. Die drei sind gar nicht mehr aufnahmefähig. Sie frieren, sind aufgedreht und müde zugleich.

Dann fahren wir wieder zurück zu unserem Haus. Es ist jetzt 8.45 Uhr, und die »Ausflügler« müssen nach Hause, Kind abholen, der Oma berichten. Beate hat einer Freundin versprochen, das Baby zu hüten. Alle winken, bis der Trabi nicht mehr zu sehen ist. »Kommt bald wieder!« »Kommt ihr auch mal zu uns!« »Danke für alles!«

Zurück im Haus, weiß ich gar nicht, was ich tun soll. Wir sind alle noch ganz erfüllt von diesem Erlebnis. Selbst die Kinder, mit 6 und 2 Jahren noch nicht ganz in der Lage, die volle Bedeutung dieser Grenzöffnung zu begreifen, können nicht gleich zum üblichen Samstag-Vormittag-Programm übergehen.

Am nächsten Tag, Sonntag 8.00 Uhr, wurde tatsächlich der Grenzübergang Neustadt-Sonneberg geöffnet, und wir warten eigentlich täglich auf einen erneuten Besuch. Ob er diesmal wieder so früh am Tag läutet? – Dann freuen wir uns trotzdem!

Heike Kronz

Meine Zeilen sind etwas mehr geworden als geplant. Es hat mir viel Spaß gemacht und war mir auch ein inneres Bedürfnis, alles aufzuschreiben. Ich bin 33 Jahre alt und arbeite in einem Betrieb der Deutschen Reichsbahn in der allgemeinen Verwaltung.

(Der erste Besuch im Westen)

Da ich noch immer unter dem Eindruck unseres 1. Besuches in der Bundesrepublik bin, wie auch meine Familie, möchte ich Ihnen gern unsere Eindrücke schildern.

Zunächst muß ich dazu sagen, daß wir, als wir die Mitteilung von Herrn Schabowski im Fernsehen am 9. 11. 89 vernahmen – wir saßen gerade beim Abendbrotessen – , diese zwar hörten, doch alles irgendwie gar nicht für voll nahmen. Erst als wir dann um 19.00 Uhr die »Heute-Nachrichten« vom ZDF hörten bzw. sahen, kam es wie ein »Hammer« – die Grenzen sind offen –, die lang ersehnte Freiheit ist da. Ist das auch wirklich wahr? Sind die Grenzen morgen nicht schon wieder zu? Solche Gedanken gingen uns durch den Kopf.

Nachdem unsere Kinder, Janet, 11 Jahre, und Annabel, 1 Jahr, im Bett lagen und wir inzwischen schon die Bilder von Berlin, wo sich wildfremde Menschen in den Armen lagen, sahen, mußten wir erstmal einen Schnaps trinken und auf diesen Erfolg anstoßen. In dieser Nacht kamen wir kaum zum Schlafen, denn bis 23.30 Uhr saßen wir vorm Fernseher und verfolgten die aufregenden Berichte, Bilder und Kommentare.

Auf jeden Fall wollten auch wir irgendwann die Gelegenheit nutzen, einmal nach »drüben« zu fahren.

Am Sonnabend waren dann unsere Freunde zu Besuch, und da hörten wir, daß ab Sonntag 8.00 Uhr der Grenzübergang Hessen/Mattierzoll geöffnet werden soll (Hessen ist ca. 17 km von Halberstadt entfernt). Spontan entschlossen wir uns – morgen fahren wir! Nun hatten wir aber noch kein Visum und kein Geld von der Bank. Hinzu kommt, daß wir selbst kein Auto besitzen, und zu 6 Personen paßten wir auch nicht alle in den Trabi von unseren Bekannten.

Also machten wir kurzentschlossen einen »Schlachtplan«. Erstmal borgten wir uns einen Trabi (vom Bruder meines Mannes), dann wurde unsere Oma noch zum Babysitten für unsere kleine Tochter bestellt, alles am Sonnabendabend noch! Am Sonntagmorgen um 5.30 Uhr stellten sich dann mein Mann und unsere Bekannte bei der Polizei wegen der Visa an. Ich ging dann gegen 8.30 Uhr zur Bank und stellte mich dort an. Nun müssen Sie sich vorstellen, daß überall riesige Schlangen waren. Alles in allem hatten wir gegen 10.00 Uhr alles komplett.

Bepackt mit Frühstück und heißen Getränken ging es genau 10.05 Uhr los. Bereits 10.20 Uhr waren wir an der Grenze Hessen, und viele Autos standen vor uns, allerdings hatten alle Wartenden noch kein Visum und mußten sich an der Grenze noch mal anstellen. Für uns bedeutete das, daß wir gleich weiterfahren konnten, ein kurzer Blick in den Personalausweis, und wir waren um 10.30 Uhr im »Westen«. Auf diesem kurzen Weg von Hessen-Ost nach Mattierzoll-West kamen uns schon hunderte Menschen entgegen. Sie winkten, warfen auch Süßigkeiten und Obst in die Autos, viele weinten. Auch mir ging es so. Als wir die beiden Zäune passierten, liefen mir die Tränen – es war ein ganz komisches Gefühl. Wir winkten und jubelten ebenfalls mit. Meine Tochter warf Konfetti, das sie kurzfristig noch mitgenommen hatte.

Dann fuhren wir erstmal los, denn so richtig wußten wir eigentlich nicht, wo wir hin wollten. Auch steckte noch die große Unsicherheit in uns, was uns erwarten würde. Vorbei durch die ersten Orte, konnten wir es immer noch nicht glauben, daß wir im »Westen« sind. Die damalige Schließung der Grenzen 1961 hatten wir nur unbewußt miterlebt (wir sind Jahrgang 56/57), und eigentlich hatten wir uns immer so »vorgesponnen«, als Rentner fahren wir nach Paris, das war (und ist es noch) unser großer Traum.

In Schladen hielten wir an, um uns mit unseren Bekannten zu einigen, wo wir denn nun eigentlich hin wollten. Mit einem Mal wurden wir freundlich von einer Frau angesprochen, ob sie uns helfen könne und ob wir unser Begrüßungsgeld schon empfangen hätten. Sie stellte sich uns als Stellv. Bürgermeisterin vor und bot uns an, den Weg zum Gemeindehaus zu zeigen. Mit ihrem Mann lotste sie uns mit ihrem Auto zum Gemeindehaus, wo wir zunächst unser Begrüßungsgeld erhielten. Danach unterhielten wir uns noch eine Weile, wo wir herkämen, was wir machen usw.

Als sie und ihr Mann hörten, daß wir schon seit um 5.00 Uhr auf den Beinen sind, luden sie uns ganz spontan zu sich auf eine Tasse Kaffee ein. Zur Feier des Tages wurde eine Flasche Sekt geöffnet, und schnell u. problemlos waren Kaffee und ein paar Schnitten bereitet.

Versehen mit ein paar Postkarten, Autokarte und einigen Tips für die Weiterfahrt, verabschiedeten wir uns herzlich und wünschten uns, daß wir uns irgendwann eines Tages mal wiedersehen, vor allem aber, daß wir gesund bleiben und daß die Entwicklung in unserem Land weiter vorwärts geht.

Wir fuhren dann weiter nach Bad Harzburg. Von dem, was wir gesehen haben, können wir sagen, es ist eine sehr schöne Stadt. Aber es waren Tausende von Menschen dort, und man hatte doch ein wenig Angst, sich zu verlieren. Wir schauten hier und da in die Geschäfte, doch gekauft haben wir nur ein paar Süßigkeiten und Südfrüchte für die Kinder. Es war einfach ein zu dolles Gedränge, um bewußt etwas einzukaufen. Gestaunt haben wir sehr über die Ruhe und Freundlichkeit des Verkaufspersonals. Dies läßt bei uns sehr zu wünschen übrig. Überall spürte man die Freude und Erleichterung über die Ereignisse der letzten Stunden.

Nun wollten wir aber unbedingt noch zum Torfhaus, denn dies war auch so ein Wunsch von uns, den Brocken mal von der anderen Seite zu sehen. Auch hier viele, viele Menschen und Freude überall. Natürlich wurden ein paar Fotos gemacht zum Beweis, daß wir auch wirklich dort waren. Die Kinder mußten unbedingt Pommes mit Ketchup essen, weil das eben so »in« ist, und dazu eine Coca-Cola. Natürlich haben wir ihnen den Wunsch gern erfüllt.

Nun doch sichtlich etwas strapaziert, traten wir gegen 16.30 Uhr die Heimreise an. Diese verlief allerdings nicht so reibungslos wie die Hinfahrt, denn es hatte sich ein riesiger Rückstau gebildet, und so brauchten wir fast 4 Stunden bis nach Hause – für eine Strecke, die sonst nur etwa 1/2 Stunde braucht. Aber das Frieren und Warten wurde vom erlebten Eindruck und der Freude übertrumpft. Außerdem halfen auch beherzte Einwohner mit heißem Tee und Kaffee, vor allem für die Kinder, aus.

An diesem Abend konnten wir lange nicht einschlafen, denn das Erlebte mußte erstmal verarbeitet werden.

Im Dezember, wenn wir noch ein paar Tage Urlaub haben, möchten wir noch einmal mit Bus oder Bahn eine Stadt in der BRD besuchen. Dort wollen wir uns noch ein paar kleine Weihnachtswünsche erfüllen, aber auch das Fluidum und die ganze Atmosphäre der Vorweihnachtszeit möchten wir hautnah erleben. Und wenn das Wetter noch mitspielt, wollen wir auch unsere kleine Tochter mitnehmen.

Familie Dieter Krauß

(Ein unvergeßlicher Tag)

»Mutti«, kam mein 12jähriger Sohn Michael von draußen schreiend in die Wohnung gerannt, »die Grenze ist auf, man darf rüber«. »Ja«, dämpfte ich den Enthusiasmus meines Sohnes, »aber nur zur Fuß oder mit dem Fahrrad, du weißt doch, daß ich nicht so weit laufen kann, es sind bestimmt an die 5 km«. »Nein, nein«, schüttelte er energisch den Kopf, »ich habe einen Polizisten gefragt, der war ganz sehr freundlich, man darf auch mit dem Auto rüber, es sind auch gerade nicht viele«, bettelte Michael.

Mein Mann und ich sahen uns an, sahen auf unser ungeduldig wartendes Kind, und dann ruckte ich mit einer entschiedenen Gebärde die Töpfe mit dem kochenden Mittagessen vom Herd und begann mich eilends umzuziehn. Glücklich rannte unser Sohn ohne ein weiteres Wort in sein Zimmer, um auch sich für diesen Tag entsprechend zu kleiden. Fast gleichzeitig standen wir fertig im Flur, und los ging es. Aufgeregt standen wir mit unserem kleinen

Auto in der Schlange und sahen ent- und zunehmend begeistert der Menschenmenge zu, die sich in Richtung Grenze bewegte. Viele schienen an diesem Sonntag auf das Mittagessen verzichtet zu haben, um an diesem denkwürdigen Tag dabei zu sein.

Nach knapp 2 Stunden hatten wir es geschafft, wir betraten zum 1. Mal in unserer 13jährigen Ehe gemeinsam den Boden des anderen deutschen Staates. Noch standen wir unter dem unheimlichen Gefühl, eben durch eine unüberwindlich geglaubte Grenze gefahren zu sein, als wir plötzlich von jubelnden, winkenden Menschen umgeben waren, die freundschaftlich auf unser Auto klopften oder kurz unsere Hände berührten, während wir langsam in die kleine Stadt Neustadt b. Coburg rollten. Ich sah zwei große Männerhände, wie sie eine ganze Ladung Mandarinen durchs geöffnete Wagenfenster warfen, so viel, daß meine Hände sie nicht alle fassen konnten. Schokolade flog herein und sogar Geld für Schokolade. Mein Mann schüttelte nur fassungslos den Kopf, mein Kind begann schon die Schokoladentafeln zu zählen, als es nicht mehr weiterging.

Die Stadt war schwarz von Menschen, da gab es kein Weiterkommen mit dem Auto. Deshalb stiegen wir aus, da lag schon ein junger Mann in meinen Armen, d.h. ich lag wohl mehr in seinen. Ich hatte mich von dem Schreck noch nicht erholt, als besagter junger Mann um das Auto herum ging und mit der größten Selbstverständlichkeit auch meinen Mann drückte und meinen Sohn, als hätte er hier auf uns gewartet. Er lief mit uns ein Stück in Richtung Stadt, nachdem er uns geraten hatte, unser Auto hier stehenzulassen.

Nach ein paar Schritten trafen wir auf 2 junge Frauen, die uns der junge Mann als seine Schwester und deren französische Freundin vorstellte, und er fragte uns, ob wir etwas dagegen hätten, wenn sie mit uns diesen Tag feiern möchten. Was sollten wir dagegen haben, wir hatten weder Freunde noch Verwandte in Neustadt, wir wußten nicht, wo wir uns hinwenden sollten. Also stimmten wir zu. Wir beschlossen, weiter nach Coburg zu fahren, wo unsere neuen Freunde zu Hause waren. Sie waren extra für dieses Ereignis nach Neustadt gefahren, als sie beim Frühstück über Rundfunk von der Öffnung der Grenze gehört hatten.

Auf dem Weg dorthin wollte uns unser neuer Freund auch ein Gemeindeamt zeigen, wo wir unser Begrüßungsgeld erhalten könnten, ohne stundenlang deswegen anzustehn, wie es in Neustadt der Fall war. Und völlig ohne Bedenken ließ ich meinen Sohn ins Auto zu den beiden Frauen steigen, während er in unserem Trabant Platz nahm. Kurz flackerte der Gedanke in mir auf, daß ich sofort Vertrauen in die Menschen gehabt hatte, für Böses schien an diesem Tag kein Platz in den Köpfen der Menschen zu sein.

Nun fuhren wir nach Coburg. Wir fanden einen Parkplatz und zufällig auch einen Tisch in einem hübschen Café. Dort durften wir uns etwas aussuchen und diskutierten bei Kaffee und Kuchen, als würden wir uns schon ewig kennen. Anschließend zeigten sie uns noch etwas von der Stadt, luden uns zu einer echt Coburger Rostbratwurst ein, und wir kauften noch etwas Obst für unser gelüstiges Kind. Die Veste Coburg strahlte an diesem Abend besonders schön unter dem Flutlicht.

Wir wurden wieder an unser Auto geführt und eingeladen, wenn wir irgendwelche Probleme hätten, jederzeit willkommen zu sein. »Auch bei unseren Eltern«, rief unser Freund noch. Voller Eindrücke und betrunken vor Glück, wie wir es nie hätten für möglich gehalten, fuhren wir vorsichtig hinaus aus der Stadt in Richtung Neustadt. Aber schon nach einigen Kilometern war erst einmal Stop. Ein Stau, der durch ganz Neustadt reichte und an dessen Ende wir nun standen, hielt uns noch ganze 5 Stunden auf den eiskalten Straßen, bis wir trotzdem immer noch guter Dinge gegen Mitternacht wieder zu Hause waren. Beispielhaft war noch die Versorgung der im Stau stehenden DDR-Bürger, die durch die einheimische Bevölkerung trotz klirrender Kälte gesichert wurde. Immer wenn wir standen, und wir standen fast immer, reichten uns freundliche Leute Becher mit heißem Tee, Kaffee oder Kakao herein. Außerdem bot man uns Pfefferkuchen, Pralinen und Bonbons an. Zuletzt mußten wir dankend ablehnen, weil wir beim besten Willen nichts mehr hinunter bekamen. Soviel Freundlichkeit hatten wir wirklich nicht erwartet. Wir werden diesen Tag nie mehr in unserem Leben vergessen.

Klaus Bowitzky

Kennwort: Grenzgeschichten

2. 12. 1989. An einem kalten Novembermorgen im Jahre 1989 machte ich mich auf, aus der schönen Stadt Suhl in Thüringen, das erste Mal in die Bundesrepublik, Coburg war das Ziel. Ein bißchen klopfte mir schon das Herz – das erste Mal in das Land, über das

man uns schon mit der Muttermilch eingegeben hatte, daß es die Heimat der Kapitalisten, der Revanchisten und der Neonazis sei, zu fahren. Trotzdem, ganz ehrlich, ein bißchen wußte ich schon, daß dieses Klischee nicht paßte – dank ARD und ZDF saß ich zum Glück immer in der ersten Reihe.

Wie gesagt, an dem besagten Morgen setzte ich mich also in meinen »Wartburg« und fuhr in Richtung Hildburghausen zum neueröffneten Grenzübergang Eishausen-Rodach, und ich hatte richtig gedacht, dieser war noch nicht allzu bekannt, und so brauchte ich nicht, wie bei uns so oft üblich, Schlange zu stehen.

Wie ich mich dem Grenzübergang näherte, da überkamen mich wieder die Gedanken, herrührend aus vierzigjähriger Dauereinimpfung – »die sensibelste Grenze der Welt, wer sie überschreitet, gefährdet den Frieden«, eine unselige Grenze, trennte sie doch nicht nur unser Land, sondern ganze Welten.

Das »Tor zur Freiheit« befand sich mitten im Feld auf einer Anhöhe. Als ich mich bis auf 200 Meter dem angestrebten Ziel genähert hatte, geschah etwas Kurioses. Am Straßenrand stand ein alter »Wartburg« vom Typ 311, Baujahr ca. 1957, dem die Kräfte beim letzten Anstieg in die neue Welt versagt waren. Seine Erfurter Insassen standen winkend mit dem Abschleppseil davor und warteten auf Hilfe. Obwohl mein Auto auch schon dreizehn Jahre auf dem Buckel hat, ich warte übrigens schon sechzehn Jahre auf ein neues, nahm ich den Landsmann in Schlepp, vorbei an den nicht schlecht staunenden und neuerdings sehr freundlichen Grenzern Ost und dann an den mitleidig dreinschauenden Grenzern West.

Und dann geschah das Wunder – kaum hatte der Veteran aus dem Hause »Wartburg« die Westluft geschnuppert, saugte er wie befreit das Kraftstoffgemisch 1:33 an und konnte seine Insassen an das ersehnte Ziel bringen, mit eigener Kraft.

Ich nahm nun auch zielstrebig Kurs auf Coburg, und im Schein der aufgehenden Sonne erschien mir die Veste der Stadt. In diesem Moment dachte ich an unser schönes Deutschland, besonders an den Teil, der mir seit meiner Kindheit verschlossen blieb und den ich, zum Glück bin ich »erst« 45 Jahre, hoffentlich auch noch vollständig kennenlernen werde. Ich dachte aber auch an meine abgeschleppten Mitbürger aus Erfurt, und daß wir noch viel Kraft aufwenden müssen, um uns selbst gegenseitig aus dem Dreck zu ziehen. Vielleicht könnte sich zeitweilig mal ein Mercedes oder ein BMW vorspannen, das würde guttun, dann brauchte man auch nicht umzusteigen in den großen starken Wagen, und wenn die Karre erst mal wieder richtig läuft, dann wäre es wünschenswert, das Abschleppseil vorerst einmal wieder abmachen zu können. Denn ich bin überzeugt, Deutschland geht uns trotzdem nicht verloren!

Klaus-Peter Kuhne

30. 11. 89: Zu meiner Person: Ich bin 40 Jahre alt, verheiratet, einen Sohn 19 Jahre alt. Ich wohne in der DDR.

(Die Westseite der Grenze)

Hiermit möchte ich Ihnen meine Episode senden. In den Jahren 1968–69 war ich als Grenzsoldat im Abschnitt Spechtsbrunn-Tettau eingesetzt. Unser damals vermitteltes Feindbild gegen die BRD kennen Sie ja sicher auch noch. Ich jedenfalls konnte an dieses nie recht glauben, aber unseren Dienst mußten wir trotzdem ordentlich versehen. Mir tat es oft weh, keinerlei Kontakt mit den Zöllnerkollegen oder den Menschen, die bis zur Grenze zur Besichtigung kamen, aufnehmen zu können, und wenn es nur ein freundliches Wort gewesen wäre. Mein größter Wunsch war es seit diesen Jahren, einmal mit diesen Menschen zusammenzukommen. Leider waren diese Gedanken viele Jahre nur Utopie. Durch unseren Kampf auf der Straße konnten wir nun dieser Utopie zur Wirklichkeit verhelfen. Ich konnte es selber kaum fassen.

Mein erster Weg war mit dem Auto über den Grenzübergang Hirschberg in Richtung Tettau. Ein Wunsch ging endlich in Erfüllung. Auf meinem Weg nach Tettau hatte ich viele herzliche Begegnungen mit Menschen aus Ihrem schönen Land, es war einfach überwältigend. In Tettau angekommen, bot sich mir das gleiche Bild wie vor 20 Jahren. Viele Leute und einige Grenzbeamte von Ihnen besichtigten den Grenzabschnitt. Ich mischte mich mit meiner Familie darunter und konnte mich auch hier mit den Beamten und Bürgern unterhalten.

Es war für mich ein erhebender Augenblick, auf der anderen Seite der Grenzanlagen zu stehen. Für mich hat es sich hier wieder bestätigt, daß das uns vermittelte Feindbild niemals dem Wahrheitsbild entsprechen konnte. Mein größter Wunsch wäre jetzt noch, daß wir

weiterhin gute nachbarschaftliche Beziehungen unterhalten können und vielleicht mal wieder zu einem gemeinsamen Volk zusam-
menwachsen.

Cornelia Stegner

29.11.1989: Ich bin 15 Jahre alt und wohne im ehemaligen Sperrgebiet in einem Dorf mit rund 500 Einwohnern, dem Ort Heubisch. Unsere Nachbarn im Westen sind Neustadt b. Coburg und
Ebersdorf.

(Mut zu Öffnung)

In unserem Dorf, das seit fast 4 Jahrzehnten am, Entschuldigung,
Arsch der Welt liegt, ist seit dem Wegfallen der Sperrzone der Teufel
los. Aber das, was letzten Sonnabend, den 25.11.89, geschah, setzt
alles in den Schatten. Schon lange kursierten in unserem verschlafenen Nest die Gerüchte, es wird in Heubisch einen Grenzübergang
geben.

Sonnabend morgen, kurz nach 9 Uhr. Ich trage gerade den Asche-
kasten raus zum Mülleimer, da kommt meine Freundin Nicolle
Mahr zu mir und fragt mich, ob ich nicht mithelfen möchte, eine
Demonstration zu organisieren. Ihr Vater hätte mit einem Offizier
der NVA gesprochen, und der hatte Andeutungen gemacht, daß entweder in Heubisch oder in Mupperg ein Übergang aufgemacht wird.
Es kommt darauf an, wer als erstes eine richtige Demo macht, mit
Plakaten usw. Ich war sofort Feuer und Flamme, denn jetzt galt es,
Heubisch aus seinem Dornröschenschlaf aufzurütteln. Mit noch ein
paar Freundinnen teilten wir uns Heubisch auf, und so zogen wir
erstmal von Haus zu Haus, um Bescheid zu sagen: »Entschuldigen
Sie, heute findet um 13.30 Uhr eine Demo für die Grenzöffnung
statt. Treffpunkt ist beim Sportlerheim, ob Sie auch kommen könnten?« Morgen war Sonntag (Totensonntag), und so sagte nur ungefähr die Hälfte zu. Viele wollten auch in die BRD fahren.

Zu Mittag brachte ich nur 2 Kartoffeln hinunter, denn ich flitzte
sofort zu Nicolle, zum Plakatemalen. In einer knappen Stunde hatten wir 3 Stück fertig. Darauf stand:

Wir fordern einen Grenzübergang!!!

Für gute Nachbarschaft: Grenzübergang Heubisch-Neustadt!

Bescheidenheit ist eine Zier – einen Fußweg fordern wir!

Über und über mit Farbe beschmiert, sauste ich nach Hause, um mich warm anzuziehn. Da ich den ganzen Vormittag nicht zu Hause war, sah es in meinem Zimmer aus wie bei Hämpels unterm Bett. Na ja, ich sagte meinen Eltern, das sind die Härten des Lebens, da muß man drüber weg.

Wir hatten einige Schwierigkeiten mit der Beförderung unserer Erzeugnisse, und so waren wir so ziemlich die letzten am Sportlerheim. Wir staunten nicht wenig, es waren so an die 300 Leute, sogar mit Blasmusik. Wir liefen erstmal die 10 m bis zum Tor an der Neustädter Straße. Dort verhandelte unser Bürgermeister Greiner mit irgend so einem Offizier der NVA. Es hieß: »Wendet euch an den Rat d. Stadt, wir sind zu einer Grenzöffnung nicht befugt!« Dann ging er wieder und kam mit dem stellvertretenden Kompaniechef der Oerlsdorfer NVA. Nun wußten wir, was jetzt kam, der Mann hatte sich bei uns im Staatsbürgerkundeunterricht schon mal produziert. Die Diskussion wurde schon etwas heftiger, doch es kam nichts bei raus. Da beschlossen wir, die Ebersdorfer Straße hochzuziehen bis ans Tor, wo 50 m weiter weg am Fuße des Muppergs die Ausflugsgaststätte »Bergmühle« steht. Andauernd kamen Hubschrauber des Bundesgrenzschutzes.

Immer lauter wurden die Rufe: »Aufmachen!« »Aufmachen!«...

So standen wir eine Stunde in der Kälte, wärmten uns auch ein wenig innerlich auf. Wir haben gesungen und gewunken und geschrien. Schließlich kam ein ganz hohes Tier an und sagte, wir sollen nicht so am »Signalzaun« rütteln. Stimmt, er fiel aber eh bald um, total verrostet und so. Er wurde direkt eingekeilt in der Menge, ein heftiger Disput brach aus. Ausflüchte wie »der Panzergraben ist nicht überwindbar, es kann sich jemand was brechen usw.« wurden nicht anerkannt. Das ist zwar ein Grund, aber noch lange kein Hindernis! Dann wurde uns gesagt, daß wir morgen rübergehen dürfen, aber das ließen wir uns auch nicht bieten.

Meine Freundin sagte zu ihm: »40 Jahre sind unsere Leute hingehalten worden, jetzt reicht es. Wir wollen nichts mehr auf morgen verschieben!« Nach einem langen Palaver gab sich die NVA geschlagen, und es wurde bekanntgegeben: »Von viertel 5 bis 7 Uhr wird die Neustädter Straße geöffnet!« Es ist einfach unbeschreiblich, was danach für ein Tumult ausbrach. Wir gingen erstmal zu einer Freundin und wärmten uns auf. Ich verließ mich fest darauf, daß meine Mutter, die heimging, um meinem Vater Bescheid zu sagen, meinen Personalausweis mit dem Visum mitbrachte. Als wir dann unten kurz vor der Grenze standen, kam sie an und hatte ihn natürlich prompt vergessen.

Ich war den Tränen nahe. Wutentbrannt schnappte ich mir ihr Fahrrad und radelte zurück ins Dorf. Mittlerweile waren alle Heubischer nunmehr zwischen beiden Zäunen. Meine Mutter und 2 Bekannte warteten noch auf mich. Vor lauter Wut bekam ich gar nichts von der Bedeutung des Augenblicks mit. Nachdem ich in diesen Panzergraben geklettert bin, traf ich gerade so noch zwei Freundinnen von mir. Unser Ziel war die »Bergmühle«. Den ganzen Weg dorthin sind wir auf der vereisten Straße gerannt, um unsere Kumpels einzuholen. Um die Kurve rum hörten wir sie schon singen: »So ein Tag, so wunderschön wie heute ...« oder »das alles, und noch viel mehr, würd ich machen, wenn ich König von Deutschland wär...« Es war eine Stimmung, einfach tierisch.

In der »Bergmühle« wurden wir sehr herzlich begrüßt. Draußen erfolgten endlose Freudenbekundungen und Umarmungen. Dann stürmten wir die heiligen Hallen. Ich war mit meinen Eltern schon vor 14 Tagen hier, und so konnte ich mich wohl nicht mehr so sehr freuen. Einen Vorteil hatte ich, hihi, ich wußte, wo das Klo ist. Wir bekamen vom Herrn des Hauses Cola und Eis spendiert. Der Hammer war ja, einer der Gäste schenkte uns 50 DM. Da sprang für jeden ein Bier raus. Wir konnten vor Rührung gar nichts mehr sagen.

Er kam aus Coburg und lud uns gleich zu sich nach Hause ein, damit wir mal eine Fete feiern. Einen Discjockey hatten wir auch dabei, den Bernd von »Notorious«, der hat gleich ausgemacht, daß er hier in 3 Wochen eine Disco machen will. Also, es hat gefetzt wie Sau. Dann drehten wir noch den »Film der Freiheit« mit der Videokamera. Dann sind wir alle Mann hoch zu dem Ehepaar ins Wohnzimmer und wollten uns den Film ansehen. Seine Frau schlug die Hände über dem Kopf zusammen, wie wir mit den Dreckbotten über ihren heißgeliebten Teppichboden schlurften. Na ja, die Schuhe haben wir nachher ausgezogen.

Der Film war echt Sahne. Erst hat der Mann gefilmt, als wir noch drüben, 50 m weiter weg, am Tor rüttelten. Und dann die Aufnahmen in der Gaststätte, wir haben uns halbtot gelacht. Es ist schon komisch, wenn man sich das erste Mal im Fernsehen sieht.

Nicolle und ich gingen früher zurück als die anderen, da wir noch auf den Geburtstag eines Kumpels wollten und auf die Disco. Heimwärts haben wir uns noch viele Male bei den Soldaten des BGS und der NVA bedankt. Einen Becher heißen Tee bekamen wir unterwegs auch noch in die Hand gedrückt, was in der Hundekälte echt super war. Wir hatten Mühe, das »Loch« im Zaun wiederzufinden, und mein Hinterteil ist auch blau von dem Geboller in diesem Panzergraben. Glücklich liefen wir nach Hause. Vor einem Monat hätte ich denjenigen für doof erklärt, der mir gesagt hätte, »paß auf, am 25. November läuft ganz Heubisch über die Neustädter Straße auf die andere Seite«. Wahnsinn! Ich glaube, dies war das wichtigste Ereignis in Heubisch, seit die Grenze zu ist. 150 Minuten der Freiheit!

Ich danke Ihnen, daß Sie meinen Bericht von den vielen vielen auch gelesen haben. Mit herzlichen Grüßen Conny.

Thorsten Höbbel

Eschwege, den 21. 12. 1989: Während der Ereignisse im November dieses Jahres habe ich beiliegenden Bericht an meine Verwandtschaft geschrieben.

Erlebnisbericht über die Öffnung der DDR-Grenze

Eschwege, den 14. XI. 1989

Liebe Verwandtschaft,

ich hab mich soeben entschlossen, Euch mal einen Lagebericht aus Eschwege in Form eines Rundbriefes zu schicken. Hier überschlagen sich die Ereignisse in den letzten 4 Tagen. Wahrscheinlich sind sie auch schon längst überholt, bevor sie Euch alle erreicht haben.

Eschwege liegt momentan unter einer blau-grauen, stinkenden (»Duft der Freiheit« ... die DDR-Bürger können nämlich in den Westen und Osten und wir offiziell nicht einfach so nach Osten!) Dunstglocke, unsere Stadt ist zu einer »Trabantenstadt« geworden. Vielleicht stimmt der Ausruf: »Jeder dritte Wagen ist westdeutsch!« doch so in etwa mit der Realität überein. In der Stadt ist oft kein Durchkommen mehr. Überall stapeln sich die goldigen Ost-Autos: ... im Parkhaus, im Halteverbot, in der Fußgängerzone ... selbst in unseren Nachbarstraßen!!

Freitag war in Eschwege Volksfest ... da kommt selbst unser Johannisfest nicht mehr mit. Die ganze Stadt lag im Freudentaumel! Am Abend bin ich mit Freunden nach Herleshausen gefahren, um dort die Leute »Herzlich Willkommen« zu heißen. Es war ein wunderbares Ereignis!! Wir haben gefeiert, Sekt getrunken, geweint ... uns umarmt, gewinkt, die Hände geschüttelt ...!!! Es war dort eine Riesenmenge West-Deutscher, die als Empfangskomitee jubelten. Wir sind danach bis über den weißen Grenzstrich in die DDR gelaufen ... wir wollten so gerne nach Berlin!! ... aber für Montag war eine Mathe-LK-Arbeit angesagt. – Samstag war die Stadt total voll, die Geschäfte hatten lange auf (... in Herleshausen bis halb 2 nachts!). Die Post und die Sparkasse hatten bis nach Mitternacht geöffnet. Die Landeszentralbank war im Nu leer. Dauernd kamen neue Warenlieferungen hierher. Die Eschweger nahmen Leute zum Essen und zur Übernachtung auf.

Dann ... Sonntagmorgen, ich dusche noch ... kommt Vati reingestürmt ... los! Die machen in Wanfried die Grenze auf! Wir springen ins Auto und fahren los. Noch ist es früh ... noch kommen wir einigermaßen gut durch ... wir müssen das Auto in Wanfried lassen ... laufen zu Fuß weiter ... Hunderte, wohl Tausende folgen uns. Die ersten, mit Blumen geschmückten, über das ganze Gesicht strahlenden Menschen kommen uns entgegen ... ein Wunder ist geschehen! Niemand hatte je daran geglaubt ... Es ist nicht zu begreifen ... sie kommen auf Fahrrädern, Muttis mit Kleinkindern, Omas mit Hunden, ... auf Mofas, in Autos, in Post-Wagen, ... alle strömen uns entgegen ... manche mit Hörnern oder Trompeten »bewaffnet«, ... wir erblicken den Zaun. Die Sonne strahlt, es ist keine Wolke am blauen Himmel!

Der Zaun ist für ca. 10 m einfach unterbrochen, einfach durchgeschnitten! Die BGS-Beamten sagen uns, daß wir einfach rüber können, der Osten hat die Tore geöffnet. »Der Eiserne Vorhang ist gefallen!«

Wir bleiben fassungslos nach einigen hundert Metern stehen, Vopos mit Tränen in den Augen, Arbeiter, die selbst nicht wissen, welche historische Tat sie vollbracht haben, stehen gerührt neben uns. ... so schön hätte auch nicht einmal der schönste RTL-Plus-Heimatfilm sein können!!! ... wie ein Traum ... wie ein Film ... alles so unwirklich. Die Bagger, die provisorische Straße, die aus plattgewalzter Erde besteht, mit lächerlich wirkenden Begrenzungspfosten bestückt ... über die die kleinen Trabis huppeln ... doch die Realität holt uns ein: meine Mathe-Arbeit rückt näher, wir kehren um! Ebenfalls an diesem Tag wird ca. 30 km weiter Witzenhausen/Hohengandern eröffnet.

Am Abend findet in Großburschla-West und Großburschla-Ost noch eine Demo statt. Tausende laufen erst schweigend mit Kerzen und Fackeln bewaffnet hin und her ... nur einige hundert Meter durch den Zaun getrennt. Immer wieder hört man Rufe, »Egon, mach den Zaun auf!« oder »Tor auf!« und »Zaun weg!«. Die Situation im Westen wird dramatisch, als die Menge auf Ost-Gebiet drängt, der BGS greift ein.

Am Montagmorgen werden alle Arbeiten in der Schule abgesagt ... keiner ist fähig, noch einen klaren Gedanken zu fassen. Nachmittags um sechs Uhr fahre ich mit ein paar Freunden noch an die Grenze ... wir wollen probieren, über Wanfried-Katharinenberg in den Osten zu kommen. Über Schleichwege gelingt uns eine relativ rasche Fahrt nach Wanfried. Beim Einsteigen in den BGS-Bus an der Grenze (... rüber kommt man hier nur noch mit Visum!) erzählen sie uns, daß Großburschla um 15.45^h aufgemacht hat ... noch bis 19.00 h. Wir drehen um ... rennen zurück zum Auto ... wir fünf bringen das Auto fast wieder zum Platzen (... war so'n kleiner Fiat Panda!) ... und brausen los (in der Hektik ... – wir hatten nur noch 12 min. – ... bleibt die Handbremse noch 'ne Weile angezogen!!) Die Grenzralley geht los ... wir verlassen Wanfried mit über 100 km/h!!! Der Heldrazipfel wurde wegen des starken Verkehrs in einen großen, natürlichen Kreisel umgewandelt. Weiter ... weiter ... immer weiter brausen wir ... und noch einen Umweg ... als nichts mehr geht, fahren wir die Kiste halb in ein Feld und sprinten weiter ... Puls bei 280!!! ... wir kommen um 18.59^h hier an ... man sagt uns, daß die Grenze für die ganze Nacht offen bleibt ... Tausende strömen rein und raus ... niemand kann die Menschen aufhalten.

Wo früher Geländer und Sträucher waren, ist jetzt frisch plattgetretene Erde ... alles trampelt vorbei an den erstaunten Grenzern ... Freudenschreie ... Schluchzen ... Tränen »stören« die Ruhe der Dunkelheit. Nach wenigen hundert Metern sind wir im Dorf ... jetzt erlebe ich die bewegendsten Augenblicke in meinem Leben: die Kirche ist zum Überquellen voll, der Dankgottesdienst beginnt ... wir singen, beten, danken, lachen, weinen, umarmen uns ... niemand glaubt, das wirklich zu erleben.

Danach laufen wir durch den Ort ... das Bier und der Wein bzw. Sekt sind schon lange alle. Wir feiern trotzdem. Halb Eschwege ist jetzt in Großburschla ... man hört dauernd Rufe: »Daß ich das noch erleben darf!«, »das darf doch nicht wahr sein« oder »auch wenn sie uns noch 50 Jahre trennen, wir gehören und bleiben zusammen!«

Ein wunderbares Geschehen!

Vopos und Grenzer sind dabei, die alte Werrabrücke, über die fast
30 Jahre keiner gegangen ist, von Stacheldraht und Absperrungen zu
befreien.

Ich laufe rüber, ... zurück, und rufe meine Eltern an, daß sie
nachkommen müssen. Ich unterhalte mich mit NVA-Soldaten, die
sich mit ihren BGS-Kollegen scherzend ickern (»... weißt du noch,
als ich dir immer die Zunge rausgestreckt habe?!« »...'tach, Karl-
Heinz! Mensch, daß wir uns noch mal mit Handschlag begrüßen!«).
Als die BGS-Beamten weitgehend so besoffen sind, daß sie nicht
mehr Bier und Glühwein besorgen können, laufen die DDR-Solda-
ten mal schnell die paar Schritte in den Westen, um an dem eilig
errichteten Stand Nachschub zu besorgen.

Als ich dann auch noch ein Stück vom Zaun haben will, wird mir
hilfsbereit geholfen. Da keine Zange mehr zu finden ist (»... im
Sozialismus fehlt ja immer was!«), hacken wir mit einer Axt (... die
dabei natürlich stumpf wurde) wie wild am Zaun rum! ... lächerlich! Die NVA-Soldaten geben mir gute Tips, so daß ich nach fünf
Minuten mein Stück Zaun überglücklich in den nächtlichen Sternenhimmel halte.

Eilig notieren sich noch ein paar West-Omis die Adressen von
einigen Ost-Soldaten, die in ihren dünnen Dienstklamotten frieren.
Sie wollen ihnen mal ein paar richtig warme Unterhosen schikken!!!

Ich gehe wieder rüber ... es kommen mir Kinder entgegen ...
eines trägt eine BGS-Mütze, die es wohl einem West-Grenzer abge-
luchst hat, und zeigt sie mir stolz ...

... drüben in der Kirche spielt jetzt eine Dixieland-Musikgruppe
(in der auch der stellvertr. Bürgermeister Eschweges ist) ... die
Leute stehen auf den Bänken und feiern ... Bier, das von unserer
Brauerei gestiftet wurde, ist eiligst über die Grenze getragen worden ...

... ich treffe unsere Nachbarn (Schreibers), gehe mit ihnen durch
den Ort ... wir werden von Großburschlanern aufgegriffen, zu
Eichsfelder Wurst, Rotkäppchen-Sekt und Mühlhäuser Bier eingeladen ... es ist herrlich! ... wir sind zusammen, als ob es nie ein
anderes Zusammensein gegeben hätte ...

Nach Mitternacht falle ich dann todmüde, aber als der glücklich-
ste Mensch der Welt ins Bett.

Heute war ich noch mal kurz drüben, die kriegen die Grenze

einfach nicht zu ... keiner kann kontrollieren, heute mußte ich aber Paß oder Personalausweis vorzeigen. Das Loch im Zaun ist doppelt so groß ... wegen des Andrangs! Sie waren gerade dabei, Betonplatten für einen PKW-Übergang zu legen. ... Wahnsinn!

Im Heldrazipfel war heute Verkehrschaos ... vielleicht so wie bei dem Spiel »Wie packe ich mal Hunderte oder Tausende von Autos auf kleinstem Raum so zusammen, daß es ein riesiges Verkehrschaos gibt!«

Autokennzeichen aus D, H, DO, F, KB, MR, KS, HU, MZ, WI, W, HEF, FD, HR, GÖ, FB, B, M ... waren überall gegenwärtig.

Bitte entschuldigt alle meine Rechtschreibefehler ... ich bin noch ganz durcheinander und hundemüde!!

Hier wird sich noch viel verändern ...wir sind der Mittelpunkt ... nur noch Berlin schlägt uns!!

Überall stehen Funk/Fernseh-Übertragungswagen an der Grenze rum ...

... kommt doch vorbei und erlebt ein bißchen Geschichte live!

Ralf Münster*

(Bericht eines Eisenbahners)

Als Eisenbahner bin ich auf den Grenzbahnhöfen Walkenried, Herzberg und Vorsfelde alt geworden. Seit 1966 bin ich jetzt auf dem Grenzbahnhof Vorsfelde im Einsatz. Für mich waren die Schwierigkeiten und Besonderheiten im grenzüberschreitenden Eisenbahnverkehr mein tägliches Brot.

Daher wunderte es mich kaum, daß von der Reichsbahn am 06. Oktober 89 eine Lok für einen DDR-Aussiedlerzug D 21345 von Warschau nach der Bundesrepublik in der Nachtschicht angefordert wurde. Der Zug wurde von der DB aber in Helmstedt erwartet. Die Telefonate gingen hin und her, bis gegen 3.30 Uhr die Lok wieder abbestellt wurde. Eine knappe Stunde später wurde die Lok erneut für den gleichen Zug wieder angefordert.

Vielleicht sollte dieses Manöver der Verunsicherung auf unserer Seite dienen. Als ich meine Schicht um 7.00 Uhr beendete, stand endgültig fest, daß der Zug über Oebisfelde-Wolfsburg nach Hannover läuft.

354

Der Zug passierte nach kurzem Betriebshalt den Güterbahnhof Vorsfelde gegen 8.00 Uhr.

Von diesem Augenblick an war mir klar, daß das noch nicht das Ende sein konnte.

Bereits am 10. November wurde um 15.08 Uhr der Entlastungszug D 12442 als erster zusätzlicher Reisezug mit DDR-Besuchern von der Reichsbahn übernommen. Danach waren alle planmäßigen D-Züge trotz Verstärkungswagen mit bis zu 200% besetzt. Dieses steigerte sich über das Wochenende so gewaltig, daß zusätzlich zu den bestehenden D-Zug-Verbindungen – zum Beispiel am Sonntag 12. 11. 89 zwischen Wolfsburg und Oebisfelde – 10 Eiltriebwagen und 2 D-Züge fuhren. In der Gegenrichtung Oebisfelde-Wolfsburg waren 10 Eiltriebwagenfahrten erforderlich. Jeder folgende Tag erlebte eine Steigerung der Zugzahlen. Besetzungen bis zu 300% kamen vor. Dieses erinnerte mich beinahe an 1944/45.

Nebenbei bemerkt, läuft auch der Güterverkehr von und zum Ostblock und Skandinavien über Vorsfelde seit den Sommermonaten auf Hochtouren, so daß die Dienstschichten schon sehr stressig sind. Hiermit ist wieder einmal bewiesen, daß in Krisenzeiten das Massenverkehrsmittel Eisenbahn besonders verläßlich ist und auch den größten Ansturm bewältigen kann und somit unverzichtbar ist. Es wurden von allen Seiten und an allen Eisenbahn-Grenzübergangsbahnhöfen zur DDR in diesem Zeitraum von dem Eisenbahnpersonal Höchstleistungen erbracht.

Weitere Einzelheiten hierüber kann ich nicht mehr zu Papier bringen, da jeder Tag wieder etwas Neues bringt und alles so vielschichtig ist.

Als rein menschliche Variante kann ich berichten, daß gleich nach dem Bekanntwerden der Grenzöffnung mir mein Nachbar-Fahrdienstleiter der Reichsbahn beim Bahnhof Oebisfelde das »Du« angeboten hat. Wir kennen uns per Telefon bereits seit 1966 und haben auch meistens die gleiche Schicht. Die Gespräche gingen meist über das rein Dienstliche und das Wetter nicht hinaus. Die Telefonleitung wird mit Sprachspeichern überwacht, und die Bänder werden im Verkehrsministerium Berlin abgehört. Ich habe mir oft Luft gemacht und meine persönliche Meinung über die Misere bei der Reichsbahn und der DDR gesagt. Aber er konnte ja nicht antworten, wie er wollte. Jetzt ist die Beredsamkeit kaum zu bremsen.

Für die nächsten Tage habe ich ein Treffen zum Kennenlernen bei mir zu Hause vereinbart. Dem fiebern wir beide entgegen. Es kommt nun langsam eine Kollegialität zustande. Die Gespräche sind nun locker und stehen nicht mehr unter dem Überwachungsdruck. Allerdings gibt es in anderen Schichten beim Bahnhof Oebisfelde auch noch Kollegen, die diese neue Situation nicht akzeptieren wollen und stur im alten Trott weiterarbeiten.

Lieselotte Isecke

11.11.89: Ich war um 13.00 Uhr auf dem Winterberg und habe mit großem weißem Tuch ordentlich nach drüben gewunken! Freude – überall Freude!
Hoffentlich bleiben die dehnbaren Verhältnisse.

Empfindungen und Betrachtungen der »Jetztzeit«

6. Dezember 1989: Und Frieden auf Erden ... das wird wohl dieses Jahr mit ganz besonderer Bedeutung und innerlicher Resonanz zu den Weihnachtsfesttagen gesungen werden!
Als im September 1989 die ersten, aber auch die mutigsten Menschen des 20. Jahrhunderts ihren Marsch in Bewegung setzten, da ahnte noch keiner auf der ganzen Welt, daß dadurch die Umbruchsstimmung und auch Vollführung durch Ungarn gewährleistet waren. Es war ein Wanderfieber, das diese Menschen packte, in großen Scharen und Massen verließen sie ihre Wohnungen – um in die Freiheit zu gelangen. Selbst auf die Gefahr hin, hier nicht sofort Wohnung und Arbeit zu finden. 40 Jahre Staatsarrest, Entbehrungen in Hülle und Fülle – das alles war gegenwartsnah.
September + Oktober waren die aller Macht enthobenen Wandermonate! Bis dann am 9. November d.J. der lautstarke Schrei über die Grenze vernommen werden konnte – »Grenzen auf – wir marschieren!«
Noch kann die Tragweite der vergangenen 4 Wochen kaum horizontal verkraftet werden. Diese Härten – die Jahrzehnte geprägt haben und gelebt wurden, schwingen einen oft taumelnd zu Boden. In meinem Hirn spukt es wie Kreuzzüge. Wenn man ein Zeitzeuge ist, der unmittelbar so »nah« und doch so »weit« hier gelebt hat, dann ist das eine ganz sonderbare Erfahrung. Noch überschlagen sich täglich die Ereignisse – täglich neue »Sondermeldungen«. Aber jede Sache braucht ihre Zeit.

Heute war ich an beiden Schlagbäumen meiner inneren Heimat, es war alles noch so – wie in den Härtezeiten. Wir sahen ja oft schon Menschen auf der alten Raubritterburg Hanstein – wir winkten von hier – sie von drüben. Winken ist »Brückenbau«. Möge der Tag nicht mehr allzu fern sein, an dem man in nachbarschaftlicher Freundschaft – hin + her wandert. Freude – wahre innere Freude ist bei jedem zu erkennen, der das Glücksgefühl dieser Gegenwart erlebt hat. Und wenn die Welt voll Teufel wär und wollt uns gar verschlingen – so fürchten wir uns nicht so sehr – es muß uns doch gelingen – so steht es in einem alten Kirchenlied, und Gottes Mühlen mahlen langsam – aber gar vortrefflich fein. Wir wollen dem Schöpfer aller Dinge danken für das hereingebrochene Wunder des 20. Jahrhunderts.

Das sind momentan die ersten Eindrücke. Noch müssen alle Probleme exakt gefiltert werden, und das braucht Zeit.

PS: Meine Verwandten – Luftlinie 1 1/2 km von hier – waren schon 3x hier – mein Sohn, heute 38 Jahre, kennt die andere Seite gar nicht – in Kürze fahren wir rüber.

Hannelore Sachsenröder

Anbei einige – hoffentlich nicht zu ehrliche – Gedanken

Nachdenkliches

Euphorie ist ein schlechter Wegweiser. Euphorie ist ungesund. Irgendwann wird sie der Ernüchterung weichen, so, wie das große Erstaunen über die löcherig gewordene Grenzbefestigung von der Trabi-Welle überflutet wurde.

Wer keinerlei Beziehungen zu Bewohnern der DDR hatte, bestaunt den Glauben dieser Menschen an das Schlaraffenland diesseits der Grenze, ausgelöst durch die Fernsehreklame, die überquellenden Schaufenster und angeberische und arrogante Reisende unseres Landes, das so schlaraffenlandmäßig nicht ist für viele alte Rentner, jugendliche Arbeitslose und Vergessene. Der Reiz des Neuen wird für die Massen der Besucher mit der Zeit ein wenig alltäglicher werden, wenn die brennende Neugier gestillt und das überwältigende Gefühl der Freiheit etwas gedämpfter wird. In welchem Lande gibt es keine Zwänge? Wo wird die Menschheit nicht manipuliert und in gewünschte Bahnen gelenkt?

Es wird nicht so bleiben, alles wird sich normalisieren, denke ich. Die Grenze hat Löcher bekommen, das ist wichtig und wird wichtig bleiben, wenn wir unsere Besserwisserei in die richtigen Bahnen lenken werden. Die Grenzöffnung ist gewiß im richtigen Augenblick erfolgt, bevor sich die Menschen von Ost und West ganz auseinandergelebt hätten. Wenn sich die Euphorie gelegt hat, wird das vorsichtige Aufeinanderzugehen hoffentlich Ängste und Mißtrauen auf beiden Seiten abbauen.

Die Öffnung

Am frühen Abend des 9. November 1989 gab die Regierung der DDR bekannt, daß mit sofortiger Wirkung Genehmigungen für Auslandsreisen ausgestellt werden, die an keine besonderen Voraussetzungen gebunden sind. Diese ganz und gar nüchtern formulierte, fast beiläufige Meldung bedeutete für die Menschen in Ost und West eine wahre Sensation. Die deutsch-deutsche Grenze sollte ihren Schrecken verlieren. Wenn das Passieren der Sicherungsanlagen auf legalem Wege jedermann gestattet sein würde, wozu brauchte man dann weiterhin eine solche Todesmaschinerie?

Was sich wenige Wochen zuvor noch kaum jemand auszumalen wagte, wurde nun mit einem Schlag Wirklichkeit. In den Tagen, nachdem die Nachricht von der Grenzöffnung verbreitet worden war, begaben sich zwischen Travemünde und Hof Tausende an den Zaun. Sie versammelten sich überall dort, wo Übergänge eingerichtet waren oder ihre Einrichtung unmittelbar bevorstand. Man wollte bei dem großen historischen Augenblick dabei sein. Jede Bewegung der DDR-Grenztruppen und des Bundesgrenzschutzes wurde genau registriert. Man beobachtete, wie die ersten Baumaschinen eintrafen, wo Scheinwerfer aufgestellt wurden und wie die Arbeiter damit begannen, provisorische Wege und Straßen anzulegen. Die ungewohnte Geschäftigkeit machte in dem bisher so stillen Grenzgebiet einen geradezu gespenstischen Eindruck. Aus der erwartungsvollen Menschenmenge heraus wurden die Vorgänge erregt kommentiert.

Über den 500-Meter-Streifen hinweg, der viele Jahre lang als ›Todesstreifen‹ gefürchtet war, sahen sich die Leute einander zuwinken, und Rufe schallten von hüben nach drüben. Solche Szenen hatte es seit den Anfängen der Grenze nicht mehr gegeben. Die Spannung wuchs vielfach ins Unerträgliche, bis sich endlich das Tor öffnete oder das Loch im Zaun so weit aufgerissen war, daß die Wartenden hindurchgehen konnten. Erstaunt bemerkten die Passanten, daß es dabei zu keinen weiteren bürokratischen Verwicklungen kam.

Der gewöhnliche Lebensrhythmus geriet vorübergehend aus dem Takt. Die Arbeit, die Schule und die kleinen Alltagssorgen verloren für einen Moment an Wichtigkeit. In Ortschaften, die sonst in den Nachtstunden wie ausgestorben wirkten, herrschte nun Hochbetrieb. In jenen ersten Nächten stand ein voller, gelber Mond am Himmel, der die Grenzanlagen und die ganze Umgegend hell erleuchtete. Vieles von dem bewegenden Geschehen, was sonst in der Dunkelheit verborgen geblieben wäre, konnte man deshalb leicht überblicken. Das Mondlicht trug außerdem zu der bizarren und irrealen Stimmung bei, die sich am Metallgitterzaun ausbreitete.

Ungläubig und zögernd gingen die Menschen immer wieder an den Grenzzaun heran, um ihn eingehend zu betrachten und zu berühren. Sie konnten es nur mit Mühe fassen, daß er plötzlich seine ganze Gefährlichkeit eingebüßt hatte, und sie mußten sich davon erst mit eigenen Augen und eigenen Händen überzeugen. Nur allmählich war zu begreifen, daß hier nicht länger der Tod lauern würde.

Besonders bei älteren Menschen mischten sich kummervolle Erinnerungen unter die euphorischen Gefühle dieser Tage und Nächte. Bilder aus der Frühzeit der Grenze wurden wieder lebendig, die sich mit den gegenwärtigen Eindrücken verflochten. Noch einmal sah man sich als Kriegsheimkehrer oder als junge Flüchtlingsfrau am selben Ort stehen. Manche erlebten angesichts dieser unerwarteten Wiederkehr ihrer Vergangenheit Erschütterungen, vor allem, als sich die Möglichkeit anbahnte, ins Sperrgebiet zu gelangen und der anderen Seite einen spontanen Besuch abzustatten. Fragen und Befürchtungen kamen auf. Wie mag das Heimatdorf, in das man so lange Zeit nicht mehr reisen durfte, inzwischen aussehen? In welchem Zustand würde man das Elternhaus antreffen? Wem von den früheren Bekannten und Schulfreunden würde man dort begegnen? Wie vertraut würde die Stätte der Kindheit, die bloß als Bild im Gedächtnis erhalten geblieben war, in Wirklichkeit noch sein? Verzagt machten sich viele zu ihrem ersten Gang nach drüben auf den Weg.

In den Alltag vieler Grenzbewohner brach das Erlebnis der Öffnung mit solch überwältigender Vehemenz ein, daß sie es nicht in Begriffen der Realität zu fassen vermochten. »Wie Träumende, so erlebten wir, was geschah«, notierte Hertha Weih, und Thorsten

Höbbel schrieb: »wie ein Traum ... wie ein Film ... alles so unwirklich«. Eine Sonderzeit schien angebrochen zu sein, in der jegliche Normalität außer Kraft gesetzt war. Die Eindrücke vom Ende der Teilung waren für eine große Anzahl von Menschen so außergewöhnlich, daß sie diese Tage sofort als die wichtigste Zeit in ihrem Leben betrachteten.

Erhebend wurde das Geschehen dadurch, daß es als ein historischer Augenblick erfahren wurde. Man war sich bewußt, am Ausgang einer alten und an der Schwelle zu einer neuen Epoche zu stehen. Wie mitreißend die Stimmung auch sein mochte, man erlebte dabei gleichzeitig »ein bißchen Geschichte live«. Etliche Autoren schildern die Begebenheiten aus der Perspektive des erklärten Zeitzeugen. Indem sie einen Beobachterstatus einnehmen, tritt ihre eigene Ich-Welt hinter der Bedeutung der Stunde zurück. Während sie manchmal in auffälliger Nüchternheit eine lokale Chronik der Ereignisse abgeben, übermitteln sie damit zugleich eine weitere Botschaft an die Nachwelt: ›Ich war dabei.‹

Man findet Beschreibungen vom Auftritt der örtlichen Blaskapelle, von Begleitfestivitäten, Versorgungsmaßnahmen und Ansprachen, von Menschenschlangen vor den Dienststellen, in denen das Begrüßungsgeld ausgegeben wurde, oder vom Kaufverhalten der Ostbürger. Die Berichterstattung geht auf die Tränen und auf die Freudenausbrüche ein, die überall zu beobachten waren. Tonfall und Vokabular der Texte ähneln gelegentlich in auffälliger Weise dem Stil der Journalisten, deren Reportagen in den Medien zu lesen, zu hören oder zu sehen waren. Die bis in ihr Pathos hinein abgelauschte Redeweise ersetzte oft persönliche Worte: »Der Eiserne Vorhang ist gefallen.«

Allen fiel es schwer, ihre Ergriffenheit zu artikulieren. In dem vielfach wiederholten Ausruf »Wahnsinn!« faßte man die eigene Begeisterung und die Fülle der Eindrücke zusammen. In manchen Texten verschafft sich die verwirrende Vielfalt der Gefühle jedoch in einer atemlosen, zerhackten, beinahe stammelnden Sprache Luft. Immer wieder erklären sich die Augenzeugen das »Wunder«, welches ihnen so übermächtig vorkam, auch als einen Beweis göttlicher Gnade oder höchster Gerechtigkeit.

Die meisten Autoren stellen ihre eigene Person in den Mittelpunkt der Beschreibung. Sie führen in allen Einzelheiten auf, wie sie die weltbewegenden Stunden verbrachten, wie ihre ersten Begegnungen mit den Menschen aus dem anderen Deutschland verliefen und wie sie sich von den Ereignissen so sehr verzaubern ließen, daß »nicht einmal der schönste RTL-Plus-Heimatfilm« so ergreifend hätte sein können. Vornehmlich für junge Menschen war die Grenzöffnung nicht nur ein politisches, sondern auch ein kulturelles Ereignis, ein Spektakel, das durch die Anwesenheit der öffentlichen Medien noch an Intensität gewann.

Beinahe jeder versuchte, den Augenblick des Geschehens für spätere Zeiten zu dokumentieren. Von allem wurden Fotos geschossen, und jede Nichtigkeit wurde als geschichtliches Ereignis gefilmt. Daneben entwickelte sich ein wahrer Souvenir- und Reliquienkult um Einzelteile des Metallgitterzaunes, um Stücke von Grenzpfählen, um Bolzen, Dienstmützen usw. Man trug diese Gegenstände wie Trophäen nach Hause oder malte sich bereits inmitten des Gedränges das symbolträchtige Bild aus, das sie in der örtlichen Museumsvitrine abgeben würden.

Wußten die Anwohner auf der Westseite wenigstens im groben über den Aufbau der Grenzsicherungsanlagen Bescheid, so stellte sich die Lage für die Bürger der DDR grundsätzlich anders dar. Sofern sie nicht im Sperrgebiet lebten, herrschte bei ihnen ein eher diffuses Bild von der ›Staatsgrenze West‹ vor. Es setzte sich aus den spärlichen Angaben der eigenen Behörden, aus Gerüchten und Erzählungen sowie aus der Berichterstattung der bundesrepublikanischen Medien zusammen. Obwohl in den letzten Jahren immer mehr Menschen besuchshalber durch die Übergangsstellen in den Westen gekommen waren, blieb die Grenze dennoch geheimnisumwittert und wurde aus dem Alltag weitgehend ausgeblendet. In Fluchtberichten – noch aus den achtziger Jahren – wird deutlich, daß die Gegenden, die an den Zaun angrenzten, geradezu eine Terra incognita darstellten. Manch einer irrte dort stundenlang umher und verlor schließlich sein Ziel, den Westen, gänzlich aus den Augen.

Als in den Tagen nach dem 9. November eine nicht enden wollende Kolonne von ›Trabis‹ im Schrittempo die Durchlässe in den Sperranlagen passierte, bot sich den Reisenden das Bild einer Bedrohungsmaschinerie dar, die ihnen kaltes Entsetzen einflößte. Zum ersten Mal sah man die Metallgitterzäune, den ehemaligen ›Todesstreifen‹, die Hundelaufanlagen, die mehrfach sich kreuzenden Patrouillenwege, die in regelmäßigen Abständen angeordneten Betontürme, die Suchscheinwerfer und den säuberlich gepflügten und geeggten Schutzstreifen. Doch die Volkspolizisten, die hier Dienst

taten, verhielten sich entgegenkommend, und alle Kälte und Gefährlichkeit schien über Nacht von ihnen abgefallen zu sein. Diese
erste freie Passage wühlte viele so auf, daß ihnen wenige Meter
hinter den Anlagen die Sprache versagte oder sich die Gefühle in
Weinkrämpfen entluden. Danach folgte eine Flut neuer Eindrücke:
herzliche Begegnungen mit fremden Menschen, Geschenke wie
zum Beispiel Bananen und Orangen, Schokolade, Sekt und Blumen,
und schließlich die reiche Warenwelt des Westens.

Die Auslagen in den Geschäften sowie die Dankbarkeit für den
freundlichen Empfang bilden wichtige Fixpunkte der Erinnerung an
diese Tage. Die Grenzöffnung brachte es mit sich, daß für einen
kurzen Augenblick auch andere Schranken fielen, die sonst den
Umgang der Menschen miteinander erschweren.

Inzwischen ist das Erlebnis dieser Stunden ebenso Geschichte
geworden wie die Erfahrungen der vorangehenden Jahrzehnte. Unter den veränderten Lebensbedingungen im ehemaligen deutsch-
deutschen Grenzgebiet richten sich die Menschen auf eine andere
Zeit ein, in der die vergangenen Schrecken verblassen werden. Die
»Grenzgeschichten« bleiben als Damm gegen das Vergessen.

Anhang

Kleine Grenzchronik

1944   12. September: Auf der Londoner Konferenz einigen sich Großbritannien, die Vereinigten Staaten und die UdSSR über die künftigen Besatzungszonen in Deutschland und die Verwaltung Groß-Berlins.

1945   4. – 11. Februar: Auf der Konferenz von Jalta wird Deutschland unter den vier Siegermächten aufgeteilt. Die Zonen werden durch Demarkationslinien voneinander getrennt.

8. Mai: Kapitulation Deutschlands.

1. – 3. Juli: Die amerikanischen und britischen Truppen ziehen sich aus Sachsen, Thüringen und Mecklenburg zurück, sowjetische Truppen besetzen diese Gebiete.

3. – 11. September: In der sowjetischen Besatzungszone (SBZ) ergehen Verordnungen zur Durchführung einer Bodenreform, die unter anderem die Aufteilung des Grundbesitzes über 100 Hektar veranlassen. Im Rahmen der Grenzziehung kommt es in den Folgemonaten zu lokalen Grenzverschiebungen entlang der Demarkationslinie (DL) zur SBZ. Der aktuelle Verlauf der DL wird durch Holzpfähle und in Waldgebieten mittels farbiger Markierungen an den Bäumen angezeigt.

15. November: In der amerikanischen Besatzungszone wird die »Bayerische Landesgrenzpolizei« aufgebaut, welche die Überwachung der Demarkationslinien und den Zollgrenzschutz übernimmt.

1946   1. Februar: Die britische Besatzungsmacht ruft die »Hessische Grenzpolizei« ins Leben.

1. März: Die britische Besatzungsmacht übergibt der »deutschen Zollverwaltung« die Verantwortung für die Kontrolle der Demarkationslinien.

5. März: Winston Churchill prägt in seiner Rede in Fulton (Missouri) die Bezeichnung »Eiserner Vorhang«. Dieses

| 1946 | Sprachbild wird in den folgenden Jahrzehnten häufige Verwendung finden.
| | 2. Juni: Die bereits seit Juli 1945 in der SBZ aufgestellte Polizei wird von der Zeitung »Neues Deutschland« erstmals als »Volkspolizei« bezeichnet.
| | 30. Juni: Die DL wird auf Verlangen der sowjetischen Militäradministration (SMAD) gesperrt.
| | 29. Oktober: Mit Einführung des Interzonenpasses ist das legale Passieren der DL wieder in beschränktem Maße möglich, und zwar für eine Aufenthaltsdauer von höchstens 30 Tagen bei dringenden geschäftlichen und familiären Angelegenheiten.
| | 28. November: Auch in der SBZ wird auf Anordnung der SMAD eine »Deutsche Grenzpolizei« (Grepo) gebildet. Sie untersteht bis zum 15. Mai 1952 der Deutschen Volkspolizei und setzt sich zunächst hauptsächlich aus Volkspolizisten (Vopos) zusammen. Ab Juli 1948 erfolgt ihre Kasernierung und militärische Ausbildung. Ihre Uniform ist seit Oktober 1952 in den Farben (olivbraun, grün) den sowjetischen Uniformen angelehnt.
| 1948 | 26. März: Die Landtage von Mecklenburg, Sachsen-Anhalt und Thüringen fordern ihre Regierung auf, den Schutz der Zonengrenze zu verstärken. Dies geschieht mit Hilfe sowjetischer Truppen.
| | Juni: In der letzten Juniwoche werden in den »Westzonen« sowie in der »Ostzone« getrennte Währungsreformen durchgeführt.
| | 19. Juni: Daraufhin kommt es, nachdem der Interzonenverkehr immer mehr eingeschränkt wurde, zur Berlin-Blokkade, die bis zum 12. Mai 1949 andauert.
| 1949 | 23. Mai: Gründung der Bundesrepublik Deutschland (BRD) und Inkrafttreten des Grundgesetzes.
| | 7. Oktober: Gründung der Deutschen Demokratischen Republik (DDR) und Inkrafttreten der Verfassung.
| 1950 | 6. Juli: Im Görlitzer Vertrag erkennt die DDR die Oder-Neiße-Linie als Grenze zu Polen an.
| 1951 | 22. März: Der Bundesgrenzschutz (BGS) wird als eine dem Bundesminister des Innern unterstellte Sonderpolizei geschaffen. Die Aufgaben des BGS bestehen in der Sicherung des Grenzgebietes gegen unberechtigte Grenzübertritte so-

wie in der Verhinderung von Störungen der öffentlichen
Sicherheit und Ordnung.

1952 10. März: Die Sowjetunion schlägt einen Friedensvertrag
mit einem wiedervereinigten Deutschland vor, das keinem
Militärpakt angehören solle (»Stalin-Note«), lehnt jedoch
den Gegenvorschlag ab, eine Viererkonferenz über freie
Wahlen in ganz Deutschland einzuberufen.

26. Mai: Unterzeichnung des Deutschland- bzw. General-
vertrages (Aufhebung des Besatzungsstatuts und Beitritt zur
Europäischen Verteidigungsgemeinschaft), der am 5. Mai
1955 in Kraft tritt. Am gleichen Tag noch reagiert der Mini-
sterrat der DDR mit der »Verordnung über Maßnahmen an
der Demarkationslinie zwischen der Deutschen Demokratischen Republik und den westlichen Besatzungszonen
Deutschlands«.

27. Mai: Dieser Verordnung des Ministerrats folgt die »Poli-
zeiverordnung über die Einführung einer besonderen Ordnung an der Demarkationslinie«. Das Territorium entlang
der DL wird in einer Tiefe von fünf Kilometern zum Sperrgebiet erklärt und ein sogenannter Schutzstreifen von 500 Metern Breite eingerichtet. Die alten Passierscheine für Pendler
und Landwirte, die ihre auf DDR-Gebiet liegenden Felder bis
dahin noch bewirtschaften konnten, werden ungültig und
die infrastrukturelle Zusammenarbeit abgebrochen. Gleichzeitig beginnt die DDR mit dem Ausbau der DL. Ein zehn
Meter breiter Kontrollstreifen, »K-10«, wird durch Umpflügen von allem Bewuchs befreit und ein 1,20 Meter hoher
Stacheldrahtzaun errichtet. Jeder Aufenthalt in der Sperrzone und insbesondere im Schutzstreifen unterliegt strengen Einschränkungen.

In diesem Mai werden die DDR-Grenzposten angewiesen,
bei Verletzungen des Kontrollstreifens von der Schußwaffe
Gebrauch zu machen. In den Folgewochen werden mehrere
Tausend Menschen zwangsweise aus der Sperrzone umgesiedelt. Bundesbürgern ist der Zugang zu diesem Sperrgebiet
verboten. Illegale Grenzüberschreitungen sind jedoch bis
Anfang der sechziger Jahre vereinzelt noch möglich.

1953 16./17. Juni: Arbeiteraufstand in der DDR, die Bundesregie-
rung reagiert mit der Forderung nach sofortiger Wiedervereinigung.

1953 21. November: Nach der Aufhebung des Interzonenpaß-
zwanges vom 14. November wird der Interzonenverkehr neu
geregelt. Besucher aus der Bundesrepublik müssen nun bei
den örtlichen Polizeibehörden der DDR Aufenthaltsgeneh-
migungen beantragen. DDR-Bürger müssen einen Antrag
auf Ausstellung einer Personalbescheinigung einreichen, gegen die sie ihren Personalausweis vor der Ausreise bei der
Volkspolizei zu hinterlegen haben.

1954 15. September: Das Paßgesetz der DDR legt die Visum-
pflicht für Grenzübertritte fest und stellt das unerlaubte
Verlassen oder Betreten des Territoriums der DDR unter
Strafe.

23. Oktober: Die Sowjetunion bietet erneut die Wiedervereinigung an und ist bereit, der Forderung nach freien Wahlen
nachzugeben, wenn die BRD auf Wiederbewaffnung und Beitritt zum westlichen Verteidigungsbündnis verzichtet. Die
Pariser Verträge werden jedoch am selben Tag unterzeich-
net.

1955 14. Mai: Der Warschauer Pakt wird gegründet und die DDR
aufgenommen, nachdem die Pariser Verträge sowie der
Deutschlandvertrag in Kraft getreten sind.

10. Dezember: Von seiten der DDR wird mitgeteilt, daß die
Grepo am 1. Dezember die alleinige Überwachung der DL
übernommen habe. Ab November 1957 wird sie vom Amt
für Zoll und Kontrolle unterstützt, das den Warenverkehr
kontrolliert.

1956 15. Mai: Inkrafttreten der Grenzmaßnahmenverordnung der
DDR vom 3. Mai 1956, in der die Bezeichnung »Demarkationslinie« durch »Grenze« ersetzt wird.

1957 16. November: Die DDR führt die amtliche Bezeichnung
»Staatsgrenze West« ein.

11. Dezember: Das Paßgesetz der DDR wird dahingehend
verändert, daß nunmehr jedes nicht genehmigte Verlassen
des Landes als »Republikflucht« mit Gefängnis bestraft
wird. Dies gilt auch für Fluchtversuche; Fluchthilfe oder Ab-
werbung werden mit Zuchthausstrafen geahndet.

1958 Im Laufe dieses Jahres werden die Sperranlagen von der DDR
verstärkt und gestaffelt, die Grepo erhält im Frühjahr
schwere Waffen (Sturmgeschütze und Schützenpanzerwa-
gen).

5. Juni: Die Verordnung über »freiwillige Helfer zur Unterstützung der Deutschen Volkspolizei« (Grenzhelfer) wird erlassen. Sie regelt den Einsatz von mit Armbinden gekennzeichneten Zivilisten bei der Überwachung des Grenzterritoriums und der Ergreifung von Grenzverletzern.

1960 Die Sperranlagen werden durch Stolperdrähte und Hundelaufanlagen verstärkt.

1961 13. August: Nach dem Beschluß des Ministerrates der DDR über Maßnahmen zum Schutz Berlins vom 12. August beginnt in der folgenden Nacht die Abriegelung Ost-Berlins. An der Staatsgrenze West wird der Stacheldrahtzaun verdoppelt und mit Betonpfosten verstärkt sowie ein zusätzlicher Spurensicherungsstreifen in einer Breite von sechs Metern angelegt. Von nun an werden auch Minen (zunächst Holzkasten-, später Plastikminen) gelegt.

25. August: Angesichts des ersten Todesopfers in Berlin flammt Empörung über den sogenannten »Schießbefehl« auf. Ab 1963 findet die Schußwaffenbestimmung für die Nationale Volksarmee (NVA) Anwendung, die, 1965 erweitert, unter der Bezeichnung »DV-30/10« bekannt wird. Sie erlaubt die Schußabgabe nur in Richtung des DDR-Hinterlandes oder parallel zur Grenzlinie, nicht aber in Richtung des Gebietes der BRD. Die zahlreichen Übertretungen dieser Bestimmung geben Anlaß zu der Vermutung, daß sie durch »Geheimbefehle« aufgehoben sei. Da auch die Grenzordnung vom 15. Juni 1972 die Anwendung der NVA-Bestimmung beibehält, wird der Waffeneinsatz gegen Grenzverletzer erst mit dem »Gesetz über die Staatsgrenze der Deutschen Demokratischen Republik« (§ 27) vom 1. Mai 1982 legalisiert.

15. September: Eingliederung der Grepo in die NVA als »Kommando Grenze«. In dem schroffen, ablehnenden Verhalten der DDR-Grenzsoldaten sieht man von bundesdeutscher Seite eine Bestätigung dafür, daß die Befolgung des Kontaktverbotes zwischen den DDR- und den BRD-Grenzorganen streng überwacht wird.

1964 9. September: Die DDR gibt bekannt, daß DDR-Bürger im Rentenalter Anträge für Besuchsreisen zu Verwandten in die BRD stellen können. Seit August 1961 waren lediglich Dienstreisen möglich gewesen.

1964   25. November: Die DDR kündigt die erstmalige Erhebung eines Mindestumtausches an.

1. Dezember: Besucher aus nichtsozialistischen Staaten müssen täglich 5,00 DM im Verhältnis 1:1 tauschen. Die Höhe des Umtausches sowie die davon betroffenen Alters- und Personengruppen ändern sich in den folgenden Jahren mehrfach. Ab 1980 liegt er bei 25,00 DM pro Tag.

1965   Von diesem Jahr an werden die für die Zonenrandförderung relevanten Rahmengesetze und -programme, beginnend mit dem Bundesraumordnungsgesetz, verabschiedet. Bereits seit 1953 war die Entwicklung im Zonenrandgebiet in regionalen Einzelprojekten und seit 1961 im Rahmen des Investitionszulagengesetzes gefördert worden.

1966   Die DDR beginnt mit der Installierung des zweireihigen Metallgitterzaunes (1977 abgeschlossen), der den Stacheldraht ablöst, und hebt einen »Kraftfahrzeug-Sperrgraben« aus.

1967   Von seiten der DDR werden Grenzsäulen errichtet, die sich jeweils wenige Meter vor der Grenzlinie auf DDR-Gebiet befinden. Um unbeabsichtigten Grenzverletzungen von bundesdeutscher Seite aus vorzubeugen, stellt der BGS Schilder mit der Warnung »Halt! Zonengrenze«, später »Halt! Hier Grenze«, auf.

1968   11. Juni: Die DDR beschließt für den Reise- und Transitverkehr zwischen der DDR und der BRD den Paß- und Visumzwang.

1969   Aufstellung runder Beobachtungstürme aus Beton, »BT 11«, die an die Stelle der hölzernen Wachtürme treten.

1971   Die DDR-Grenzpolizei wird neu gegliedert. »Grenzaufklärer« patrouillieren nun auch zwischen dem Metallgitterzaun und den Grenzsäulen auf der Westseite der Sperranlagen.

Januar: Von Jahresbeginn an sind die ersten am Metallgitterzaun montierten Selbstschußanlagen »SM-70« betriebsbereit. Über ihre Funktionsweise erfährt man in der BRD erst Genaueres, als es einem ehemaligen DDR-Bürger im März 1976 gelingt, einen solchen Apparat von bundesdeutschem Territorium aus zu entwenden. Daraufhin befestigt die DDR die »SM-70« diebstahlsicher und bringt in den Sperranlagen schwenkbare Scheinwerfer an.

6. Juli: Das Bundesministerium für Innerdeutsche Beziehungen gibt die Aufhebung der bundesdeutschen Richtlinien zur

Kartographie vom Juli 1965 bekannt. Damit entfällt unter anderem die Maßgabe, die Bezeichnung »Sowjetzone« aufrechtzuerhalten. Auf den Wetterkarten von ARD und ZDF wurde Deutschland bereits ab dem 29. März 1970 nicht mehr in den Grenzen von 1937 dargestellt.

1972 3. Juni: Inkrafttreten des Viermächte- und des Transitabkommens. Gegenüber Privatreisenden von und nach West-Berlin soll eine Durchsuchung nur noch in begründeten Verdachtsfällen gestattet sein. Erst ab 1983 jedoch, nach einem Unglücksfall bei der Grenzabfertigung, wird die Kontrollpraxis der DDR deutlich entschärft.

17. Oktober: DDR-Bürger können, auch wenn sie das Rentenalter noch nicht erreicht haben, im Falle »dringender Familienangelegenheiten« die Genehmigung zum Besuch der BRD beantragen.

1973 Der Ausbau der Grenzanlagen wird mit der Errichtung des Schutzstreifenzaunes vorangetrieben. Dieser sperrt das Hinterland in ca. 500 Metern Entfernung von der eigentlichen Grenze ab und ist mit optischen sowie akustischen Alarmanlagen gekoppelt.

31. Januar: Konstituierung der Grenzkommission, die sich aus Vertretern der DDR und der BRD zusammensetzt.

21. Juni: Der am 27. Oktober 1972 unterzeichnete »Vertrag über die Grundlagen der Beziehungen zwischen der Bundesrepublik Deutschland und der Deutschen Demokratischen Republik« (Grundlagenvertrag) tritt in Kraft. Der »grenznahe Verkehr« (sogenannter Kleiner Grenzverkehr) wird eingerichtet: Bewohner grenznaher Kreise und Städte der BRD können Mehrfachvisa für Tagesreisen in benachbarte Kreise und Städte der DDR erhalten. Ausgenommen bleibt der Besuch des Sperrgebietes, aus dem die DDR jedoch 105 Orte entläßt. Vier neue Grenzübergangsstellen werden geschaffen. Zwischen dem Kanzleramt in Bonn und dem Sitz des Vorsitzenden des Ministerrates der DDR in Ost-Berlin wird eine direkte Telefonverbindung (»Heißer Draht«) eingerichtet.

4. September: Die Grenzkommission beginnt mit der Überprüfung und Erneuerung der Grenzmarkierungen.

1974 Um die Jahreswende 1973/74 werden die Einheiten des NVA-Kommandos Grenze eigenständig organisiert und am

1974 1. Januar in »Grenztruppen« umbenannt. DDR-Fahrzeuge werden im internationalen Verkehr statt mit »D« nun mit »DDR« ausgewiesen. Die Bezeichnung »Zonengrenze« erscheint auf neuen Hinweisschildern der BRD nicht mehr.
2. Mai: Die Ständigen Vertretungen in Bonn und Ost-Berlin nehmen ihre Tätigkeit auf.
7. Oktober: Im »Gesetz zur Ergänzung und Änderung der Verfassung der Deutschen Demokratischen Republik« sind alle Hinweise auf Deutschland als Ganzes bzw. die deutsche Nation entfernt.

1976 Mai: Von nun an werden als Wachtürme Betontürme mit eckigem Grundriß gebaut, der eine größere Stabilität gewährleistet.

1978 29. November: Im Rahmen der Verhandlungen der Grenzkommission kommt eine Einigung über den genauen Grenzverlauf zustande. Ungeklärt bleiben ein kurzer Abschnitt im Harz sowie die Frage des Grenzverlaufes entlang der Elbe.

1979 12. Dezember: Das Bundesministerium für Innerdeutsche Beziehungen gibt bekannt, daß ab dem 15. Dezember für weitere 1,2 Millionen Bundesbürger der grenznahe Verkehr ermöglicht wird.

1983 September: In diesem Monat wird von der Westseite her der Abbau der Selbstschußautomaten beobachtet, die DDR-Bürger erfahren erstmals offiziell von deren Existenz. Während der Demontage der »SM-70«, die bis Ende 1984 andauert, entsteht der »Grenzsignalzaun 80«, der gegenüber dem bisherigen Metallgitterzaun mit 16 alarmauslösenden Kontaktdrähten bespannt ist.
15. Oktober: In der DDR tritt eine Verordnung über Familienzusammenführung und Eheschließungen zwischen Bürgern der DDR und Ausländern in Kraft.

1984 1. August: Im Rahmen des grenznahen Verkehrs sind neben Tagestouren nun auch zweitägige Aufenthalte mit Übernachtung in der DDR möglich. Der Mindestumtausch für Rentner wird auf 15,00 DM pro Tag gesenkt.

1985 November: Die letzten Minenfelder an der Grenze zur BRD sind geräumt. Parallel zur Räumung werden Spurensicherungsstreifen und betonierte Kolonnenfahrwege angelegt.

1986 1. Februar: Die DDR weitet den Personenkreis der Besucher, die anläßlich dringender Familienangelegenheiten in die

BRD reisen dürfen, auf Nicht-Rentner aus. Außerdem werden die Genehmigungen für den Besuch der BRD nicht länger auf Verwandte ersten Grades beschränkt. Die Zahl der Reisen steigt daraufhin sprunghaft.

1989 2. Mai: Der Abbau des Stacheldrahtes an der Grenze zwischen Ungarn und Österreich beginnt. Tausende von DDR-Bürgern begeben sich in den Folgemonaten nach Ungarn, um eine Gelegenheit zur Flucht abzuwarten.

19. August: Über 600 von ihnen durchbrechen ein halbgeöffnetes Tor in der Nähe der Ortschaft Sopron.

25. August: Die DDR-Bürger, die in die Budapester Botschaft geflohen waren, dürfen ausreisen.

10. September: Die ungarische Regierung gibt bekannt, daß alle ausreisewilligen DDR-Bürger Ungarn legal in Richtung Westen verlassen dürfen. In großer Zahl reisen daraufhin DDR-Bürger über Ungarn in die BRD ein.

30. September: Die Prager Botschaftsflüchtlinge dürfen in Sonderzügen aus der Tschechoslowakei ausreisen. Bald darauf folgen auch Züge mit DDR-Bürgern, die aus Warschau kommen. Alle Fahrten finden unter starker Bewachung statt, da unterwegs Menschen versuchen, in die Waggons hineinzugelangen.

Ab 9. November: Die Nachrichtenagentur ADN meldet am 9. November, kurz nach 19.00 Uhr, daß die DDR mit sofortiger Wirkung Genehmigungen für Auslandsreisen ausstellen werde, die nicht an besondere Voraussetzungen gebunden sind. In Berlin und entlang der Grenze feiern die Menschen in dieser Nacht und an den folgenden Tagen Freudenfeste. Obwohl Bundesbürgern bisher weder die Einreise ohne Visum noch der Aufenthalt in der Sperrzone gestattet ist, dulden die Grenzbeamten in der allgemeinen Euphorie vielfach das Überschreiten der Grenze nach beiden Richtungen hin. Der »freundliche Vopo« wird zur Symbolfigur der Öffnung, der Handschlag zwischen »Hüben« und »Drüben« zum Zeichen der gegenseitigen Annäherung.

Immer wieder bilden sich kilometerlange Trabi-Staus in der Nähe der Grenzübergänge. Sofort eingerichtete Buslinien pendeln über die Grenze.

Am 11./12. November hebt die DDR den Schießbefehl und die Sperrzone auf. Am 13. November sind zu den bereits

1989 bestehenden zehn offiziellen Übergängen 13 neue hinzugekommen; im weiteren Verlauf des Monats hat der Zaun zeitweilig bis zu 60 »Löcher«. Am 14. November melden westdeutsche Zeitungen, daß nunmehr auch Fahrradfahrer die
Grenze passieren dürfen. Der Ansturm auf die Grenzübergänge reißt nicht ab. Am 19. November wird – nach 44 Jahren – der Fährverkehr auf der Elbe wiederaufgenommen.

Im November besuchen mehr als neun Millionen DDR-Bürger die Bundesrepublik. Etlichen Ortsverwaltungen geht das
Begrüßungsgeld aus. Besonders im zuvor so stillen Zonenrandgebiet pulsiert nun das Leben. Der Einzelhandel floriert.
Stände, an denen Südfrüchte angeboten werden, bestimmen
das Straßenbild in den Gemeinden. In verstärktem Maße
wandern Waren von West nach Ost und von Ost nach West.
Mit der Öffnung wird die Grenze zugleich wieder ein Schauplatz des Schmuggels.

Besondere Aufmerksamkeit erregt der Abbau des Zaunes an
jenen Abschnitten, wo er eng verbundene Ortschaften geteilt hatte. Auf bundesdeutscher Seite werden die Schauta-
feln an den Grenzübersichtspunkten teilweise entfernt.

Angesichts der rasanten Veränderungen stellt sich schon
bald nach der Öffnung die Frage nach dem musealen Erhal-
tungswert der Grenze. Auch werden Befürchtungen in bezug
auf die Zukunft der ökologisch wertvollen Biotope laut, die
sich im Schutz der Sperranlagen entwickeln konnten. Forde-
rungen, den Grenzstreifen zum Naturschutzgebiet zu erklären, werden erhoben.

Währenddessen hat bereits im November die – illegale –
Vermarktung von Mauerbrocken begonnen. Der offizielle
Vertrieb gegen Gebot und in größerem Stil wird am
20. 1. 1990 durch den DDR-Außenhandelsbetrieb Limex-Bau
eröffnet.

Ein Großteil der DDR-Grenzhunde wird ab Dezember in
westdeutsche Tierheime verbracht und in neue Hände vermittelt.

Ebenfalls im Dezember wird die grenzüberschreitende Kommunikation durch die Ausweitung des Telefonnetzes zwischen der Bundesrepublik und der DDR erleichtert. Höhe-
punkte in diesem Monat sind die Öffnung des Brandenburger Tores am 22. Dezember sowie die Einführung des visum-

freien Grenzverkehrs in die DDR in der Nacht zum 24. Dezember. Zum Jahreswechsel wird der Zwangsumtausch für bundesdeutsche Reisende aufgehoben. Wie für die meisten Menschen aus der DDR, so erweist sich auch für viele Bundesbürger der jeweils andere Teil Deutschlands als weitgehend unbekanntes Land.

1990 Im Zusammenhang mit dem Inkrafttreten des 1. Staatsvertrages über die Wirtschafts-, Währungs- und Sozialunion zwischen der Bundesrepublik Deutschland und der Deutschen Demokratischen Republik entfallen in der Nacht vom 30. Juni auf den 1. Juli sämtliche Kontrollen an der deutsch-deutschen Grenze.

Bildnachweis

Der Abdruck der Kartenausschnitte erfolgt mit freundlicher
Genehmigung der Firma Haupka & Co., Kartographisches Institut,
Druckerei und Verlag, Bad Soden / Taunus.
Der Maßstab der Kartenausschnitte beträgt 1 : 100 000.

Die Zeichnung von Rudolf Pleil wurde um ca. 50% verkleinert.

Ortsregister

Aufgenommen wurden nur die grenznahen Orte